Helmut Kretz (Hrsg.)

Lebendige Psychohygiene 2000*plus*

Titelbild

Basrelief (um 400 - 350 v. Chr.) mit einer Szene aus einem Asklepios Tempel. Der Gott-Arzt, die Tochter Hygieia und die symbolische Schlange heilen den Patienten während des Schlafs der Inkubation. Archeologisches Nationalmuseum, Athen.

Helmut Kretz (Hrsg.)

Lebendige Psychohygiene
2000*plus*

eberhard verlag münchen

Die Deutsche Bibliothek – CIP-Einheitsaufnahme

Lebendige Psychohygiene 2000 plus /
Helmut Kretz (Hrsg.). - München : Eberhard, 2002
ISBN 3-926777-63-X
Herstellung: Books on Demand GmbH

Inhalt

Laienanalyse

Anhang

Grußwort

Michael Kreuzberg

Im Namen der Stadt Brühl heiße ich Sie alle zu dem Kongreß "Lebendige Psychohygiene 2000 plus" anläßlich des 30-jährigen Bestehens des Institutes für Psychohygiene ganz herzlich willkommen.

Besonders begrüßen möchte ich Sie, die Referentinnen und Referenten, die diesem Kongreß in ihren Fachgebieten mit ihrem international anerkannten Ruf einen besonderen Stellenwert verleihen.

Seit drei Jahrzehnten leistet das Institut für Psychohygiene Hilfestellungen im Bereich der Sprachheilambulanz, der Sozialpädiatrie und auf dem weiten Gebiet der Schulpsychologie sowie der Erziehungsberatung und Familientherapie.

Ein sorgfältig ausgewähltes Team von Ärzten, Diplompsychologen, Lehrern, Logopäden, Diplom-Sozialarbeitern und vielen weiteren Fachkräften ermöglicht eine umfassende Versorgung in nur *einer* Einrichtung.

Die Aufgabe heißt helfen, sich kümmern um Kinder und Jugendliche, denen das Wort kümmern noch etwas bedeutet. Niemand kann und will Eltern die Verantwortung für ihre Kinder abnehmen. Doch die Anforderungen, denen sich heute Familien stellen müssen, werden oft zur Überforderung.

Beeinträchtigungen der körperlichen, geistigen und seelischen Entwicklung von Kindern sowie schwerwiegende soziale Probleme erfordern beispielsweise die Bereitstellung angemessener Behandlungswege zur Bewältigung der vielfältigen Aufgaben.

Die Umsetzung des Wissens in die Praxis erfüllte das Heinrich-Meng-Institut bisher vorbildlich, wobei mein Dank vor allem dem Einsatz des langjährigen Leiters des Institutes Herrn Dr. Helmut Kretz gebührt.

Die Erfolge des Institutes für Psychohygiene haben die Stadt Brühl weit über ihre Grenzen bekannt gemacht. Eine Tatsache, die mich als Bürgermeister dieser Stadt besonders mit Stolz erfüllt und mich hoffen läßt, daß diese wichtige Institution noch viele Jahre in der Schloßstadt dazu beiträgt, die Lebensfreude und die Lebensqualität hilfsbedürftiger Kinder und deren Familien zu verbessern.

Der Verein der Freunde und Förderer der Psychohygiene e. V. unterstützt das Institut bei dieser wichtigen Arbeit und fördert die Grundlagenforschung im Bereich der Psychohygiene und Psychotherapie. Durch die Ausrichtung von Veranstaltungen wie dieser bietet der gemeinnützige Verein Wissenschaftlern aller Länder die Gelegenheit zum Austausch von Informationen und praxisrelevanten Forschungsergebnissen.

Ich hoffe, daß sich diese vorbildliche Zusammenarbeit auch in Zukunft fortsetzt, und wünsche den Organisatoren regen Zulauf und einen erfolgreichen Verlauf des Kongresses.

Lebendige Psychohygiene 2000 plus

Einführung

Helmut Kretz

Lebendige Psychohygiene 2000 plus setzt den im Oktober 1995 veranstalteten Kongreß "Lebendige Psychohygiene. Familie, Kind und Gesellschaft am Beginn eines neuen Jahrhunderts" * - allerdings unter Hervorhebung weiterführender Akzente - fort. Die Weiterentwicklung wird nicht zuletzt auch darin deutlich, daß Psychohygiene als praxisbezogene Wissenschaft und wissenschaftlich begründete Praxis nicht mehr vorranging an eine Institution - wie das bisherige Institut für Psychohygiene in Brühl - gebunden ist, sondern, wie die Trägerschaft dieses Kongresses zeigt, von den Freunden und Förderern der Psychohygiene in völliger Unabhängigkeit von Institutionen und deren Trägern organisiert und veranstaltet wird.

Von den Vorträgen und vier Symposien zentrieren sich zwei auf Themenkreise, die für die psychohygienische Praxis von eminenter Wichtigkeit sind. Der eine Themenkreis - *Bindung und seelische Gesundheit* - behandelt die Bedeutung der frühen Bindungen für die kindliche Entwicklung. Dieses Symposion zeigt auch, wie sich die Qualität früher Bindung auswirkt auf die Gestaltung des erwachsenen Lebens, verdeutlicht durch Langzeituntersuchungen, die sich bereits über Jahrzehnte erstrecken.

Der zweite Themenkreis: *Frühe Traumatisierung* spielt im Spektrum der Aufgaben, mit denen wir als Psychiater, Psychotherapeuten, Psychoanalytiker, Psychologen, Pädagogen konfrontiert sind, eine gewichtige Rolle, da die Traumatisierung, insbesondere die frühe Traumatisierung, in ganz verschiedener Gestalt Kinder, einzelne und Gruppen, Jugendliche und Erwachsene ent-

*Die Vorträge des Kongresses 1995 sind publiziert in dem Band: Helmut Kretz (Hrsg.) Lebendige Psychohygiene, Eberhard-Verlag München (1996).

scheidend beeinträchtigen und zerstören kann. Wir greifen mit diesem Thema auch das von mir veranstaltete 42. Psychohygienische Seminar aus den 90er Jahren auf, in dem Otto Dörr-Zegers, Ordinarius für Psychiatrie in Santiago de Chile, über die Traumatisierung und deren Folgen durch Folter während der Gewaltherrschaft Pinochets in Chile referiert hat. Diesem Thema sind mehrere Hauptvorträge des Kongresses gewidmet und auch weitere Referate im Symposion, um die Vielfalt im Zusammenhang mit diesem Thema deutlich zu machen und einen Disziplinen übergreifenden Diskurs zu ermöglichen. Anhand von Richard Wagners Tristan und Isolde im Beitrag von Nike Wagner wird deutlich, daß es sich bei der frühen Traumatisierung mit den nicht heilenden Wunden geradezu um ein anthropologisches Grundproblem handelt, das u.a. in der Literatur behandelt wird, aber auch in musikalischen Strukturen gültigen Ausdruck findet.

Damit wird auch der Anspruch der Psychohygiene deutlich, nicht nur ärztlich-psychologische Behandlungsdisziplin zu sein, sondern zu grundsätzlichen Fragen der Prävention und zu ethischen Auseinandersetzungen gehört zu werden, die sich zunehmend beunruhigend entwickeln (z.B. Euthanasiepraxis in den Niederlanden, Präimplantationsdiagnostik, embryonale Stammzellforschung, Klonen), wobei es der Überschreitung der Grenzen der einzelnen Disziplinen in viele Richtungen bedarf..

Die Frage der *Laienanalyse* ist nicht zuletzt durch das vor wenigen Jahren in Kraft gesetzte Psychotherapeutengesetz wieder aktuell geworden, da mit diesem Gesetz und seinen Ausführungsbestimmungen die enormen Ressourcen für die Psychotherapie und die Psychoanalyse, die außerhalb medizinisch-psychologischen Fachwissens existieren, zu versanden drohen. Sicher, Freud, der Begründer der Psychoanalyse, war Arzt und zunächst Neurologe, aber in der Entwicklung der Psychoanalyse auch als Instrument der Aufklärung und der Analyse gesellschaftlicher und politischer Prozesse, literarischer Vorlagen, musikalischer Werke, spielten und spielen sog. Laien eine herausragende Rolle.

Die Bedeutung der Laienanalyse droht völlig verloren zu gehen. Dies hat auch konkrete Auswirkungen auf jahrzehntelang bewährte Ausbildungsgänge in Psychotherapie und Psychoanalyse. Für dieses Symposion haben wir den großen alten Mann der Psychoanalyse Ernst Federn, der nach der neuen Gesetzeslage keine Chance hätte, als Psychotherapeut in Deutschland arbeiten zu dürfen, gewinnen können. Zugleich muß aber auch darauf hingewiesen werden, daß Vertreter der Laienanalyse mit großem

Bedauern ihre Teilnahme am Kongreß abgesagt haben, da sie befürchten müssen, ihrem wichtigen Anliegen zu schaden, wenn sie öffentlich nicht der political correctness folgen.

Schließlich komme ich zum ersten Themenkreis: *Institutionelle Strukturen zwischen Weiterentwicklung und Regression*, der von hoher Brisanz und Aktualität ist. Eingebunden in diesen psychohygienischen Kongreß ist meine Verabschiedung als Institutsleiter nach 21 Jahren Aufbau, Ausbau, Strukturierung und Gestaltung des Instituts für Psychohygiene in Brühl. Dieses Institut besteht seit 30 Jahren - ein weiterer wichtiger Anlaß für die Gestaltung des Kongresses.

So wie Viktor von Weizsäcker das Subjekt - auch mit Hilfe der Psychoanalyse - in die Medizin einführte bzw. integrierte, hat Heinrich Meng die Erkenntnisse der Psychoanalyse für die basale psychosoziale Versorgung von Kindern, Jugendlichen, Familien, für Kindergärten, Heime und Schulen fruchtbar gemacht. Das Brühler Institut war bislang das einzige, das die Tradition Heinrich Mengs programmatisch fortgeführt hat. Es hat sich in den letzten 30 Jahren um die psychohygienisch-psychoanalytische Versorgung der Bevölkerung im heutigen Erftkreis erhebliche Verdienste erworben. An Struktur und Funktion des Heinrich-Meng-Instituts haben sich auch andere Einrichtungen orientiert. Dieter Ohlmeier hat in einem Brief an den Landrat des Erftkreises im Jahre 2000 darauf hingewiesen, daß die Arbeit des Heinrich-Meng-Instituts entscheidend zum Wiederaufbau der verlorenen Reputation der psychoanalytischen Praxis in unserem Lande beigetragen hat.

Allerdings: Die Entwicklung institutioneller Strukturen, gruppendynamischer Prozesse in solchen Institutionen, insbesondere wenn diese ausgeprägt multiprofessionell arbeiten, und die politischen Rahmenbedingungen, in denen sich Haltungen und Veränderungen politischen und gesellschaftlichen Wollens ausdrücken, folgen unterschwelligen und auch unbewußten Regeln, bei denen die Institutionen bedrohende regressive Prozesse entscheidend sind, die die progressive Weiterentwicklung unmöglich machen und eminent destruktive Auswirkungen haben. So führten destruktive Prozesse im Institut für Psychohygiene in Brühl, die vom politischen Umfeld gerne aufgegriffen wurden, dazu, dem Institut nach 30jährigem Bestehen eine fachliche Leitung vorzuenthalten und der hoch komplexen differenzierten ärztlich-psychologisch geprägten Institution einen Verwaltungsjuristen als Leiter vorzusetzen. Die letzten zwei Jahre sind vom Niedergang dieser bislang blühenden Einrichtung gekennzeichnet, indem ganz wesentliche Elemente vernetzter interdisziplinärer Arbeitsweisen und fachliche Grundlagen der Arbeit - z.B. die Psychoanalyse - aufgegeben wurden; psychoanalytische Behandlungen und systemisch-analytische Familientherapien sind nicht mehr möglich. Die Zusammenarbeit mit anderen Kliniken, Instituten und Praxen im Raum Köln/Bonn und im Erftkreis hat das Institut in den vergangenen 20 Jahren besonders gepflegt und erfolgreich ausgebaut. Seit meiner Pensionierung ist das Institut aus diesem Kooperationsmodell ausgestiegen. Dies alles führt dazu, daß der Auflösungsprozeß nach der Entlassung des ärztlichen Leiters schleichend, aber umso konsequenter fortschreiten kann.

Analoge Entwicklungen lassen sich auch in verwandten Bereichen feststellen. Vor Jahren wurde das renommierte Michael-Balint-Institut in Hamburg zum Verschwinden gebracht. Das von Carl Klüwer begründete Haus Sommerberg bei Köln, in dem Modelle für die Therapie jugendlicher Straftäter entwickelt und angewandt wurden, wurde wenige Jahre nach der Pensionierung seines Leiters als Psychotherapie-Einrichtung geschlossen. Bekannt sind die Krisen des Sigmund-Freud-Instituts in Frankfurt/Main. Es gibt auch eine Bedrohung psychosomatischer und kinder- und jugendpsychiatrischer Universitätsinstitute in Nordrhein-Westfalen. In allen diesen Fällen offenbaren sich politische Tendenzen der Gesellschaft, da die kritisch-aufklärerische Stimme psychoanalytisch ausgewiesener Institutionen heute für viele so unliebsam ist wie vor 60, 70 Jahren. Welcher Schaden durch die Auflösung und Zerstörung bewährter Einrichtungen - das von Heinrich Meng und Gustav Landauer geleitete psychoanalytische Institut in Frankfurt/Main wurde 1933 zerschlagen - für die nachfolgenden Generationen angerichtet wird, muß wohl verdrängt werden, wird zumindest verleugnet.

Die Autoren der Beiträge zu diesem Themenkreis, die alle Erfahrungen mit diesem Problem haben, werden Strukturen und Entwicklungen von Institutionen deutlich machen, die Perspektiven für die Weiterentwicklung der Psychohygiene, besonders des Heinrich-Meng-Instituts, ermöglichen könnten. Voraussetzung ist allerdings, daß die fachlich und politisch Verantwortlichen fundierte psychosoziale, psychoanalytische und organisationspsychologische Forschungsergebnisse, insbesondere der Organisationsentwicklung, zur Kenntnis und auch ernst nehmen und sich selbstkritisch mit ihrer eigenen Rolle in diesem Prozeß auseinandersetzen.

Erfreulich ist der rege Besuch des Kongresses, womit nicht zuletzt die jahrzehntelange erfolgreiche Arbeit meines Vorgängers, Prof. Biermann, und von mir selbst gewürdigt wird.

Institutionelle Strukturen zwischen Weiterentwicklung und Regression

Strukturen und Unbewußtes in wissenschaftlich-klinischen Organisationen und Institutionen

Dieter Ohlmeier

I.

Psychoanalytiker und Psychotherapeuten sind in der Regel weder Politiker noch Finanz- und Verwaltungsfachleute. Sie haben diese Gebiete nicht gelernt und lernen sie, wenn ihre Berufspraxis sie erfordert, bei aller Bemühung oft nur laienhaft. Vielleicht widerspricht auch ihrem Wesen als Ärzten und Psychologen, Analytikern und Therapeuten eine politisch-ökonomische Wahrnehmungseinstellung.

Es bedürfte zwar einer eingehenden Diskussion und Forschung, inwieweit spezifische Persönlichkeitsstrukturen zur Eignung oder Nichteignung für bestimmte Berufe führen - Forschungen, die etwa über die bekannte Vermutung, der Chirurgenberuf zum Beispiel bedürfe notwendig einer kräftigen sadistischen Neigung, hinausgehen -, aber die Feststellung sei dennoch gewagt: Managerqualitäten besitzen Ärzte und Therapeuten, aber auch Wissenschaftler vieler anderer Fachgebiete ihrem fachlichen und persönlichen Herkommen nach nicht. Auch eine spezifische Nachschulung in Managementtechniken und ökonomischen Fragen findet bei Übernahme von Leitungsaufgaben selten statt. Die meisten Leiter klinischer und wissenschaftlicher Institutionen sind organisatorische Laien. Leider haben sie oft auch eine Abneigung dagegen, einen professionellen Organisationsberater bei Konflikten innerhalb ihrer Institution oder Organisation heranzuziehen: Der Grund kann ein Schamgefühl sein, den plötzlich aktuell werdenden organisatorischen Aufgaben nicht gewachsen zu sein, sich als "unfähig" zu erweisen und letztlich in einer narzißtischen Größenphantasie beschädigt zu werden.

Bei Psychoanalytikern und analytischen Psychotherapeuten - auf diesen Personenkreis bezieht sich ja der vorliegende Beitrag in erster Linie - kommt eine historische, wenn nicht psychohistorische Eigenheit hinzu: Seit jeher ist es für sie nicht leicht, aus der Identifizierung mit dem Begründer der Psychoanalyse, Sigmund Freud, herauszuwachsen, besonders wenn sie sich als Wissenschaftler verstehen, ihr Gebiet weiterzuentwickeln trachten und die organisatorische oder institutionelle Ebene betreten. Diese Identifizierung mit dem Gründervater hat allerdings nicht nur kindliche oder pubertäre Züge, also selbst so werden zu wollen wie die verehrte Vaterfigur: die identifikatorische Seite des Ödipuskomplexes. Sondern sie stammt auch aus einem Neidgefühl, ist als eine Abwehridentifizierung gegen neidische Triebregungen zu verstehen: einen Mangel an Originalität oder "Genialität" bei sich selbst zu befürchten, der dann eine Quelle tiefer Zerstörungswut gegenüber dem Gründervater wäre, würde er nicht durch eine so starke Identifikation überformt. "Kann ich schon nicht erreichen, was Du erreicht hast, so will ich mich wenigstens Dir angleichen" - dabei bleibt diese Angleichung als ein ständiger Stachel wirksam, eigene Originalität und Identität im Grunde verfehlt zu haben.

Leider haben Analytiker oft auch eine Abneigung dagegen, einen professionellen Organisationsberater bei Konflikten innerhalb ihrer Institution heranzuziehen. Der Grund für diese Unterlassung kann ein Schamerleben sein, auswärtiger Hilfe zu bedürfen oder sich (trotz aller psychoanalytischen Kompetenz) als unfähig zu erweisen, das Feuer im eigenen Hause selber zu löschen - eine Scham oder doch Angst vor Beschämung, die auch zur Uninformiertheit bezüglich heutiger Möglichkeiten einer differenzierten Organisationsberatung führen kann oder von einer Art narzißtischen Hochmuts erstickt wird. Es heißt dann: "Wie kann ich von einem Nichtfachmann (Nichtmediziner, Nichtanalytiker, Nichtwissenschaftler, etc.) erwarten, daß er meine, unsere spezifischen Probleme auch nur versteht?"

Vor allem aber stünde der Organisationsberater der geronnenen Macht des Faktischen gegenüber, mit dem ihn eine Institution, die in Schwierigkeiten ist, konfrontiert. Ich meine damit die "Symptome" einer Institution, die oft ausschließlich auf die *äußeren* Realitäten - ökonomische, politische, fachliche, räumliche usw. - geschoben werden und sich ja oft als solche an der Oberfläche manifestieren. Die Dimension des institutionellen Unbewußten wird dabei allerdings nicht berücksichtigt. Die

Symptome erhalten geradezu den Stellenwert eines sekundären Krankheitsgewinns: Sie dienen dann selbst der Nichtveränderung, dem Beibehalten der Misere. Der Organisationsberater muß also mit einem unbewußt motivierten Widerstand rechnen - ja, die Arbeit an diesem Widerstand in der zu beratenden Institution, der oft genug als institutionalisierter Widerstand (der dann an den genannten "realen Gegebenheiten" festgemacht wird) sich zeigt, ist das Hauptziel seiner Arbeit.

Ich sage das durchaus aus eigener Erfahrung, so wie es sicher allgemein zutrifft, daß die Beschäftigung mit einer wissenschaftlichen Fragestellung immer auch autobiographischen Erlebnissen entspringt und einen Konfliktlösungsversuch darstellt. Was mich betrifft, bin ich mit Sicherheit zu spät während meines Berufslebens in Institutionen und Organisationen mit den Lösungsmöglichkeiten und Arbeitstechniken der Organisationsentwicklung bekannt geworden, die mir in meinem Dünkel als Fachmediziner und Fachpsychoanalytiker gewiß hätten helfen können, institutionelle Konflikte und Sackgassen zu verstehen und produktiv zu lösen, anstatt mich in Trotz, Scham und Gekränktheit zurückzuziehen. Besonders hilfreich war für mich die Teilnahme an mehreren Group Relations Conferences in Leicester, kurz "Leicester-Konferenzen" genannt, wie sie modellhaft vom Londoner Tavistock Institute of Human Relations entwickelt worden sind.

Bei diesen Organisationsseminaren in der Tavistock-Leicester-Tradition liegt der Schwerpunkt auf der Analyse und dem Verstehen des systemischen und organisatorischen Kontextes, in den Menschen - bei dem Versuch, sich selbst zu managen - bewußt und unbewußt ihre je eigene innere und äußere Welt einbringen, wie sie Führung und Autorität übernehmen und vermeiden, wie sie auf dem Hintergrund individueller und kollektiver Grundannahmen und unbewußter Phantasien gemeinsam eine soziale Wirklichkeit konstruieren. Im Gegensatz zu der therapeutischen, z.B. gruppenanalytischen Arbeit ermöglicht diese Art von Organisationsseminaren vor allem Lernerfahrungen darüber, wie Menschen als Mitglieder sozialer Systeme ihre individuellen und systemischen Beziehungen gestalten, aufrechterhalten und verändern. Persönliche Charaktermerkmale werden dabei als ein Teil der Privatsphäre verstanden, deren Exploration und Bearbeitung der Initiative jedes einzelnen überlassen bleibt, also nicht Gegenstand der Organisationsseminare sind. (B. Sievers, 1998, S. 114)

II.

Institutionen und Organisationen (im vorliegenden Text wird zwischen diesen beiden Begriffen nicht klar unterschieden) schaffen für ihre Mitglieder nicht nur Vorteile und Erleichterungen, haben also nicht nur eine bündelnde, zentrierende Funktion, die dann die Erkennbarkeit des durch die Organisation repräsentierten oder verfolgten Ziels erleichtert oder überhaupt erst möglich macht. Sondern Organisationen belasten auch: Nicht nur mit zusätzlichen Pflichten und "Sprachregelungen" (um diesen ursprünglich in der NS-Zeit eingeführten Terminus hier bewußt einmal zu gebrauchen), vielmehr auf einer unbewußten Ebene, mit einem nicht nur libidinösen ("gemeinsam sind wir stärker", "wir entwickeln ein Wir-Gefühl", gewinnen Macht und Einfluß, größeren öffentlichen Bekanntheitsgrad, öffentliche Anerkennung), sondern auch aggressiven Potential. Das Unbewußte von Organisationen erscheint mir von starken aggressiv-destruktiven Kräften mitbestimmt zu sein, die oft verleugnet werden und die manchen Menschen eine geradezu instinktive Scheu vor einer Beteiligung an Organisationen verursachen. Organisationen und Institutionen verordnen sich nämlich Regeln und Gesetze, und sie passen sich an gesellschaftliche und politische "Notwendigkeiten" und Regeln an. So wird die Frage nach der "Marktgängigkeit" des von ihnen angebotenen "Produkts" oft gestellt: Liegen sie, so lautet die Frage einer Organisation oder Institution an sich selbst, "im Trend", können sie sich in der Konkurrenz mit anderen Institutionen behaupten, müssen sie Kompromisse schließen, sich - auch gegen Überzeugung und Gefühl einzelner Mitglieder - an "Zwänge" (fachliche, ökonomische, politische etc.) anpassen? Fühlen sich dann die Individuen, die sich in der Institution zusammengeschlossen haben, überfahren, ausgeschlossen, attackiert? Nicht zu reden von der bekannten Tatsache, daß in Institutionen eine Entindividualisierung insofern eintritt oder doch eintreten kann, als der Einzelne in Gefahr geraten kann, nämlich als Abweichler, Eigenbrötler, ja Feind der Institution gebrandmarkt zu werden und sich dann dem Kollektiv gegenüber vereinzelt und isoliert wiederzufinden.

Einem Kollektiv kann man nicht in die Augen blicken wie einem Einzelnen. Ein Kollektiv verfügt nicht über ein individuelles Über-Ich, das zum Beispiel durch persönliche Schuldgefühle, Reue, Verantwortung, eine persönliche Entwicklungs- und Konfliktgeschichte ausgezeichnet ist. Das Kollektiv kann gnadenlos sein im

Verdammen und Ausstoßen einer nicht in das kollektive Selbstbild, die institutionelle Zielsetzung passenden Person. Hier sind deswegen auch Termini wie "sozialer Tod", "Rufmord", also Formen emotionaler Ausschließung und Ausstoßung aus dem Kollektiv geprägt worden für die Situation solcher Personen, die, aus unterschiedlichen Gründen, allerdings oft nur teilweise bewußten, bekämpft und ausgegrenzt werden und solche Erfahrungen mit großer persönlicher Betroffenheit erleben; sie fühlen sich dann als "unfähig", "minderwertig", "gescheitert" und entwickeln nicht selten psychische oder psychosomatische Symptome wie depressive Zustände, Gefühle der Selbstentfremdung, bis hin zu Herz- und Kreislauferkrankungen und Krebs. (Ausgeschlossensein oder Trennung von Institutionen gehören zu jenen Trennungs- und Kränkungserlebnissen, die in den psychosomatischen Forschungen über die Auslösesituationen von schweren Körperkrankheiten wie Herzinfarkt und Krebs, zumindest bei jüngeren Personen, identifiziert worden sind.)

Die Errichtung, ja nicht selten als "Einziehung von Stahl und Beton" erlebte Etablierung von organisatorischen Strukturen hat den bewußt verfolgten Zweck, die Wechselfälle und Überraschungen von seiten unbewußter Kräfte, Affekte und Konflikte zu kanalisieren und insgesamt zu minimieren. Dabei wird allerdings oft übersehen, daß eine Strukturbildung auch unbewußte Motive hat und unbewußte Konflikte und Triebkräfte bindet, ja enthält und bedeutet, denen im Gewande einer Organisation zu begegnen eher noch überraschender ausfallen kann als die direkte Konfrontation mit einem unstrukturierten, unorganisierten Trieb- und Affektbündel. Mit anderen Worten: Die Errichtung einer Organisation oder doch die "Organisatoren", also jene Spezialisten für die organisatorische Regelung von Problemlösungs- und Arbeitsabläufen, müssen sich klar darüber sein, daß Irrationales, also gleichsam "Unorganisiertes", durch ihre Bestrebungen nicht verhindert und ausgeschlossen wird, sondern daß das geschaffene organisatorische Gefüge selbst Ausdruck eines unbewußten Abwehrvorgangs ist und - durchaus vergleichbar einer Symptombildung - zu einer schweren Belastung werden kann; einer Belastung im Hinblick auf die Zielsetzungen und Arbeitsaufgaben der Organisation selbst, aber auch für die Menschen, die in der Organisation zusammengeschlossen sind. Die rationale Zielsetzung - das Wort "Rationalisierung" scheint hier in seiner Doppelbedeutung auf: Herstellung einer größeren Rationalität, Berechenbarkeit, Durchschaubarkeit einerseits, als Abwehrmechanismus im Sinne einer Unterdrückung von Phantasien und

Affekten andererseits, wie uns dies als rationalisierende Abwehr insbesondere bei Zwangskrankheiten vertraut ist, aber auch bei psychosomatischen Symptombildungen so häufig zu beobachten ist -, diese rationale, rationalisierte Zielsetzung umfaßte demnach beides und stellte sich als hoch ambivalentes Gebilde dar: Ordnung und Übersichtlichkeit, eben Rationalität von Strukturen und Abläufen einerseits, als ein unbewußtes Gebilde andererseits, dessen Inhalte aus Bildern, Phantasien, Affekten, also Triebabkömmlingen bestehen und in hohem Maße irrational erscheinen.

Das ambivalente Doppelgesicht der Organisation hat erstens eine öffentliche und bewußte Seite: Sie ist übersichtlich und folgt den Gesetzen des bewußten Denkens, sie folgt einer rational festgelegten Zielsetzung. Es hat zweitens eine verborgene und unbewußte Seite: Sie ist verdeckt, abgewehrt, oftmals tabuiert und folgt den Mechanismen des Es: Wie z.B. im Traum sind hier reale Gegensätze gleichzeitig möglich, starke Affekte und Triebwünsche können geäußert und befriedigt werden, öffentliche Moral- und Wertvorstellungen können radikal außer Kraft gesetzt werden, das logische Denken wird suspendiert. Diese verborgene und unbewußte Seite wirkt ständig auf die bewußte, zielgerichtete Seite ein, sie setzt sie unter Anspannung und Druck. Dagegen versucht die bewußte, rationale Seite das Unbewußte in der Organisation zu zähmen, ja niederzuhalten: Einerseits durch organisatorisch-institutionelle Gesetze, Satzungen und "Sprachregelungen" - andererseits, jedenfalls häufig genug, durch Symptombildungen wie Tabus, Freudlosigkeit und Depressivität, Isolierung und Vertreibung einzelner Mitglieder, Unproduktivität, Kreativitätsverlust und "Austrocknung" der Organisation.

III.

Besinnen wir uns auf die Ursprünge einer Institution. Es besteht eine Notwendigkeit: Eine Idee zu verbreiten, eine wissenschaftliche, eine politische Richtung zu organisieren, eine Aus- oder Weiterbildung in feste Formen zu gießen, ein Produkt oder Angebot zu entwickeln und zu vermarkten. In jedem Fall ergibt sich eine Handlungssituation, die bisher ungerichtete und oftmals individualisierte Aktivitäten in einem überschaubaren Rahmen und vereinheitlichter Richtung zusammenführen und strukturieren soll. In aller Regel findet sich eine Gründerfigur. Der Gründer (oder die Gründergruppe) haben meist charismatische Eigenschaften.

An der Quelle der Institutionsbildung steht also in der Regel eine Handlungsnotwendigkeit. Sie erzeugt eine *Handlungssituation*, einen "Handlungsbedarf" und kann sich aus äußeren ebenso wie inneren Gründen ergeben. *Äußere* Gründe, die sich hauptsächlich aus der "äußeren Realität" herleiten, also sozialer, politischer oder gesundheitspolitischer, aber auch wissenschaftlicher Natur sind, sind etwa die psychotherapeutische oder psychoanalytische Unterversorgung einer Stadt oder Region, also die Notwendigkeit zur Verbesserung ambulanter und klinischer Behandlungsmöglichkeiten für psychisch Kranke. Diese Situation bestand in der Bundesrepublik Deutschland noch Anfang der 60er Jahre - psychotherapeutisch-psychosomatische Krankenhaus- und Universitätsabteilungen waren auf wenige Orte, meist in Groß- oder Universitätsstädten, beschränkt; in einer Praxis niedergelassene Psychotherapeuten und Psychoanalytiker waren dünn gesät, so daß manche Regionen wie weiße Flecken auf der Landkarte der psychotherapeutisch-psychoanalytischen Versorgung erschienen.

Auch das "psychoanalytische Bewußtsein" der Bevölkerung war wenig entwickelt. Unbewußte Konflikte als Ursache psychischen Leidens anzuerkennen, nach psychoanalytischer Aufklärung, Heilung und Persönlichkeitserweiterung zu suchen, gehörte noch nicht zur Kultur der jungen Bundesrepublik und war nicht im öffentlichen Bewußtsein, jedenfalls intellektueller und gebildeter Schichten, verankert. Außerdem lagen die Nachwirkungen des Nationalsozialismus mit seiner aggressiven Zerstörungspolitik gegenüber einer psychoanalytischen Psychotherapie und gegenüber der Psychoanalyse als Persönlichkeits- und Kulturtheorie noch wie dunkle Schatten über dem Land, über dem Bewußtsein der Deutschen. Unter einer psychogenen Erkrankung zu leiden, erschien vielen als beschämende "Schwäche". Die "Unfähigkeit zu trauern" (A. und M. Mitscherlich, 1967) in der frühen Bundesrepublik zeigte sich auch in Form von Renitenz, Ratlosigkeit und Uninformiertheit in bezug auf die Möglichkeiten einer psychoanalytischen Krankenbehandlung.

Es bestand also Handlungsbedarf. Aber zu diesen äußeren, die psychotherapeutische Versorgung der Bevölkerung betreffenden Gründen traten *innere* Beweggründe. Sie sind mit der inneren Realität der Handelnden verflochten: Ihren Wert- und Idealvorstellungen (bis hin zu ihrem "Sendungsbewußtsein"), ihrer Fähigkeit und Bereitschaft zur Entwicklung öffentlicher Aktivitäten, ihrem Wunsch nach öffentlicher Anerkennung, Breitenwirkung und "Zeugenschaft". Mit gutem Recht können wir von einem inneren Bedürfnis von Psychoanalytikern sprechen, ihre im "Dritten Reich" zerstörte und aus dem öffentlichen und akademischen Bewußtsein weitgehend entschwundene Wissenschaft und Praxis wieder aufzubauen, sich internationalen wissenschaftlichen und behandlungsorientierten Standards wieder anzunähern, eine tragfähige Aus- und Weiterbildung wieder zu etablieren und eine neue, jüngere Generation von Psychoanalytikern auf den Weg zu bringen. Es entstand eine Aufbruchstimmung: Der neue Aufbruch und Ausbau einer verdrängten und vernichteten Wissenschaft und Praxis war das "innere Projekt", das die Gründergeneration bewegte und das durchaus visionäre Züge hatte. Dieses innere Projekt, das über die äußere Krankenversorgung hinausging, bedeutete für die Begründer auch Selbstverwirklichung, Selbstverortung, Selbstreflexion aus psychoanalytischem Bewußtsein, einschließlich der Hoffnung auf eine Veränderung des öffentlichen Denkens und Handelns im Sinne einer diskursiven und reflektierenden Kultur.

In einer solchen initialen Handlungssituation bedarf es einer *Gründerfigur*. Es kann sich dabei um einen einzelnen Gründer handeln oder auch um eine Gruppe von Gründern; in der Regel umgibt sich eine charismatische Gründergestalt mit einer ihr eng verbundenen Gruppe von Mitbegründern, die sich dem Gründer verpflichtet fühlt, sich mit ihm in den zu erstrebenden Zielen einig weiß, von hoher Motivation erfüllt ist in der Verfolgung der Gründungsziele einer zu entwickelnden Institution oder Organisation. Handelt es sich bei dem Gründer, dem "Gründungsvater", nicht um eine primär charismatische Persönlichkeit, so kann er mit charismatischen Eigenschaften ausgestattet werden, die ihm von seinen Mitarbeitern und Anhängern zugeschrieben werden - das *Gründungscharisma*, also die visionäre Überzeugtheit und Wirkungskraft angesichts der angezielten Aufgabe, eine Art unbedingter Begeisterung und Gewißheit auch angesichts zu erwartender Hemmnisse und etwaiger Schwierigkeiten gesellschaftlicher, politischer und finanzieller Art, zeichnet die Gründungsfigur aus und strahlt auf die übrigen Mitglieder einer Gründungsgruppe ab. So trägt der Organisationsgründer durchaus die Züge eines Massenführers, wie ihn Le Bon und Freud (1921) beschrieben haben. Die Mitarbeiter bilden eine Gruppe, die sich mit ihrem Gründer und Leiter und untereinander stark identifiziert; nicht selten fühlen sie sich wie eine "verschworene Gemeinschaft".

Es entsteht eine *Pioniersituation*: Angesichts eines noch unbeackerten Feldes, einer begeisternden neuartigen Aufgabe, die Einfluß und Wirkungsmächtigkeit verheißt, werden zahlreiche Widerstände überwunden. Unvollkommenheiten und Improvisationen werden dabei in Kauf genommen, ja machen oft den "direkten", umstandslosen und unbürokratisch-unverfestigten Gründergeist aus. Es herrscht Unkonventionalität: Eingefahrene Wege der Realitätsbewältigung bestehen noch nicht. Ein Bewußtsein des Neuen, der Neuerungen beseelt den Gründer und seine Gruppe, nicht selten begleitet von einem Geist trotziger Auflehnung gegen "klassische" oder "überkommene" organisatorische Strukturen, wissenschaftliche Theorien und praktische Umsetzungen.

Eine solche Gründungsphase können wir durchaus als *mythopoetisch* bezeichnen.

Die Gründungsumstände erzeugen einen Mythos in der Institution, oft auch über die Institution hinaus, und erscheinen später als etwas nicht mehr Wiederholbares, nicht mehr Erreichbares. Sie nehmen den Stellenwert einer "besonnten Kindheit" und/oder einer "harten Kindheit" an, die oft im Rückblick verklärt werden, als ob ihr Erleben und ihre Überwindung die Kräfte darstellten, von denen man als Erwachsener zehrt. Ja, wir können sogar, über den Kindheitsmythos hinausgehend, von einem *Schöpfungsmythos* sprechen, einer heroischen Initialsituation, die in dieser Form und in dieser begeisterten Stimmungslage unwiederholbar erscheint. Sie weist im Nachhinein oft alle Zeichen der wunschhaften Verklärung auf, wie sie die Vorstellung eines "Familienromans" für viele Menschen bereithält.

Gründerfiguren weisen aber auch Schattenseiten und Mängel auf. Sie tendieren oft zu autoritärem Auftreten, sind von hoher Empfindlichkeit und Kränkbarkeit, Unduldsamkeit gegenüber Kritik. Sie dulden keine anderen Götter neben sich. Auch wissenschaftlich oder in der praktischen Anwendung ihres Faches neigen sie - nicht selten auch aus Zeitmangel oder terminlicher Unabkömmlichkeit - gelegentlich zur Ungenauigkeit und Ungeduld.

Zu Zeiten des Lebens und Wirkens der Gründerfigur wurden diese Schattenseiten entweder nicht gesehen, zumindest nicht kritisch wahrgenommen, oder nur versteckt von den Mitarbeitern zum Thema gemacht. Die Idealisierung der Gründerfigur dominierte. Außerdem galt es, zusammenzuhalten und gegen äußere Widerstände - Gegner, Zweifler, Verständnislose - zusammenzustehen. Für eine Institution ist der äußere Feind oder Gegner jenseits der Grenzen der Institution, in deren Rahmen ihre Mitglieder sich geborgen und sicher fühlen können, ein wichtiger Faktor des Zusammenhalts.

Der "Kitt", das psychische Bindemittel, das die Mitglieder einer institutionalisierten Gruppe vereint, ist also 1. die Ersetzung des je persönlichen Ich-Ideals durch die gemeinsame Identifizierung mit dem Leiter oder Führer und der durch ihn repräsentierten Idee, Zielvorstellung und Arbeitsweise (insofern Freuds (1921) Erkenntnissen über die Strukturdynamik von organisierten Massen folgend), 2. die Errichtung einer Festung, die im Extremfall sogar zu einer "revolutionären Zelle" werden kann oder sich als eine solche erlebt, gegen äußere Gegner, und sei es gegen "Unverständige", "noch zu Überzeugende" oder zu "Bekehrende".

Wichtig erscheint hier auch, daß eine solche beginnende Institution Verbündete, Gönner oder Freunde haben muß, die oftmals dem persönlichen Beziehungskreis des charismatischen Gründers zugehören. "Der reiche Onkel aus Amerika", der einflußreiche Politiker, der unterstützende Wissenschaftlerkollege, der gerade, weil er aus einer anderen Fachrichtung stammt, sich als Kronzeuge für die Notwendigkeit und Unterstützungswürdigkeit der jungen Institution eignet und vielleicht dem Gründer aus früheren Tagen freundschaftlich verbunden ist, sind hier typische Figuren.

IV.

Einen Einschnitt in die Pionierphase, die sich nicht selten im verklärenden Rückblick als eine heroische Phase darstellt (in des Wortes doppelter Bedeutung: "heldenhaft" und "gewagt", ja an der Grenze des Verantwortbaren), bildet immer die Einsetzung eines Nachfolgers in der Leitung. Sie geht mit Ernüchterung einher, auf Seiten der Institutionsmitglieder, aber auch auf Seiten der fachlichen und allgemeinen Öffentlichkeit. Ein Rausch ist verflogen. Unter einem Nachfolger ist die Gründungsphase auf jeden Fall beendet.

Der Nachfolger ist wohl immer in einer prekären Situation, und mancher selbstbewußte und kritisch denkende Kandidat hat sich gewiß schon gegen die, wenn auch noch so verlockende, Annahme der Stelle als Nachfolger eines charismatischen und berühmten Institutionsgründers entschieden und lieber selber eine Gründungssituation für sich gesucht, das Wort C.J. Caesars bedenkend: "Lieber in einem Dorf der Erste, als in Rom der Zweite". Ein Nachfolger kann es nicht verhindern, am Gründer gemessen zu werden, ja sich selbst am Gründer zu messen und somit ein fremdes Ideal an die Stelle seines eigenen, persönlichen Ich-Ideals zu setzen. Ein solcher Vorgang aber muß beim Nachfolger zu einer schwerwiegenden Identitätsverunsicherung führen, auch wenn diese ihm zunächst nicht bewußt sein sollte.

Bei den Institutionsmitgliedern kommt es angesichts des Nachfolgers ebenfalls zu Verunsicherungen. Sie versuchen entweder, den Nachfolger quasi als eine Fortsetzung, möglichst als eine Kopie des Gründers wahrzunehmen. Oder sie stellen bald fest, daß der Nachfolger - ungeachtet seiner tatsächlichen Leistungen - hinter den (zunehmend glorifizierten, in der Erinnerung verklärten) Leistungen des Gründers zurückbleibt.

Ferner tragen sie nicht selten ihre Ambivalenz gegenüber dem Gründer, insbesondere ihre seinerzeit oft unterdrückten aggressiven Potentiale, ihre hintangestellte Auflehnung gegen den Gründer, die angesichts seiner realen Präsenz und Macht hintangehalten worden waren, nunmehr an dem als schwächer und "jünger" erkannten Nachfolger aus. Schließlich fühlen sie sich aber auch in ihrer Gruppenidentität als Mitglieder der Institution verunsichert und regredieren nicht selten auf eine paranoid-schizoide Position (Melanie Klein, 1957): Sie verlieren insofern den Kontakt zur Realität oder zum realistischerweise von einem Menschen Erwartbaren, als sie die allfälligen Schwächen des Nachfolgers als "schlecht", "ungenügend", "nachteilig" für die Arbeit der Institution bewerten, was einer Spaltungstendenz entspricht, und sie erleben ängstlich-beunruhigt die Institution als bedroht, weil der Nachfolger z.B. die Außenfeinde nicht richtig einschätze, den Durch- oder Überblick nicht habe oder auch die Beziehungen und Verbindungen, die legendären Förderer und Verbündeten des Gründers, ihm nicht zur Verfügung stünden. Hier finden wir also Mechanismen der Projektion, ebenfalls charakteristisch für die paranoid-schizoide Position einer Gruppe oder Institution.

Der Nachfolger steht also, neben seinen eigentlichen, realen Arbeitsaufgaben (z.B. in Krankenversorgung, Lehre, Forschung) vor folgenden Problemen:

a) *In bezug auf sich selbst:* Er kämpft darum, sein eigenes fachliches und persönliches Profil zu bewahren und zu entwikkeln, d.h. sich nicht passiv identifizieren zu lassen oder sich selbst zu identifizieren, ja zu *infizieren* mit einem Bild, dem er selbst nicht entspricht, was früher oder später zu Enttäuschungen führen muß: Kränkung, Selbstentfremdung, Identitätsverlust;

b) *In bezug auf die Gruppe seiner institutionellen Mitarbeiter:* Die Tendenzen zur paranoid-schizoiden Regression zu entdecken, wahrzunehmen und daran zu arbeiten, daß eine depressive Position in der Gruppe wieder erreicht werden kann. (Manche neuen Chefs tendieren stattdessen auch zur Entlassung aller älteren Mitarbeiter und bringen sich erprobte Mitstreiter von außerhalb mit. Sie versuchen auf diese Art, Konflikte und Regressionen der Institution rational zu umgehen, was ihnen jedoch in aller Regel nicht gelingt, weil sie damit das Unbewußte einer Institutionsdynamik außer acht gelassen haben);

c) *In bezug auf die "Außenwelt":* Auch bei veränderten gesellschaftlichen, politischen und ökonomischen Verhältnissen das Ansehen der Institution aufrechtzuerhalten. Nicht selten wird die Einsetzung eines Nachfolgers von Reorganisationsversuchen der Träger (staatlicher oder privater Träger) begleitet, vielfach durch die Zumutung finanzieller Einsparungen. Aber auch das gesellschaftlich-politische Umfeld, ebenso wie der Fortschritt der Wissenschaft befinden sich gegenüber der Gründungsphase der Institution im Wandel;

d) *In bezug auf den Vorgänger, den Gründer:* Der Nachfolger wird versuchen, diesen nicht zu imitieren, sondern ein eigenes persönliches Profil und ein eigenes Arbeitsprogramm zu entwickeln. Aber dies schützt ihn nicht davor, daß er zum "projektiven" Ziel der Affekte wird, die ursprünglich seinem Vorgänger galten, daß er also quasi am abgegessenen Tisch seines Vorgängers sitzt, wie F. Morgenthaler (1978) einmal die Situation des Psychoanalytikers in der Übertragung seiner Patienten genannt hat: In der Übertragung vergangener konflikthafter Objektbeziehungen auf den aktuell vorhandenen Analytiker erhält dieser, wie abgegessene Teller, die Macht der alten unterdrückten Wünsche, nicht zuletzt des Hasses und der Auflehnung, vor die Füße geworfen.

Auch der *Neid* innerhalb einer Institution darf hier nicht unerwähnt bleiben. Im Gegensatz zur Rivalität handelt es sich beim Neid um ein Bedürfnis, so zu sein wie der andere, sich an seine Stelle zu setzen und ihn deswegen beseitigen, ausrauben und überschlucken zu wollen. Angesichts einer charismatischen Gründerfigur, die ja auch das Wachsen und Überleben der Institution garantiert und verkörpert hatte, waren solche Neidgefühle nicht am Platze gewesen; hier war es allenfalls zu rivalisierendem Aufbegehren der Urhorden-Söhne und -Töchter gegen den "Urvater" (S. Freud, 1918) gekommen. Den Nachfolger dagegen trifft der Affekt, oder besser gesagt: das triebhafte Verlangen des Neides. Ihm werden seine Befähigungen abgesprochen, seine Position und sein Einkommen als unberechtigt, als angemaßt bezeichnet. Mit dem Wunsch, ihn zu beseitigen, wird versucht, sich der Unerträglichkeit einer dominierenden Führungsfigur zu entledigen, was in der Gründungssituation, angesichts des Gründungsvaters, nicht möglich erschien.

Die Tragik des Neidvorganges ist allerdings, daß nicht nur die Entwertung und Expropriation des Beneideten, sondern auch, oft mit dem Affekt der Scham, die Entwertung und Entwürdigung der Neider selbst einhergeht. Es handelt sich also um gefährliche institutionelle Situationen, in denen ein positives Selbstverständnis und die organisatorische Stabilität der Institution von ihren Mitgliedern selbst aufs Spiel gesetzt werden. Die Erinnerung daran, daß es sich hierbei um als im Kern unbewußte Vorgänge handelt, um unbewußte Gruppenphantasien, läßt die Problematik nur in verschärftem Licht erscheinen.

In solchen Turbulenzen, auch wenn diese, zumindest auf manifester Ebene, nicht so dramatisch ausfallen, kommt in aller Regel der Ruf nach organisatorischen Verbesserungen und Reformen, ja einer grundlegenden Neuorganisation der Institution auf. Damit wird eine dritte Phase der Institutionsentwicklung eingeläutet.

V.

Wie verändern sich die heroischen Gründungszustände bei längerem Bestehen einer Institution? Die gesellschaftlichen und politischen Bedingungen, angesichts derer die Institution gegründet worden war, gegen die sie sich durchgesetzt hatte und auf die sie ihren Einfluß ausgeübt hatte, haben sich verändert. Um am Beispiel der psychoanalytischen und psychotherapeutischen Versorgung einer Stadt oder Region festzuhalten: "Weiße Flecken" auf der Landkarte finden sich kaum noch, die Zahl der niedergelassenen Therapeuten und der Klinikplätze hat sich entscheidend vermehrt, ja zu einer Überversorgung geführt. Neue Abwehrformen gegen die Psychogenese von Krankheitsbildern haben sich herausgebildet - bei den potentiellen Patienten, bei den öffentlichen Geldgebern, in den politischen Anschauungen.

Die Gründerfigur ist alt geworden, ist aus der Institution ausgeschieden oder gestorben. Oft wird sie in der Erinnerung glorifiziert. Näheres Zusehen entdeckt aber, zumindest bei den Angehörigen einer Institution und ihnen nahestehenden Kreisen, auch schwerwiegende Ambivalenzen der Gründerfigur gegenüber. So werden ihr z.B. fachliche Unzulänglichkeiten, aber auch persönliche Unvollkommenheiten nachgesagt, die zu ihren aktiven Zeiten niemand auszusprechen gewagt hätte oder die im Glanz der Idealisierung untergegangen waren. Jetzt kann von Rücksichtslosigkeit, Ausbeutertum, Gewissenlosigkeit die Rede sein, die seinerzeit in der Gründungsphase vielleicht als "notwendig" erschienen waren, um der Institution zum Durchbruch zu verhelfen, um ihr öffentliche Beachtung und Anerkennung zu sichern, um z.B. Geld- und Personalmittel zu akquirieren . Und damit ist auch eine gewisse Beschmutzung des idealen, reinen Bildes der Gründerfigur eingetreten, die eben oft im Schlamm waten und mit grobem Pinsel malen mußte, um die Existenz der Institution zu sichern und ihr Beachtung und Geltung zu verschaffen.

Zwei charakteristische Bedürfnisse werden in dieser dritten Phase der Institutionsentwicklung wach. *Erstens* handelt es sich um Bedürfnisse auf Seiten der Institutionsmitglieder. Es fällt in der Regel schwer, zu übersichtlichen oder gar demokratischen Verhältnissen zu kommen, wenn eine Institution in das schwere Wetter politischer, sozialer und ökonomischer Veränderungsprozesse gerät und sich nicht mehr in der charismatischen Gründungsphase befindet. Die vormals so enge und begeisternde Gruppenidentität droht auseinanderzufallen, Einzelkämpfertum bricht auf. Es handelt sich dann um eine "Gruppe in Auflösung": In ihr werden Kräfte freigesetzt, die zuvor gebunden oder kanalisiert waren durch die gemeinsame Identifizierung mit der Zielsetzung der Institution und mit dem Gründer, der diese Ziele personifizierte und garantierte. Die bindende Kraft der Institution - im Sinne einer Bindung und Bündelung von libidinösen und destruktiven Triebenergien (also einer Art institutioneller Sublimierung) und im Sinne der gemeinsamen Identifizierung - erscheint gelockert oder zerbrochen.

Zum *zweiten* hat sich aber auf Seiten der Träger einer Institution (sei es ein privater oder öffentlicher Geldgeber, eine

Universität, ein Klinikum, eine Kommune) und im weiteren Sinne der Öffentlichkeit insgesamt ein Wandel ergeben. Veränderungswünsche an die Institution, die oft mit gravierenden Einschnitten in die finanzielle oder personelle Basis verbunden sind, sehen wir häufig bei der Einsetzung eines Nachfolgers oder eines neuen Leiters bzw. Leiterteams. Die aus der bindenden Kraft der Gründungsfigur und des Gründungsmythos entlassene Institution bietet dann Risse und Bruchlinien, Einfallspforten für eine verändernde Aktivität aus der "Außenwelt", also von Trägerorganisationen oder den (wechselnden) politischen Kräften.

VI.

In der Organisation, der organisierten Fassung einer Institution ist aggressive Triebenergie gebunden. Es ist nicht zuviel behauptet, daß hierin eine wichtige Triebfeder für die Institutions- und Organisationsentwicklung besteht: aggressiv-destruktive Energie zu binden. Aber das bedeutet keineswegs allein "Sozialisierung" - diese Ebene wäre eine vorwiegend bewußte, zweckgerichtete. Es handelt sich ebenso oder in erster Linie um einen Abwehrvorgang, also ein unbewußtes Geschehen. Vielleicht ist es dem Vorgang der Sublimierung zur Seite zu stellen, der sich libidinöser Triebenergie bedient, um kulturelle, intellektuelle und künstlerische Leistungen zu Wege zu bringen. Hier geht es nicht um die libidinösen, sondern um die aggressiv-destruktiven Triebanteile, die "sozialisiert", sublimiert, in organisatorischen Regeln gebunden, d.h. ihrem freien Fluktuieren, ihren gewalttätigen Ausbrüchen entzogen werden sollen. Diese Vorgänge vollziehen sich aber unbewußt; sie sind bei organisatorischen Regelungen einer Institution nicht oder doch selten bewußt intendiert. Das bedeutet auch, daß einer Organisation ein ständig latent wirksames aggressives Potential innewohnt. Die Mitglieder einer Organisation werden dadurch in latenter Angst, in Schach gehalten. Dieses aggressive Potential kann aber auch jederzeit ausbrechen, also manifest wirksam werden. Bei Schwierigkeiten aus der "*Außenwelt*", z.B. aus umgebenden politischen und gesellschaftlichen Zwängen, aber ebenso unbewältigbar erscheinenden Konflikten *im Inneren* der Institution bricht dieses aggressiv-destruktive Potential hervor.

Zum Ziel sucht es sich oft Einzelpersonen, die dann als sogenannte "Sündenböcke", denen die Schuld für ungünstige Entwicklungen zugewiesen wird, mit starken Aggressionen bekämpft werden. Nicht selten ist ihre Auslöschung, ihre Beseitigung das Ziel.

Diese aggressiv-destruktive Aufladung von organisierten Institutionen stellt aber auch ein wichtiges Bindemittel zwischen den Individuen dar, die zu der Institution gehören. Es ist die *Angst*, die durch das destruktive Potential verursacht wird - eine *latente* Angst, die dann zur *manifesten* Angst würde, wenn ein Individuum aus dem Institutionsgesamt ausschert (z.B. als Opponent oder Widerstandskämpfer): Jetzt ist sie dem manifest gewordenen Betrag des aggressiven Potentials, das vorher in den Organisationsstrukturen gebunden und damit in der Latenz gehalten war, ausgesetzt und muß mit ihrer Vernichtung rechnen. In Nicht-Kriegszeiten und nicht unter totalitären Regimes hat sich für eine solche, von der Organisation ausgeschlossene Position die Bezeichnung "sozialer Tod" eingebürgert, den ein solches Individuum erleiden soll, wenn es von den freigesetzten destruktiven Potentialen der Organisation erfaßt wird.

Ich greife damit auf Freuds (1930) Gedanken zur Kultur- und Gesellschaftsentwicklung zurück, die er in seiner Schrift "Das Unbehagen in der Kultur" formuliert hat. Der Kulturprozeß, die Kulturleistung werden als ein Ergebnis der Unterdrückung libidinöser Triebregungen verstanden, ebenso auch einer Umformung der direkten libidinösen Befriedigung (im sexuellen Sinne) zugunsten einer Kultur des zivilisierten Zusammenlebens, im weiteren auch im Dienste von künstlerischen und wissenschaftlichen Kulturleistungen. Aber ein "Unbehagen" bleibt: Die Erfahrung oder doch Ahnung steht dafür, daß diese Kulturentwicklung brüchig und labil sei, daß es sich dabei um einen prekären Frieden handele, daß diese Kulturleistung auch ständig reflektierender, gedanklicher Arbeit bedarf - wie auch, unbewußt, ständiger Abwehr- und Verdrängungsvorgänge.

Ebenso wie mit den libidinösen verhält es sich mit den aggressiv-destruktiven Triebanteilen. Ihre Zähmung, ihre "Bindung" finden sie in organisatorischen Strukturen. Aber sie sind damit nicht gleichsam "erledigt", nicht beseitigt, nicht überwunden. In einer Organisation leben wir wie auf den fruchtbar gemachten, wohl angebauten Lavahängen eines Vulkans, der vielleicht lange Zeit inaktiv war, aber jederzeit - durch tektonische Verschiebungen, die unserer rechtzeitigen und vorausschauenden Wahrnehmung vielfach entzogen sind - wieder ausbrechen kann.

Die letzte - vierte - Phase einer Institutionsentwicklung, die zu erreichen und zu befördern Institutionsberatungen moderner

Provenienz sich bemühen, wäre ein ruhiger Fluß der Arbeit, der vor allem von den Arbeitszielen her, die es zu bewältigen gilt, bestimmt ist. Es ist jedoch eine schwierige Balance, die es hier einzuhalten gilt: Persönliches Engagement der Institutionsmitglieder, andererseits aber auch Distanz untereinander und zu den gemeinsam verfolgten Zielen. Äußere Regeln (Satzungen, Institutsordnungen, etc.) helfen dabei nur bedingt. Es handelt sich eher um die persönliche Kultur der Mitglieder: eine Bewußtheit der individuellen Verschiedenheit, aber gleichzeitig eine Übereinkunft im Hinblick auf die zu erreichenden Arbeitsziele.

Hier hilft auch die Tradition, ebenso wie bestimmte Rituale. Das Charisma der Gründergeneration, die Geburtswehen und heroischen Entwicklungszeiten sind Geschichte geworden. Ihre in Tradition und Ritualen schattenhaft erkennbaren Spuren gilt es zu pflegen, um Orientierung und Entwicklungsziele nicht aus dem Auge zu verlieren.

Aber auch diese ruhige Fortführungsarbeit zeigt sich als störbar, so wie jeder Kulturerwerb brüchig ist und die Haarrisse alter Konflikte und Strukturschwächen wieder aufbrechen können in institutionellen Krisensituationen. Es ist, im günstigsten Fall, eine *working group* (im Sinne von W.R. Bion, 1961) , als die sich die Institution erleben, als die sie funktionieren kann, niemals verleugnend, daß es sich dabei um einen stets labilen Zustand handelt, in dem die Institution wieder zu Ausstoßungsaktionen gegen Unerwünschtes repräsentierende Mitglieder, zu Abhängigkeitshaltungen, zu Kampf und Flucht nach innen und nach außen regredieren kann.

Literatur

Bion, Wilfried R. (1961): Experiences in Groups and Other Papers. London: Tavistock

Freud, Sigmund (1913): Totem und Tabu. Ges. W. IX. Frankfurt: S. Fischer

ders. (1921): Massenpsychologie und Ich-Analyse. Ges. W. XIII. Frankfurt: S. Fischer

ders. (1930): Das Unbehagen in der Kultur. Ges. W. XIV. Frankfurt: S. Fischer

Klein, Melanie (1957): Neid und Dankbarkeit. In: Das Seelenleben des Kleinkindes. Stuttgart: Klett (1962)

Mitscherlich, Alexander u. Margarete (1967): Die Unfähigkeit zu trauern. München: Piper

Morgenthaler, Fritz (1978): Technik. Zur Dialektik der psychoanalytischen Praxis. Frankfurt: Syndikat

Sievers, Burkard (1998): Verrücktheit in Organisationen. In: Freie Assoziation 1, 113-133

Zur Geschichte und Organisation des Sigmund-Freud-Instituts

Tomas Plänkers

Institutionen sind ähnlich wie Individuen in ihrer Existenz bedroht. Ihr Leben und Funktionieren ist nicht selbstverständlich und muß stets gegen Widerstände errungen werden. Und Institutionen weisen wie Individuen Lebensverläufe auf: Gründerzeiten, Jugend- und Erwachsenenalter, Alter und Tod. Der Tod einer Institution kann durch ‚Krankheit', durch ‚Selbstmord' und ‚Mord' sowie durch Alterungserscheinungen herbeigeführt sein. Alle diese Aspekte lassen sich an der Geschichte des Sigmund-Freud-Instituts veranschaulichen, das historisch auf einer ‚gemordeten' Institution beruht: dem von 1929-1933 existierendem Frankfurter Psychoanalytischem Institut.

Zur Vorgeschichte

Das erste Frankfurter Psychoanalytische Institut war von 1929 bis 1933 als sogenanntes Gastinstitut am Institut für Sozialforschung in Frankfurt angesiedelt. In den 20er Jahren hatte der Psychoanalytiker Karl Landauer in Frankfurt den Philosophen Max Horkheimer (1895-1973) kennengelernt, der sich bei ihm einer Analyse unterziehen wollte. Horkheimer war dann auch wirklich ein Jahr lang in Analyse[1], aber wesentlich bedeutsamer war die daraus resultierende Beziehung zu Karl Landauer. Als 1929 das Frankfurter Psychoanalytische Institut nach Berlin (1920), Wien (1922) und London (1926) als 4. Institut der internationalen Psychoanalyse gegründet wurde, fanden dessen Kurse und

Vorlesungen nämlich in den Räumen des Instituts für Sozialforschung statt, dessen Direktor Max Horkheimer 1930 wurde.

Aufgrund seiner persönlichen und wissenschaftlichen Vorgeschichte brachte er der Geschichte der Psychoanalyse großes Interesse entgegen. Zur Lösung aktueller philosophischer Fragen forderte Horkheimer damals die interdisziplinäre Zusammenarbeit von Philosophen, Soziologen, Nationalökonomen, Historikern und Psychologen[2]. Den zeitgeschichtlichen Hintergrund des nicht nur bei Horkheimer feststellbaren Interesses an einer Psychologie des Unbewußten bildete die in den 20er Jahren virulente Diskussion unter den Linksintellektuellen darüber, weshalb die als revolutionäres Subjekt betrachtete Arbeiterschaft sich nicht tatsächlich zum Subjekt der politischen Entwicklung in der Weimarer Republik gemacht hatte, weshalb also der russischen keine deutsche Revolution gefolgt war (vgl. Bonß und Honneth 1982).

Diese Überlegungen bildeten den geistigen Hintergrund für den bisher einmalig gebliebenen Versuch einer Institutionalisierung der Psychoanalyse im Rahmen der Sozialwissenschaft. Das Frankfurter Psychoanalytische Institut (FPI) war kein Ausbildungsinstitut, sondern fühlte sich in erster Linie öffentlicher Aufklärung verpflichtet (vgl. Laier 1996). Seine Analytiker - Karl Landauer, Heinrich Meng, Frieda Fromm-Reichmann, Erich Fromm und Siegmund Heinrich Fuchs - wollten vor allem psychoanalytische Erkenntnisse an andere Berufsgruppen vermitteln[3]. Die Frankfurter Verbindung von Psychoanalyse und Sozialwissenschaft muß auch als Hintergrund dafür betrachtet werden, daß diese Stadt 1930 an Sigmund Freud ihre höchste Auszeichnung - den Goethe-Preis - verlieh (vgl. Plänkers 1993b, 1996). Die ab 1933 nazifizierte Stadt hat dann wenig später die Schriften Freuds auf dem Römerberg den Flammen übergeben. Das Institut für Sozialforschung wurde zusammen mit dem Frankfurter Psychoanalytischen Institut von Gestapo-Leuten gestürmt und geschlossen. Die Frankfurter Analytiker, in der Mehrzahl Juden, emigrierten.

Es sollten über zwanzig Jahre vergehen, ehe sich in Frankfurt wieder Psychoanalytiker ansiedelten und aus der auch in Frankfurt geschaffenen "intellektuellen Nachkriegswüste" (Jürgen Habermas) wieder psychoanalytisches Grün zu sprießen begann. Anders als in Berlin hatte es hier während der Nazi-Zeit gar nicht erst den Versuch eines Weitermachens gegeben, und ebenso keine neue "Deutsche Seelenheilkunde" und keine "Amalgamierung" verschiedener psychoanalytischer und psychotherapeutischer Schulen zu einer Allgemeinen Psychotherapie. Frankfurt war nach dem Krieg, was Psychoanalyse betraf, tabula rasa. Als dort 1956 eine Vortragsreihe aus Anlaß des 100. Geburtstages Sigmund Freuds stattfand, war dies - wie vor dem Krieg - nur mit Hilfe von Max Horkheimer möglich, der 1950 aus der Emigration an das wieder errichtete Institut für Sozialforschung zurückgekehrt und 1951 als erster Jude in der deutschen Universitätsgeschichte zum Rektor der Frankfurter Universität gewählt worden war[4]. Max Horkheimer wurde zum historischen Bindeglied, das für die Institutionalisierung der Psychoanalyse vor und nach der Zeit des Nationalsozialismus entscheidende Impulse gab.

Die Zusammenarbeit von Horkheimer und Mitscherlich ermöglichte 1956 die 100-Jahr-Feier, die heute als ein ‚Durchbruch' für die Psychoanalyse im Nachkriegsdeutschland verstanden wird. Und nur mit Hilfe Horkheimers kam es 1960 zur Gründung des Sigmund-Freud-Institutes. Alfred Krovoza und Christian Schneider (1996) haben herausgearbeitet, wie Horkheimer und Mitscherlich die Erfahrung des Nationalsozialismus theoretisch unterschiedlich verarbeitet haben. So hatte Horkheimer inzwischen zusammen mit Theodor W. Adorno die "Dialektik der Aufklärung" (1944) geschrieben. Mitscherlich auf der anderen Seite sah sich als Autor[5] der Bücher "Diktat der Menschenverachtung" (1947) und "Wissenschaft ohne Menschlichkeit" (1949) erheblicher Kritik seiner Heidelberger Fakultät ausgesetzt. Dies spielte wohl eine große Rolle für seinen Plan, von Heidelberg, in dem er eine "Renazifizierung" (Berger 1996b, S. 353) am Werk sah, wegzugehen. Für die Realisierung dieses Plans bis hin zur Gründung des Sigmund-Freud-Instituts 1960 blieb für ihn Horkheimer ein wichtiger Partner (ebd.)[6]. Es waren damals viele Hindernisse zu überwinden, die ihre Wurzeln zum einen im damaligen Zeitgeist sowie in der Psychoanalysefeindlichkeit der Medizin hatten. Als z. B. der hessische Ministerpräsident im Zusammenhang mit der 100-Jahr-Feier 1956 der Frankfurter Universität einen Lehrstuhl für Psychoanalyse und psychosomatische Medizin stiften wollte, wurde dies vom Dekan der medizinischen Fakultät zurückgewiesen mit der Bitte, diesen Lehrstuhl in einen für Erbgenetik umzuwandeln (ebd. S. 361).

Den Jahren vor der schließlichen Gründung des SFI gingen Verhandlungen mit der Ford-Foundation, der Deutschen Forschungsgemeinschaft, der Hessischen Landesregierung mit dem sehr aufgeschlossenem Ministerpräsidenten Georg August Zinn und dem Hessischen Ministerium für Erziehung und Volksbildung voraus. Schon 1953 gab es u. a. Bemühungen, "für

Mitscherlich an der Frankfurter Universität eine Klinik zu installieren." (Berger 1996b, S. 355). 1955 plante die Hessische Landesregierung ein Ambulatorium für das Institut in der Frankfurter Universität (ebd. S. 357). Thure von Uexküll plädiert 1958 vor der Deutschen Forschungsgemeinschaft für die Förderung psychosomatischer Forschung durch die Einrichtung eines entsprechenden Ausbildungszentrums (ebd. S. 363f.). Ein wesentliches Argument, das damals auch die Politiker überzeugte, war, daß auf diesem Gebiet, aufgrund der Unterdrückung der Psychoanalyse im Nationalsozialismus, im Ausland ein Forschungsvorsprung und deshalb ein Nachholbedarf bestehe. Auch in einer Anfrage im Hessischen Landtag wird als Grund für die Errichtung des Instituts 1959 genannt, die 1933 erfolgte Unterbrechung dieser wissenschaftlichen Entwicklung wieder zu fördern (ebd. S. 368). Schließlich wurde durch die Hessische Regierung am 1. Oktober 1959 die Gründung eines Instituts und Ausbildungszentrums für Psychoanalyse und Psychosomatische Medizin in Frankfurt a. M. als Anstalt des Landes Hessen, also als Institution außerhalb der Universität, beschlossen. Am 27. April 1960 erfolgte der offizielle Gründungsakt. Einerseits wurde 1960 - aufgrund der Eliminierung der Psychoanalyse in der Nazi-Zeit - von einem ‚absoluten Neubeginn' (ebd. S. 375) gesprochen, andererseits sah man sich über die Nazi-Zeit hinweg in einer geistigen Kontinuität hinsichtlich einer ins Soziale gewendeten Psychoanalyse (Margarete Mitscherlich-Nielsen 1996). Aus der Erfahrung der ersten Analytiker am Sigmund-Freud-Institut heraus handelte es sich gewiß um einen Neuanfang in einer Zeit, wo viele die Psychoanalyse für "eine aus den USA importierte, merkwürdige Heilmethode" (Brocher 1989, S. 322) hielten. Es galt für lange Zeit, "die Psychoanalyse von den Entstellungen, Kompromissen und >selbstgestrickten< Varianten zu befreien, die sich nach 1933 aus politischen und rassistischen Gründen entwickelt hatten" (ebd. S. 324).

Das SFI unter Alexander Mitscherlich (1960-1976)

Das Institut war - wie Hermann Argelander (1986) feststellte - auf das ‚Format' Alexander Mitscherlichs zugeschnitten. Mitscherlich besaß ein "Beziehungsimperium" (vgl. Loch 1983, S. 343), war international bekannt und in der deutschen Öffentlichkeit außerordentlich präsent durch viel diskutierte Publikationen, durch Auftritte im Fernsehen, als Herausgeber der Zeitschrift

Psyche. 1956 war Mitscherlich Mitglied der Deutschen Psychoanalytischen Vereinigung (DPV) geworden (Brecht 1995, S. 91), mit der ihn der Wunsch nach einem Wiederaufleben einer Freudschen Psychoanalyse in Deutschland einigte. Karen Brecht (ebd.) hat darauf hingewiesen, daß auch Mitscherlich nach Kriegsende einige Jahre brauchte, um von der seit 1933 in Deutschland dominierenden Idee einer Allgemeinen Psychotherapie (vgl. Mitscherlich-Nielsen 1992, S. 246, 248) Abstand zu gewinnen[7]. Seine Erfahrungen in den USA, Begegnungen mit ausländischen Analytikern und nicht zuletzt seine eigene Lehranalyse bei Paula Heimann 1958 in London ließen ihn sich schließlich für eine Freudsche Psychoanalyse engagieren.

So bestand auch im Sigmund-Freud-Institut von Anfang an die Absicht, die psychoanalytische Ausbildung entsprechend den Standards der Internationalen Psychoanalytischen Vereinigung zu gestalten. Realisiert wurde dies durch sog. Paten: "aus Holland Jeanne Lampl-de Groot, Pieter van de Leeuw und Pieter Kuiper; aus London Paula Heimann, Michael Balint und Willi Hoffer; aus Paris Bela Grunberger; aus Wien Wilhelm Solms und Alois Becker; aus Zürich Gustav Bally und Paul Parin und aus Berlin Käthe Dräger und Horst-Eberhard Richter." (Argelander 1986, S. 377). Die Mitarbeiter Mitscherlichs unternahmen oft weite Reisen für ihre Lehranalysen und Seminare. Das SFI entwickelte sich zum größten Institut der Deutschen Psychoanalytischen Vereinigung und hat im Verlauf seiner 35jährigen Geschichte als Ausbildungsinstitut eine große Zahl von Analytikern hervorgebracht. Das schnelle Größenwachstum wurde auch kritisch betrachtet als Versuch, nach außen hin wieder rasch eine große psychoanalytische Gesellschaft zu errichten. Man fragte sich, ob dem nach innen stets eine hinreichende psychoanalytische Substanz entsprach.

Das SFI wurde in 3 verschiedene Abteilungen untergliedert: für klinische Psychoanalyse, für Psychologie und für Sozialpsychologie, zudem wurde eine Ambulanz eingerichtet. Die psychoanalytische Arbeit in Gruppen - Balintgruppen aber auch Therapiegruppen - wurde Anfang der 60er Jahre erstmals studiert und praktiziert. Sein öffentliches Renommee erhielt das Institut im wesentlichen durch die Person Mitscherlichs, insbesondere durch seine sozialpsychologischen Schriften. Beispielhaft möchte ich in Erinnerung rufen "Auf dem Weg zur vaterlosen Gesellschaft" (1963), "Die Unwirtlichkeit unserer Städte" (1965), "Die Unfähigkeit zu trauern" (zusammen mit Margarete Mitscherlich-Nielsen, 1967), "Die Idee des Friedens und die menschliche Aggressivität" (1969). Eine sozialpsychologische Schwerpunktsetzung in dem neuen Institut, das bis 1964 "Institut und Ausbildungszentrum für Psychoanalyse und Psychosomatische Medizin" hieß, brachte Mitscherlich auch durch die umstrittene Einstellung von Soziologen zum Ausdruck. Mitscherlich war "in den 60er und 70er Jahren ... genau die öffentliche Figur geworden, mit der sich viele Analytiker und Kandidaten gern identifizierten: ein Psychoanalytiker, Nazigegner und -opfer und ein kritischer Geist seiner Zeit, der moralisch auf der richtigen Seite war." (Brecht 1995, S. 93). In den 70er und 80er Jahren erreichten nur noch die Arbeiten Alfred Lorenzers und Klaus Horns als Beiträge zu einer kritischen Theorie des Subjekts einen ähnlichen Bekanntheitsgrad.

Die Popularität der sozialpsychologischen Arbeiten Mitscherlichs darf nicht darüber hinwegsehen lassen, daß aus dem Institut auch wichtige psychoanalytische Arbeiten im engeren Sinne hervorgingen. Um nur einige wenige Stichwörter zu nennen: Mitscherlich selber veröffentlichte 1966 und 1967 seine "Studien zur psychosomatischen Medizin" mit einer Theorie der zweiphasigen Abwehr im psychosomatischen Krankheitsgeschehen. Hermann Argelander (1970) und Alfred Lorenzer entwickelten ihre Theorien zur szenischen Funktion des Ichs bzw. zum szenischen Verstehen. Es wurde über die analytische Gruppentherapie (Argelander 1963, 1968, 1974, 1975) gearbeitet, über projektive Testverfahren (Vogel 1968, 1970, 1977), über das analytische Erstinterview (Argelander 1966, 1967, 1970, 1973), über analytische Kurztherapie (Klüwer 1970, 1971, 1977), sowie über eine große Zahl verschiedener Krankheitsbilder[8]. Diese Publikationen bringen auch die damals unter den Mitarbeitern stets unstrittige Tatsache zum Ausdruck, daß - wie Mitscherlich es 1964 ausdrückte - "das Herzstück dieses Instituts" die klinische Psychoanalyse war. Das Institut verstand sich und wurde tatsächlich das, was Anna Freud ihm 1964 wünschte: " ... a new home for the new psychoanalytic era in Germany" (Ansprachen 1964, S. 12). Aus diesem Selbstverständnis heraus erfolgte 1964 (14. Oktober) anläßlich der Einweihung des Institutneubaus die Umbenennung in Sigmund-Freud-Institut. Dieser Name machte anschaulich, worum es Mitscherlich vor allem mit dem Institut ging: um die Reetablierung der Freudschen Psychoanalyse in Westdeutschland, die auch von der Internationalen Psychoanalytischen Vereinigung anerkannt war. Mitscherlich sagte damals u. a.: "Worum es heute deshalb geht, ist die Fortführung der wissenschaftlichen Forschung, der Ausbau der theoretischen Begründung der Erkenntnisse Freuds und vor allem ihre Verwirklichung in unserer

Lebensführung." (Ansprachen 1960, S. 9). Anläßlich der 25-Jahr-Feier des Instituts resümiert dazu Herman Argelander: "Erst im nachhinein wird mir persönlich bewußt, wie zutreffend Mitscherlich unsere Aufgabe formuliert hatte und wie uns Mitarbeiter dieser Geist geprägt und eine Gemeinsamkeit geschaffen hat, die uns bis heute, trotz aller Verschiedenheit der weiteren Entwicklung persönlicher Interessen, verbindet." (Argelander 1986, S. 378).

Und noch ein weiteres bedeutsames Merkmal des neuen Instituts benennt Argelander (ebd. S. 383): "Mitscherlich ließ seinen Mitarbeitern viel Raum für die Verfolgung eigener Interessen. Er spannte seine Mitarbeiter nur sehr begrenzt für seine eigenen Ziele ein, ..." Damit war eine Arbeitsform definiert, die sich bis heute am Institut erhalten hat: eine Freiheit in der Bestimmung und Durchführung wissenschaftlicher Arbeiten für die Mitarbeiter, wie sie an der Universität nur Professoren vorbehalten ist[9].

Die 60er und die 70er Jahre waren also vor allem eine Zeit des Aufbaus und neuer Entwicklungen, eine Pionierzeit, was u. a. auch darin seinen Ausdruck fand, daß in den 70er Jahren an den medizinischen Fakultäten Lehrstühle für psychosomatische Medizin und Psychotherapie eingerichtet wurden, die fast durchgehend mit Psychoanalytikern besetzt wurden. Auch Mitscherlich erhielt 1967 einen Lehrstuhl an der Frankfurter Universität (Lehrstuhl für Psychoanalyse an der Philosophischen Fakultät).

Das SFI von 1976-2000.
de Boor, Argelander, Ohlmeier, Richter

Die von Argelander beschriebene Freiheit der Mitarbeiter blieb auch bei den auf Mitscherlich folgenden Leitern des Instituts bestehen: Clemens de Boor (1976-1983), Herman Argelander (1983-1985), Dieter Ohlmeier (1985-1992), Horst-Eberhard Richter (1992-heute). Je nach Interessenlage schloß man sich in Forschungsgruppen zusammen oder bearbeitete ein Projekt einzeln (vgl. Moersch 1996). Unter Clemens de Boor "gab es keine grundsätzliche thematische Änderung der Forschung" (Moersch 1996, S. 413) und auch nicht unter den bis heute folgenden Leitern. Das "grundsätzliche Thema" blieb, wie es heute im Untertitel des Instituts heißt, die Psychoanalyse und ihre Anwendungen, wobei unter Horst-Eberhard Richter die Analyse gesellschaftlicher Strukturen und Ereignisse ein erneuerter

Schwerpunkt wurde. Trotz aller Kontinuität war aber in der Zeit nach Mitscherlich deutlich geworden, daß eine Ära zu Ende gegangen war und damit auch eine spezifische Phase in der Geschichte des Instituts[10].

Zu Ende ging nicht nur die Gründungsphase des Instituts, eine Phase zunehmender öffentlicher Reputation für Alexander Mitscherlich, seine Frau und die von ihnen publizierten sozialpsychologischen Thesen. Zu Ende ging auch allmählich eine Phase der Reetablierung der Psychoanalyse in Frankfurt, aber auch in Westdeutschland. Die erste Generation von Psychoanalytikern am Institut verließ nach und nach das Haus, jüngere Kolleginnen und Kollegen rückten nach, eine Nach-Kriegs-Generation auch hinsichtlich der Psychoanalyse. Dies hieß u. a., daß sie ihre analytische Ausbildung länger und oft gründlicher absolvierten als ihre analytischen Mütter und Väter, daß Psychoanalyse für sie nicht mehr etwas war, das primär im Kampf gegen äußere Widerstände durchzusetzen, sondern gegen innere Widerstände zu vertiefen war. Äußeres Zeichen dafür war die nicht mehr zu übersehende Tatsache, daß die Zahl der Analytiker außerhalb des Instituts längst die der Analytiker im Institut überstiegen und deshalb in Frankfurt zu eigenen institutionellen Formen in Gestalt der Frankfurter Psychoanalytischen Vereinigung (FPV) geführt hatte.

Die öffentliche Anerkennung, welche die sozialpsychologischen Schriften der beiden Mitscherlichs in den 60er und 70er Jahren erfuhr, ist nicht denkbar ohne ein damals bestehendes gesellschaftliches Bedürfnis nach einer moralisch integren Identifikationsfigur, welche den bundesrepublikanischen Anspruch, eine gesellschaftliche Antipode zur Nazizeit zu sein, unterstützte. Spätestens mit dem Ende der Studentenbewegung, d.h. zu Beginn der 80er Jahre, verlor dieses Bedürfnis in Westdeutschland an Intensität. Die führenden Köpfe dieser Studentenbewegung hatten sich auf den ‚Marsch durch die Institutionen' gemacht, ihr destruktiv-idealistischer Ableger, die RAF, war gescheitert. Und auch die Psychoanalyse wurde nicht mehr als Heilsbotschaft einer ‚befreiten Gesellschaft' mißverstanden. Für das Sigmund-Freud-Institut, daß noch einige Zeit vom legendären Ruf seines Gründers zehren konnte, hatte dies zur Folge, daß es als eine moralische Institution nicht mehr unantastbar blieb. Jetzt meldeten sich auch von Seiten der politischen Träger kritische Stimmen, die nach Sinn und Zweck dieses Instituts zu fragen begannen. Es gab Diskussionen im Hessischen Landtag um die Zweckmäßigkeit der hier investierten Steuermittel. Schließlich wurde 1992 durch die Hessische Ministerin für Wissenschaft und Kunst eine Kommission[11] eingesetzt, die "auf der Grundlage einer umfassenden Bestandsaufnahme Vorschläge zur weiteren Struktur und Arbeit des Sigmund-Freud-Instituts ausarbeiten" (Kommission 1993, S. 3) sollte. Der in Alexander Mitscherlich verkörperte Gründungsmythos des Instituts zeigte sich spätestens hier als in seiner Wirkung erloschen. Damit bestand für das ‚Projekt SFI' die Alternative zwischen einem endgültigen Scheitern oder einer Reorganisation, welche die Arbeit des Instituts auf eine neue Grundlage stellen konnte (Mintzberg 1991).

Die Kommission kam im wesentlichen zu dem Ergebnis, daß der Bereich der Grundlagenforschung am SFI zu stärken sei, daß weiterhin die Untersuchung gesellschaftlicher Entwicklungen einen Schwerpunkt bilden sollte, und daß die psychoanalytische Ausbildung aus dem SFI ausgegliedert und dessen Tätigkeit allein auf die Forschung konzentriert werden sollte. Das Kommissionsgutachten hatte zur Folge, daß seit 1995 das SFI nicht mehr eine Institution des Landes Hessen war, sondern in eine Stiftung des öffentlichen Rechts, der die Haushaltsmittel jedoch weiterhin vom Land zufließen, umgewandelt wurde. Die Ausbildung wurde an das wiederbegründete Frankfurter Psychoanalytische Institut (FPI) abgetreten. Und es wurden drei Professuren (2 davon als Universitätsprofessuren) als Leiterstellen für die drei Schwerpunkt-Forschungsbereiche[12] am SFI ausgeschrieben. Damit sollte personell eine Verbindung zur Universität hergestellt werden, die zwar dem Institut seine Selbständigkeit beließ, zugleich jedoch universitäre Forschungsmaßstäbe für seine Arbeit geltend machen sollte. Für die zukünftige Forschung am Institut heißt dies, daß empirisch-kontrollierte Untersuchungen nun stärker gefordert und gefördert werden.

Damit ist nun eine spezifische institutionelle Lösung des Verhältnisses von Psychoanalyse und Universität geschaffen worden. Erinnert sei in diesem Zusammenhang an das langwierige Procedere, bis Freud schließlich eine Professur erhielt, und an seine Feststellung, daß die psychoanalytischen Organisationen "ihre Existenz gerade dem Ausschluß aus dem Universitätsbetrieb" (Freud 1919, S. 700) verdanken. Andererseits hatte Freud keinen Zweifel daran gelassen, daß er den Platz der Psychoanalyse im Kreis der Wissenschaft sah. So entwarf er 1926 die Utopie einer psychoanalytischen Hochschule. In einem Resümee anläßlich der 25-Jahr-Feier hatte der damalige Leiter des Instituts, Dieter Ohlmeier, diese Idee aufgegriffen und sie auf das SFI bezogen. Das SFI wird nun heute keineswegs eine Psychoanalytische

Hochschule im Sinne Freuds werden. Vielmehr wird es auch personell sowie in seinen Forschungsprojekten das schwierige Verhältnis zwischen psychoanalytischer und einer am kritischen Rationalismus orientierten Forschungsmethodik umzusetzen haben.

Diskussion

Die von mir skizzierte Entwicklung des Sigmund-Freud-Instituts stellt eine subjektive Selektion von Aspekten einer Institution dar, die sich in ihrem Selbstverständnis und auch in ihrem schriftlich niedergelegtem Zweck als psychoanalytische Forschungsinstitution versteht. Es wäre ein Thema für einen gesonderten Vortrag, eine Analyse der Forschungsprojekte des Instituts vorzulegen. Ich habe dies hier ausgelassen und mich auf historische und strukturelle Aspekte der Institutsentwicklung konzentriert. Die von mir vorgenommene Zusammenstellung ist nun ihrerseits wieder interpretationswürdig. Aber welche Kriterien sollte man für eine Interpretation verwenden? Wahrscheinlich sind je nach professionellem Interesse unterschiedliche Perspektiven und damit Interpretationen gegeben. D.h. den Organisationssoziologen wird etwas anderes interessieren als den Historiker, den Wissenschaftssoziologen etwas anderes als den Psychoanalytiker.

Ich versuche hier bei meinem eigenen Gebiet zu bleiben, da für Psychoanalytiker bei der Beurteilung einer psychoanalytischen Institution in erster Linie psychoanalytische Kriterien ausschlaggebend sind. Dies muß nicht ausschließen, z.B. auch organisationssoziologische und -psychologische Überlegungen heranzuziehen, allerdings können diese den Primat psychoanalytischer Kriterien an dieser Stelle nicht ersetzen.

Gibt es nun psychoanalytische Kriterien zur Beurteilung einer psychoanalytischen Institution? Da eine solche Institution eine strukturierte Gruppe mit einer definierten Aufgabe ist, läßt sich psychoanalytisch fragen, ob die unbewußten Zielsetzungen der Gruppe mit den bewußt formulierten übereinstimmen. In der Verfassung der "Stiftung Sigmund-Freud-Institut" heißt es u. a. in §2 (1):

"Zweck der Stiftung Sigmund-Freud-Institut ist die Forschung und die Förderung des wissenschaftlichen Nachwuchses im Bereich der Psychoanalyse. Die Stiftung soll die psychischen Lebens- und Krankheitsbedingungen von Menschen im Kontext

gesellschaftlicher Prozesse und Entwicklungen sowie die theoretischen und methodischen Grundlagen der Psychoanalyse untersuchen. In diesem Zusammenhang soll ein verstärkter Austausch zwischen der Psychoanalyse und angrenzenden Wissenschaftsdisziplinen erreicht werden."

Angesichts dieser expliziten Zielsetzung ist aus psychoanalytischer Perspektive für die Beurteilung dieser Institution von erstrangigem Interesse, in welchem Verhältnis dazu die in der Gruppe geteilten unbewußten Phantasien stehen. Wie hat also das Institut seine Aufgabe als "Arbeitsgruppe", so wie Bion (1961)[13] das formuliert hat, verfolgt? Als Arbeitsgruppe wäre das Institut auf die Realität hin orientiert. Die Realität bildet dann ihren Gegenstand und ihr Korrektiv[14]. Hier müssen wir also fragen, was mit "Realität" in einem psychoanalytischem Forschungsinstitut gemeint sein kann, und was hier "Arbeitsgruppenmentalität", bezogen auf die Definition von Inhalten und die Form ihrer Umsetzung, heißt.

Donald Meltzer (1992 S. 155) hat in diesem Zusammenhang auf die Gefahr aufmerksam gemacht, eine Organisation wie einen Organismus zu behandeln, also wie ein Individuum mit psychischen Qualitäten. Dann wären die Mitglieder dieser Organisation ihrer Individualität beraubt und in einer Art ‚Überkörper' gefangen, der ihrem Denken und Fühlen Ketten anlegt. Im industriellen Bereich werden derartige Konzepte unter der Bezeichnung Corporate Identity umgesetzt, die solchen Firmen eine spezifisch anale Qualität gibt. Diese betriebssoziologischen Konzepte enthalten unbewußte Organismus-Phantasien, welche die Gruppe auf eine der von Bion formulierten Grundannahmen ausrichten wollen. Bion (ebd.) hebt unter der Vielzahl möglicher Grundannahmen drei besonders hervor: die Grundannahme der Abhängigkeit, die der Beziehung von Kampf und Flucht und die der Paarbildung. Die Abhängigkeits-Gruppe erwartet alles von ihrem Führer, von ihm hängt alles Heil, jede Entwicklung ab. Die Kampf-Flucht-Gruppe ist von der Annahme bestimmt, daß sie existiert, "um gegen etwas zu kämpfen oder davor zu fliehen" (ebd. S. 111). Die gesamte psychische Aktivität der Gruppe wird diesem Ziel untergeordnet. Die Paarbildungs-Gruppe knüpft alle Hoffnungen an ein Paar, dessen Aktivität unbewußt eine Art Messias zum Heil der Gruppe hervorbringen soll. Ähnlich hatte sich übrigens schon Freud (1921) 40 Jahre zuvor in Bezug auf Großgruppen geäußert. Die Menschen als Masse offenbarten für ihn das Seelenleben primitiver Völker: nämlich ein oft unintegriertes Nebeneinander widerstrebender Impulse, die nur durch die Identifizierung mit einem gemeinsamen Ideal eine gewisse Integration erfahren können (vgl. Plänkers 1993a). Die Abhängigkeit von einem idealisierten Führer tritt dann für die Masse an die Stelle der Arbeitsgruppe, d. h. der oft mühsamen, Konflikte zumutenden und aushandelnden, demokratischen Arbeit.

Eine Institution wie das Sigmund-Freud-Institut stellt mit ihren Mitarbeitern und ihrem Geflecht von Außenbeziehungen eine Großgruppe dar. Grundsätzlich kann deshalb davon ausgegangen werden, daß ihre reguläre psychische Verfassung auch durch die regressiven Merkmale von Großgruppen gekennzeichnet sein muß und die sog. Arbeitsgruppenmentalität einem vielleicht nur punktuell und temporär erreichtem Reifeideal entspricht. Grundannahmegruppen sind von Merkmalen der paranoid-schizoiden Position gekennzeichnet, von Spaltungs-, Projektions- und Introjektionsmechanismen, von Desintegrationserscheinungen, Fragmentierungs- und Verfolgungsängsten, von Omnipotenz und Selbstentwertung.

Von besonderer Bedeutung scheint mir zu sein, daß in Grundannahmegruppen die Eigenarten des Individuums keine Rolle spielen, sondern von den Mitgliedern eher als Bedrohung erlebt werden. Die Einzelnen können sehr unterschiedliche Motive haben, sich an solchen Gruppen zu beteiligen, was ihnen aber gemeinsam ist, ist der Verzicht auf das Geltendmachen ihrer Individualität, d. h. ihrer persönlichen Erfahrung und Meinung. Damit tendieren solche Gruppen dazu, innere Realität, nämlich die ihrer Mitglieder, außer Kraft zu setzen, um ein unbewußtes Ziel zu verfolgen. Dem entspricht meistens auch die Abwehr bestimmter Aspekte der äußeren Realität, die das unbewußte Ziel gefährden könnten. Politisch radikale und extremistische Gruppen geben hier ein reiches Anschauungsmaterial. Erreicht die Institution dagegen eine Arbeitsgruppenmentalität, heißt das für ihre Mitglieder, daß ihre Individualität, d. h. das, worin sie abweichen von den anderen Gruppenmitgliedern, als ein Teil der Realität anerkannt und aufgehoben ist.

"Individualität" der Mitglieder einer psychoanalytischen Institution meint nun in erster Linie ihre sehr persönliche Interpretation dessen, was Psychoanalyse und ihre Forschungsdesiderate seien. Darauf bezogen kann man vielleicht für die Anfangszeit des Sigmund-Freud-Instituts feststellen, daß die sie tragende Mitarbeiter-Gruppe unbewußt bestimmt war von der Grundannahme der Abhängigkeit. Ich treffe diese Feststellung mit einer gewissen Vorsicht, da solche Ex-Post-Diagnosen sehr problematisch sind. Daneben lassen sich in der Geschichte des Instituts auch Situationen finden, in denen die Mentalität von Kampf-Flucht oder Paarbildung vorherrschte. Wenn Argelander (1986, S. 384) bezogen auf Mitscherlich sagt: "Es ist das Geheimnis seiner Persönlichkeit, daß wir alle diese Zeit als eine große Zeit erlebten, in der viel bewegt wurde.", bringt er die Stimmung einer Gruppe zum Ausdruck, die sich hinter einem bewunderten Führer scharte, von dem sie ihr Heil und das der von ihnen verfochtenen Sache erwartete. Die Rede vom "Mitscherlich-Institut" macht anschaulich, wie sehr die Individualität der Institutsmitglieder hinter der des ‚großen Mannes' zurücktrat. Dagegen könnte man einwenden, daß es im Institut doch eine freie Diskussionskultur gab und daß eine Reihe von Mitarbeitern durchaus mit psychoanalytischen Themen reüssierten, die ihnen ein eigenes Profil und in Einzelfällen sogar universitäre Lehrstühle einbrachten. Dies war unzweifelhaft der Fall. Aus dem heutigem zeitlichen Abstand läßt sich jedoch sagen, daß die damals am Institut vertretene Psychoanalyse eine eher klassisch Freudsche Psychoanalyse war, oder besser gesagt: das, was man darunter verstand. Es ist nur aus den historischen Umständen nachvollziehbar, daß eine Gruppe, die unter einem expliziten Gründungsauftrag stand - nämlich dem der Reetablierung der Psychoanalyse im Deutschland der Nach-Nazi-Zeit -, eine Individualität als Bedrohung erleben mußte, welche die Heterogenität der bereits damals in der IPA vertretenen Psychoanalyse-Strömungen wirklich vertreten hätte. So sehr man mit der 1949 vollzogenen Trennung von der DPG auch sympathisieren mag, muß man doch feststellen, daß die Gründung der DPV auf dem Mythos einer ‚reinen Lehre' - eben der Freudschen Psychoanalyse - basierte, die es bereits damals in dieser Form gar nicht mehr gab. Es klingt wie ein Bericht von einem anderen Stern, wenn Margarete Mitscherlich-Nielsen (1992) über ihre damaligen London-Aufenthalte sagt: "Diese ersten Aufenthalte in London eröffneten mir neue Dimensionen der Wahrnehmung meiner selbst, aber auch der Wahrnehmung einer anderen psychoanalytischen Kultur, als ich sie bisher erlebt hatte. Die deutsche Psychoanalyse erschien mir demgegenüber als ziemlich vorgestrig, was ja auch der Wirklichkeit entsprach. In London blieben mir die Konflikte zwischen den psychoanalytischen Schulen, wie sie damals bestanden, nicht verborgen." (ebd. 249). "Zutreffend ist, daß die politische Linie, zu der wir uns entschieden, nämlich zur Parteinahme für Freud und Anna Freud, denen wir soviel verdankten, damals von fast allen deutschen PsychoanalytikerInnen geteilt wurde." (ebd. S. 252). Das hieß wiederum nicht, daß die Analytiker am

Sigmund-Freud-Institut andere psychoanalytische Schulen nicht zur Kenntnis nahmen. Dies taten sie sehr wohl. In manchen Publikationen verwiesen sie z. B. darauf. Allerdings war es so, wie Margarete Mitscherlich zutreffend sagt: Man hatte sich für eine politische Linie entschieden, und eine wirkliche Kontroverse wie im Londoner Institut der Britischen Psychoanalytischen Gesellschaft (vgl. King und Steiner 1991) gab es am Institut in Frankfurt damals nicht. Das Sigmund-Freud-Institut als Ausbildungsinstitut schien zeitweise Orthodoxie und Strenge als Gütezeichen zu verstehen. Ohne Kontroversen in der Sache aber bestand und besteht für das Institut die "ewige Versuchung", von der Kernberg (1994, S. 498) spricht, nämlich einer religiösen statt wissenschaftlichen Haltung. Schulenmonismus tritt dann an die Stelle methodisch kontrollierter, psychoanalytischer Forschung.

Die seit Jahren im Gang befindliche strukturelle Veränderung des Instituts konzentriert sich entsprechend den o.g. Kommissionsempfehlungen im wesentlichen auf zwei Faktoren: die Abtrennung der Ausbildungsaufgaben und eine personelle Anbindung an die Universität und damit deren wissenschaftliche Standards.

Die erste Veränderung ging relativ rasch und schmerzlos vonstatten: Das SFI definiert sich seit 1995 als reines Forschungsinstitut, während die Ausbildung von dem wieder begründeten Frankfurter Psychoanalytischem Institut (FPI) übernommen wurde. Die psychoanalytische Ausbildung bot in der Vergangenheit Statusgewinn über die Wahrnehmung von Ausbildungsaufgaben als Lehranalytiker an. D. h., der Status wurde nicht allein durch die Entwicklung psychoanalytischer Forschungskapazität bestimmt. Die Abtrennung der Ausbildungsaufgaben vom Institut beläßt nun einerseits den Analytikern des Hauses weiterhin die Möglichkeit, psychoanalytische Ausbildung im Rahmen des FPI zu betreiben, bindet aber den Status innerhalb der Mitarbeitergruppe ausschließlich an die erfolgreiche Wahrnehmung von Forschungsaufgaben. Diese gewinnen damit eine neue Aktualität und Brisanz. Forschungsprogrammatik und deren Umsetzung sind nun verstärkt Gegenstand regelmäßiger Diskussion, was gegenwärtig forciert wird durch die Einführung neuer Finanzierungsmodelle, die dem Erwerb von Drittmitteln hohe Priorität zuweist. Für eine psychoanalytische Forschung sind damit weitreichende Probleme gegeben, da psychoanalysefremde Faktoren wie z.B. naturwissenschaftliche Forschungsstandards sowie universitäre Forschungsfinanzierung verstärkt Einfluß gewinnen. Methodisch gab es für Freud (1927, S. 293f.) ein Junktim von Heilen und Forschen, so daß er feststellte: "Nur wenn wir analytische Seelsorge treiben, vertiefen wir unsere eben aufdämmernde Einsicht in das menschliche Seelenleben." Dieses Forschungsparadigma ist aber heute unter Analytikern umstritten oder wird relativiert (vgl. Thomä und Kächele 1973). Die Auseinandersetzung über die Methode wird ergänzt um die über Inhalte. So hat z. B. das Freud-Institut im Unterschied zu anderen Forschungsinstituten zwei unbefristete Stellen mit fachfremden Wissenschaftlern, mit Soziologen besetzt, in der Hoffnung, dadurch die psychoanalytische Untersuchung gesellschaftlicher Phänomene fachlich besser fundieren zu können. Diese personelle Situation zieht inhaltliche Schwerpunktsetzungen nach sich, die angesichts eines sich verkleinernden Mitarbeiterstabs ebenfalls nicht unumstritten sind.

Ich benenne diese methodischen und inhaltlichen Probleme deshalb, um ansatzweise deutlich zu machen, welche Aufgaben von den Institutsmitarbeitern im Sinne einer Arbeitsgruppe zu bewältigen sind.

Der zweite Pfeiler der strukturellen Veränderungen des Hauses soll diese Arbeitsgruppenmentalität unterstützen. Das Institut hat sich von der Idee der Leitung des Hauses durch einen ‚großen Mann', d.h. durch einen unbefristet tätigen Direktor, verabschiedet: Die drei Professorinnen und Professoren, die zukünftig die drei Forschungsschwerpunkte des SFI leiten werden, sollen sich auch die Leitung des Instituts abwechselnd teilen. Längst ist die "große Zeit" der Mitscherlich-Ära vorbei. Dies hat in der Folgezeit zu dem Phänomen geführt, daß trotz beachtlicher wissenschaftlicher Produktivität der einzelnen Mitarbeiter Prozesse der Selbstentwertung Konjunktur hatten. Auch von außen fand und findet sich das Institut häufig entwertet, da es nicht mehr den Glanz der Mitscherlich-Ära ausstrahlt. Was von vielen als Niedergang oder Verlust verstanden wird, ist aber vielleicht ein Transformationsprozeß hin zu einer Arbeitsgruppe im Sinne Bions. Denn wirkliche Arbeitsgruppen sind ein mühseliges Geschäft, sie reißen selten zu Begeisterungsstürmen und zur Idealisierung einzelner hin. Da in ihnen keine Spaltungsprozesse dominieren, fehlen idealisierte Führer und höchst gehaßte Feinde. Die Arbeit im Institut ist im Laufe der Jahre insofern sachlicher und unaufgeregter geworden, als mit keiner der Hauspublikationen mehr der himmelstürmende Glaube an einen psychoanalytischen oder gesellschaftlichen ‚Paukenschlag' einhergeht. Vorsichtig formuliert scheint mir die jetzt anstehende Umstrukturierung des Instituts zumindest formal die Möglichkeit einer regulären Arbeitsgruppe in sich zu bergen. Ob sie realisiert wird, hängt meiner Meinung nach im wesentlichen von 2 Faktoren ab:

Zum einen ist von Bedeutung, ob im Institut unterschiedliche klinische und wissenschaftstheoretische Auffassungen leben und miteinander kommunizieren dürfen. Dies wird nur auf der Basis von Toleranz und Achtung gelingen, die eine heterogene Gruppensituation nicht als Bedrohung erleben lassen, der regressiv mit dem Monismus einer Auffassung von Psychoanalyse und Wissenschaft ausgewichen werden muß[15]. Letzteres zieht in aller Regel Spaltungen, projektive Zuschreibungen und Verfolgungen nach sich.

Der Anerkennung dezentrierender Individualität entspricht zum anderen die Anerkennung zentrierender Leitung. Hier fragt sich, ob das Institut mehr sein kann als eine Ansammlung individueller Wissenschaftler. Letzteres macht es notwendig, übergeordnete Ziele zu formulieren, mit denen die im Institut Tätigen auch übereinstimmen, die sie in ihrer Arbeit realisieren und die personell vertreten werden durch eine anerkannte Leitung (Stichwort: Innovative Organisationen, Mintzberg 1991). Dieser fachlich und demokratisch legitimierten Leitung kommt im wesentlichen die Aufgabe zu, Bewegungen hin zu Grundannahmementalitäten sorgfältig wahrzunehmen und sich beständig um ein Funktionieren auf Arbeitsgruppenniveau zu bemühen. Dafür wird auch von Bedeutung sein, in welcher Weise das neue Leitungsmodell - also drei Schwerpunktleiter an Stelle eines Direktors - in der Praxis etabliert wird. Gerade für ein psychoanalytisches Institut erscheint mir das Verhältnis von Leitung, übergeordneten Zielen und in der Regel sehr individualisierten Mitarbeitern ein besonderes Problem darzustellen.

Auch die Etablierung einer Arbeitsgruppenmentalität versichert die Institution nicht gegen ihren Tod. Allerdings kann sie sich auf diesem Niveau gegen Widerstände und Angriffe von außen besser zur Wehr setzen, da sie nicht mehr unbewußt mit diesen kooperiert.

Anmerkungen

1. Als Anlaß dieser Analyse nannte Horkheimer, daß er nicht fähig sei, ohne vorherige schriftliche Abfassung eines Redetextes eine Vorlesung zu halten (Jay 1973, S. 115). Anekdotenhaft wird in Frankfurt eine Äußerung Horkheimers kolportiert, welche seine Einschätzung der Analyse bei Karl Landauer wiedergibt und in etwa lautete: "Am Ende der Analyse hat mein Analytiker einiges von Philosophie verstanden". (vgl. Karl Landauers Arbeit "Zur psychosexuellen Genese der Dummheit", 1929). Die Analyse Horkheimers bei Landauer dauerte ein Jahr und war offensichtlich vor Gründung des FPI abgeschlossen.
2. Die so "aufs Große zielenden philosophischen Fragen" (ebd.) sollten "anhand der feinsten wissenschaftlichen Methoden" (Horkheimer 1931) verfolgt werden. Horkheimer interessierte "die Frage nach dem Zusammenhang zwischen dem wissenschaftlichen Leben der Gesellschaft, der psychischen Entwicklung der Individuen und den Veränderungen auf den Kulturgebieten...." (ebd.). In der ein Jahr später erschienenen bekannten Arbeit über das Verhältnis von "Geschichte und Psychologie" (Horkheimer 1932) weist er der Psychologie deutlich den Rang einer Hilfswissenschaft für die Geschichtswissenschaft zu, allerdings im Range einer "unentbehrlichen" Hilfswissenschaft.
3. Sie bezogen sich auf Freuds kulturtheoretische Arbeiten, wie die 1908 erschienene Arbeit über "Die kulturelle Sexualmoral und die moderne Nervosität", "Zeitgemäßes über Krieg und Tod" (1915) und vor allem "Massenpsychologie und Ich-Analyse" (1921). Von Seiten der Psychoanalyse bestand ein erhebliches Interesse an einem erweiterten Anwendungsgebiet psychoanalytischer Erkenntnisse. Programmatisch steht hierfür Freuds Vortrag auf dem 5. Internationalen Psychoanalytischen Kongreß in Budapest 1918. Freud schwebte für die Breitenanwendung der Psychoanalyse, für die "Volksgesundheit", die Schaffung von Anstalten oder Ordinationsinstituten vor, "an denen psychoanalytisch ausgebildete Ärzte angestellt sind, um die Männer, die sich sonst dem Trunk ergeben würden, die Frauen, die unter der Last der Entsagung zusammenzubrechen drohen, die Kinder, denen nur die Wahl zwischen Verwilderung und Neurose bevorsteht, durch Analyse widerstands- und leistungsfähig zu erhalten." (Freud 1919, S. 248f.). In diesem Zusammenhang verwandte Freud die populär gewordene Formulierung der Legierung des reinen Goldes der Analyse mit dem Kupfer der direkten Suggestion (ebd.).
4. In einem Schreiben an Heinz Hartmann, der damals Präsident der Internationalen Psychoanalytischen Vereinigung war, schrieb Horkheimer: "Niemand kann die Hemmung vieler jüdischer und nicht-jüdischer Vertriebener, nach Deutschland zu kommen, besser nachfühlen als ich. Habe ich doch selbst zu den ersten gehört, die 1933 hier ermordet worden wären. Trotzdem bin ich zurückgekehrt. Nicht weil ich glaube, daß das Unaussprechliche vergessen werden sollte, nicht weil ich seine Wiederkehr für unmöglich halte, ja nicht einmal, weil ich mir einbilde, wir einzelnen könnten es verhindern. ...aber immer noch kommt es auf jeden an von denen, die noch da sind und es anders wollen, von denen, die noch jung und guten Willens sind, den Rücken zu steifen. Deutschland ist nicht gleichgültig, das bezeugt die Politik mit jedem Tag. Wie die Vertriebenen des Altertums, von denen die Geschichte berichtet, glaube ich nicht, daß es nach dem Sieg über eine blutige Tyrannei besser sein soll, dem besiegten Land den Rücken zu kehren, als mit dafür zu sorgen, daß sie nicht wieder aufersteht." (Horkheimer 1955, S. 248, zit. nach Berger 1996a, S. 340).
5. Beide Publikationen verfaßte er zusammen mit Fred Mielke

6. Anläßlich der Eröffnung des Institutsneubaus des SFI am 14.10.1964 sagte Horkheimer u. a.: "Als mein Freund Adorno und ich aus Amerika nach Deutschland kamen, haben uns einige Umstände dazu den Mut gegeben, erstens das Bewußtsein, daß manche unserer Studenten ihr Leben gewagt, ja verloren hatten, um gegen Hitler zu kämpfen, zweitens eine gemeinsam mit Thomas Mann durchgeführte Untersuchung über diejenigen Gruppen in Deutschland, die den Geflüchteten geholfen hatten, so lange sie noch in Deutschland waren, und drittens einige Bücher. Und zu diesen Büchern gehörte ganz wesentlich das Buch gegen die Unmenschlichkeit von Herrn Mitscherlich. Wir haben uns gesagt, solange Menschen, die solche Bücher schreiben, in Deutschland sind, können wir wieder dorthin gehen." (Ansprachen 1964, S. 20)
7. Für den Plan eines eigenen Institutes in Heidelberg warb er "unter ausdrücklicher Bezugnahme auf das ‚Göring-Institut' als vorbildlichem Modell einer Ausbildungsstätte für Psychotherapie" und fügte hinzu, daß die dortige Ausbildung qualitativ der eines Facharztes für Psychotherapie gleichzusetzen wäre (ibid. 180; Lockot 1994, 168f.) Im selben Jahr, 1946, gründete er u.a. zusammen mit Felix Schottlaender die Psyche, die damals auch im Sinne einer Synopsis aller psychotherapeutischen Richtungen noch ein ‚Jahrbuch für Tiefenpsychologie und Menschenkunde' war." (Brecht 1995, S. 90). Berufsgeschichtlich erscheint bemerkenswert, daß heute nach der berufsrechtlichen Schaffung des Psychologischen Psychotherapeuten und des Facharztes für psychotherapeutische Medizin genau diese Idee einer Allgemeinen Psychotherapie wieder an Boden gewinnt.
8. vgl. die umfassende Bibliographie der Mitarbeiter des Sigmund-Freud-Instituts in den Jahren 1960-1985 in Bareuther et al. (1989), S. 711-795
9. Mitscherlich setzte damit in Frankfurt ein Charakteristikum seiner Heidelberger Klinik fort, von der Loch (1983, S. 338) berichtet: "Und es gab noch mehr: ein freies Klima; es herrschte völlige Meinungsfreiheit. Heftige, leidenschaftlich geführte Debatten dienten nicht der Diskriminierung und Unterdrückung, sondern wurden im Sinne einer <herrschaftsfreien Kommunikation> (Habermas) geführt." Margarete Mitscherlich-Nielsen (1992, S. 255) meint dagegen: "Ich zumindest erlebte das Frankfurter Institut relativ starr und habe lange der kreativen, lebendigen Atmosphäre Heidelbergs nachgetrauert."
10. Ein wichtiges Zeichen dafür sehe ich in der in den 80er Jahren einsetzenden Geschichtsschreibung über die Psychoanalyse in Westdeutschland sowie in Frankfurt. Sie ist Ausdruck eines mit dem Generationenwechsel einhergehenden Schwindens des kollektiven Gedächtnisses, also der unter den Analytikern geteilten Erinnerungen. Dies macht ein schriftliches Festhalten von Geschichte notwendig (vgl. Eickhoff 1995, S. 120), wenngleich immer in Form subjektiver Interpretationen.
11. Mitglieder der Kommission waren Prof. Dr. Regina Becker-Schmidt, Prof. Dr. Dieter Beckmann, Prof. Dr. Johannes Cremerius, Prof. Dr. Klaus Grawe, Prof. Dr. Gisela Klann-Delius, Prof. Dr. Dr. Adolf-Ernst Meyer, Prof. Dr. Dr. Horst-Eberhard Richter, Prof. Dr. Thomä und Prof. Dr. Rolf Vogt.
12. Die drei Schwerpunkte tragen die Bezeichnung: a.) Psychoanalytische Interaktions- und Therapieforschung b.) Experimentelle/kontrolliert-empirische und theoriezentrierte psychoanalytische Grundlagenforschung sowie c.) Psychoanalyse und Gesellschaft.
13. Auch Chasseguet-Smirgel (1981) unterscheidet eine realitätsorientierte Arbeitsgruppe von einer Gruppe, deren Führer-Repräsentanz einer "frühen Mutter" entspricht und in der unbewußte Phantasien über die Arbeitsaufgabe dominieren.
14. Bion (ebd. S. 100) schreibt: "Handeln bedeutet zwangsläufig Kontakt mit der Realität; Kontakt mit der Realität zwingt zur Achtung vor der Wahrheit ... "

15. Die hier avisierte Arbeitsgruppenmentalität trifft sich möglicherweise mit dem, was Schülein (1999a und b) mit dem Begriff der "institutionellen Normalität" bezeichnet: eine undogmatische Handhabung psychoanalytischer Theorie, die deren konnotativem Charakter Rechnung trägt.

Literatur

Ansprachen zur Eröffnung des Instituts am 27. April 1960, Frankfurt a. M.: Institut und Ausbildungszentrum für Psychoanalyse und Psychosomatische Medizin.

Ansprachen und Vorträge zur Einweihung des Institutsneubaus am 14. Oktober 1964, Frankfurt a. M.: Sigmund-Freud-Institut

Argelander, H. (1986) : Zur Geschichte des Sigmund-Freud-Instituts. In: T. Plänkers, M. Laier, H.-H. Otto, H.-J. Rothe und H. Siefert (Hg.) (1996) : Psychoanalyse in Frankfurt am Main. Zerstörte Anfänge, Wiederannäherung und Entwicklungen. Tübingen (edition diskord), S. 373-384

Bareuther H., H.-J. Busch, D. Ohlmeier und T. Plänkers (Hg.) (1989): Forschen und Heilen. Auf dem Weg zu einer psychoanalytischen Hochschule. Beiträge aus Anlaß des 25jährigen Bestehens des Sigmund-Freud-Instituts. Frankfurt a. M. (Suhrkamp)

Berger, F. (1996a): "Das Tragen eines Smoking wäre ein Fauxpas". Die Veranstaltung zum 100. Geburtstag Sigmund Freuds im Jahre 1956.In: T. Plänkers, M. Laier, H.-H. Otto, H.-J. Rothe und H. Siefert (Hg.) (1996) : Psychoanalyse in Frankfurt am Main. Zerstörte Anfänge, Wiederannäherung und Entwicklungen. Tübingen (edition diskord), S. 335-348

Berger, F. (1996b): Zur "Biographie" einer Institution. Alexander Mitscherlich gründet das Sigmund-Freud-Institut. In: T. Plänkers, M. Laier, H.-H. Otto, H.-J. Rothe und H. Siefert (Hg.) (1996) : Psychoanalyse in Frankfurt am Main. Zerstörte Anfänge, Wiederannäherung und Entwicklungen. Tübingen (edition diskord), S. 349-372

Bion, W. R. (1961): Erfahrungen in Gruppen. Frankfurt a. M. (Fischer) 1990

Bonß, W. und A. Honneth (Hg.) (1982): Sozialforschung als Kritik. Zum sozialwisssenschaftlichen Potential der kritischen Theorie. Frankfurt a. M.

Brecht, K. (1995): Vom Gebrauch der Psychoanalyse durch Alexander Mitscherlich und vom Gebrauch Alexander Mitscherlichs durch die DPV in den Nachwirren des Dritten Reiches. In: Deutsche Psychoanalytische Vereinigung (1995): Vom Gebrauch der Psychoanalyse heute und morgen. Frühjahrstagung, Heidelberg 24.-27. Mai 1995

Brocher T. (1989): Der Einfluß englischer Psychoanalytiker auf die Entwicklung des Sigmund-Freud-Instituts. In: H. Bareuther et al. (Hg.): Forschen und Heilen. Auf dem Weg zu einer psychoanalytischen Hochschule. Frankfurt a. M. (Suhrkamp), S. 321-327

Chasseguet-Smirgel (1981): Das Ichideal. Psychoanalytischer Essay über die "Krankheit der Idealität". Frankfurt a. M. (Suhrkamp)

Eickhoff, F.-W. (1995): Über die Herausforderungen der Nachkriegszeit aus der Sicht eines Analytikers der Deutschen Psychoanalytischen Vereinigung. In: Hermanns, L. (Hg.) (1995): Spaltungen in der Geschichte der Psychoanalyse. Tübingen (edition diskord), S. 120-140

Freud, S. (1908): Die kulturelle Sexualmoral und die moderne Nervosität. Gesammelte Werke, Bd. 7, Frankfurt a. M. (Fischer) S. 143-167

Freud, S. (1915): Zeitgemäßes über Krieg und Tod. Studienausgabe Bd.9, Frankfurt a. M. (S. Fischer), S. 35-60

Freud, S. (1919): Soll die Psychoanalyse an den Universitäten gelehrt werden? Gesammelte Werke, Nachtragsband, Frankfurt a. M. (Fischer) S. 699-703

Freud, S. (1921): Massenpsychologie und Ich-Analyse. Gesammelte Werke, Bd. 13, Frankfurt a. M. (S. Fischer) S. 73-161

Freud, S. (1926): Die Frage der Laienanalyse. Gesammelte Werke, Bd. 14, Frankfurt a. M. (Fischer) S.207-286

Freud, S. (1927a): Nachwort zur Frage der Laienanalyse. Gesammelte Werke Bd. 14, Frankfurt a. M. (S. Fischer), S. 287-296

Horkheimer, M. (1931): Die gegenwärtige Lage der Sozialphilosophie und die Aufgaben eines Instituts für Sozialforschung. Frankfurt a. M. (Englert und Schlosser), S. 3-16

Horkheimer, M. (1932): Geschichte und Psychologie. In: Zeitschrift für Sozialforschung 1, 1/2

Horkheimer, M. und Th. W. Adorno (1944): Dialektik der Aufklärung. Philosophische Fragmente. Frankfurt a. M. (S. Fischer) 1986

Jaques, E. (1953): On the dynamics of social structure. Human Relations 6, 3, S. 3-23; unter dem Titel "Social systems as a defence against persecutory and depressive anxiety" auch in: M. Klein, P. Heimann und R. Money-Kyrle (Hg.) (1955): New Directions in Psycho-Analysis. London (Tavistock), S. 478-498

Martin Jay (1973): Dialektische Phantasie. Die Geschichte der Frankfurter Schule und des Instituts für Sozialforschung 1923-1950. Frankfurt (S. Fischer) S.115

Kernberg, O. (1994): Der gegenwärtige Stand der Psychoanalyse. Psyche, 483-508

King, P. und R. Steiner (1991): Die Freud-Klein-Kontroversen 1941-1945. Stuttgart (Klett-Cotta) 2000

Kommission (1993): Stellungnahme der Kommission für das Sigmund-Freud-Institut. Februar 1993. Unveröffentlicht.

Krovoza, A. und Chr. Schneider (1996): Politische Philosophie-Politische Psychologie. Über das Verhältnis von Kritischer Theorie und Psychoanalyse nach 1945. In: T. Plänkers, M. Laier, H.-H. Otto, H.-J. Rothe und H. Siefert (Hg.) (1996) : Psychoanalyse in Frankfurt am Main. Zerstörte Anfänge, Wiederannäherung und Entwicklungen. Tübingen (edition diskord), S. 630-653

Laier, M. (1996): "Sie wissen, daß alles von unserem alten Institut vernichtet wurde." Das Frankfurter Psychoanalytische Institut (1929-1933). In: T. Plänkers, M. Laier, H.-H. Otto, H.-J. Rothe und H. Siefert (Hg.) (1996) : Psychoanalyse in Frankfurt am Main. Zerstörte Anfänge, Wiederannäherung und Entwicklungen. Tübingen (edition diskord), S. 41-86

Landauer, K.(1929): Zur psychosexuellen Genese der Dummheit. In: Psyche 1970, 24, S. 463-484

Loch, W. (1983): Alexander Mitscherlich und die Wiedergeburt der Psychoanalyse in Deutschland. Psyche 1983, 37, S. 336-345

Meltzer, D. (1967): Der psychoanalytische Prozeß. Stuttgart (Verlag Internationale Psychoanalyse) 1995

Meltzer, D. (1992): The Claustrum. An Investigation of Claustrophobic Phenomena. Worcester (The Roland Harris Trust Library No.15)

Mintzberg, H. (1991): Mintzberg über Management. Wiesbaden (Gabler)

Mitscherlich, A. und F. Mielke (1947): Diktat der Menschenverachtung. Eine Dokumentation. Heidelberg (Lambert Schneider)

Mitscherlich, A. und F. Mielke (1949): Wissenschaft ohne Menschlichkeit. Medizinische und eugenische Irrwege unter Diktatur, Bürokratie und Krieg. Heidelberg (Lambert Schneider)

Mitscherlich, A. (1963): Auf dem Weg zur vaterlosen Gesellschaft. München (Piper)

Mitscherlich, A. (1965): Die Unwirtlichkeit unserer Städte. Frankfurt a. M. (Suhrkamp)

Mitscherlich, A. (1966): Krankheit als Konflikt. Studien zur psychosomatischen Medizin I. Frankfurt a. M. (Suhrkamp)

Mitscherlich, A. (1966): Krankheit als Konflikt. Studien zur psychosomatischen Medizin II. Frankfurt a. M. (Suhrkamp)

Mitscherlich, A. (1969): Die Idee des Friedens und die menschliche Aggressivität. Frankfurt a. M. (Suhrkamp)

Mitscherlich, A. und M. (1967): Die Unfähigkeit zu trauern. München (Piper)

Mitscherlich-Nielsen, M. (1992): Persönliche Erinnerungen an die Wiederbelebung der Psychoanalyse in Westdeutschland während der ersten Nachkriegsjahrzehnte. Psyche 1992, 44, S. 245-258

Mitscherlich-Nielsen, M. (1996): Das Sigmund Freud-Institut unter Alexander Mitscherlich - ein Gespräch. In: T. Plänkers, M. Laier, H.-H. Otto, H.-J. Rothe und H. Siefert (Hg.) (1996) : Psychoanalyse in Frankfurt am Main. Zerstörte Anfänge, Wiederannäherung und Entwicklungen. Tübingen (edition diskord), S.385-412

Moersch, M. (1996): Forschung und Berufspolitik. Das Sigmund-Freud-Institut unter Clemens de Boor. In: T. Plänkers, M. Laier, H.-H. Otto, H.-J. Rothe und H. Siefert (Hg.) (1996) : Psychoanalyse in Frankfurt am Main. Zerstörte Anfänge, Wiederannäherung und Entwicklungen. Tübingen (edition diskord), S. 413-449

Plänkers, T. (1990): Mit Kupfer legieren. Zur Erinnerung an Heinrich Meng. In: Luzifer-Amor, 1990, 6, S. 87-130

Plänkers, T. (1993a): Ein Volk - Ein Unbewußtes? Gruppenpsychologisches zum (Golf-)Krieg. In: Ders. (1993) (Hg.): Die Angst vor der Freiheit. Beiträge zur Psychoanalyse des Krieges. Tübingen (edition diskord), S. 101-115

Plänkers, T. (1993b): "Vom Himmel durch die Welt zur Hölle". Zur Goethe-Preisverleihung an Sigmund Freud im Jahre 1930. Jahrbuch der Psychoanalyse, 1993, 30, S. 167-180

Plänkers, T. (1996): Die Verleihung des Frankfurter Goethe-Preises an Sigmund Freud 1930. Die Sitzungsprotokolle des Goethe-Preiskuratoriums. In: T. Plänkers, M. Laier, H.-H. Otto, H.-J. Rothe und H. Siefert (Hg.) (1996) : Psychoanalyse in Frankfurt am Main. Zerstörte Anfänge, Wiederannäherung und Entwicklungen Tübingen (edition diskord), S. 254-331

Schülein, J. A. (1999a): Schwierigkeiten psychoanalytischer Theorie - Anmerkungen zur wissenschaftstheoretischen Diskussion. Zeitschrift für Psychoanalytische Theorie und Praxis, 1999, 14, 3, 308-334

Schülein, J. A. (1999b): Die Logik der Psychoanalyse. Gießen (Psychosozial-Verlag)

Thomä, H. und Kächele, H. (1973): Wissenschaftstheoretische und methodologische Probleme der klinisch-psychoanalytischen Forschung. Psyche 27, Teil 1: S. 205-236, Teil 2: S. 309-355

Die Notwendigkeit institutioneller Strukturen und deren Flexibilisierung im Entwicklungsprozeß

Carl Klüwer

Im "Haus Sommerberg" war es von Anfang an unsere Aufgabe, ein psychosoziales Modell zu entwickeln, in dem schwierige Jugendliche die Erfahrungen machen können, aus deren Betroffenheit heraus sie sich im Verhältnis zu sich selbst und zu ihren Mitmenschen und in bezug auf ihre Zukunftsplanung ändern würden. Wir bekamen die Möglichkeit, den Aufbau als ein Projektforschungsmodell zu vollziehen. An Vorerfahrungen standen uns damals die Arbeiten von A. Aichhorn zur Verfügung. Aber auch die inzwischen fortgeschrittene psychoanalytische Theorie und Praxis in der Arbeit mit Kindern und Jugendlichen, besonders die Arbeiten von A. Freud und F. Redl, kamen uns zugute. Außerdem konnten wir uns auf die Erfahrungen der analytischen Gruppentherapie und der Gruppendynamik beziehen. Besonders eindrucksvoll war für uns das von Kemper herausgegebene Buch (Greenberg, Langer und Rodrigue): Psychoanalytische Gruppentherapie. Außerdem hatte ich selber Erfahrung in der Arbeit mit einem Team an der psychosomatischen Beratungsstelle für Kinder an der Universitätskinderpoliklinik in München, die ich in den 50er Jahren aufgebaut und zunächst geleitet hatte. Dort waren wir auf ein Phänomen gestoßen, das etwa zur gleichen Zeit auch von Bally beobachtet und (was wir damals noch nicht wußten) auch von Balint beschrieben wurde: Das Phänomen nämlich, daß in Gruppen, die sich mit sozialen Problemen befassen, die sozialen Konfliktsituationen zur Gruppeninteraktionsgestalt werden. Mit diesem Phänomen zu arbeiten, ist ja dann besonders in der Form der Balintgruppen bekannt geworden. Argelander hat aus entsprechenden Erfahrungen dieses Phänomen als "psychosoziale Induktion in Gruppen" bezeichnet. Schließlich konnten wir uns auf die feldtheoretischen Konzepte K. Lewins und seiner Schule berufen und hatten Kenntnis von den sozialpsychologischen Forschungserfahrungen in Sommerlagern, die allerdings eine längste Dauer von nur sechs Wochen hatten.

Wir hatten die Gelegenheit, zunächst mit einem Team von drei Mitarbeitern zu arbeiten, einem Gruppenleiter, welcher der spätere Heimleiter sein würde, mir als dem Therapeuten, der später therapeutischer Leiter werden würde, und einem Werktherapeuten, der von Hause aus einen künstlerischen Beruf ausgeübt und nach der Ausbildung als Sozialarbeiter und Kindertherapeut breite Erfahrung in der Arbeit mit Kindern und Jugendlichen hatte. Wir begannen mit sechs Jugendlichen und waren dann ein Jahr lang mit 12 Jugendlichen zusammen. Dann erweiterten wir den Mitarbeiterkreis und machten die Erfahrung, daß es möglich ist, eine Institution zu schaffen, die die Bedingungen eines Moratoriums im Sinne von Erikson erfüllt, in dem Jugendliche die Erfahrungen machen können, die eine einsichtsbestimmte Pädagogik und Therapie kennzeichnen - nämlich: Erinnern, Wiederholen und Durcharbeiten ihrer Konfliktsituationen.

In diesem Zusammenhang gewannen wir einige Einsichten:

1. Ein solches Moratorium war nur zu unterhalten, wenn ein dialogisches Verfahren der Konfliktklärung und Verarbeitung der sozialen Interaktionsprozesse durchgehalten werden konnte. Wir mußten im Mitarbeiterkreis, die Jugendlichen mußten untereinander, und wir mit den Jugendlichen mußten gemeinsam in einer Art des Gesprächs bleiben können, in dem keine Tabus auf Dauer die Klärungsprozesse blockieren würden.

2. Dann machten wir bald die Erfahrung, daß eine solche Einrichtung nicht für alle Arten von schwierigen Jugendlichen gleichzeitig bereitgestellt werden kann. Es ist notwendig, zu einer Differentialindikation zu kommen. Es gibt ja ganz unterschiedliche Formen der psychosozialen Gestörtheit, die dementsprechend auch unterschiedliche Bedingungen für ein Moratorium zur heilsamen Veränderung benötigen. Wenn z.B. einer in seinem Leben keine konsistenten Beziehungspartner erlebte und kein Kapitel richtig gelernt hat, so braucht er eine soziale Situation, die ihn in der Konkretheit der täglichen Erfahrung unbestechlich erleben läßt, wie menschliches Verhalten sich auswirkt. Wenn einer dagegen aus seiner Vorgeschichte mit zuviel Angst zu leben gelernt und eine neurotische Gehemmtheitsstruktur entwickelt hat, so

braucht dieser eine Situation, in der er experimentelle Erfahrungen mit andern machen kann, um zu entdecken, ob das Leben mit den anderen wirklich so gefährlich ist, oder ob Verhaltensalternativen zu finden sind, mit denen besser zu leben ist. Wenn Sie sich nun vorstellen, daß in einer Einrichtung beide Arten von Jugendlichen zugleich sind, dann brauchen jeweils die einen Bedingungen, die für die anderen geradezu zerstörerisch wirken. Eine differenzierte Arbeit muß sich dementsprechend zur Differentialindikation entscheiden.

3. Eine dritte Art von Erfahrungen machten wir im Hinblick auf die Abgrenzung und Zuordnung von Pädagogik und Therapie. Im Anfang drehte es sich besonders um die Frage der offenen Mitteilung oder der Verschwiegenheit bezüglich der Inhalte von Therapiegesprächen. Obwohl wir uns in dieser Frage zunächst viele Sorgen gemacht hatten, stellte sich bald heraus, daß erfahrene Pädagogen in ihrem Operationsfeld dieselben sozial relevanten Kenntnisse gewinnen, die auch der Therapeut in der vermeintlich so viel höheren Intimität seines Therapieraumes erfährt. Die zeitliche Überschneidung der Mitteilungen betrug in der Regel nicht mehr als ein paar Stunden. So kamen wir zu dem Schluß, daß Therapeuten keine Inhalte aus den Therapien berichten sollten, weil das ihre Arbeitsbeziehung zu den Jugendlichen erschwerte. Wir fanden aber auch, daß es nicht notwendig war, wenn in einer Besprechung mit den Pädagogen offen auf das eingegangen wurde, was die Pädagogen ihrerseits erfahren hatten und in die Teambesprechungen einbringen konnten.

4. Im Verlaufe des Aufbaus beobachteten wir, daß die Entwicklungen, die für die pädagogischen und therapeutischen Prozesse entscheidend waren, bis zu einer Größenordnung von 24 Jugendlichen selbst evident waren. Sie wurden so deutlich und augenscheinlich, daß wir im beteiligten Mitarbeiterkreis nicht über das Faktische zu diskutieren brauchten. Wir hatten damals bei 24 Jugendlichen einen Mitarbeiterschlüssel von 1 : 2 ½. Mit dem weiteren Ausbau und dem Hinzukommen neuer Jugendlicher und Mitarbeiter erwies es sich nun, daß die Verhältnisse immer komplizierter wurden. Obwohl wir zunächst davon ausgegangen waren, daß wir das Experiment vielleicht bis zu einer Größenordnung von 60-70 Jugendlichen entwickeln könnten, mußten wir die definitive Größe bei 48 endgültig festlegen. Es ist so, daß die Zahl der Beziehungsmöglichkeiten etwa in der dritten Potenz der beteiligten Personen ansteigt (vgl. Claessens 1977). Das hängt damit zusammen, daß jeder einzelne in der Gruppe sich selber

darstellen muß, daß jeder mit der Selbstdarstellung der anderen umgehen muß, daß eine Gruppe im Unterschied zur Person keine Haut hat und ständig damit beschäftigt sein muß, sich selber zu erhalten, und schließlich, daß Gruppen nicht nur eine Innen-, sondern auch eine Außendarstellung brauchen. Und dadurch wird von einer gewissen Größenordnung an die Kommunikation nicht mehr auf Kleingruppenniveau dialogisch operieren können, sondern es werden sich Gruppenverbände bilden. Diese Verbände verlangen eine Leitungsgruppe, die die Funktion hat, die Interaktion der Gruppen im Gruppenverband zu ermöglichen. Diese Leitungsgruppe braucht wieder eine eigene Gruppenidentität, sie muß aber zugleich eine doppelte Loyalität entwickeln, nämlich gegenüber den Basisgruppen und gegenüber der eigenen Innengruppe (was sich beispielsweise in der brisanten Frage eines imperativen Mandates als Ambivalenz zeigt). Als wir die Größenordnung von 24 Jugendlichen überschritten, bedeutete das, nicht mehr mit einem Schlüssel von 1 Mitarbeiter zu 2 ½ Jugendlichen auszukommen, sondern einen Schlüssel von 1 : 2 zu benötigen.

5. Bei 36 Jugendlichen hatten wir also 18 Mitarbeiter. Diese Zahl ist für eine kooperationsfähige und koordinative Leitungsgruppenarbeit zu groß. So mußten wir unser Konferenzsystem weiter entwickeln. Wir haben damals eine Methodik eingeführt, die wir als E-Gruppe (=Erfahrungs-Gruppe) in der Literatur beschrieben haben.

6. Nun zeigte sich, daß in dieser Konferenz der Mitarbeiter, die sich mit den Problemen in den Arbeitsgruppen der Jugendlichen befaßten, das Phänomen der psychosozialen Induktion wieder auftrat. Nach etwa einer halben Stunde des Versuchs, im Gespräch die Situation einer Jugendlichengruppe zu verstehen, begann sich regelmäßig die psychosoziale Spannungssituation aus dem Arbeitsfeld in dieser speziellen Mitarbeitergruppe zu "repräsentieren". Wenn es uns gut gelang, diese Situation im Mitarbeiterfeld zu verstehen, dann hatten wir auch den Schlüssel gefunden, die Situation im Arbeitsfeld der Jugendlichen zu erfassen.

7. Bei der Überschreitung der Größenordnung von 36 Jugendlichen beobachteten wir, daß es unmöglich wurde, jede notwendige Entscheidung dialogisch zu erarbeiten. Weil die soziale Feldsituation zu komplex wurde, war es notwendig, daß wir gewisse Institutionalisierungen beschlossen. Wir mußten also Entscheidungen treffen, die nicht nur von Fall zu Fall gelten konnten, sondern die auf längere Zeit Gültigkeit behalten mußten. Das

führte zu einem Regelsystem, und mit diesem waren wir vor die neue Schwierigkeit gestellt, die einmal aus dem sozialen Prozeß geronnenen Organisationsstrukturen mit ihrem Verhaltenskodex und ihren Festschreibungen dann wieder zu verflüssigen, wenn sie nicht mehr auf die lebendige soziale Situation paßten.

8. Damit hatten wir durch die Größenordnung einige psychosoziale Probleme angetroffen, die eine Ähnlichkeit zu gesellschaftlichen Prozessen kennzeichnen. Ein Besuch in Zürich bei Parin und seiner Gruppe half uns, die Erfahrungen der Ethnopsychoanalytiker in die konzeptuelle Erfassung unserer Lage einzubeziehen. Wir stießen auf das Problem der Rolle, welche die Alten in einer Ethnie spielen. Eine Folge daraus war, daß wir begannen, ältere und erfahrene Mitarbeiter in einer Art Mittelbau zu etablieren, damit sie uns nicht nach einigen Jahren der Erfahrungsbildung wieder verlassen würden, wie das bis dahin der Fall war. Tatsächlich war es damals so, daß unsere Mitarbeiter nach drei bis vier Jahren in andere Einrichtungen wechselten und Leitungsfunktionen übernahmen, Praxisanleiter wurden oder auch selber in weiterführende Ausbildungen gingen oder Dozenten wurden. Natürlich war es nur möglich, die erfahrenen Mitarbeiter an die Institution zu binden, wenn man ihnen auch eine Aufstiegschance gab. Damit jedoch entstanden wieder neue Probleme, Wie mit jeder "Beförderung" kamen auch bei uns Rivalitäts- und Neidprobleme zum Vorschein.

Trotz alledem war es aber bis dahin so, daß wir die auftauchenden Probleme mit unseren Mitteln und dem Verständnis des Trägers und der aufsichtsführenden Jugendbehörde (Arbeiterwohlfahrt - Bundesverband und Landesjugendamt Rheinland) immer wieder lösen konnten. Wir hatten also etwa 10 Jahre lang die Möglichkeit, aus unseren Erfahrungen zu lernen, die Situation zu optimieren und zu Erkenntnissen zu kommen, die auch über die eigene Institution hinaus allgemeinere Bedeutung für die Erfassung psychosozialer Gesetzmäßigkeiten haben.

Um die Möglichkeiten und Grenzen in einer psychosozialen Feldsituation einzuschätzen, hat sich mir ein Ordnungsschema ergeben und bewährt, das durch zwei sich durchdringende Polaritäten gekennzeichnet ist: Rahmenbedingungen versus Funktionselemente versus Disposition der Elemente versus transaktionale Regeln.

In unserem Falle waren zuerst die neurotisch-dissozialen Jugendlichen gegeben. Deren Ausgangsdisposition für das Verhalten im sozialen Feld war durch biographisch bedingte, psychische Hemmungsstrukturen mit kompensierendem Ausagieren gekennzeichnet. Die Spielregeln sollten psychotherapeutisch-sozialpädagogische gruppale und personale Prozesse ermöglichen. Also mußten zu ihnen psychotherapeutische und sozialpädagogische Interaktionspartner kommen und Rahmenbedingungen (wie Lage, Größe, Ausstattung und Organisation der Einrichtung) geschaffen werden, welche die Entfaltung eines dialogischen Stiles so begünstigten, daß therapeutische Klärungen und pädagogische Erfahrungsbildung gefördert wurden.

Dieses Bedingungsgefüge gilt für die einzelne Gruppe wie für die Gesamteinrichtung mit ihren diversen Gruppen. Heute würde man da wohl von Systembedingungen mit der Tendenz zur Homöostase sprechen. Hier ist aber immer wichtig, daß es sich nur um ein stets neu zu gewinnendes Fließgleichgewicht handeln kann, wenn nicht pathologische Fixierungen dominant werden sollen.

Ich will nun einige Erfahrungen in bezug auf die innerinstitutionellen Gruppengrößen nennen:

1. Die günstige Größe eines vor allem pädagogisch-therapeutisch (nicht berufsbildend) wirksamen Institutes sollte die Zahl von 25 Insassen nicht überschreiten. Besser ist in jedem Falle, mehrere kleine Heime mit 25 Plätzen um ein gemeinsames Ausbildungszentrum herum zu plazieren (wo dann vielfältige Werkstätten und berufsbildende Maßnahmen möglich sind), als eine Rieseneinrichtung zu schaffen mit der Begründung, dann könne diese sich auch eine breitere Palette von Ausbildungsmöglichkeiten leisten.

2. Eine Therapiegruppe sollte möglichst sechs Teilnehmer plus einen Therapeuten haben und die Zahl von 8 Teilnehmern keinesfalls überschreiten. Eine werktherapeutische Gruppe (Kreativgruppe) sollte fünf Personen oder weniger Teilnehmer haben, damit der einzelne sich eher in Ruhe seinem Werk zuwenden kann. In einer Werkstatt ist die optimale Größe zwischen sechs und acht Teilnehmern mit einem Meister, um schwierige Jugendliche über die eigenen Erfahrungen und über das Lernen aus Erfolg und Mißerfolg für Arbeitsprozesse zu befähigen. Eine Wohngruppe als "Lebensgemeinschaft auf Zeit" sollte eine Größenordnung von 10 - 12 Jugendlichen haben. Wenn die Zahl 12 überschritten ist, wird es für die Pädagogen unübersichtlich, und wenn die Zahl sechs unterschritten wird, können die Konfliktspannungen in der Gruppe zu hoch werden, weil keine

ausreichende Untergruppenbildung erfolgen kann. So geraten die Mitarbeiter fast unweigerlich in die Gefahr, in diesem Gruppenprozeß zu Kontrahenten zu werden und nicht aus einer gewissen Distanz - den Prozeß begleitend - Hilfestellung geben zu können. Sie werden sehr stark provoziert mitzuagieren.

Mit dem zweiten Jahrzehnt unserer Erfahrung kamen zunehmend mehr Außeneinflüsse zur Geltung, die also nicht aus dem inneren Prozeß der Arbeit stammten.

1. Der erste Fremdeinfluß bestand darin, daß die tarifliche Arbeitszeit um 20 % gekürzt wurde, d.h., statt 48 Stunden standen den Mitarbeitern nur noch 40 Stunden zur Verfügung. Selbst wenn nun regelmäßige Überstundenpauschalen einkalkuliert wurden, konnten zwei Gruppenleiter nicht mehr mit 12 Jugendlichen arbeiten. Um in einer Wohngruppe rein rechnerisch die gleiche Präsenz von Mitarbeitern zu schaffen, wären jetzt pro Gruppe 5,8 Mitarbeiter benötigt worden. Das war aber unmöglich, denn sechs oder fünf Mitarbeiter entwickeln eine so komplizierte eigene Binnengruppendynamik, daß in jedem Haus zwei schwierige Gruppen gewesen wären. Wir haben uns darauf beschränken müssen, nur vier Mitarbeiter bei 10 Jugendlichen zu haben. Das aber bedeutete Schichtdienst.

2. Außerdem veränderte sich die Ausbildung der Mitarbeiter. Wir hatten bis dahin immer die Möglichkeit, lebenserfahrene Mitarbeiter zu bekommen, die oft über den zweiten Bildungsweg Sozialarbeiter oder Sozialpädagogen geworden waren. Dadurch, daß die Ausbildung akademisiert wurde, ist die Zahl dieser lebenserfahrenen Mitarbeiter immer kleiner geworden. Die Leute kamen jetzt praktisch von der Schulbank in die Fachhochschule und von dort dann gleich in die Erziehungsarbeit. Häufiger brachten sie eigene spätadoleszente Lebensprobleme mit, die sie klären mußten. Viele waren selbst noch mit Wohngemeinschaftserfahrungen beschäftigt, wenige hatten stabile Beziehungspartner, kaum bestanden Erfahrungen mit eigenen Kindern.

3. Während es bis dahin möglich war, daß im Haus einer Wohngruppe auch ein Mitarbeiter mit seiner Familie in einer angegliederten Wohnung lebte, war das mit vier Mitarbeitern nicht mehr zu verwirklichen - es sei denn, man hätte so etwas wie einen Gruppenvater eingesetzt. Das widersprach unseren Vorstellungen,

weil wir ein Ersatzfamilienmodell für Adoleszente unpassend fanden, denn deren Problem ist ja gerade, aus der Familiensituation herauszuwachsen. Dazu wollten wir ihnen die gruppalen Erfahrungsmöglichkeiten anbieten.

4. Weil nun keiner mehr im Hause wohnte, mußte ein Nachtdienst eingerichtet werden, und damit wurde die Begleitung der gruppalen Prozesse nicht nur durch den Schichtdienst, sondern auch durch den Kontaktabbruch nachtsüber immer stärker inkonsistent.

5. Mit der Frage der Hierarchisierung, die sich durch die verdoppelte Mitarbeiterzahl und das damit notwendige doppelt so häufige Wechseln zu neuen (jüngeren) Mitarbeitern zwangsläufig ergab, kam natürlich die Frage von Machtregulation und demokratischer Grundauffassung verschärft in die Auseinandersetzungen im Mitarbeiterkreis. Diese Auseinandersetzungen der Mitarbeiter mit ihrer eigenen Situation im Heim kamen immer mehr in den Vordergrund und behinderten die nicht weniger notwendige Auseinandersetzung mit den Erfahrungsprozessen der Jugendlichen.

6. Auch die gesetzliche Änderung des Volljährigkeitsalters von 21 auf 18 Jahre brachte Änderungen von außen. Entgegen unserer Erwartung, daß die 18 bis 21jährigen, auf deren Bedürfnisse wir unsere Arbeit spezialisiert hatten, auch weiterhin betreut werden müßten, fielen diese aus dem Netz sozialtherapeutischer Maßnahmen einfach heraus. Das Aufnahmealter von "Haus Sommerberg" lag schließlich bei 14, manchmal 13 Jahren. D.h. aber, daß sich außer der eben beschriebenen Verminderung der Bindungskraft des Mitarbeiterkreises in der Einrichtung auch die Problematik der Jugendlichen veränderte: Während bis dahin in der Regel die aus den Familien Ausgestoßenen kamen, waren es jetzt mehr und mehr solche, die in ihren Familien pathologisch gebunden waren. Immer aufdringlicher begann uns zu beschäftigen, was von M. Erdheim als gesellschaftlicher Veränderungsprozeß beschrieben wurde. In jeder Ethnie ist die Existenz von Institutionen auf gewisse Tabus im Sozialverband angewiesen. Wenn etwas institutionalisiert wird, so heißt das in meinem Verständnis, daß neue Probleme, die in dem inzwischen weitergehenden intra- und infrainstitutionellen Prozeß auftauchen, nicht ohne weiteres berücksichtigt werden können, weil das die Aufhebung der Institutionalisation bedeuten würde. Zum Problem wird dann, daß die zurückgestellten Probleme in einer Verflüssigungsphase der Institutionalisierung zur rechten Zeit wieder

miteinbezogen werden. Nur so kann es zum Wiedergewinnen des Fließgleichgewichtes und zur Aufhebung des angestauten Problemüberhanges kommen. Die so eingeholte Situation im sozialen Prozeß wird dann auch in neuen Institutionalisierungen wieder stabilisiert werden. Andernfalls setzen Prozesse ein, wie sie von N. Elias als Figurationsprozesse beschrieben wurden, die dazu führen, daß die aus dem sozialen Prozeß geronnenen Fakten zu Sachzwängen führen, die - später unaufhebbar - die weitere Geschichte mitbestimmen. Es geht also im Kleinen um das große Problem gesellschaftlicher Verdrängung. Für die Verdrängung sind ja beim Einzelnen wie auch in der gruppalen Interaktion psychische Mechanismen nötig, die den auf die Dauer schwer erträglichen Aufschub von Spannungsausgleich so (not-!)lösen, daß das Verdrängte tabu wird, also nicht mehr in die Auseinandersetzung einbezogen werden darf. Die Einhaltung von Tabus wird mit narzißtischen Prämien ausgezeichnet. Wer aber an die Tabus rührt, ist ein unbequemer, störender, taktloser oder aufsässiger Mensch. Wie solche Festschreibungen unvermeidbar sind und unter welchen Bedingungen sie doch wieder aufgehoben werden können, das ist wohl heutzutage das brennendste soziale Problem, und nicht nur in einer Einrichtung wie "Haus Sommerberg". Denken Sie nur an das Tabu, daß nur ordentlich geleistete, bezahlte und versteuerte Arbeit richtige Arbeit ist, daß wir aber andererseits die gesellschaftlichen Probleme nur lösen können, wenn wir Wege finden, von gekaufter und verkaufter Arbeit wieder frei zu werden. Wenn aber einer an solche Tabus rührt, so macht das den Mächtigen und den ihnen Verantwortlichen Angst, und - wenn er nicht gerade Dahrendorf heißt - bringt er sich selbst leicht in eine unangenehme Lage.

7. Ein weiteres Problem, das von außen auf die Institution einwirkte, ist das Problem der Jugendarbeitslosigkeit. Je mehr sich diese verschärfte, desto notwendiger wurde es, in der Institution daran zu arbeiten, die Jugendlichen zu qualifizieren, damit sie später in Arbeit vermittelt werden könnten. Diese Notwendigkeit aber kollidierte mit der ersten Aufgabe, nämlich die Jugendlichen aus ihren neurotischen Verstrickungen herauszuführen. Mit vielen Versuchen und Korrekturen fanden wir schließlich eine Lösung, die gut integriert und doch brauchbar war: Eine "kurative Schule". 80 % der aufgenommenen Jugendlichen hatten keinen Hauptschulabschluß. Sie waren an den Ansprüchen ihrer bisherigen Schulen - ob nun Regel- oder Sonderschulen - gescheitert. Die kurative Schule verfuhr so, daß die Jungen nach einer gewissen Zeit der Eingewöhnung mit Schultests auf ihren Leistungsstand überprüft

wurden. Dann wurden sie zunächst in Einzelstunden zu zweit oder in Kleingruppen in "Liftkursen" gefördert, bis sie allmählich lernten, das Lernen zu lernen. Trotz anders lautender Programme und des guten Willens vieler Lehrer haben ja die offiziellen Schulen mit ihren zu großen Klassen und vorgeschriebenen Unterrichtsstoffen eine "Vogel friß oder stirb"-Pädagogik (sonst gäbe es keine "blauen Briefe"). In den "Liftkursen" wurden die Jugendlichen so weit gefördert, daß sie schließlich klassenreif wurden und ein volles Schullernprogramm bewältigen konnten. Das war im allgemeinen erreicht, wenn der Jugendliche aus den Arbeitseinführungsgruppen im Gelände in eine berufsvorbereitende Werkstatt unserer Einrichtung wechselte. Im Klassenverband wurde dann ein geschlossener Kursus durchgeführt, der mit dem externen Hauptschulabschluß in einer Prüfung bei der Schulbehörde endete. So konnten die Lehrer bis zuletzt von den Jugendlichen als Verbündete im Kampf um den Hauptschulabschluß erlebt werden. Diese Lösung war so fruchtbar, daß 90 % der Jugendlichen einen Abschluß fertig brachten, davon 30 - 40 % sogar mit einer Qualifikation, die sie befugte, weiterführende Schulen zu besuchen.

Die Verjüngung unserer Klientel führte also dazu, daß wir uns mit zwei neuen Problemen konfrontiert sahen: a) den pathologischen Familienbindungen; b) der gesetzlichen Schulpflicht.

Zu a) Durch eine Beihilfe der "Deutschen Forschungsgemeinschaft" konnten wir ein Forschungsprogramm durchführen, um die familialen Faktoren der Verursachung von Jugenddelinquenz und die Möglichkeit von Familientherapie zu untersuchen und praktisch zu erproben. Es ist ein Forschungsprogramm über vier Jahre daraus geworden. Es ermöglichte uns, die familientherapeutischen Erfahrungen auch in die Institution einzuführen, eine außerordentlich schwierige Aufgabe, die in verschiedenen Ländern bei Projekten in anderen Arbeitszusammenhängen verschiedentlich versucht, aber selten gelöst wurde. In unserem Falle mußte der ganze Mitarbeiterkreis mit der Institutionsorganisation, die ja bis dahin um pädagogische und therapeutische Gruppenarbeit mit den Jugendlichen zentriert war, eine neue Perspektive entwickeln: Es genügte nicht mehr, den Jugendlichen in dem psychosozialen Prozeß im Gruppenverband des Heimes zu begleiten und ihm zu helfen, seine persönliche Identität in soziale Zukunftsentwürfe einzubringen und damit ein Erwachsener zu werden - sozusagen aus der zweiten psychosexuellen Phase, der Adoleszenz, in die "zweite Latenz", das Jung-Erwachsenenalter, zu kommen. Es mußte nun außer dem System des institutionalisierten Moratoriums auch die Familie als ein zweites System mit in den Blick genommen werden. In einer ganzen Serie von Vorversuchen hatten wir über Jahre hin erfahren, daß der verhaltensauffällige Jugendliche sehr oft in seiner Familie eine Funktion bekommen hat, die für das schiefe Gleichgewicht dieser Familie lebensrettend war, daß aber der Familienverband sein Agieren im sozialen Umfeld schließlich nicht mehr ertragen konnte. So ist er ins Heim gekommen. Wir haben schließlich die Lösung gefunden, daß er einerseits über die Werktage im Heim ist, um mit den anderen Jugendlichen in Gruppen zu leben und zu arbeiten, andererseits er das Wochenende mit seiner Familie verbringt, mit der zusammen er auch die Sitzungen der Familientherapie im Heim erlebt. Außerdem hat jeder Jugendliche wöchentlich Einzelsitzungen, so daß der Therapeut die beiden Aspekte der Situation des Jugendlichen vertreten muß, die Vernetzung im sozialen System des Heimes und die gleichzeitige Verstrickung in das Familiensystem, aus dem er kommt und das immer noch seine Loyalität bindet.

Zu b) Für die Schulsituation haben wir bisher keine ebenso gut integrierte, konstruktive Lösung finden können. Im Zuge der Sparmaßnahmen, denen sich die Landesjugendbehörde ausgesetzt sah, mußte unsere Schule der Schulbehörde des Regierungspräsidenten und des Kultusministers unterstellt werden. Trotz aller Verhandlungen über zwei Jahre hin und trotz der guten Dokumentation unserer Arbeit mit einer wissenschaftlich belegten Erfolgskontrolle war es nicht möglich, mit Argumenten der Vernunft gegen die gesetzliche Regelung anzukommen, die "jedem deutschen Kind das Recht gibt, eine ordentliche Schule zu besuchen". Eine "kurative" Schule ist keine "ordentliche" Schule. Unsere Lehrer waren auch nicht "ordentlich" dafür vorbereitet. Sie mußten also eine Zusatzausbildung als Sonderschullehrer beginnen. Obwohl sie die Schule eingerichtet hatten, waren sie nicht "qualifiziert" genug, sie zu betreiben. Schließlich bekamen wir also eine Regelschule: die Ersatzschule für Erziehungshilfe (Sonderschule) "Haus Sommerberg". Sie wird von einem Rektor geleitet, der ebenfalls von außen kommt und von psychoanalytischer Therapie und Pädagogik keine Ahnung hatte. Die Schule ist ein Fremdkörper in der Institution geblieben. Das alles hat dazu geführt, daß die pädagogischen Prozesse so weit zerstückelt wurden, daß ich die psychoanalytische Orientierung der Institution nicht mehr vertreten konnte. Die Arbeit mit den psychosozialen Prozessen im pädagogischen Felde ist weitgehend zum Erliegen gekommen.

Die Erfahrungen mit dem sozialpsychologischen Experiment "Haus Sommerberg" berechtigen zu folgenden Thesen:

1. Es ist prinzipiell möglich, psychosoziale Bedingungen herzustellen, die es einer Population - deren Psychopathologie nur graduell über die "Normopathie" des heutigen periatlantischen Zivilisationsmenschen hinausgeht - ermöglicht, einen höheren Grad psychosozialer Reife zu erlangen.

2. Diese Bedingungen können nur erfüllt werden, wenn die Regulationen im psychosozialen Felde an der Optimierung dialogischer Prozesse orientiert sind und trotz unvermeidbarer struktureller Institutionalisierungen über rechtzeitige Struktur-"Verflüssigungs"-Phasen so orientiert bleiben.

3. Die Rahmenbedingungen hängen immer von der umfassenderen (oder übergeordneten) Struktureinheit im Organisationsgefüge ab, die folglich dafür verantwortlich ist, ob in dem nachgeordneten Gefüge eine solche Vielfalt in der Einheit gefördert werden kann, daß originäre soziale Prozesse der Optimierung überhaupt zustande kommen können.

4. Optimierungsprozesse werden wesentlich (evtl. bis zur Unmöglichkeit) erschwert, wenn die dazu notwendige psychosoziale Arbeit mit vermeintlich (oder wirklich!) existenzbedrohenden Momenten kollidiert.

5. Gesetzgeberische und administrative Regelungen, welche diese Zusammenhänge nicht ausdrücklich berücksichtigen, wirken "kulturverschleißend" und trotz gegenteiliger Absichtserklärungen am Ende tödlich auf die letztlich immer nur lokal oder "regional" realisierbaren Prozesse psychosozialer Kulturentwicklung, die wieder Voraussetzung für die mentale Gesundheit und Soziabilität von Menschen ist.

Am Beispiel der Institution "Haus Sommerberg" sehe ich folgende Notwendigkeiten für die Besserung der gegenwärtigen Situation:

1. Das psychosoziale Orientierungsmodell (Paradigma) der psychoanalytisch/systemischen Familientherapie muß vom ganzen Heimgefüge - einschließlich der Schule! - als gemeinsame

Ausgangsorientierung anerkannt werden. (Die Schule zerstückelt das Erfahrungsfeld der Jugendlichen, wenn sie sich nicht ihrerseits in den dialogischen Steuerungsprozeß der Heimsoziätät einläßt!)

2. Die soziodynamische Bindungskraft der Heimwohngruppen sollte erhöht werden. Das setzt voraus, daß wenigstens ein (!) Pädagoge (möglichst mit Familie) im Hause wohnt. Entsprechende Wohnmöglichkeit und faire arbeitsrechtliche Regelungen sollten zu schaffen sein.

3. Der Träger, die Heimaufsicht und die Schulaufsicht müssen sich darüber im klaren sein, daß die "Delegation" von widersprüchlichen Kompetenzforderungen auf die nachgeordnete Ebene der Vertreter im Heim von diesen existenzbedrohend erlebt wird. Einigungsprozesse zur Optimierung der gemeinsamen Arbeit mit denselben Jugendlichen bleiben auf die Dauer schwerst behindert.

Kommen wir nun auf das Thema "Für und wider Institutionen" zurück, so hoffe ich, mit meinem Beitrag aus konkreter Erfahrung klare Argumente geliefert zu haben. Aus Gründen der speziellen Indikation im einzelnen Falle wird eine wirksame pädagogische und/oder therapeutische Hilfe auch weiterhin die Aufnahme in eine differenzierte Institution notwendig machen. In jedem einzelnen solchen Falle muß also entschieden für die entsprechend geeignete Institution votiert werden. Auch die besten Institutionen sind aber nicht ein für allemal gut. Sie befinden sich in einem ständigen inneren Prozeß. Bei diesem können mißliche innere und äußere Faktoren dazu führen, daß sie ihrer speziellen Aufgabe nicht mehr gerecht werden. Dann brauchen sie u.U. Hilfe von außen. Gelingt eine "Gesundung" der Institution nicht mehr, so muß man gegen ihre Weiterexistenz entscheiden, was wegen der davon betroffenen Klienten und Mitarbeiter sehr schwer sein kann. Es muß aber auch festgehalten werden, daß eine gute und wirksame Einrichtung zugrunde verordnet und verwaltet werden kann. Widerlicherweise entscheiden dann womöglich dieselben Instanzen gegen die Institution, die zuvor ihre Verantwortung für die Rahmenbedingungen schlecht erfüllt hatten. Die Entscheidung für und wider Institutionen kann also nur im "Fenster" der eingangs erwähnten Doppelpolaritäten klarer ins Auge gefaßt werden.

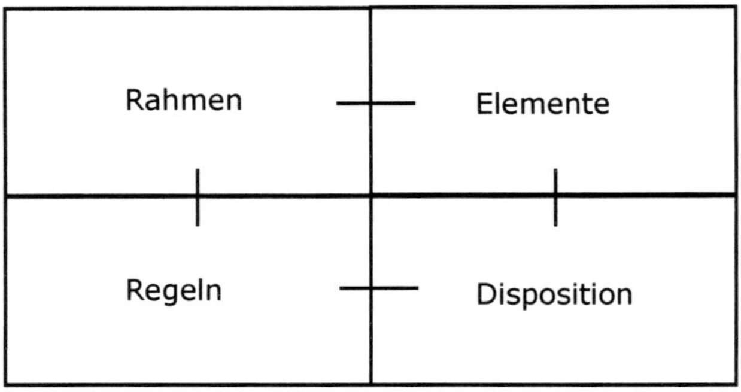

In unserem Beispiel für "Haus Sommerberg" bestanden gute Chancen. Durch die deutsche Forschungsgemeinschaft und den Bundesverband der Arbeiterwohlfahrt kam die Hilfe zur rechten Zeit. Das ursprüngliche Modell, in dem eine relativ kleine Gruppe von speziell erfahrenen Erwachsenen sich mit einer größeren Gruppe problematischer Mitmenschen in gemeinsame psychosoziale Prozesse einließ, war unter den neuen Bedingungen nicht mehr realisierbar. Die Einführung des psychoanalytisch/systemischen Paradigmas hätte es möglich machen können, daß sich die verschiedenen Gruppen von Mitarbeitern und Klienten der Institution so betrachten und erleben, als wären sie - ähnlich einer "gestreßten" Familie - in einem Boot mit ihrem Schicksal aufeinander angewiesen. Die neue Gruppe der z.T. aus dem Mitarbeiterkreis hervorgegangenen psychoanalytisch/systemisch orientierten Therapeuten hätte dann in einer Weise zum Dialog beitragen können, die ähnlich dem Ansatz der Familien- und Sozialtherapie geeignet ist, förderliche Spielregeln der Interaktion und Kommunikation zu entwickeln. Im Unterschied zu Familien besteht jedoch ein höherer Grad von Heterogenität unter den "Funktionselementen" des "Spiels", (den Mitarbeitern und Klienten), und die "Spielregeln" sind nicht nur von "Binnen-", sondern in hohem Maße von "Außenloyalitäten" mitbestimmt. Es ist zu hoffen, daß auch vom "Rahmen" her genügend Hilfe zur Verfügung gestellt wird, daß die innere Lebendigkeit einer solchen Institution nicht stirbt.

Nachtrag

"Der Sommerberg" hat überlebt, dabei haben zahlreiche Veränderungen ihn verwandelt. So sei aus dem heutigen Informationsblatt zitiert:

Ein überzeugendes Konzept, jahrzehntelange Erfahrung.

Der Sommerberg arbeitet im 4. Jahrzehnt als pädagogische Einrichtung für Kinder, Jugendliche und deren Familien. Entstanden als eine pädagogisch-therapeutische Modelleinrichtung in Trägerschaft der Arbeiterwohlfahrt im Jahre 1962 ist der Sommerberg heute die konsequente konzeptionelle Weiterentwicklung unserer Vision, Lebenswelten von Menschen mitzugestalten.

Neue Herausforderungen erfordern neue Antworten.

Die gesellschaftlichen Rahmenbedingungen, zu denen die Arbeit am Sommerberg stattfindet, haben sich dramatisch verändert und zugespitzt. Die Armutsberichte verschiedener Verbände und Fachrichtungen sprechen von mehreren Millionen Kindern und Jugendlichen, die mit ihren Familien Opfer des kalten gesellschaftlichen Klimas wurden, und täglich werden es mehr. Auch die extrem angespannte Finanzsituation der Mittelgeber wirkt sich auf die Arbeit am Sommerberg aus. Mit diesen neuen Herausforderungen müssen Teams und Leitung am Sommerberg täglich neu umgehen. Es müssen kreative und effiziente Lösungen erarbeitet und umgesetzt werden. Im Interesse unserer Kinder, der Jugendlichen und deren Familien.

Literatur

Aichhorn, August
Verwahrloste Jugend - Die Pschoanalyse in der Fürsorgeerziehung
Huber, Bern 1957
Balint, Michael
Angstlust und Regression - Beitrag zur psychologischen Typenlehre
Klett, Stuttgart 1959
Balint, Michael
Der Arzt sein Patient und die Krankheit
Fischer Bücherei, Stuttgart 1970
Bally, Gustav
Einführung in die Psychoanalyse Sigmund Freuds - Mit Originaltexten Freuds
Rowohlt, Reinbeck 1961
Bally, Gustav
Vom Spielraum der Freiheit - Die Bedeutung des Spiels bei Tier und Mensch
Schwabe + Co, Basel, Stuttgart 1966
Claessens, Dieter
Gruppe und Gruppenverbände, Systematische Einführung in die Folgen von Vergesellschaftung
Darmstadt: Wissenschaftliche Buchgesellschaft 1977
Elias, Norbert
Human Figurations, Essays
Amsterdams Sociologisch Tijdschrift 1977
Erikson, Erik H.
Kindheit und Gesellschaft
Klett, Stuttgart 1965
Kemper, W. W.
Psychoanalytische Gruppentherapie
Klett, Stuttgart 1960
Lewin, Kurt
Feldtheorie in den Sozialwissenschaften
Huber, Bern, Stuttgart 1963
Parin, Paul / Morgentaler, Fritz u.a.
Fürchte deinen Nächsten wie dich selbst
Psychoanalyse und Gesellschaft am Modell der Agni in Westafrika
Suhrkamp, Frankfurt 1971
Redl, Fritz u.a.
Kinder, die hassen
Fehlfunktionen des Ich bei milieugeschädigten Kindern
Lambertus, Freiburg 1970

Strukturentwicklung in einer systemischen Klinik für Kinder und Jugendliche

Wilhelm Rotthaus

Einleitung

Im Folgenden soll dargestellt werden, wie sich die Organisationsstrukturen in den Kliniken für Psychiatrie und Psychotherapie des Kindes- und Jugendalters der Rheinischen Kliniken Viersen unter dem Einfluß einer zunächst familientherapeutischen, im weiteren Verlauf systemtherapeutischen Orientierung entwikkelt haben. Die Kliniken für Psychiatrie und Psychotherapie des Kindes- und Jugendalters der Rheinischen Kliniken Viersen sind eine Einrichtung mit 208 Behandlungsplätzen, die sich aufteilen in 151 vollstationäre, 24 teilstationäre (2 Tageskliniken) und 33 durch die Jugendhilfe oder die Sozialhilfe finanzierte Reha-Plätze.

Beginnend im Jahre 1979 erfolgte eine konsequente therapeutische Ausrichtung zunächst im Sinne der klassischen Familientherapie, die in den folgenden Jahren - entsprechend der allgemeinen Entwicklung in diesem Feld - systemtherapeutisch weiterentwickelt wurde. Dieser Entwicklungsprozeß wurde zu Anfang angestoßen durch die in den Kliniken tätigen PsychologInnen und ÄrztInnen. Die weitere Entwicklung erfolgte dann in enger Kooperation mit den MitarbeiterInnen der übrigen Berufsgruppen, insbesondere mit den MitarbeiterInnen des Pflege- und Erziehungsdienstes. Welche Auswirkungen das familientherapeutische und systemtherapeutische Gedankengut auf die strukturelle Organisation der Einrichtung in den vergangenen Jahrzehnten gehabt hat, soll an einigen wenigen Punkten erläutert werden, wobei eine Trennung zwischen den therapeutischen und den organisatorischen Prozessen nicht immer leicht zu vollziehen ist.

1. Konsistenz einer systemischen Rahmenperspektive für die inhaltliche Arbeit

Wichtiges Element der therapeutischen und organisatorischen Entwicklung der Kliniken wurde schon relativ früh die Überzeugung, daß es notwendig sei, eine Übereinstimmung in den wesentlichen Ideen über psychische Auffälligkeiten, Störungen und Erkrankungen sowie über nützliche und weniger nützliche therapeutische Prozesse zwischen allen am Therapieprozeß Beteiligten sicher zu stellen. Diese Überzeugung hat ihren Grund in der Wahrnehmung der Tatsache, daß ein wesentliches Kennzeichen einer stationären therapeutischen Einrichtung die hohe Komplexität des therapeutischen Systems ist. Allein schon die Zahl der verschiedenen, in einen Behandlungsverlauf involvierten Berufsgruppen ist hoch; zugleich sind aus den verschiedenen Berufsgruppen mehrere MitarbeiterInnen an der Erziehung und Therapie beteiligt - insbesondere aus dem Pflege- und Erziehungsdienst an der 24-Stunden-Betreuung des Kindes oder Jugendlichen und an den zahlreichen Kontakten mit seinen Angehörigen. Soll es hier nicht zu Verwirrungen und Verunsicherungen der Kinder und Jugendlichen und ihrer Angehörigen kommen - wie dies im sozialen Feld zwischen den verschiedenen helfenden Einrichtungen schon häufig genug geschieht -, dann muß innerhalb des therapeutischen Systems auf der professionellen Seite Einigkeit in den Grundanschauungen bestehen. Diese Grundannahmen sollen hier im Einzelnen nicht näher dargestellt werden; sie sind in zahlreichen Veröffentlichungen erörtert worden (z.B. Rotthaus, 1998, 2001). Dies betrifft ebenfalls den in einer kinder- und jugendpsychiatrischen Klinik wichtigen pädagogischen Anteil, den wir versucht haben, systemisch zu konzipieren (Rotthaus, 1987, 2000).

Diese Übereinstimmung in wichtigen systemischen Grundüberzeugungen bietet eine in sich konsistente Rahmung unserer Arbeit und ist nicht nur Basis für das Gelingen einer internen Kommunikation unter den unterschiedlichen MitarbeiterInnen, sondern ermöglicht es vor allem, den Kindern und Jugendlichen und ihren Angehörigen mit einer gemeinsamen Sprache als Ausdruck einer gemeinsamen therapeutischen Perspektive zu begegnen. Innerhalb dieses Rahmens jedoch ist Platz und Berechtigung für eine Vielfalt an unterschiedlichen Ansätzen auch aus anderen therapeutischen Richtungen, beispielsweise für verhaltenstherapeutische Techniken zur Angst- und Zwangsbehandlung, Trainingsmaßnahmen, Psychodramagruppen, kunsttherapeutische Gruppen mit eher psychodynamischem Ansatz etc. Ihr Einsatz ist zum einen orientiert an der Rezeption psychotherapeutischer Erfahrungen und Forschungen über die Wirksamkeit unterschiedlicher therapeutischer Vorgehensweisen, zum anderen aber auch an den besonderen Stärken und Vorlieben der einzelnen MitarbeiterInnen.

Diese Kombination einer konsistenten systemtherapeutisch bzw. systemtheoretisch orientierten Rahmung der Arbeit und einer erwünschten Vielfalt bezüglich der einzelnen Maßnahmen macht unseres Erachtens die Stärke des therapeutischen Gesamtangebotes der Klinik aus. Hierbei kommt uns zugute, daß die systemische Perspektive offensichtlich in besonderem Maße geeignet ist, als rahmengebende Idee für unterschiedliche therapeutische Ansätze zu dienen, und daß es eine Vielzahl von Hinweisen gibt, daß eine solche systemische Rahmengebung die Wirksamkeit dieser Ansätze steigert (Schiepeck, 1998: 225).

2.
Offenheit der therapeutischen Prozesse

Um eine Konsistenz der rahmengebenden therapeutischen Ideen zu erreichen, ist es naheliegender Weise wünschenswert, daß möglichst viele MitarbeiterInnen Weiterbildungen in Systemischer Therapie bzw. Fortbildungen systemischer Orientierung absolvieren. Konkret haben alle PsychologInnen und alle ÄrztInnen, darüber hinaus auch einige MitarbeiterInnen des Pflege- und Erziehungsdienstes Weiterbildungen zur SystemtherapeutIn absolviert bzw. stehen in solchen Weiterbildungen. Klinikinterne Fortbildungsangebote und Einladungen von Kolleginnen und Kollegen, die die systemtherapeutische Entwicklung bereichert und weitergetrieben haben, zu ein- oder mehrtägigen Seminaren kommen hinzu.

Ein vielleicht aber noch wichtigeres Element für die Fortbildung und die Abstimmung therapeutischer Ideen ist die Offenheit der therapeutischen Prozesse und das gemeinsame therapeutische Handeln der MitarbeiterInnen, das sich auf vielen Ebenen realisiert. Naheliegender Weise nehmen beispielsweise die Familiengespräche bzw. die Gespräche mit den jeweils relevanten Bezugspersonen der Kinder und Jugendlichen einen breiten Raum ein. An diesen Gesprächen sind regelhaft die zuständigen

MitarbeiterInnen des Pflege- und Erziehungsdienstes, die sogenannten PatInnen oder BezugsbetreuerInnen, beteiligt. Dabei nehmen sie in Abhängigkeit von der Konzeption der einzelnen Sitzung, aber auch in Abhängigkeit von der persönlichen systemtherapeutischen Erfahrung und Sicherheit der einzelnen MitarbeiterInnen unterschiedliche Positionen wahr: So kann die MitarbeiterIn des Pflege- und Erziehungsteams eine rein beobachtende Position hinter dem Spiegel (was immer seltener geschieht) oder im Therapieraum einnehmen und ihre Wahrnehmungen in die Diskussion im Anschluß an die Therapiesitzung einbringen. Sie kann zur Unterstützung des Kindes oder Jugendlichen - sozusagen als sein Hilfs-Ich - an der Sitzung teilnehmen oder auch die Rolle der KotherapeutIn wahrnehmen, wobei ggf. ein Rollensplitting beispielsweise im Sinne von: hier die Skeptische, dort die Hoffnungsvolle vorher verabredet ist. Oder aber es wird in der Form eines reflecting team gearbeitet, was oft in der Arbeit mit solchen Familien sehr hilfreich ist, die sich leicht angegriffen fühlen. In jedem Fall findet ein intensiver Austausch über systemtherapeutisches Denken und Handeln statt und damit ein wichtiger Abgleich der Ideen und Überzeugungen.

Entsprechendes gilt für viele systemtherapeutische Gruppen, an denen ebenfalls die MitarbeiterInnen aus den unterschiedlichen Berufsgruppen beteiligt sind. Aber auch über die systemtherapeutischen Einzelkontakte und Einzelstunden findet ein intensiver Austausch statt, was selbstverständlich nicht ausschließt, daß einmal verabredete Vertraulichkeit aufmerksam beachtet wird. Allerdings wird das Ausmaß der den Jugendlichen zugesicherten Vertraulichkeit immer sorgfältig reflektiert, weil wir glauben, häufiger die Erfahrung gemacht zu haben, daß die Zusicherung von Vertraulichkeit gerade bei vielfältig agierenden Jugendlichen therapeutisch eher kontraproduktiv ist und deswegen in Art, Umfang und Personenbezug gut abgestimmt werden muß.

3.
Leitungskultur

Nach einer Reihe von Turbulenzen, auf die in diesem Rahmen nicht näher eingegangen werden kann, hat sich im Lauf der beschriebenen zwei Jahrzehnte eine Leitungskultur entwickelt, die gekennzeichnet ist durch das Nebeneinander von vertikaler

Hierarchie und horizontalen demokratischen Teamstrukturen. Zumindest ab einer bestimmten Größe der Einrichtung scheint eine solche Kombination von Linienmanagement einerseits und horizontalen demokratischen Teamstrukturen andererseits unverzichtbar. Mit der vertikalen Hierarchie sind Begriffe wie Orientierung, Halt und Sicherheit zu verbinden, mit den horizontalen demokratischen Teamstrukturen Begriffe wie Pluralität, Kreativität und Entwicklung.

So ist es als erstes notwendig, daß die Leitung klare Aussagen zu den Rahmenideen und den Leitlinien der Arbeit macht, daß sie - wie oben dargestellt - die generelle psychotherapeutische Ausrichtung festlegt und dafür Sorge trägt, daß nicht widerstreitende therapeutische Ideen und Konzepte sich gegenseitig hindern und paralysieren. Im Hinblick darauf obliegt es ihr, für basale, qualitätssichernde Maßnahmen Sorge zu tragen, beispielsweise für die Weiter- und Fortbildung der MitarbeiterInnen.

Weiterhin besteht eine der ganz wesentlichen Aufgaben der Leitung im Schutz der MitarbeiterInnen vor Angriffen von außen. Für ein gutes Arbeiten ist das sichere Gefühl der Mitarbeiterinnen und Mitarbeiter, daß das eigene Handeln von der Leitung getragen wird, von größter Bedeutung. Dies zu beweisen, gibt es in einer psychiatrischen Klinik immer wieder Gelegenheit. Auf diese Weise entsteht ein Rahmen von Sicherheit und die Basis von Entscheidungsfreudigkeit, die unverzichtbarer Bestandteil des gesamten psychotherapeutischen Arbeitens ist.

Ein ebenso wichtiger Aspekt von Schutz ist die Vertretung der Klinik nach außen: Dazu gehört es gerade in einer systemisch orientierten Klinik, die eigenen Konzepte in einem schwerpunktmäßig anders orientierten Medizinsystem nach außen verständlich zu machen und die Akzeptanz für ungewöhnliches Vorgehen zu wecken und zu fördern. In Kinder- und Jugendpsychiatrien tritt die Notwendigkeit hinzu, für eine gute Kooperation zwischen dem System Jugendhilfe und dem System Kinder- und Jugendpsychiatrie zu sorgen.

Schließlich ist es auch Aufgabe der Leitung, Stagnationen in der Entwicklung der Institution wahrzunehmen und eine unzureichende Rezeption von gesellschaftlichen Veränderungen (beispielsweise in den dominierenden Störungsmustern der Kinder und Jugendlichen in den letzten 30 Jahren) oder ein Nicht-Reagieren auf eine Änderung der gesellschaftlichen Rahmenbedingungen zu erkennen (beispielsweise die in letzter Zeit deutlich eingeschränkte Bereitschaft der Krankenkassen, längere Therapien zu finanzieren). Allzu leicht kann es gerade bei einer hohen (grundsätzlich erwünschten) corporate identity einer Einrichtung zu einer Glorifizierung alter Ideen und Konzepte kommen und damit zu einer zu geringen Bereitschaft, auf Kontextänderungen angemessen zu reagieren.

In dem Zusammenhang stellt sich die hochinteressante Frage, wie überhaupt aus systemtheoretischer Sicht Entwicklung und Veränderung in einer großen Einrichtung erreicht werden kann, die zweifellos als autopoietisches, autonomes, sich selbst regulierendes System betrachtet werden muß. Anweisungen schriftlicher oder mündlicher Art, die Vorgabe von Konzepten von oben oder ähnliches können in einer psychotherapeutisch arbeitenden Institution sicher nur wenig erfolgreich sein. Der nach den Erfahrungen des Autors einzig erfolgversprechende, aber leider eben - prinzipiell - nicht sicher zum gewünschten Ziel führende Weg ist die Kontextsteuerung im Sinne von Willke (1995). Hierzu kann beispielsweise dienen, die Diskussion über die rahmengebenden Leitideen anzuregen. Auf verschiedenen Wegen können eingeschliffene Vorgehensweisen auf ihre Sinnhaftigkeit hinterfragt, neu wahrgenommene Aufgabenstellungen oder veränderte Kontextbedingungen diskutiert sowie neue Ideen eingebracht und ihre Nützlichkeit für die konkrete Arbeit in dieser speziellen Einrichtung zur Frage gestellt werden. In jedem Fall aber muß sorgfältig beobachtet werden, wie das System als Ganzes bzw. die einzelnen Systemteile auf solche Anregungen reagieren, um daraus neue Ideen zu entwickeln, auf welche Weise und mit welchen Mitteln neue Stimulationen notwendig sind. Grundsätzlich entspricht es systemischem Verständnis, daß die leitenden MitarbeiterInnen vornehmlich die Rolle des Stimulators, des Anregers, des Animateurs haben, jeweils kombiniert mit der aufmerksamen Beobachtung dessen, was sich prozeßhaft aus diesen Anregungen entwickelt, um daraus abgeleitet über neue Stimulationen neue Kreisprozesse in Gang zu setzen.

Um tragfähige Entwicklungsprozesse in Gang zu setzen bzw. in Gang zu halten, bedarf es - in Anerkenntnis der prinzipiellen Unsicherheit im Hinblick auf das Ergebnis - solcher kontextsteuernder Maßnahmen. Darüber hinaus erscheint mir Entwicklung grundsätzlich ein wesentliches Element der horizontalen demokratischen Teamstrukturen sein zu müssen, wo sie dann auch zu fördern und anzuregen ist. Getragen von einer Leitung, die Orientierung, Halt und Sicherheit vermittelt, sollte Kennzeichen der horizontalen demokratischen Teamstrukturen Pluralität, Kreativität und eben Entwicklung sein. Hier ist der Platz, wo der Einzelne persönliche therapeutische Akzente setzt und individuelle Stärken realisiert (wobei der generelle therapeutische Rahmen verhindert, daß dadurch insgesamt ein irrelevantes therapeutisches Konglomerat oder ein Gegeneinander entsteht). Konkret bedeutet dies bei uns, daß einzelne MitarbeiterInnen ganz unterschiedliche familien- bzw. systemtherapeutische Richtungen bevorzugen. Einige setzen in ihren Einzeltherapien klientenzentrierte Akzente, andere arbeiten körpertherapeutisch; daneben werden gestaltungstherapeutische Gruppen und auch visuomotorische Trainings und anderes angeboten.

Vielleicht kann dieses Nebeneinander von Linienmanagement und horizontalen Ebenen verständlich gemacht werden an den Aufgabenschwerpunkten, die in der Sicht des Autors einerseits den oberärztlich tätigen KollegInnen - OberärztInnen oder ChefärztInnen - und andererseits den TeamsupervisorInnen, die von außen kommen, zufallen. Vielfach scheinen diese beiden Rollen zu konfligieren: So klagen beispielsweise manche SupervisorInnen darüber, daß sie den Eindruck haben, in vielen Kliniken Oberarztfunktionen übernehmen zu müssen. Zur Erklärung der Situation in den Viersener Kliniken: Eine der OberärztInnen oder der ChefärztInnen ist jeweils oberärztlich für eine Station zuständig; in dieser Funktion nimmt sie an den Stationsbesprechungen teil. Das Stationsteam, bestehend aus MitarbeiterInnen des Pflege- und Erziehungsdienstes, PsychologIn und ÄrztIn, hat die Möglichkeit, sich eigenständig für seine Supervisionsstunden - aus einer Gruppe von der Leitung vorgegebener SupervisorInnen - eine außenstehende SupervisorIn zu wählen. In diesen Supervisionsstunden ist die oberärztlich Zuständige regelhaft nicht anwesend, sondern nur auf besonderen Wunsch, wenn spezielle Probleme mit der Hierarchielinie zu klären sind. Die oberärztlich Zuständige hat nun als Mitglied des Linienmanagements generell die Aufgabe, die grundsätzliche therapeutische Ausrichtung zu vertreten und die oben geschilderten sonstigen Funktionen wahrzunehmen. Die SupervisorIn demgegenüber ist als Außenstehende dem Klinikkonzept nicht verpflichtet. Sie kann - wie eine gute systemische TherapeutIn - den Dialog über die Fülle alternativer Handlungsmöglichkeiten stimulieren und die Chance neuer Anregungen und neuer Ideen eröffnen. Damit fördert sie im positiven Fall Pluralität, Kreativität und Entwicklung im Stationsteam, von dem - wenn das Gesamtsystem funktioniert - dann wiederum Impulse für die Entwicklung des Gesamtkonzeptes ausgehen.

Selbstverständlich ist ein solches Sowohl-als-auch von Linienmanagement und horizontalen Teamprozessen nicht problemlos. Es erfordert funktionierende Kommunikationsprozesse zwischen und auf den verschiedenen Ebenen. Beispielsweise muß die oberärztlich Zuständige in Teamdiskussionen jeweils deutlich machen, ob sie ihre Äußerungen zu dem diskutierten Problem als Mitglied des Linienmanagements oder als Mitglied des horizontal demokratisch organisierten therapeutischen Teams macht. Hier sind die Beiträge aller Mitarbeiter gleich bedeutsam und wertvoll, ob es sich nun um die LeiterIn der Einrichtung oder um eine noch junge, unerfahrene StationsmitarbeiterIn handelt. Möglicherweise gelingt es ja gerade der Letzteren, ein Tabu anzusprechen, das die Arbeit seit langem behindert. Das bedeutet nicht, daß Unterschiede in Erfahrung, Wissen und Kompetenz geleugnet oder verschleiert werden. Dies spielt bei der Wertung der Beiträge im Hinblick auf das Ergebnis selbstverständlich eine Rolle; das Ergebnis selbst ist aber ein Teamentscheid. Daß diese Prozesse im einzelnen noch komplizierter sind, da beispielsweise der zuständigen TherapeutIn und den beiden PatInnen/ BezugsbetreuerInnen, also den häufigsten GesprächspartnerInnen des Kindes bzw. Jugendlichen und seiner Familie, meist eine höhere Bedeutung zugeordnet wird als denen der anderen Teammitglieder, sei nur am Rande erwähnt. Hier gibt es auch keine endgültigen Regelungen; vielmehr ist ein ständiger Auseinandersetzungsprozeß erforderlich, der in jedem Team zu im Detail durchaus unterschiedlichen Lösungen führt.

Das grundsätzliche Spannungsfeld läßt sich beispielhaft auch an einem anderen typischen Problem in psychotherapeutischen Kliniken verdeutlichen, nämlich an der Frage, ob z. B. die ChefärztIn Mitglied sein kann in dem Team der PsychologInnen und ÄrztInnen, die ihre Therapien von einer Außenstehenden supervidieren lassen. Dies war vor Jahren in der Abteilung des Autors ein konflikthafter Prozeß: Nach einer längeren Pause, in der bewußt lediglich kollegiale Therapiesupervisionen durchgeführt worden waren, sollte eine außenstehende SupervisorIn für eine gemeinsame Supervision der TherapeutInnen der Abteilung gewonnen werden. Während früher - aus der historischen Entwicklung heraus - meine Anwesenheit im Team der TherapeutInnen selbstverständlich war, äußerten jetzt die jungen KollegInnen Bedenken, ob sie sich auf einen Gruppenprozeß einlassen könnten, bei dem derjenige anwesend sei, der ihnen das nächste Zeugnis ausschreibe. Es fanden zu dieser Frage intensive Diskussionen statt, zumal ich - nicht zuletzt im Hinblick auf den in meiner Sicht hohen Wert dieser Verschränkung von Linienmanagement und demokratischen Teamstrukturen - den Wunsch auf eine Beteiligung an der gemeinsamen Teamsupervision deutlich äußerte. Dies führte im ersten Schritt dazu, daß sich die KollegInnen probeweise auf meine Anwesenheit einließen. Nachdem ich dann selbst eigene schwierige Therapieprozesse und meine persönlichen Anteile daran zur Diskussion gestellt und damit verdeutlicht hatte, daß ich bereit war, mich offen der Kritik aller anderen auszusetzen, lösten sich die zuvor geäußerten Bedenken auf, und es wurde eine fruchtbares gemeinsames supervidiertes Arbeiten möglich.

4.
Patientennahe Übernahme von Verantwortung

Ein weiteres Beispiel soll zeigen, daß dieses Sowohl-als-auch von Hierarchie und demokratischer Struktur nicht nur ein notwendiges Übel ist, sondern vielmehr ein lebendiges Funktionieren in großen Organisationen erst möglich macht. So muß z. B. seitens der Hierarchie festgelegt werden, welcher Entscheidungsraum der einzelnen MitarbeiterIn bzw. den einzelnen Mitarbeitergruppen zukommt. Es muß klar sein, wer wann welche Entscheidungsbefugnisse hat. Es geht darum, ein Ineinander von Freiheitsräumen zu schaffen. Der jeweilige Rahmen muß durch klare Kompetenzzuschreibung abgesteckt werden. Er muß - wie dargestellt - Schutzschildfunktion haben und Sicherheit geben für eigenverantwortliches Handeln auf der jeweils anderen Ebene. Innerhalb des jeweiligen Rahmens haben dann MitarbeiterInnen ihren Verantwortungsbereich, in dem sie die Fachleute sind und in den einzumischen die ChefIn oder andere MitarbeiterInnen der jeweils hierarchisch höheren Ebene sich sehr sorgsam hüten sollten.

So ist es in unserer Klinik sehr wichtig, daß die MitarbeiterInnen auf der Station, die ja ganz ohne Zweifel den meisten Kontakt zu den Kindern und Jugendlichen haben, über einen möglichst großen eigenverantworteten Entscheidungsbereich verfügen. Man kann als übergreifendes Ziel eines stationären Aufenthaltes ja durchaus formulieren, daß Kinder und Jugendliche lernen sollen, selbstverantwortlich zu handeln. Das können sie aber nur, wenn sie von MitarbeiterInnen betreut werden, die als Modell für eigenverantwortetes Entscheiden dienen, d.h. hinreichend Möglichkeiten für selbstverantwortetes Handeln haben. Abgesehen davon sind die StationsmitarbeiterInnen die Fachleute für alle Fragen, die die konkreten Stationsabläufe zum jeweiligen Zeitpunkt betreffen, und in dieser Hinsicht die MitarbeiterInnen mit der größten Kompetenz. So kommt es ihnen zu, Fragen des Stationsablaufes, beispielsweise Fragen nach Ausgangsregelungen, Anerkennungen für positive Entwicklungsschritte der Jugendlichen oder Konsequenzen von Fehlverhaltensweisen, Beurlaubungen o.ä. mit den Jugendlichen und ihren Eltern zu klären. Sie treffen die aktuellen Entscheidungen und sind verantwortlich für den unveränderlichen Teil der Regeln auf der Station.

Natürlich ist auch die Auseinandersetzung über diese Entscheidungsräume ein ständig aktueller Prozeß - im Grunde mit jeder einzelnen MitarbeiterIn. Dieser Prozeß wird getragen von widerstreitenden, ambivalenten Bedürfnissen: Zum einen wird die hohe Autonomie von den einzelnen MitarbeiterInnen sehr geschätzt und trägt wesentlich zur Arbeitszufriedenheit bei. Zum anderen aber hat jeder auch immer mal wieder regressive Bedürfnisse und empfindet den dringenden Wunsch, eigene Entscheidungen zu vermeiden und sie auf die Leitung zu verschieben (um sich dann über deren falsche Entscheidung zu beklagen). Schließlich sind die Entscheidungsspielräume der Einzelnen zwangsläufig auch nicht gleich, sondern abhängig von der jeweiligen Erfahrung und Entscheidungskompetenz. Insofern sind über diese Handlungsräume ständige kommunikative Prozesse erforderlich, die allerdings zumeist gar nicht explizit geführt werden, sondern vielmehr implizit in den verschiedenen Gesprächen über den aktuellen Stand der Behandlung und ihre weitere Planung enthalten sind.

5.
Ressourcenorientierung

Ein wichtiges Merkmal systemtherapeutischen Arbeitens ist die Ressourcenorientierung. Es wird das thematisiert, was gelingt und worin die Kinder und Jugendlichen und ihre Eltern kompetent sind. Vor allem wird der Blick von der fruchtlosen Frage nach der Schuld abgewendet und in die erhoffte bessere Zukunft orientiert. Auch die Psychotherapieforschung macht deutlich, daß eine Orientierung auf die Ressourcen der Kinder und Jugendlichen und ihrer Familien wesentlich erfolgreicher zu sein verspricht als eine

Defizitorientierung. Grawe formulierte 1994 Ressourcenaktivierung als einen der vier Wirkfaktoren von Psychotherapie und formulierte aufgrund seiner umfangreichen Forschung den schlichten Satz: "Man kann Patienten besonders gut helfen, indem man an ihre positiven Möglichkeiten anknüpft, indem man die Art der Hilfe so gestaltet, daß der Patient sich auch in seinen Stärken und positiven Seiten erfahren kann." In neuerer Zeit vertritt er sogar die Auffassung, daß Ressourcenaktivierung das primäre Wirkprinzip der Psychotherapie überhaupt darstelle, auf das ein Großteil ihrer Wirkung zurückzuführen sei. Er führt dazu aus, daß es gute Gründe für die Annahme gebe, daß die Ressourcen der Patienten für die Indikation und die Wirkung von Therapien eine größere Bedeutung hätten als die Art ihrer Probleme (Grawe und Grawe-Gerber 1999).

Was aber bedeutet Ressourcenorientierung im Hinblick auf die Institution und wie ist sie zu realisieren? Was bedeutet Ressourcenorientierung beispielsweise im Team der Mitarbeiter auf der Station? Grundlage für Ressourcenorientierung im Team ist meines Erachtens die Abkehr von der Idee des "Wir entscheiden alle gleich und gerecht" zu Gunsten der Idee "Wir sind alle unterschiedlich und entscheiden auch unterschiedlich - und manchmal ist und wirkt das ungerecht". Die eine Mitarbeiterin ist ängstlicher und besorgter und trifft weniger großzügige Entscheidungen als die eher Risikofreudigere und Sich-sicher-Fühlende. Für die dritte Mitarbeiterin sind bestimmte Fehlverhaltensweisen des Jugendlichen bereits so gravierend, daß sie deutliche Konsequenzen für notwendig hält; die vierte Mitarbeiterin hat eine andere Sicht und hält ein kurzes Krisengespräch für ausreichend. Außerdem gehört Ungerechtigkeit zum "normalen" Leben. Die Jugendlichen kommen mit solchen Bedingungen erfahrungsgemäß gut zurecht, und sie akzeptieren auch die besorgteren, einengenderen Entscheidungen, wenn denn die Erwachsenen sich trauen, von dem Uniformitätsmythos abzugehen und zu ihrer je besonderen Art und der Unterschiedlichkeit ihrer Entscheidungen zu stehen.

Die teaminterne Erlaubnis für die Wahrnehmung "Wir sind alle anders" ist dann auch Basis für die Möglichkeit, die Ressourcen im Mitarbeiterteam konstruktiv zu nutzen. Die eher etwas zwanghaft strukturierte Mitarbeiterin kann solche Aufgaben übernehmen, die viel Regelmäßigkeit und Sorgfalt verlangen (z. B. die regelmäßige Überprüfung des Medikamentenschrankes und sonstiger Ausstattungen) und von der ideenreicheren, aber auch manchmal etwas chaotischen MitarbeiterIn wenig geschätzt werden. Diese wiederum kann Aufgaben übernehmen, die Kreativität und unmittelbare Entscheidungsfreude verlangen. Die dritte ist die geeignetere Patin für die Kinder und Jugendlichen, für die konsequent enge Regeln hilfreich sind, die vierte für solche, für die es besonders wichtig ist, daß ihre Patin die ständigen Schwankungen ihrer psychischen Gefühlslage wahrnimmt, sich darauf jeweils neu einstellt und bereit ist, situationsabhängig ganz unterschiedlich zu entscheiden.

Andere Aspekte von Ressourcenorientierung wurden bereits angesprochen, so vor allem das Prinzip, der einzelnen Mitarbeiterin einen möglichst großen eigenständigen Entscheidungsraum zu schaffen, ihr das Vertrauen entgegenzubringen, daß sie nach ihren Möglichkeiten optimal handelt, und sie zu ermutigen, ihre Grenzen und ihr Stagnieren im aktuellen Fall wahrzunehmen und sich rechtzeitig Hilfe zu holen.

Schlußwort

Beim Schreiben dieses Beitrags kamen immer wieder Bedenken auf, ob die Darstellung in den Details tatsächlich die Realität in unserer Klinik abbilde oder eher ein geschöntes Bild präsentiere. Dies liegt nicht zuletzt daran, daß die in einem solchen Beitrag zwangsläufig zu unterstellende Einheitlichkeit in einer so großen Einrichtung, wie oben dargestellt, nicht existiert. Hier konnte nur die grobe Linie aufgezeigt werden, von der es unterschiedliche Ausformungen in allen 19 Stationsbereichen gibt.

Auf der anderen Seite stand das Erleben, daß wichtige, die Gesamtorganisation prägende Aspekte unerwähnt geblieben sind. Zumeist handelt es sich dabei um Auswirkungen des therapeutischen Konzeptes - beispielsweise die Durchführung der Vorschaltambulanzen, die Vereinbarung regelmäßiger Familiengespräche, die Erarbeitung von Therapieverträgen, die Wochenendbeurlaubungen, die Gestaltung der Beziehung zwischen den MitarbeiterInnen und den Eltern oder sonstigen Zuständigen (Rotthaus 1995, 1998) und vieles mehr.

Schließlich ist in einer Klinik nichts so wichtig wie Wandel und Entwicklung, so daß offen bleibt, wie die Zukunft aussehen wird. Andererseits wurde beim Rückblick auf frühere Veröffentlichungen deutlich, daß die grundlegenden Aspekte der obigen Darstellung über die letzten 15 Jahre zumindest Bestand hatten, daß sie sich also offensichtlich bewährt haben.

Literatur

Grawe, K. (1994): Psychotherapie ohne Grenzen. Von den Therapieschulen zur Allgemeinen Psychotherapie. Verhaltenstherapie und psychosoziale Praxis 26: 357 - 370.

Grawe, K., M. Grawe-Gerber (1999): Ressourcenaktivierung. Ein primäres Wirkprinzip der Psychotherapie. Psychotherapeut 44: 63 - 73.

Rotthaus, W. (1990): Organisation und Kooperation in einer Vollzuganstalt. Krim. Päd. 18: 30 - 35

Rotthaus, W. (1992): Systemisches Denken im Kontext einer kinder- und jugendpsychiatrischen Klinik. In: Schwertl, W., Rathsfeld E., Emlein, G.: Systemische Theorie und Perspektiven der Praxis. Frankfurt (Dietmar Klotz)

Rotthaus, W. (1995): Das Rollenverständnis der MitarbeiterInnen in der stationären Kinder- und Jugendpsychiatrie. Zeitschrift für systemische Therapie 13: 105-110

Rotthaus, W. (1998): Stationäre systemische Kinder- und Jugendpsychiatrie. 2. Aufl. Dortmund (modernes lernen)

Rotthaus, W. (2000): Wozu erziehen? Entwurf einer systemischen Erziehung. 3. Aufl. Heidelberg (Carl-Auer-Systeme)

Rotthaus, W. (2002): Systemische Kinder- und Jugendpsychiatrie und Psychotherapie. In: Wirsching, M. (Hrsg.) Handbuch der Familientherapie. Heidelberg (Springer)

Schiepek, G. (1998): Stellungnahme zum Fragenkatalog "Psychotherapieverfahren" in Ergänzung zum Antrag auf Anerkennung der Systemischen Therapie. Im Wesentlichen identisch mit: Schiepek, G. (1999): Grundlagen der Systemischen Therapie. Göttingen (Vandenhoeck und Ruprecht).

Willke, H. (1994): Systemtheorie II: Interventionstheorie. Stuttgart (Fischer)

Frühe Traumatisierung

Was ist ein Trauma?

Hermann Lang

Der Begriff Trauma, übersetzt mit "Wunde", Verletzung, wurde als psychisches Trauma in Analogie zur körperlichen Verletzung und ihren möglichen Folgen gebildet. In besonderer Weise relevant wurde das Wort im Begriff der "Traumatischen Neurose", wie ihn 1892 Oppenheim geprägt hatte. Die Resistenz psychopathologischer Symptomatik nach Unfällen, Kriegsereignissen, Katastrophen fand ihre theoretische Erklärung in einer mikrostrukturellen Schädigung des ZNS, in cerebralen Narben. In der weiteren wissenschaftlichen Entwicklung hatte indessen dieses Explikationsmodell keinen Bestand. Der traumatische Neurotiker geriet jetzt in die Nähe des Simulanten, der eine vielleicht zunächst noch verständliche Reaktion zeigt, dann aber weitere Symptome produzierte, obwohl diese nach Abklingen der Einwirkung nicht mehr zu legitimieren waren. Dauerte eine entsprechende Symptomatik also gleichwohl fort, so war es eben Simulation oder es hatte sich hier - z.B. ein depressives Syndrom - ein vom traumatischen Ereignis unabhängiges autochthones Krankheitsbild entwickelt, das seine eigenen organischen Ursachen hatte. Daß ein seelisches Erlebnis Ursache oder Mitursache für seelisch-nervöse Symptome sein konnte, das war ausgeschlossen - erst recht, wenn es sich um schwere Krankheitsbilder wie beispielsweise eine Depression handelte.

Als 1953 in der BRD das Bundesentschädigungsgesetz in Kraft trat, das eine Rechtsgrundlage für Wiedergutmachung und Rehabilitation von kranken Menschen schuf, die dem nationalsozialistischen Terror ausgesetzt waren, gewann diese Traumaauffassung weite politische Brisanz. Immer wieder war jetzt in den für eine Entschädigung erforderlichen psychiatrischen Gutachten zu lesen, daß "alle noch so schweren psychischen Traumen abklingen, wenn die psychisch traumatisierende Einwirkung aufhört" (Niederland 1965). Ein Beispiel, das Niederland, der Kindheit und Jugend in Würzburg verbracht hat, anführt, betraf einen Patienten, der vom Obergutachter als "ein Alltagsfall völlig durchschnittlichen Profils" bezeichnet wurde. Es handelte sich um einen jüdischen Akademiker, der einige Monate nach dem Einsetzen der Rassenverfolgung unter depressiven Verstimmungen zu leiden begann, sodann unter dem zunehmenden Verfolgungsdruck seine Klientel, Existenz, Selbstachtung, innere und äußere Sicherheit einbüßte, nach den Terrorereignissen der Kristallnacht wochenlang in ein KZ verschleppt wurde, schließlich in die Emigration gezwungen wurde und nach einer Reihe von Hospitalisierungen wegen rezidivierender Depressions-, Angst- und Erregungszuständen verstarb. Der Obergutachter diagnostizierte eine Cyclothymie endogener Provenienz und verneinte jedwede Beziehung zu den traumatischen Verfolgungsereignissen, da für "keine der stärker oder leichter beschatteten krankhaften Phasen von Gemütsverstimmtheit eine wesentliche Teil- oder Mitverursachung durch erlebte Widerfahrnisse und Beeinträchtigungen der Verfolgungszeit glaubhaft zu machen" sei.

Traumatische Syndrome imponieren hier als eine im Grunde vom Trauma unabhängige Reaktionsform "abnormer Persönlichkeiten". Der ursprünglich Gesunde wird nach dem Sistieren der traumatischen Einwirkung zur ursprünglichen Gesundheit zurückkehren. Kurt Eissler (1963/64) hielt solchen Äußerungen leidenschaftlich die Frage entgegen: "Die Ermordung von wie vielen seiner Kinder muß ein Mensch symptomfrei ertragen können, um eine normale Konstitution zu haben?" Es war sicherlich mit das Verdienst unseres damaligen gemeinsamen Lehrers v. Baeyer, des ehemaligen Direktors der Psychiatrischen Klinik der Universität Heidelberg, daß solche fast menschenverachtend zu nennende Gutachten nicht die Regel wurden, und wir als wissenschaftliche Mitarbeiter an der Korrektur solcher Urteile in unseren Gutachten mithelfen konnten. Und es waren beileibe nicht nur KZ-Überlebende, die sich jetzt einfanden. Ich kann mich zum Beispiel an zwei Frauen, die ich begutachtete, erinnern, die unter ständiger Lebensgefahr und unerträglichen Lebensumständen sich in Heuhaufen über Jahre verstecken mußten - die eine auf polnischen, die andere auf französischen Bauernhöfen. Ich darf hier an das gemeinsam von v. Baeyer, Kisker und Häfner verfaßte Buch "Psychiatrie der Verfolgten" (1964) erinnern. Die Zwangsarbeiterentschädigung aktualisiert diese schreckliche Problematik aufs neue. So sah ich letzte Woche eine 71-jährige Sinti, die ihre engsten Angehörigen im KZ verlor, selbst zur Sterilisation und ständig lebensgefährdender Zwangsarbeit gezwungen, jetzt vermehrt an somatoformen Störungen und depressiven Symptomen leidet.

Es war sicherlich nicht nur der Jude, sondern auch der Psychoanalytiker Kurt Eissler, der sich hier vehement zu Wort melden mußte. Denn das Originelle des Einsatzes der Psychoanalyse in Abhebung zur damals dominierenden Psychiatrie, deren Konzepte in diesen Gutachten fröhliche Urstände feiern, war ja gerade, daß sie wahrscheinlich machen konnte, daß seelische und körperliche Symptome psychosozial bedingt sein können. Das machte schon eine kleine Begebenheit aus dem ersten Fallbeispiel der "Studien über Hysterie" von 1895 klar - klein deshalb, sofern man sie neben die hier in Rede stehende Verfolgungssituation stellt. Unter anderem litt die darin beschriebene Anna O. an einer Hydrophobie, konnte nur noch mit Hilfe von Obst, Melonen etc. ihren Durst löschen. In Hypnose versetzt, erwähnte sie ihre englische Gouvernante, die sie nicht liebte, und erzählte dann mit allen Zeichen des Abscheues, wie sie auf deren Zimmer gekommen sei, und da deren kleiner Hund, das ekelhafte Tier, aus einem Trinkglase getrunken habe. Ab diesem Zeitpunkt habe sie nichts mehr trinken können. Breuer, der diese Krankengeschichte berichtet, fährt dann fort: "Sie (die Patientin) habe nichts gesagt, denn sie wollte höflich sein. Nachdem sie ihrem steckengebliebenen Ärger noch energisch Ausdruck gegeben, verlangte sie zu trinken, trank ohne Hemmung eine große Menge Wasser, und erwachte aus der Hypnose mit dem Glas an den Lippen. Die Störung war damit für immer verschwunden" (Freud, Breuer 1895). Das Grundmodell psychoanalytischer Symptomexplikation und Therapie ist hier bereits da. Eine bestimmte Situation der Vergangenheit, der eigenen Lebensgeschichte, wird als so belastend und konflikthaft erlebt, daß man sie aus dem bewußten Erleben verbannt, "verdrängt". Diese seelische Verwundung ist damit aber nicht erledigt, ad acta gelegt; sie macht sich vielmehr in Form von Symptomen, wie beispielsweise dieser Hydrophobie, bemerkbar.

Die Einbeziehung der Kindheit, besonders der frühen Kindheit, führte dann zu einer Erweiterung dieses psychogenetischen Ansatzes. Freud entdeckte, daß die Erinnerungen nicht beim Ausgangspunkt des aktuellen Symptoms, dem peinlichen traumatischen Erlebnis, z.B. der Szene mit der Gesellschafterin und deren Hund, haltmachten, sondern immer weiter bis in die frühe Kindheit zurückgingen. Freud fand heraus, daß die unbewußten Konflikte bzw. pathogenen Situationen im Erwachsenenalter, die zum Symptom geführt hatten, bereits hier ihre Wurzeln hatten bzw. von bereits hier zu situierenden Primärerlebnissen abzuleiten waren. Das spätere Ereignis erhält nur deshalb traumatische Valenz, weil es selbst in Zusammenhang mit einem früheren

Ereignis steht. Diese Zweiphasigkeit traumatischer Erfahrung zeigt die sogenannte "Verführungstheorie". In der Behandlung wurden sexuelle Verführungsszenen erinnert, wobei die Initiative von einem nahen Erwachsenen (oft dem Vater) ausging, von einfachen verbalen Annäherungen oder Gesten bis zu einem mehr oder weniger ausgeprägten sexuellen Attentat sich erstreckend - Attacken, die das Subjekt passiv und mit Schreck erleidet. Ein zweites Ereignis, oft harmlosen Charakters, das sich in der Regel erst nach der Pubertät findet, ruft nun durch irgendeinen assoziativen Zug das Primärereignis wach und wird dadurch selbst traumatisch.

Das Interessante nun bei dieser Zweiphasigkeit traumatischer Aktion ist, daß die Primärszene in dem Augenblick, wo sie sich ereignet, nicht zum Objekt einer Verdrängung werden muß - denn um verdrängt werden zu können, müßte sie verstanden werden, zu dieser Integrationsleistung ist aber das Subjekt zu diesem Zeitpunkt noch nicht in der Lage. Traumatisch wird diese Urszene deshalb nur "nachträglich", wenn sie in Zusammenhang mit dem zweiten Ereignis erinnert wird und dadurch in ihrem Überwältigungscharakter verstanden wird. Das Schicksal des Wolfsmannes (Freud 1918) gibt hierfür das bekannte Beispiel ab. Mit eineinhalb Jahren war der Patient Zeuge der traumatisierenden Szene eines elterlichen Coitus à tergo geworden, die wohl ihre "Spuren" eingrub, aber erst im Alter von vier Jahren, dank der inzwischen erfolgten somatisch-psychischen Entwicklung, zu Verständnis gelangte und ihre pathogenen Wirkungen entfalten konnte. Erst die Bedeutungen des mit vier Jahren geträumten Wolfstraumes mit schwanz- und augenlosen Wölfen erschloß die Bedeutung des sexuellen Primärerlebnisses in seiner Bedrohlichkeit, sofern nun so etwas wie Kastration und damit eine existenzbedrohende Attacke auf körperlich-seelische Integrität möglich schien. "Das Kind empfängt mit eineinhalb Jahren einen Eindruck, auf den es nicht genügend reagieren kann, versteht ihn erst, wird von ihm ergriffen bei der Wiederbelebung des Eindrucks mit vier Jahren, und kann erst zwei Dezennien später in der Analyse mit bewußter Denktätigkeit erfassen, was damals in ihm vorgegangen".

Wenn hier von "Kastration" die Rede ist, darf ein solch typisch freudianischer Begriff nicht in Veterinärperspektive verstanden werden. Wenn Freud davon spricht, daß das menschliche Subjekt von Anfang an durch sogenannte Urphantasien mitbestimmt wird und eine solche auch die Kastrationsphantasie darstellt, so haben wir dies in heutiger Auffassung als pars pro toto zu verstehen -

pars pro toto für den Menschen als Mängelwesen selbst, das ständig Verluste erleidet und in seiner leibseelischen Integrität bedroht ist. Ein späteres akzidentelles Ereignis kann dann pathogen zum Trauma werden, wenn es diese allgemeine Bedeutung konkretisiert und aktualisiert. Oder wie es der anthropologische Psychiater Erwin Straus, der gerade auch über den Traumabegriff gearbeitet hat, ausdrückt: "Eine Erschütterung tritt nur dann ein, wenn in dem einmaligen Erlebnis allgemeine existentielle Bedeutungen sich zum erstenmal dem Blick darbieten, in die personale Welt einbrechen" (Straus 1930).

Wenn das aktuelle äußere Ereignis traumatischen Charakter nur erhalten kann, sofern es seine pathogene Effizienz aus seiner Einordnung in Phantasien bzw. aus einer Verbindung zu Primärvorfällen bezieht, verschwindet die Analogie zum physischen Trauma, das eine direkte, in dieser Weise nicht vermittelte Läsion der körperlichen Unversehrtheit darstellt. Trauma ist das äußere Ereignis nur, sofern es in einem geschichtlichen Kontext Bedeutung findet. Aus diesem Ansatz folgt, daß es sich beim traumatischen Ereignis nicht um ein objektivierbares "Life event" im Sinne eines Factum purum handelt, es vielmehr seine Existenz darin hat, welchen Sinn es jeweils erhält. Mit Blankenburg (1984) ist hier zu sagen: "Somatische und psychosoziale Tatsachen werden erst durch die Art und Weise, wie wir sie uns ´zu eigen` machen oder auch nicht, zu lebensgeschichtlichen Ereignissen und damit zu Mosaiksteinen unserer Biographie". Passionierte Traumatheoretiker wie Miller (1980) und Masson (1984) verkennen diese Kategorie der "Geschichtlichkeit", übersehen den "subjektiven Faktor", sofern sie den Patienten zum bloßen Opfer entmündigen. Wie ich an anderer Stelle (Lang 1998, 2000b) näher ausführte, bestimmt nicht nur das je Gewesene das nun Seiende in seinem Sein, sondern diesem selbst eignet in seiner Vernetzung mit dem aktuellen synchronischen Kontext eine retrospektive Wirkung hinsichtlich dessen, was letztlich "wirklich" war. Es ist alltägliche klinische Erfahrung, daß sich im Verlaufe der Therapie das "Bild", das sich ein Patient von einem Elternteil gemacht hat, ändert, Begebenheiten, die in ihrem Bedeutungsgehalt festzustehen schienen, plötzlich in ein neues Licht getaucht werden. Wie und was als vergangene Realität erscheint, ist vom aktuellen Kontext, der Situation der "Vergegenwärtigung", nicht unabhängig. Vergangenes wird und kann schon in einem analytisch geführten "freien Interview" anders erscheinen als bei der Erhebung einer biographischen Anamnese, die nur vorgegebene "geschlossene" Fragen stellt.

Wenn Gegenwärtiges (u.a. die Symptomatik) nicht Resultat einer monokausalen Kette von "res factae" ist, Ereignisse vielmehr nur als Ereignisse zählen, sofern sie schon einer Verarbeitung unterworfen sind und diese Verarbeitung nicht in der jeweiligen Situation aktuellen Erlebens haltmacht, sondern den Gang des jeweiligen Lebens selbst geht, dann können vergangene Ereignisse prinzipiell in immer neuem Licht erscheinen. Eine "künftige Verarbeitung" kann ein traumatisches Geschehen der Vergangenheit anders verstehen und erleben lassen als die gerade aktuelle. Mit einer Veränderung der Perspektive wandelt sich auch die Wirklichkeit. Ist es nun eine bestimmte Sicht und die ihr korrelative Realität, die auch für die Symptomatik verantwortlich sind, so bedarf es einer neuen Sehweise, einer neuen "Verarbeitung", um auch "heilen" zu können. Hier liegt die Chance des therapeutischen Einsatzes.

Vor der Therapie sollte nicht nur die Diagnose, sondern auch die Prophylaxe stehen. Die wichtige Frage, weshalb traumatisch anzusehende Ereignisse nicht immer traumatische Wirkungen zeitigen, ist hier anzuschneiden. Welche Kontextbedingheit ist hier verantwortlich? Sogenannte Buffering-Modelle können vielleicht erste Auskünfte geben. So haben Brown und Mitarbeiter (1977, 1978) in ihren Untersuchungen zur Life-Event-Forschung die Auswirkungen bedrohlicher Lebensereignisse, also potentieller Traumata, wie Todesfälle, Fehlgeburten oder Arbeitslosigkeit des Ehemanns auf die Entstehung von Depressionen bei Frauen erforscht. Frauen, die eine sogenannte Confidant-Beziehung, also eine gute Beziehung zu einem Partner hatten, waren vor depressiven Störungen geschützt. Das Eingebettetsein in ein vertrauensvolles mitmenschliches Verhältnis fungierte als eine Art Plombe, welche den traumatischen Charakter des Ereignisses abblockte. Ein solcher Puffer wird auch thematisch, wenn Tress (1986) im Rahmen der epidemiologisch-tiefenpsychologischen Feldstudie hinsichtlich psychogener Erkrankungen der Stadtbevölkerung Mannheims herausfand, daß trotz sehr schwerer Kindheit eine "stabile gute Bezugsperson" den späteren Erwachsenen vor Erkrankung schützt. Und vielleicht hatte manchmal die Erfüllung der Kriterien des zuwendungsprovozierenden Kindchenschemas Säuglinge und Kleinkinder, die im Heim aufwuchsen, vor hospitalisierender Deprivation geschützt.

Nun - die Kontextbedingtheit eines Ereignisses, sofern es zum Erlebnis und damit auch zum Trauma werden kann, steht wohl außer Frage. Muß sich diese Bedingtheit indessen, wie bei den Psychoneurosen, als fehlerhafte Disposition darstellen, wo dem

Ereignis eher eine Auslöserfunktion zukommt, es als "agent provocateur" fungiert, das eine schon vorhandene, aber bislang verborgene Störung quasi aufdeckt? Keine Frage andererseits, daß diese Disposition sowohl konstitutionell - es sei an die obige Diskussion erinnert - als auch erworben sein kann. Nicht minder als eine konstitutionelle Disposition kann eine erworbene ihre organischen Spuren hinterlassen (vgl. Gold et al. 1988a u. b). Eine erworbene Disposition wiederum kann selbst traumatisch entstanden sein, wobei wohl weniger ein Einzeltrauma, die berühmte Urszene - welcher Therapeut findet schon diese bei einem Patienten -, sondern eine Abfolge wiederholter Traumata die Schädigung ausmacht, weniger also ein Einzelreiz, sondern die Atmosphäre, das Klima, die traumatische Gesamtsituation. In diesem Zusammenhang sei an ein persönliches Erlebnis erinnert, das Erich Fromm aus seiner Ausbildungszeit am Psychoanalytischen Institut in Berlin (1928-1930) berichtet. Unter den Dozenten gab es eine lange Diskussion, wie oft es eigentlich vorkomme, daß ein Patient sich wirklich seiner frühen traumatischen Ereignisse erinnere. Die Mehrheit der Dozenten war nun der Meinung, daß dies äußerst selten geschehe. "Ich war völlig überrascht, denn ich war ein guter und gutgläubiger Schüler und hatte an die Theorie geglaubt. Und plötzlich hörte ich, daß das, was als Grundlage für die Heilung galt, so selten vorkam". Fromm schloß daraus, daß ein einzelnes Erlebnis als Trauma für gewöhnlich sehr selten vorkomme, traumatisch sei vielmehr die gesamte und kontinuierliche "Eltern- und Familienatmosphäre". Das schließe nicht aus, daß es wirkliche einzelne Traumata gibt, Ereignisse, die über die Belastbarkeit des menschlichen Nervensystems hinausgehen, in der Regel sei das aber, was eine "traumatische" Wirkung zeitigt, die beständige Atmosphäre (1991).

Eine solche Disposition, bei deren Entstehen erbgenetische und peristatische Faktoren ineinandergreifen, schlägt sich als prämorbide Struktur nieder, die darüber entscheidet, ob ein späteres Ereignis im Sinne einer aktuellen pathogenen Situation fungiert und die Symptomatik auslöst. Eine positive Neurosendiagnostik hat klassischerweise folgende Kriterien zu berücksichtigen: frühkindliche Schädigung, Herausbildung einer prämorbiden neurotischen Persönlichkeitsstruktur und das Vorliegen einer neurotischen Symptomatik, die in einer auslösenden Versuchungs-/Versagungssituation entstanden ist. Eine prämorbide neurotische Persönlichkeitsstruktur, die durch traumatisierende Umweltfaktoren und konstitutionelle Bedingtheit in der Frühkindheit geformt wird, entwickelt also in einer auslösenden Versuchungs- und Versagungssituation neurotische Symptome.

Die Verklammerung von Typus Melancholicus, pathogener Situation und depressiver Symptomatik, wie sie Tellenbach (1983) aufgezeigt hat, ist analog strukturiert.

In gewisser Weise fordert nun das Konzept der posttraumatischen Belastungsstörung, daß auch ohne eine solche strukturelle Prädisposition, die für gewöhnlich ein "Geschehnis" zu einem "Erlebnis" macht, sofern es von daher seine individuelle traumatische Bedeutung bezieht, daß auch ohne diesen persönlichen Kontext ein so zwingender Zusammenhang zwischen Geschehnis und Erlebnis bestehen kann, daß er relativ unabhängig von individueller Geschichte und individueller Strukturiertheit ist. Wir hätten hier also einen direkten, nicht weiter strukturell oder geschichtlich vermittelten Zusammenhang zwischen äußerer Situation und Reaktion bzw. Verhalten oder Symptomatik. Erwin Straus spricht hier von einem "Zwang zur Sinnentnahme". Sollte eine solche Forderung eingelöst werden, müßten pathogenetisch bedeutsame Umstrukturierungen, wie sie noch der Erwachsene in einer pathogenen, einer traumatischen Situation erfahren kann, gefordert werden. Wir können hier auf die eingangs aufgeworfene Problematik zurückkommen. Das von Bettelheim (1960) und anderen beschriebene "Muselmännersyndrom" bei KZ-Insassen scheint diese Kriterien zu erfüllen. Vollkommene Fatalisierung - der die Krankheit ihre Bezeichnung verdankt -, absolut realitätsunangemessene süchtige Züge, Reaktionslosigkeit, Zerfall der Körperkräfte - eine in den KZs verbreitete erzwungene Regression, wie Lorenzer (1966) anmerkt, auf die frühe passive orale Phase, ein depressives Syndrom, wie es auf bestürzende Weise dem frühkindlichen Hospitalismus entspricht. Angesichts der Uniformität und der epidemischen Verbreitung scheint die sonst übliche Ableitung depressiver Syndrome von einer bereits frühkindlich geschehenen Fixierung auf der oralen Stufe als Voraussetzung für eine solche Regression irrelevant. Es waren hier die äußeren unmenschlichen Bedingungen, die nicht nur in eine absolut hilflose Lage brachten, sondern auch die Identität mit der eigenen Lebensgeschichte und die Möglichkeit zur mitmenschlichen Kommunikation weitgehend zerstörten - und so zu dieser Regression zwangen. Trauma ist also hier ganz vorrangig die Situation selbst. Letztlich ausschließen läßt sich allerdings auch hier nicht die Mitwirkung dispositioneller Fakten. Der depressiv Strukturierte wird in seiner Angewiesenheit auf Wärme, Bindung, Austausch gefährdeter sein als der schizoid Introvertierte, wie wohl auch bei dem Beispiel, das Straus für den Zwang zur Sinnentnahme gibt, das Feuer im Theater, es besonnen wie panisch Reagierende geben wird. Generell wird die Gewichtigkeit beider Faktoren zu erörtern sein, um abwägen zu können, welchem Faktor - der aktuell traumatischen Situation oder der Disposition bzw. Struktur - die überwiegende Penetranz zukommt.

Die beispielsweise auch heute noch gängige psychoanalytische Ansicht, Borderline-Störungen seien quasi exakt pathogenetisch in einer bestimmten frühkindlichen Entwicklungsphase datierbar, muß hier zweifellos revidiert werden. Wir müssen heute auf Grund der vielen Untersuchungen hinsichtlich sexuellen Mißbrauchs davon ausgehen, daß eine Borderline-Persönlichkeitsorganisation auch durch eine Traumatisierung im späteren Leben entstehen kann. Eine posttraumatische Belastungsreaktion und Belastungsstörung als direkte Konsequenz aktueller oder rezenter traumatischer Einwirkung mag vielleicht auch in den folgenden Fallbeispielen gegeben sein.

Bei einem 10-jährigen Mädchen, das plötzlich sexuellem Mißbrauch durch den Mann der 10 Jahre älteren Schwester ausgesetzt war, der bis zur Penetration ging, entwickelte sich nur wenige Wochen nach dieser Traumatisierung ein Zwangssyndrom dergestalt, daß sie ständig kontrollieren mußte, ob Türen und Fenster des Hauses abgeschlossen waren, der Herd abgeschaltet war. "Haus" steht hier wohl für den Körper selbst, das Abgeschlossensein für die Abwehr gegenüber diesem Eindringling, der das Mädchen auch weiterhin bedrängte. "Wes Herd dies auch sei, hier muß ich rasten" heißt es zu Beginn der "Walküre". "Herd" symbolisiert hier das Haus, Schutz vor Verfolgern. Die sonst typisch für Zwangsneurosen postulierte Disposition einer anal-ödipalen Fixierung war bei dieser Patientin nicht auszumachen. Zwang als fundamentaler Sicherungs- und Abwehrmechanismus (vgl. Lang 2000a) - auch im Sinne des Ungeschehenmachens -, als unmittelbare Antwort auf diese Traumatisierung.

Der 24-jährige Dachdecker J. A. befindet sich auf 25m Höhe auf einem Baugerüst, als aus weiteren 10m Höhe ein Gerüstrahmen auf seine linke Schulter kracht. Er droht unter diesem Gewicht in die Tiefe zu stürzen, in letzter Sekunde kann ihn ein Kollege fassen. Schmerzen ob der mehrmaligen Schlüsselbeinfrakturen, der Zertrümmerung des Acromions und schwerer Weichteilverletzungen hat er erst Minuten später verspürt. Bald stellen sich bei diesem Bär von einem Mann, der vorher nie in irgendeiner Weise psychogen oder neuropsychiatrisch aufgefallen war, typische Symptome einer posttraumatischen Belastungsreaktion und -störung ein: Angstzustände, schwere Alpträume, wobei er immer wieder abstürzt und unten aufschlägt, Flash backs, Unfähigkeit, dorthin zu gehen, wo Gerüste aufgestellt sein könnten, etc. Ein gutes halbes Jahr vor diesem Unfall drohte er ebenfalls von einem Gerüst zu stürzen, durch einen Sprung auf einen vorstehenden Balken konnte er sich festhalten und dann absteigen. Bei diesem ersten Unfall war es nicht zu weiteren Störungen gekommen.

Eine 74-jährige Frau leidet an Weinkrämpfen, Zittern, Schweißausbrüchen, wenn sie an Züge denkt oder von Zügen hört oder im Fernsehen welche sieht, hat Flash backs, die ihr immer wieder die Unfallsituation vor Augen führen. Mit ihrem Ehemann, der an einer ähnlichen Symptomatik leidet, war sie in Würzburg in den ICE Wilhelm-Conrad-Röntgen gestiegen, der von München nach Hamburg fuhr und in Eschede entgleiste. Drei Minuten hatten ihr das Leben gerettet - das Ehepaar war gerade vom Speisewagen in das Abteil zurückgekehrt, als die Katastrophe einsetzte. Alle Passagiere des Speisewagens waren zu Tode gekommen. Schädel-Hirn-Trauma, initiale Bewußtlosigkeit, Lungenquetschung, Trümmerbruch des rechten Fußes waren die unmittelbar körperlichen Folgen. Soweit zu erurieren war, war auch hier die Primärpersönlichkeit stabil, noch ein halbes Jahr vor dem Unfall war die Patientin beispielsweise regelmäßig Ski gefahren.

Schließlich ein 51-jähriger Lokführer, nicht der des Eschede-ICE, - er berichtet bei der Begutachtung durch meinen Mitarbeiter Dr. Dr. Brunnhuber, daß er erstmalig im Juli 1999 bei Aschaffenburg einen Menschen überfahren habe. Daraufhin habe er auf Grund von Krankschreibungen und anschließendem Urlaub bis August ausgesetzt. Kaum habe er den Dienst wieder aufgenommen, habe er erneut einen Menschen überfahren müssen. Während er beim ersten Personenunfallereignis gehupt und gedacht habe "... hoffentlich schafft er es ...", so war beim zweiten Ereignis urplötzlich ein Mensch zwischen den Gleisen gestanden. Die Person habe sich vor ihm niedergekniet und er habe nicht mehr hupen bzw. "sanden" können. Nach dem ersten Ereignis habe er vorübergehend gezittert, was sich jedoch durch eine Gabe von einem Beruhigungsmittel durch den Notarzt gebessert habe. Nach dem zweiten Ereignis habe er mehrere Wochen Schuldgefühle gehabt, insbesondere, weil er das Gefühl gehabt habe, nicht richtig reagiert zu haben. Außerdem habe er über mehrere Wochen Alpträume und Flash back-Erlebnisse gehabt. Über einen Zeitraum von 3 bis 4 Wochen habe er zudem den privaten Kraftfahrzeugverkehr eingeschränkt, aus Angst, es könne etwas passieren. Eine weitere Behandlungsbedürftigkeit wie auch Minderung der Erwerbsfähigkeit waren nicht gegeben. Der Lokführer war, wie auch die vorgenannten Patienten, zuvor nie irgendwie neuropsychiatrisch auffällig gewesen. 8 Wochen nach Erstellung dieses Gutachtens rief er an, er sei völlig fertig, könne nicht mehr schlafen, habe rasende Schulterschmerzen, könne nicht einmal mehr mit seinen Enkeln spielen, es wäre ihm unmöglich, noch einmal einen Zug zu führen. Er hatte bei 240 h/km zwei Kinder, die auf den Gleisen dem ICE entgegenliefen, überfahren. Mit seinem linken Arm hatte er die Notbremse gezogen - bei einem Bremsweg von 2 km! -, habe seitdem, ohne daß ein organischer Befund vorliegt, massive Schmerzen eines Schulter-Arm-Syndroms.

Die Frage, auf die wir abschließend fokussieren wollen, die uns aber zweifellos schon beschäftigte, geht dahin, noch etwas näher zu betrachten, was eigentlich ein Trauma zu einem Trauma macht. "Wir nennen so ein Erlebnis, welches dem Seelenleben innerhalb kurzer Zeit einen so starken Reizzuwachs bringt, daß die Erledigung oder Aufarbeitung desselben in normal-gewohnter Weise mißglückt, (Trauma), woraus dauernde Störungen im Energiebetrieb resultieren müssen" (Freud 1917). In dieser ökonomisch-energetischen Sprache ist ein Trauma also durch ein Anfluten von Reizen gekennzeichnet, die so exzessiv sind, daß sie vom Subjekt psychisch nicht zu bemeistern sind und deshalb pathogen wirken. Halten wir also fest, daß das Subjekt einem Geschehen ausgesetzt ist, daß es nicht bewältigen, verarbeiten kann. Das war uns schon bei dem kleinen Beispiel der Hydrophobie der Anna O. aufgefallen. Als sie den Hund der Gouvernante aus dem Glas trinken sah, war sie außerstande, etwas zu sagen, außerstande zu reagieren. Offensichtlich überwältigt die traumatische Begebenheit in einer Weise, daß sie emotional stumm macht und deshalb unverarbeitet bleibt. Betrachten wir die Ereignisse, die beispielsweise Straus in seiner Monographie "Geschehnis und Erlebnis" für traumatisches Erleben bringt, so haben sie vor allem mit der Konfrontation mit radikaler Existenzbedrohung, mit dem Tod zu tun. Ob es die unmittelbare Bedrohtheit durch das Feuer oder die Erfahrung des Todes durch den Tod anderer ist, die plötzlich grell gegebene Möglichkeit der Existenzvernichtung wirkt traumatisch - nicht zuletzt deshalb, weil angesichts dieser Konfrontation ein In-Wort-Fassen, wie ja u.a. Heidegger (1957, 1965) gezeigt hat, nicht mehr möglich ist. Ein radikal Unbenennbares, Unheimliches, daß für gewöhnlich im Dahinleben der natürlichen Selbstverständlichkeit verdeckt bleibt, leuchtet plötzlich im Trauma als Trauma auf. Um mit Erwin Straus zu formulieren: " ... es ist nicht die einzelne Bedrohung, sondern das Erlebnis der Bedrohtheit überhaupt", was letztlich traumatisch wirkt oder, wie es Lacan einmal gesagt hat: "Das Trauma ist plötzlich das Leben, das sich selbst, bar aller symbolischen Vermittelheit, in seiner absoluten Fremdheit erfaßt, ein Moment, in dem sich das Leben als am Ende angelangt projiziert, d.h. an dem Punkt, in dem es quasi zum Tode zurückkehrt (wieder zu Staub wird)."

Es sind zwei Momente, untrennbar miteinander verwoben, die das Trauma als Trauma charaktisieren: die absolute Hilflosigkeit, das Ausgeliefertsein - wie es angesichts des Todes kulminiert -, und die Sprachlosigkeit, die Unfähigkeit mittels der Sprache bzw. Symbolen, sich distanzieren, den Freiraum einer Metaebene gewinnen zu können. Mißbrauchserlebnisse wirken nicht zuletzt durch das Sprechverbot traumatisch, die damit einhergehende Affektisolierung und Affektabspaltung gleicht einem emotionalen Sterben ("Totstellreflex"). Neurotische Phänomene, wie das Zwangssyndrom des 10-jährigen Kindes, sind untaugliche, aber gleichwohl das Selbst stabilisierende Versuche, um mit dieser Ohnmacht des Ausgeliefertseins und dem Sprechverbot fertig zu werden.

Als ich den Dachdecker fragte, weshalb er wohl den ersten Unfall psychisch unbeschadet überstehen konnte und der zweite jetzt so viele Probleme bringe, führt er als Unterschied die Ohnmacht, die Hilflosigkeit im zweiten Falle an. Hinzu käme, daß er durch die fortbestehende körperliche Behinderung ständig an den Schrecken und die damit verbundene Hilflosigkeit erinnert werde. Die weiterbestehende körperliche Behinderung auf Grund des nicht abgeheilten Trümmerbruches und das damit weiterhin verbundene Gefühl des grellen Einbruchs der Bewußtheit menschlicher Endlichkeit schuldigt auch die 74-jährige des Eschede-Unfalles an, daß sie nicht darüber hinwegkomme.

Und der Lokführer - nicht des Eschede-Zuges, aber vieler anderer ICE´s: Zweimal hatte er die Unfälle verarbeiten können, beim zweiten Mal dauerte es allerdings bereits länger. Ist es dann die Identifikation der beiden 6-jährigen mit den eigenen Kindern oder Enkeln und somit die Identifikation mit sich selbst, die beim dritten Mal zum hartnäckigen posttraumatischen Belastungssyndrom führen ließ, oder genügt die Hilf- und Sprachlosigkeit in dieser schrecklichen Situation, gleichgültig, ob es sich um eigenes oder fremdes Leben handelt, die dieses Trauma zum Trauma macht?

Literatur

v. Baeyer W, Kisker KP, Häfner H (1964) Psychiatrie der Verfolgten. Springer, Berlin, Heidelberg, New York

Bettelheim B (1960) The Informed Heart. The Press of Glencoe, Illinois

Blankenburg W (1984) Biographie und Krankheit. In: Medicus Oecologicus. Der Arzt im Spannungsfeld zwischen Innen- und Außenwelt. IMA; Wiederabdruck in: Bühler KE (1986) Zeitlichkeit als psychologisches Prinzip. Janus, Köln

Brown G et al. (1977) Depression and loss. British Journal of Psychiatry 130:1-18

Brown G, Harres T (1978) Social origin of depression: A study of psychiatric disorder in women. Tavistock, London

Eissler KR (1963) Die Ermordung von wievielen seiner Kinder muß ein Mensch symptomfrei ertragen können, um eine normale Konstitution zu haben. Psyche 17:241-291

Freud S (1917) Vorlesungen zur Einführung in die Psychoanalyse. In: Freud S Ges. Werke. Bd XI. Imago, London 1940

Freud S (1918) Aus der Geschichte einer infantilen Neurose. In: Freud S Ges. Werke. Bd XII. Imago, London 1947

Freud S, Breuer J (1895) Studien über Hysterie. Fischer, Frankfurt am Main 1970

Fromm E (1991) Von der Kunst des Zuhörens - Therapeutische Aspekte der Psychoanalyse, 2. Aufl. Heyne, München 1997

Gold PW, Goodwin FK, Chrousos GP (1988a) Clinical and biochemical manifestations of depression: relation to the neurobiology of stress, part I. New England Journal of Medicin 319:348-353

Gold PW, Goodwin FK; Chrousos GP (1988b) Clinical and biochemical manifestations of depression: relation to the neurobiology of stress, part II. New England Journal of Medicin 319:413-420

Heidegger M (1927) Sein und Zeit. 8 Aufl. Niemeyer, Tübingen 1957

Heidegger M (1965) Was ist Metaphysik? Klostermann, Frankfurt a. Main

Lang H (1973) Die Sprache und das Unbewußte. 4 Aufl. Suhrkamp, Frankfurt am Main 1998

Lang H (2000a) Strukturale Psychoanalyse. Suhrkamp, Frankfurt am Main

Lang H (2000b) Das Gespräch als Therapie. Suhrkamp, Frankfurt am Main

Lorenzer A (1966) Zum Begriff der "Traumatischen Neurose". Psyche 20:481-492

Masson JM (1984) Was hat man dir, du armes Kind, getan?: Sigmund Freuds Unterdrückung der Verführungstheorie. Rowohlt, Reinbek

Niederland WG (1965) Psychische Spätschäden nach politischer Verfolgung. Psyche 18:888-895

Oppenheim H (1889) Die traumatischen Neurosen. Springer, Berlin

Straus E (1930) Geschehnis und Erlebnis - zugleich eine historiologische Deutung des psychischen Traumas und der Renten-Neurose. Reprint mit einem Vorwort von W. Bräutigam. Springer, Berlin, Heidelberg, New York 1978

Tress W (1986) Die positive frühkindliche Bezugsperson - Der Schutz vor psychogenen Erkrankungen. Psychotherapie und Medizinische Psychologie 36:51-57

Tellenbach H (1961) Melancholie. 4 Aufl. Springer, Berlin, Heidelberg, Tokoyo 1983

Kindheitstrauma und Lebensentwurf - zur Psychodynamik langfristiger traumatischer Prozesse

Gottfried Fischer

Psychodynamik der psychotraumatischen Belastungsstörung.

Ich werde in diesem Beitrag die psychodynamische Metapsychologie ausdehnen auf den Bereich psychotraumatischer Störungen. Gegenüber einer diagnostischen Kategorie wie PTSD ("Posttraumatic Stress Disorder"), in den diagnostischen Manualen DSM und ICD, wurde wiederholt die Kritik vorgebracht, es handle sich um eine rein statische, deskriptive Klassifikaton, die damit im Gegensatz stehe zu einem psychodynamischen Verständnis von psychischer Traumatisierung und Traumaverarbeitung. Das trifft sicher zu. Dennoch dürften die neuen, traumabezogenen Diagnosen nosologisch und auch klinisch einen Fortschritt darstellen, den wir nicht wieder zugunsten eher problematischer Mischbegriffe, wie "traumatische Neurose" etwa, aufgeben sollten. Ich werde also nicht, gewissermaßen nostalgisch, in eine Phase der klinischen Begriffsbildung vor den diagnostischen Manualen zurückstreben, sondern will versuchen, die psychodynamische Perspektive aufzuzeigen, die implizit in den Manualen enthalten ist. Ich möchte, mit anderen Worten, einen Beitrag leisten zur Psychodynamik und Metapsychologie der Zukunft, die auf den traumabezogenen Kategorien der diagnostischen Manuale aufbaut und sie in eine psychodynamische Perspektive überführt.

Gibt es ein posttraumatisches Schädel-Hirn-Trauma? Hier ist zunächst eine kritische terminologische Vorbemerkung zum Ausdruck "Posttraumatic Stress Disorder" angebracht. Haben Sie schon einmal von einem "posttraumatischen Schädel-Hirn-

Trauma" gehört? Ähnlich widersprüchlich erscheint die Begrifflichkeit beim "PTSD". "Post", vorüber, ist ja nicht das Trauma, die seelische Verletzung als solche, sondern das traumatische Ereignis. In behavioristischer Manier wird das Ereignis mit dem Erlebnis gleichgesetzt - ein Widerspruch, der beim Ausdruck "posttraumatisches Schädel-Hirn-Trauma" auffällt, bei einem psychologischen Konzept vielleicht deswegen nicht so leicht, weil die "Psyche" für viele Menschen nicht die gleiche Wirklichkeit besitzt wie der Körper. Zwischen Trauma und "Streß" bestehen schon in physiologischen Parametern gegenläufige Verhältnisse, so daß die Wortkombination "traumatischer Streß" ebenfalls problematisch erscheint. Schließlich ist auch "Disorder" oder "Störung" nicht unproblematisch, da das psychotraumatische Belastungssyndrom eine im Prinzip "normale Reaktion" auf extrem "störende" und belastende situative Bedingungen darstellt. Nicht die Person ist "gestört" oder hat eine "Störung". Äußerst "störend" ist vielmehr die Situation, welche die Person mit ihrer Symptomatik im Sinne einer Notfallreaktion beantwortet. Terminologisch korrekt könnte vielleicht von einem "psychotraumatischen Belastungssyndrom " (PTBS) gesprochen werden (vgl. Fischer & Riedesser 1998).

Die behavioristische Verwechslung von "Ereignis" und "Erlebnis" kommt nicht nur in Fachkreisen vor, in denen phänomenologische Psychologie und Philosophie unbekannt geblieben sind, sondern auch in bestimmten Redewendungen des verdinglichten Alltagsbewußtseins. Wenn beispielsweise die Frage aufkommt: "Ist ein bestimmtes "Trauma" schlimmer als ein anderes?", so greift dieses umgangssprachliche Traumaverständnis allein auf die Ereigniskategorie zurück. Das kann sich steigern bis zur Frage: Darf man einen Verkehrsunfall mit dem Holocaust vergleichen, indem man beides als "Trauma" bezeichnet? Wird damit nicht der Holocaust bagatellisiert und werden die Opfer verhöhnt?

Diese Unterstellung ist nun ungefähr so klug, als würde ein Unfallchirurg darauf verzichten, eine unkomplizierte Unterarmfraktur als "Trauma" zu bezeichnen, nur weil es auch komplizierte Brüche bzw. komplexe physische Traumatisierung gibt.

Das basale psychotraumatische Belastungssyndrom

Nach ICD und DSM kann ein psychotraumatisches Belastungssyndrom nicht allein aus der Ereignis-Kategorie abgeleitet werden. Diese beschreibt lediglich das erste, das "A-Kriterium" des Syndroms. Darüber hinaus müssen 3 erlebnis- bzw. verhaltensbezogene Kriterien (B - D) erfüllt sein. So ergibt sich für die Diagnose die folgende Sequenz:

(A) Ein belastendes Ereignis oder dauerhaft belastende Umweltbedingungen, die mit dem Gefühl überwältigender Hilflosigkeit erlebt werden

(B) Sich aufdrängende Erinnerungen an das belastende Ereignis, sogenannte Nachhallerinnerungen ("flash-backs")

(C) Vermeiden oder Verleugnen von allem, was an das traumatische Ereignis erinnert

(D) Schreckhafte Übererregbarkeit und/oder emotionale Betäubung (numbing)

Nach dem Algorhythmus der Manuale müssen für die Diagnose des PTBS alle Symptomgruppen vertreten sein. Nach klinischer Erfahrung und, methodisch allerdings noch problematischen, epidemiologischen Studien wird damit jedoch nur ein gewisser Prozentsatz von psychischen Störungen mit traumatischer Ätiologie erfaßt. Unterschiedliche Symptombilder, wie Phobien, depressive Störungen oder dissoziative Erlebniszustände können ätiologisch ebenfalls auf Traumatisierung zurückgehen. Die Phobie ergibt sich dann beispielsweise aus einer Verfestigung des B-Kriteriums im zeitlichen Verlauf. Andererseits gehen natürlich nicht alle Phobien aus einer traumatischen Erfahrung hervor. Woran sollte sich die Psychotherapie dann optimalerweise orientieren, an der Ätiologie oder der Nosologie des Symptombildes?

Sollen Psychotherapie-Manuale störungs- oder ätiologiespezifisch vorgehen? Überlegungen zu einer differentiellen Ätiologie psychischer Störungen.

Wie auch in anderen Bereichen der Medizin, ist eine ätiologisch orientierte, kausale Behandlung der symptomatischen in der Regel vorzuziehen. Auf diesem, von den meisten Kolleginnen und Kollegen wohl als wünschenswert betrachteten, Weg zu einer kausalen Psychotherapie muß die traumatische Ätiologie allerdings eingegrenzt und in den Rahmen der möglichen Alternativen gerückt werden.

Trauma als Modebegriff?

Trauma ist heute vielleicht schon zu einem Modewort geworden nach dem Motto: "alles ist Trauma", und fast jeder hat ein solches, ähnlich wie jeder unter "Streß" leidet oder früher unter einer "Neurose". Das ist in einem wissenschaftlichen Verständnis - erfreulicherweise - nicht der Fall, sofern wir gelernt haben, zwischen Ereignis- und Erlebniskategorien zu unterscheiden. Auch kann nicht jede psychische Störung auf ein "Trauma" zurückgeführt werden, wie manchmal behauptet wird. Von daher stellt sich die Frage, welche weiteren ätiologischen Faktoren in Betracht kommen. Hierzu möchte ich einen Vorschlag machen, der eine Grundlage für weitere Diskussion und Forschung sein könnte. In der folgenden Graphik sind vier mögliche ätiologische Einflußsphären abgebildet: psychisches Trauma, biopsychologische Ursachen und pathogene Varianten gesellschaftlicher Sozialisationsmuster, insbesondere Über- vs. Untersozialisation. Diese Faktoren können sich beim einzelnen Patienten überschneiden.

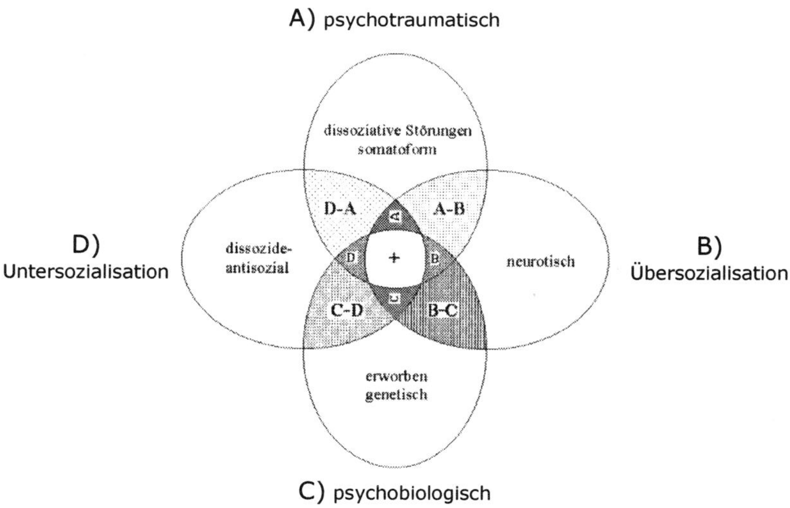

Abbildung 1: Klassifikation psychischer Störungen nach ätiologischen Einflüssen (nach Fischer 2000a, 168)

Die ätiologischen Einflußgrößen sind durch vier konzentrische Ellipsen veranschaulicht, die eine bilaterale Schnittmenge aufweisen und eine Gesamtschnittmenge in ihrem Mittelbereich.

Auf Ätiologie (A), die psychotraumatischen Einflüsse, wurde schon eingegangen, so daß ich mich hier auf die übrigen Konstellationen beschränken kann. Aus der differentiellen Ätiologie leitet sich dann eine jeweils differentielle Therapiestrategie ab.

Übersozialisation

Dieser Einflußfaktor entspricht einem übermäßig strengen, rigiden und einengenden Erziehungsstil. Die Vitalität der Persönlichkeit wird unterdrückt. Triebimpulse und Phantasiemuster werden durch die rigide Prägeform gewissermaßen "ausgestanzt". Das Ich-Selbst-System ist zwar gut organisiert. Die Persönlichkeit leidet jedoch unter Verdrängung zentraler vitaler Impulse und Triebwünsche. Ein ekklesiogener Einfluß kommt oft hinzu. Das "idealtypische Ergebnis" ist eine neurotische Störung, die als therapeutische Antwort im allgemeinen die Analyse von Abwehr, Widerstand und Übertragung erfordert. Oft haben sich ausgedehnte unbewußte Phantasiefiguren gebildet, die dadurch "widerlegt" und integriert werden, daß der Analytiker sich abstinent verhält und der freien Assoziation Raum gibt.

Dagegen fällt beim idealtypischen Traumapatienten die Wirklichkeit meist schlimmer aus als die Phantasie, wie sich z.B. den Phänomenen der peritraumatischen Dissoziation entnehmen läßt, so daß "Neutralität" kontraindiziert ist und "parteiliche Abstinenz" als therapeutische Haltung erforderlich wird (Fischer & Riedesser, 1999; Fischer 2000b). Die "Schnittmenge" (A-B) zwischen Trauma und Übersozialisation ist durch rigide Erziehungsnormen gekennzeichnet, die mit brutalen Sanktionen durchgesetzt werden.

Biologische Faktoren

Erbgenetische Dispositionen verbinden sich mit den übrigen ätiologischen Einflüssen nicht nur quantitativ, sondern in verschiedenen qualitativen Konstellationen, die noch genauer zu untersuchen sind. Neben den genetisch angeborenen Dispositionen rükken erworbene, jedoch physiologisch verankerte Dispositionen neuerdings ins Blickfeld. Dazu gehören einmal die verschiedenen zentralnervösen, neuromuskulären und neurovegetativen Folgen des Traumas, zum anderen eine früh in der Kindheit erworbene Veränderung hormoneller und neurohormoneller Regulationssysteme, zum Beispiel eine Dysregulation des Serotoninhaushalts als Folge frühkindlicher Deprivation, die eine Dauerdisposition zu depressiven Erkrankungen im Erwachsenenalter darstellt. Eine aktuelle Übersicht zu psychobiologischen Faktoren bei Trauma-Langzeitfolgen findet sich bei Galley, Fischer & Hofmann (2000). Therapeutisch kommt bei den angeborenen ebenso wie bei den erworbenen psychobiologischen Faktoren Pharmakotherapie ergänzend in Betracht.

Untersozialisation

Prototyp sind sog. "verwöhnte" Kinder, die eine "laissez-faire"-Erziehung und zu geringe oder auch einseitige normative Ausrichtung erfahren haben. So entsteht ein Mangel an Empathie, Normenverständnis und Verständnis für die fundamentale Wechselseitigkeit sozialer Beziehungen, die den Kern des "kommunikativen Realitätsprinzips" (v. Uexküll & Wesiack 1988) bilden. Kommen weitere negative Bedingungen, wie Verwahrlosung, hinzu, so kann dieses Sozialisationsmuster in eine dissoziale oder antisoziale Karriere einmünden. Hier sind eher pädagogische, insbesondere "ich-pädagogische" (Balint) Maßnahmen angezeigt, ebenso Training sozialer Kompetenzen im Sinne der Verhaltenstherapie oder "Empathietraining". Beim Einsatz von Verhaltenstrainings und übenden Verfahren wird die Notwendigkeit einer ätiologiespezifischen Indikation therapeutischer Basisstrategien vielleicht besonders deutlich. Während der "übersozialisierte" Typ dazu neigt, das Training zur Perfektionierung eines "falschen Selbst" zu verwenden, besteht bei Untersozialisation ein realer Nachholbedarf an sozialem Lernen.

Die bisher vorliegenden Ergebnisse der Mißerfolgsforschung in Psychotherapie und Psychoanalyse legen nahe, daß Mißerfolge vor allem dann auftreten, wenn eine ätiologiespezifische Therapiestrategie auf einen ätiologisch heterogenen Bereich übertragen wird (Fischer 2000a, 251 ff.), so etwa die Prinzipien der klassischen Neurosentherapie auf Traumapatienten. Bei einem Abwehrvorgang wie "peritraumatische Dissoziation" wird nicht eine unbewußte Phantasie oder ein Triebwunsch abgespalten, sondern die Realität der traumatischen Situation. Daher stehen die klassischen Instrumente der Psychoanalyse hier im Dienst einer Rekonstruktion und Integration der traumatischen Erfahrung bzw. der traumatischen Situation sowohl in ihrer objektiven Konstellation als auch subjektiven Erlebniskonfiguration. Der Psychotherapieforscher Kiesler hat wiederholt vor "Universalmythologien" in der Psychotherapie gewarnt und deren negative Folgen für Theorie, Forschung und Praxis herausgearbeitet (etwa 1966, 1995). Es gibt nicht den Patienten, die Therapie oder die Ätiologie. Im Unterschied zu dieser Erkenntnis frönen viele Therapieschulen nach wie vor einer solchen Einheits-Ätiologie und Universaltherapie, sehr zum Nachteil ihrer Patienten und Klienten. Der Gesichtspunkt differentieller Ätiologien kann möglicherweise zumindest den gröbsten Fehlern unseres in zahlreichen Prüfungsverfahren verinnerlichten schulenspezifischen "Universaltherapeutikums" entgegenwirken.

"Psychotraumatisches Belastungssyndrom (PTBS)": - von der Punktdiagnose zur Längsschnittdiagnose

Die erlebnisbezogenen Kategorien im PTBS spiegeln zunächst nur die symptomatische Oberfläche des Erlebens wider. Um von hier aus zu einem psychodynamischen Verständnis vorzudringen, benötigen wir, zusätzlich zu den Symptomen, eine phänomenologische Beschreibung des menschlichen Situationsbezugs beim Trauma.

Wann wirkt eine Erfahrung traumatisch?

Phänomenologische Definition des Traumas

Die folgende Definition faßt die wichtigsten Merkmale des Traumas zusammen, die in der modernen Traumaforschung gegenwärtig diskutiert werden: "Psychisches Trauma ist ein vitales Diskrepanzerlebnis zwischen bedrohlichen Situationsfaktoren und individuellen Bewältigungsmöglichkeiten, das mit Gefühlen von Hilflosigkeit und schutzloser Preisgabe einhergeht und so eine dauerhafte Erschütterung von Selbst- und Weltverständnis bewirkt." (Fischer, Gurris, Pross & Riedesser, 1996, Fischer & Riedesser 1998).

Im folgenden kommentiere ich die einzelnen Kriterien dieser Definition.

1. Ein vitales Diskrepanzerlebnis schränkt Trauma auf einen vitalen, im Extremfall lebensbedrohlichen Typ von Ereignissen oder Lebensumständen ein, wie etwa Geiselnahme, politische Verfolgung, Krieg, Mißbrauch, Mißhandlung oder lebensbedrohliche Erkrankungen. Dies entspricht dem A-Kriterium in den diagnostischen Manualen.

2. Die traumatische Wirkung geht jedoch nicht allein aus dem Ereignis als solchem hervor, sondern aus einer Diskrepanz zwischen bedrohlichem Ereignis einerseits und individuellen Bewältigungsmöglichkeiten andererseits. Es handelt sich damit um eine relationale oder umwelttheoretische (ökologische) Definition, die das Ereignis in Relation zur persönlichen Erfahrung setzt. Traumatisch oder seelisch verletzend sind also weder das Ereignis noch das Erlebnis allein, sondern ist vielmehr die Beziehung zwischen objektiven und subjektiven Faktoren in ihrer quantitativen und qualitativen Ausprägung. Anders ausgedrückt: "Trauma" läßt sich weder an einem isolierten Ereignis noch an einem isolierten Subjekt diagnostizieren, sondern nur an folgendem "Gesamtsystem": "Ereignis-in-bezug-auf- das- Subjekt". Dieser Subjekt-Objekt-Dialektik wegen erfordert die Psychotraumatologie, neben ihrer umweltbezogenen, ökologischen Orientierung, auf der erkenntnistheoretischen Ebene einen dialektischen Ansatz bei der Analyse psychischer Traumatisierung.

Das Gegenbeispiel einer undialektischen Traumadefinition findet sich im Konzept der sog. "Post-traumatischen Belastungsstörung", das eingangs bereits diskutiert wurde. Dieser Terminologie liegt ein behavioristischer Kurzschluß zugrunde, der nach dem elementaren Reiz-Reaktions-Schema verfährt, unsere traumakompensatorischen Möglichkeiten unberücksichtigt läßt und, allgemein gesprochen, die menschlichen Möglichkeiten übergeht, Situationen nicht passiv hinzunehmen, sondern sie aktiv zu "definieren" und zu gestalten.

Zentrales Thema der Psychotraumatologie ist damit die dialektische Beziehung von Subjektivität und Objektivität in der Extremsituation potentiell traumatischer Erfahrung. Methodisch müssen wir die objektiven Gegebenheiten der traumatischen Situation in ihrer Bedeutung für das Individuum oder die soziale Gruppe untersuchen und zugleich die "Bedeutung" berücksichtigen, welche das Individuum den (potentiell) traumatischen

Situationsfaktoren "erteilt", indem es Umgebung in "Umwelt" verwandelt (v. Uexküll & Wesiack, 1988).

3. Wir wissen heute, daß nicht Angst oder "Streß" eine traumatische Wirkung hervorrufen, sondern das Erlebnis von Hilflosigkeit und schutzloser Preisgabe an bedrohliche Umwelteinflüsse. Was tun wir, wenn wir nichts mehr tun können? Trauma ist in diesem Sinne eine unterbrochene Handlung, eine Kampf- oder Fluchtreaktion, die leerläuft und uns hilflos zurückläßt. Schon bei Tieren findet sich daneben ein drittes Reaktionsmuster, das Erstarren oder "freezing", der sog. Totstellreflex, oft von einer Ausschüttung körpereigener Opiatstoffe begleitet, die wiederum dissoziative Erlebnismuster begünstigen. So berichten manche Folteropfer, daß sie den eigenen Körper verlassen haben und der Folter wie unbeteiligt zuschauen konnten (sog. "out-of-body-experience"). Manche Opfer von Unfällen berichten, daß in den Sekunden tödlicher Bedrohung ihr Leben wie ein Film an ihnen vorübergezogen sei. Entrealisierung - das Ereignis ist nur Phantasie, Traum, nicht die Wirklichkeit- stellt eine weit verbreitete psychotraumatische Abwehrform dar. So ist Trauma

4. das subjektiv unfaßliche Geschehen, das unser Welt- und Selbstverständnis dauerhaft erschüttern kann. Die Erschütterung des Selbstverständnisses kommt oft darin zum Ausdruck, daß Traumaopfer sich selbst die Schuld geben für etwas, was ihnen widerfuhr. Parallel dazu verlieren sie das Vertrauen in die Verläßlichkeit der physischen und in die Gerechtigkeit der sozialen Welt, das Vertrauen in das "pragmatische bzw. das kommunikative Realitätsprinzip" (v. Uexküll & Wesiak 1988). So ist Traumaverarbeitung, besonders im Verhältnis zur sozialen Mitwelt, ein Prozeß, der durch individuelle Psychotherapie eventuell unterstützt, aber nicht ausschließlich geleistet werden kann. Vielmehr müssen vor allem die von Menschen absichtsvoll hervorgerufenen Traumata, wie z.B. verbrecherische Handlungen, geahndet, mörderische Diktatoren zur Rechenschaft gezogen werden. Traumatisierende Kollektivhandlungen müssen auch kollektiv verantwortet werden.

Vom Energietrauma zum Informationstrauma

Das Kriterium der traumatischen Erschütterung unseres Selbst- und Weltverständnisses (vgl. Janoff-Bulman 1992) ist ein Thema der modernen Traumaforschung, das vielleicht am deutlichsten über Freuds frühe Definition des Traumas als einer "Überflutung des Ich mit unphysiologischen Reizenergien" hinausgeht. Vom Energietrauma zum Informationstrauma, so könnten wir diesen Schritt mit einem Schlagwort bezeichnen. Trauma überfordert das psychische System nicht nur in quantitativer, energetischer Hinsicht. Vielmehr konfrontiert uns die traumatische Situation mit unerträglicher Information in einer qualitativen Weise. Diese kognitive Wendung des Traumabegriffs wurde, gleichsam lautlos und von der psychoanalytischen community weitgehend unbemerkt, durch den nordamerikanischen Psychoanalytiker und Traumaforscher Mardi Horowitz (1976) eingeleitet. Das Trauma als "Informationstrauma" sprengt die Kategorien oder Schemata unseres Selbst- und Weltverständnisses. "Traumatische Information" ist in ihrem qualitativen Kern das, was wir nicht verstehen, was uns "einfach nicht in den Kopf hinein will".

Wie war es möglich, um ein geschichtliches Beispiel zu wählen, daß eine zivilisierte Nation ihr Schicksal einem größenwahnsinnigen Psychopathen anvertraute, der an der Spitze einer mörderischen Megamaschine ethnisch und pseudomedizinisch definierte Minderheiten willkürlich zum Massenmord bestimmen konnte? Wie war es möglich, daß diese bürokratisch perfektionierte Mordmaschine kaum auf Widerstand traf?

Einen Diskurs zu eröffnen über das "Unfaßliche", erfordert demnach, neue Kategorien unseres Selbst- und Weltverständnisses zu finden oder genauer, zu erfinden, die geeignet sind, den traumatischen Kern der Information als solchen zu erfassen, ohne auf leere, abgenützte Sprachgewohnheiten zurückzugreifen oder in sie zurückzufallen. Wie schwierig gerade dieser Aspekt der Traumaverarbeitung ist, zeigt sich beispielhaft an dem mühevollen Weg zu einer auch emotional resonanten Sprache über den Holocaust, zur Entwicklung eines Diskurses, der immer von neuem gefährdet ist (vgl. Cremerius et al. 2000).

Trauma als unterbrochene Handlung

Wenn wir Trauma als unterbrochene (soziale) Handlung und damit zugleich als Informationstrauma verstehen, so eröffnen sich zwei Wege der Traumaforschung, die in eine überraschend unterschiedliche Richtung führen: in die sozialwissenschaftliche Sprach- und Kulturforschung einerseits und die moderne experimentelle Gehirnforschung andererseits. Wir verfügen heute über eindrucksvolle Belege, daß bei schweren Traumata oft die intrasomatische Teilstrecke der Informationsverarbeitung unterbrochen ist. So ist aus hirnphysiologischen Studien mit bildgebenden Verfahren, wie der Positronen-Emissionstomographie (sog. PET-Studien), welche die Gehirnaktivität sichtbar machen, inzwischen bekannt, daß bei schweren Traumata die Zusammenarbeit zwischen den beiden Gehirnhemisphären atypisch verläuft. Insbesondere das zumeist in der linken Gehirnhemisphäre gelegene motorische Sprachzentrum blieb inaktiv bei Personen, die mit ihrem persönlichen Traumabericht experimentell konfrontiert wurden (Rauch et al. 1996). In diesem partiellen Ausfall von Hirnregionen scheint der Zustand von "speechless terror", ein sprachloser Horrorzustand, von dem Traumaopfer immer wieder berichten, eine hirnphysiologische Entsprechung zu haben. In panischer Angst und ohne die Fähigkeit zu sprachlichem Ausdruck werden traumatische Situationen oft in fragmentierten Sinneseindrücken erinnert, die das Opfer zunächst in keinen bewußten Zusammenhang mit dem traumatischen Ereignis zu bringen vermag (in sog. "flash backs" oder Rückblenden vom Traumageschehen). Dabei kommen visuelle Erinnerungsfragmente statistisch am häufigsten vor. In absteigender Häufigkeit folgen Körpersensationen, Geräusche und Gerüche (für eine Übersicht zu den bio-psychologischen Grundlagen des Traumas vgl. Galley, Fischer & Hofmann 2000). Trauma als Informationstrauma, als Sprachverlust, scheint demnach neurophysiologisch ebenso wirksam zu sein wie im sozio-kulturellen Raum (vgl. auch den Beitrag von Hermann Lang in diesem Band). Auch die therapeutische Aufgabe stellt sich auf beiden Ebenen. Durch spezielle traumatherapeutische Techniken können Sicherheitsgefühl und Selbstvertrauen wiederhergestellt und kann die fragmentierte Erfahrung wieder zusammengefügt werden (für den psychoanalytischen Ansatz vgl. das Manual zur Mehrdimensionalen Psychodynamischen Traumatherapie, MPTT, Fischer 2000b). Werden für den namenlosen Schrecken endlich die richtigen Bilder, Worte und Begriffe gefunden, so stellt dieser therapeutische Schritt mit der individuellen Lösung oft zugleich eine Erweiterung unserer tradierten kulturellen Ausdrucksmöglichkeiten dar.

Von der "Klassifikationsinformation" der diagnostischen Manuale zu einem dynamischen Verständnis psychischer Traumatisierung.

Dynamik unterbrochener Handlungen

Wenn wir uns auf die phänomenologische Erlebnisperspektive des psychotraumatischen Belastungssyndroms einlassen, werden allmählich auch die psychodynamischen Kräfte sichtbar, die im Traumasyndrom gebunden sind. So kommt im B-Kriterium eine Tendenz zum Ausdruck, die traumatisch unterbrochene Handlung, die fight-flight-Reaktion in einer existentiellen Bedrohung, wieder aufzunehmen und zu Ende zu führen. Wir erinnern an den sogenannten "Zeigarnik-Effekt", die Tendenz, eine unterbrochene Handlung wieder aufzunehmen und sie zu Ende zu führen, sobald sich die Gelegenheit dazu bietet. Auch alle Wortassoziationen, die zur unterbrochenen Handlung in Beziehung stehen, werden bevorzugt erinnert. Sie drängen sich gewissermaßen "in die Enge des Bewußtseins". Wenn wir versuchen, die Phänomene des PTBS in einem dynamischen Modell abzubilden, so läßt sich das B-Kriterium der traumatisch unterbrochenen Handlung zuordnen, sofern wir "Handlung", entsprechend dem Modell des Situationskreises, als ein sensorisch-motorisches Kreissystem verstehen, als "Wahrnehmungs-/Handlungsschema". Dieses traumatisch unterbrochene "Wahrnehmungs-/Handlungsschema" wollen wir verkürzt als "Traumaschema" bezeichnen. Wie alle sensomotorischen Schemata - im Sinne Jean Piagets - ist es auf Reproduktion ausgelegt, wobei jetzt motivational noch der Versuch hinzukommt, die traumatisch bedingte Hilflosigkeit endlich zu überwinden.

Aus den zuvor erwähnten traumaphysiologischen Gründen würde die Reproduktion des Traumaschemas allerdings notwendigerweise eine Retraumatisierung bedeuten. Die traumatische "Erinnerung" ist "dekontextualisiert", da die Filterfunktion der Hippocampusregion versagt. Sie erscheint subjektiv nicht als Erinnerung im gewohnten Verständnis, sondern als Wiederholung: Der Trauma-Film läuft wieder ab. Aus diesen Gründen muß das Traumaschema gegengesteuert und balanciert werden durch Kräfte, die wir in ihrer Gesamtheit als traumakompensatorisches System oder, nach ihrer Ausarbeitung und "Systematisierung", als "traumakompensatorisches Schema" (TKS) bezeichnen. Diese spontanen Abwehr- bzw. Kompensationstendenzen des TKS erscheinen im PTBS zum Beispiel als C-Kriterium (Vermeidung, Verleugnung) oder auch als "psychic numbing" im D-Kriterium, als neurophysiologisch gestützter Versuch, sich gewissermaßen unempfindlich zu machen und/oder aus der traumatischen Hilflosigkeit "auszuklinken", wie etwa bei Derealisierung ("es ist nur ein Traum oder ein Film") und Depersonalisierung ("eine andere Person ist betroffen, nicht ich").

Traumaschema (TS) und TKS werden in der folgenden Abbildung als vektorielles Kraftfeld nach Art eines "Parallelogramms der Kräfte" dargestellt. Dabei setzt das "traumakompensatorische System" die reflektorische Abwehr fort (wie z.B. die peritraumatische Dissoziation) und arbeitet sie aus zu einem persönlichkeitstypischen, traumakompensatorischen "Schema". Dies ist einmal durch den Kontroll- und Abwehrstil der Persönlichkeit charakterisiert, zum anderen durch eine jeweils "naiv-psychologische" ätiologische, präventive und therapeutische Teilkomponente. Letztere "schematisieren" die oft höchst individuelle Antwort auf drei Fragen, die sich die Betroffenen stellen: Wie konnte es zu der Katastrophe kommen? (ätiologisch); wie kann ich eine Wiederholung in Zukunft verhindern? (präventiv); was muß geschehen, um das Trauma zu heilen? (reparative, "naiv-therapeutische" Theorie).

Traumabedingte Symptome lassen sich, in Erweiterung des dynamischen Aspekts der psychoanalytischen Metapsychologie, als "Kompromißbildung" zwischen unterbrochenem Handlungsimpuls (Traumaschema) und kompensatorischem System (dem traumakompensatorischen Schema mit seinen drei Teilkomponenten) verstehen.

Die folgende Abbildung verdeutlicht dies am Beispiel einer Bankangestellten, die zwei Überfälle in enger Zeitfolge erleben mußte.

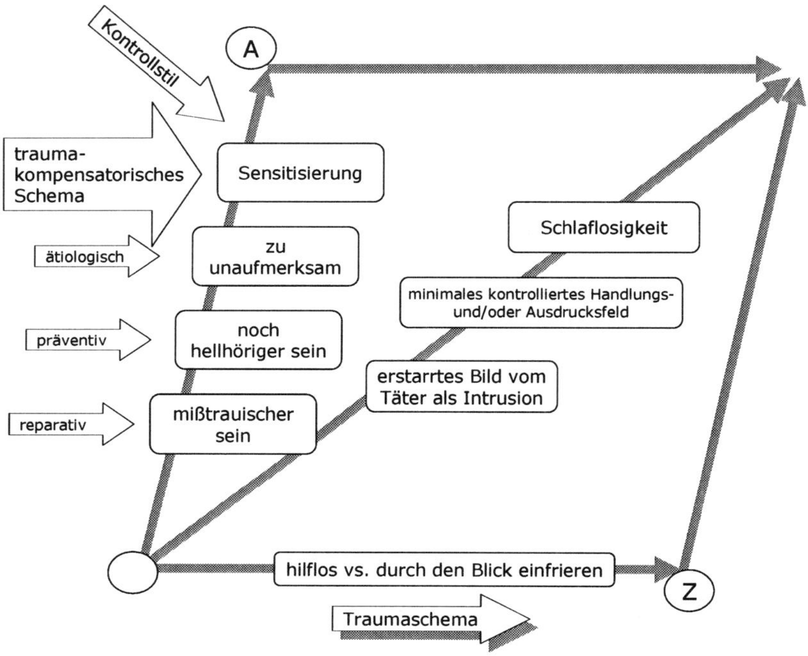

Abbildung 2. Psychodynamik des Traumas am Beispiel von Frau L. Erklärung im Text (Graphik nach Fischer 2000a, S. 86 Materialband).

Fallbeispiel

Frau L., eine 40jährige Bankangestellte, hatte innerhalb kurzer Zeit den zweiten Banküberfall erlebt. Beim zweiten Mal hatte sie jedoch morgens früh, als sie als erste den Arbeitsplatz betreten wollte, an kaum merklichen Hinweisen den Einbruch entdeckt und hatte die Kollegen gewarnt. Der Einbrecher war allerdings schon verschwunden. Beim ersten Überfall hatte der maskierte Täter sie mit einer Pistole bedroht und in einen Nebenraum gesperrt, in dem sie mehr als eine Stunde verbringen mußte, in Ungewißheit über den Ausgang. Der Täter hatte gedroht, sie zu erschießen, wenn man seinen Forderungen nicht nachkäme. Von diesem ersten Vorfall her hatte sie Intrusionen und Schlafstörungen zurückbehalten, die sich nach dem wiederholten Einbruch noch weiter verstärkten. Jetzt wandte sie sich an unsere auf Akuttrauma spezialisierte

Ambulanz. Sie konnte tags keine Ruhe mehr finden, und abends, vor dem Einschlafen, hatte sie das Bild des maskierten Täters vor Augen, das sie regungslos und wie erstarrt anblickte. Diese Intrusion war mit starken Ängsten verbunden, die sie hinderten einzuschlafen. Auch schreckte sie nachts auf, ebenfalls mit dem maskenhaft erstarrten Bild des Täters vor Augen.

Der Kontrollstil der Patientin ist im obigen Diagramm mit "Sensitisierung, Dissoziation" angegeben, ihre "präventiven" Bemühungen zielten darauf ab, in Zukunft noch hellhöriger und wachsamer zu sein. Wenn es ihr gelänge, ihre angeblich zu große Vertrauensseligkeit abzubauen und durch ein mißtrauischeres Menschenbild zu ersetzen, könnte sie sich eine dauerhafte Besserung vorstellen ("reparative" bzw. therapeutische Komponente des TKS). Gleichzeitig warf sie sich vor, beim ersten Überfall "versagt" zu haben. Sie hätte sich wehren und mehr riskieren müssen zur Unterstützung der Kassiererin, die noch stärker gefährdet war als sie selbst ("ätiologische" Komponente des TKS).

Für die Signierung des TS sieht die Instruktion einen zweigliedrigen sprachlichen Ausdruck vor, um die traumatisch "unterbrochene Handlung" zu kennzeichnen (vgl. Fischer 2000a, 153 ff.). Hier wurde die Formulierung "Hilflos gefangen vs. mit Blicken einfrieren oder bannen" gewählt. In der "peritraumatischen Dissoziation" war die Patientin selbst wie gelähmt gewesen. In dem sich aufdrängenden Erinnerungsbild hatte sie dieses Kontrollmittel gegen den Aggressor gewendet und den Täter "gefreezt". In dieser erstarrten Maske erschien er ihr nun. Nach dem dynamischen Aspekt der psychoanalytischen Metapsychologie läßt sich das Symptom als "Kompromißbildung" zwischen entgegengesetzten Kraftfeldern verstehen. Dies trifft auch für die Symptombildung beim Trauma zu. Allerdings handelt es sich nicht um die Kräfte Triebwunsch versus Abwehr (was für den Bereich "Neurose" in Abbildung 1 gültig ist), sondern um das "Traumaschema", das als unterbrochene Handlung im Gedächtnis gespeichert ist und zugleich, wie jedes sensomotorische Schema, auf "Reproduktion" drängt, und um das traumakompensatorische System, das der Reproduktion "gegensteuert", um eine neuerliche Überflutung oder gar Retraumatisierung der Persönlichkeit zu vermeiden. Wie bei der Wunsch-Abwehr-Dynamik, bilden TS und TKS ein labiles, störbares Gleichgewicht, das hier nach Art eines "Kräfteparallelogramms" aus der physikalischen Mechanik bzw. als vektorielles System veranschaulicht ist, das sich auch für die Abbildung von Kraftfeldern in neuronalen Netzwerken eignet. Da bei Reproduktion des TS eine Retraumatisierung eintritt, handelt es sich bei der kompensatorischen Gegensteuerung um einen notwendigen Selbstschutzmechanismus, der im Dienste des psychischen wie physischen "Überlebens" nach dem Trauma steht.

Traumasymptome weisen nun eine innere Struktur auf, die sich "kompromißhaft" aus beiden Kraftfeldern, TS und TKS, zusammensetzt. Nur soweit diese Voraussetzung erfüllt ist, stabilisieren sie das bedrohte, labile Gleichgewicht der Persönlichkeit und entsprechen dem "minimalen kontrollierten Ausdruck- bzw. Handlungsfeld" und damit jenem Bereich, in dem die Persönlichkeit ein Minimum an Handlungskontrolle zurückgewinnt. Im Symptom wird das Traumaschema "gebunden".

Bei den Symptomen von Frau L. ist diese "minimale Kontrollbedingung" erfüllt. Im intrusiven Bild des Täters kommt einerseits natürlich das TS zum Ausdruck, andererseits aber auch das dissoziative Abwehrmuster (den Täter mit Blicken "einfrieren" bzw. auf magische Weise "bannen"). Auch in den Schlafproblemen sind beide "Vektoren" repräsentiert: der Erregungsaspekt aus dem TS sowie der "präventive" Anteil des TKS: "noch hellhöriger werden" - und daher nicht schlafen dürfen.

Ansatz der psychodynamischen Traumatherapie

Für die psychodynamische Traumatherapie ist nun ein "ichstärkender" Umgang mit der Abwehr charakteristisch. Das TKS wird vom Therapeuten positiv konnotiert, gestärkt, um seine schrittweise Differenzierung zu ermöglichen. Bei Frau L. wurde die präventive Komponente des TKS fokussiert. Es sei eine ungewöhnliche Leistung von ihr, so wachsam und hellhörig zu sein. Durch diese gezielte Aufmerksamkeit habe sie beim zweiten Vorfall sich und ihre Kollegen schützen können. Manchmal allerdings versage ihr Sicherheitssystem, und dann kehrten doch Ängste und beunruhigende Erinnerungsbilder wieder. "Was können wir tun, damit Sie Ihr Ziel, sich durch Aufmerksamkeit und Wachheit zu schützen, noch effektiver erreichen?"

Hier schlug der Therapeut der Patientin ein "Wachsamkeitstraining" vor (vgl. Fischer 2000c, S. 80). Sie solle ein Tagebuch führen und alles aufzeichnen, was ihr zwischen den Sitzungen "verdächtig" vorkäme. In der folgenden Sitzung werden diese Beobachtungen dann gemeinsam durchgesprochen. Jetzt bewies die Patientin zwar ihre sensitive Beobachtungsgabe, aber zunehmend auch die Fähigkeit zur Differenzierung zwischen wirklich und nur vermeintlich bedrohlichen Eindrücken. Der Täter war noch nicht gefaßt, und trotz der subjektiv fortbestehenden Bedrohung konnte sich Frau L. allmählich beruhigen, während sie das Angebot einer Entspannungsübung (nach Jacobson) zurückgewiesen hatte. Von Empfehlungen, sich zu beruhigen, auch wenn sie nur angedeutet wurden, hatte sie sich eher bedroht gefühlt, da entsprechende Interventionen ihre traumapräventive Abwehr in Frage stellen.

Im letzten Abschnitt dieses Beitrags kommen wir auf Prinzipien der psychodynamischen Traumatherapie zurück, die sich aus dem psychodynamischen Verständnis des psychotraumatischen Belastungssyndroms ergeben.

Psychodynamik von Langzeitverläufen am Beispiel psychosomatischer Störungen

Verlaufsmodell der psychischen Traumatisierung

Bislang haben wir die Psychodynamik des psychotraumatischen Belastungssyndroms vor allem an Beispielen aus dem Akuttrauma-Bereich entwickelt. Jetzt wollen wir unsere Überlegungen ausweiten zur Perspektive des menschlichen Lebenslaufs. Hierzu haben Fischer & Riedesser (1998) ein "Verlaufsmodell der psychischen Traumatisierung" vorgeschlagen, das folgende drei Phasen umfaßt:

- Traumatische Situation. Sie erfordert eine eingehende Analyse der traumatogenen Situationsfaktoren in ihren objektiven und subjektrelativen Aspekten.

- Die traumatische Reaktion als das unmittelbare Antwortverhalten des bedrohten und zugleich hilflosen Individuums, z.B. "peritraumatische Dissoziation".

- Traumatischer Prozeß. Hier verwandelt sich die traumatische Erfahrung in seelische Struktur, z.B. das C-Kriterium (Vermeidung/Verleugnung) in eine phobische Persönlichkeitsstruktur.

Von besonderem Interesse für Forschung und Therapie sind nun die innere Struktur und Regulation, bildlich gesprochen: "Anatomie und Physiologie" des traumatischen Prozesses.

"Vor die Therapie haben die Götter die Diagnose gesetzt." Erst wenn wir einen genügend präzisen Einblick in die innere Dynamik traumatischer Prozesse gewinnen, können wir sie gezielt therapeutisch beeinflussen - während wir sonst nur allzu leicht nach Versuch und Irrtum verfahren, was allerdings immer noch besser ist als nach "therapeutischen" Dogmen.

Für ein Studium von Langzeitverläufen bietet sich als Ausgangspunkt das dynamische Verständnis der psychotraumatischen Belastungsstörung an. Wenn beispielsweise in der Kindheit eine psychotraumatische Belastungsstörung ausgebildet wurde, so bleibt das Syndrom zumeist nicht statisch, sondern wird durch kompensatorische Tendenzen gegengesteuert. So weit und so lange dies gelingt, bleibt das Syndrom latent, tritt jedoch, häufig sogar als Vollbild, wieder auf, wenn die kompensatorischen Mechanismen versagen oder ihrerseits zu Symptomen führen, wie beispielsweise Versuchen zur "Selbstmedikation" durch Einnahme von Suchtmitteln.

Welche Faktoren beeinflussen die Psychodynamik des Traumas?

Das Kraftfeld aus Traumaschema und traumakompensatorischem System ist durch verschiedene innere und äußere Faktoren beeinflußbar. Die wichtigsten scheinen die folgenden 7 Einflußgrößen zu sein:

1. Weitere traumatische Situationen
2. Wegfall bisheriger protektiver Faktoren
3. neue protektive Faktoren
4. Retraumatisierungen durch Aktualisierung früherer traumatischer Situationen
5. Erschöpfungserscheinungen und damit verbundenes Scheitern bisheriger traumakompensatorischer Mechanismen (vor allem beim leistungskompensatorischen und dem Sucht-Verlauf)
6. zusätzliche Konfliktsituationen neurotischer Art
7. zusätzliche, sich kumulierende, subtraumatische Belastungen.

Lassen sich typische Verlaufsmuster feststellen, die das "Langzeitschicksal" des PTBS bestimmen?

Um diese Frage zu überprüfen, wurde folgendes Vorgehen gewählt. Aus einer Gesamtstichprobe von 52 Ptn. einer psychosomatischen Station wurde mit dem Kölner Traumainventar (KTI, in: Fischer 2000 a) das am stärksten belastete Drittel ausgewählt und mit einem qualitativen Untersuchungsverfahren auf typische Verlaufsmuster hin untersucht. Dabei zeigten sich Verläufe, die in selteneren Fällen durch Vorwiegen des Traumaschemas im "Kräfteparallelogramm" gekennzeichnet waren, in den meisten Fällen jedoch durch bestimmte Eigenarten des traumakompensatorischen Systems (Nathan & Fischer 2000).

In der Übersicht:

- Überwiegen des Traumaschemas beim:
PTBS-"Angsttyp" mit offener Angst und somatischen Angstäquivalenten, wie Herzrasen usf.

- Überwiegen des traumakompensatorischen Schemas (TKS) beim:
"leistungskompensatorischen Typ" (workaholic); sozial angepaßte Kompensation, Dekompensation durch Erschöpfungszustand

"Sucht-Typ". Dekompensation durch Erschöpfung und/oder Suchtfolgen

"Vermeidungstyp" (=Vermeidungsflügel des PTBS) als präventive Komponente des TKS. Dekompensation bei Retraumatisierung

"Dissoziationstyp" . Dissoziation als traumakompensatorischer Persönlichkeitsstil; Dekompensation als Folge von Realitätsverleugnung

"Dissoziationsarmer Typ". Trauma im Erwachsenenalter, eher neurotische Abwehrmechanismen.

Analog zu Freuds Abhandlung "Triebe und Triebschicksale", scheinen wir hier einen ersten Einblick in den Bereich "Trauma und Traumaschicksal" zu gewinnen. Wenn beispielsweise eine Gutachtenfrage lautet: Gehen die heute vorliegenden Symptome des Antragstellers auf das etwa 10 Jahre zurückliegende traumatische Ereignis x zurück?, macht sich beim Gutachter oft Ratlosigkeit breit. Diese läßt sich nach unserer Erfahrung wesentlich reduzieren, wenn die Psychodiagnostik um den Aspekt traumakompensatorischer Lebensentwürfe erweitert wird. Nicht selten ergibt sich dann eine sogar sehr stringente Linie in der Krankengeschichte. Schwankungen des Symptombildes lassen sich aus einer Abfolge traumadynamischer Konstellationen heraus verstehen (näheres zur Psychodiagnostik von Traumafolgen in: v. Hinckeldey & Fischer 2001).

Im folgenden werden die Ergebnisse dieser explorativen Studie näher dargestellt.

In der vergleichenden Fallanalyse zeichneten sich einige kausale Variablen ab, die bei mehreren Fällen in jeweils vergleichbarer Weise wirksam wurden. Sie wurden zu "Verlaufstypen" zusammengefaßt, die den Zusammenhang zwischen der PTBS-Symptomatik und der Einweisungsdiagnose bzw. - problematik verständlich machen.

Verlauf und Symptomatik beim *PTBS-Angsttyp* sind nicht ausschließlich auf das Traumaschema zurückzuführen, sondern entstammen einer Kompromißbildung zwischen TS und TKS. Die Ängste kommen oft nicht als traumabezogene Vorstellungen unmittelbar zum Ausdruck, sondern in vielfältigen Varianten des "Körpergedächtnisses".

Der leistungskompensatorische Verlaufstyp ("workaholic") ist durch ein Muster der Traumaverarbeitung durch übermäßiges Arbeiten gekennzeichnet, das meist schon in der Kindheit beginnt. Diese Kompensationsform hat den Vorteil, sozial anerkannt zu sein, und wird so häufig über Jahrzehnte aufrechterhalten. Parallel zur übertriebenen Arbeitsbereitschaft treten früh in der Entwicklung psychosomatische Symptome auf, die vor allem die schmerzlichen Aspekte des Traumas vertreten, vorrangig in Form psychogener Schmerzen und depressiver Verstimmungen. Männer und Frauen scheinen annähernd gleich häufig dieses Kompensationsmuster zu entwickeln. Von der Art der Traumatisierung her scheinen Gewalterfahrungen zu überwiegen, bei den Frauen auch sexuelle Gewalt, sowohl in der Ursprungsfamilie als auch in späteren Lebensabschnitten. Durchgängig kommen Verlusterlebnisse vor, seien dies die Eltern, nahe Bezugspersonen oder die Heimat. Auffällig im Vergleich zu den übrigen Verlaufsstrukturen ist das Fehlen peritraumatischer Dissoziation (Depersonalisation, Derealisation usf.) während der traumatischen Erfahrung. Anscheinend steht dieser Faktor in negativer Beziehung zu anderen Verlaufsmustern, wie zum Beispiel zu offenem PTBS. Hier könnte eine zirkulär-kausale Beziehung vorliegen: Die intrusiven Symptome im PTBS behindern meist eine erfolgreiche Arbeitsorientierung. Wer andererseits erfolgreich durch Arbeit zu kompensieren und sich "abzulenken" vermag, besitzt einen gewissen Schutz gegen die intrusiven Phänomene des PTBS.

Beim PTBS-Vermeidungs-Typ besteht die zentrale Verarbeitung in unterschiedlichen Formen von Vermeidungsverhalten, um Angstzuständen zu entgehen. Die Angst entspricht dem intrusiven Anteil des PTBS, welcher durch Vermeiden meist latent gehalten werden kann. Der Vermeidungsflügel des PTBS (das C-Kriterium) bestimmt jedoch Persönlichkeitsentwicklung und Symptombild. Regelmäßig lassen sich beim PTBS-Vermeidungs-Typ die drei Kernsymptome des PTBS in unterschiedlicher Ausprägung, je nach Patient und Zeitpunkt des traumatischen Verlaufsprozesses, finden. Zum Zeitpunkt der Aufnahme einer psychosomatischen Behandlung lautet die Diagnose "somatisierte Angst". Die Verbindung von Trauma und Angstsymptomen ist jedoch für den Betroffenen nicht mehr nachvollziehbar, besonders weil die Angstsymptome in Form von somatisierter Angst auftreten. Für diese Patienten stellen sich die Symptome als unverständlich, "aus heiterem Himmel kommend" dar, weil der intrusive Anteil des PTBS mit der Zeit so unkenntlich geworden ist, daß ein Bezug zu den traumatischen Ereignissen subjektiv schwer nachvollziehbar ist. Vermeidung als Form der Kontrolle wird zeitweise auch durch Suchtmittelmißbrauch unterstützt, als Kontrollmaßnahme gegen die Intrusionen. Psychosomatische Symptome sind erst spät im Verlauf des traumatischen Prozesses zu beobachten, meist ausgelöst durch Retraumatisierung oder weitere traumatische Situationen. Die Dissoziationsneigung, erfaßt über den FDS, scheint eher gering zu sein mit einem Gesamtwert von maximal 12. Neben allgemeinen und sexuellen Gewalterfahrungen fallen psychisch kranke bzw. gewalttätige primäre Bezugspersonen in der Vorgeschichte auf.

Dissoziations-Typ. Als Leitmerkmal erwies sich hier ein auffallend hoher Wert im FDS. Der Verlauf ist vorrangig durch Traumaverarbeitung mittels verschiedener Formen der Dissoziation gekennzeichnet. Es findet sich psychische Dissoziation, von dissoziativer Amnesie über Derealisation, Depersonalisation, und rascher Wechsel in unterschiedliche Erlebniszustände ("switchen"). Letzteres entspricht einer "horizontalen Kontrolloperation", die sich, bildhaft gesprochen, nach einem "Drehbühnenmodell" verstehen läßt (Fischer & Riedesser 1999, 112): Die Bühne dreht sich, und es gibt andere Kulissen, ein anderer Akt wird gespielt. Im Extremfall der "dissoziativen

Identitätsstörung" handelt es sich jeweils um ein anderes Drama mit neuen Akteuren. Dissoziation dient der Wiedergewinnung von Wahrnehmungs- und Handlungskontrolle und beginnt meist schon in der Kindheit. Auch die psychosomatischen oder "somatoformen" Symptome besitzen Kontrollcharakter (im Sinne eines "minimalen kontrollierten Ausdrucks- oder Handlungsfeldes", Fischer & Riedesser a.a.O.) und treten in dieser Funktion tendenziell schon früh im traumatischen Prozeß in Erscheinung. Im Sinne von "primärem und sekundärem Krankheitsgewinn" stabilisieren die Symptome die Persönlichkeit in Situationen, in denen Dissoziation als Mechanismus, sich einer traumatischen Belastung zu entziehen, nicht mehr ausreicht. Alkoholkranke Eltern mit den entsprechenden Erfahrungen von Gewalt und Vernachlässigung sowie Trennungserlebnisse bilden einen Schwerpunkt im Traumahintergrund dieses Verlaufstyps.

Der Sucht-Verlaufstyp ist durch den Versuch gekennzeichnet, traumatische Angst und intrusive Erinnerungsbilder durch Suchtmittelmißbrauch unter Kontrolle zu bringen, was sich als eine Form der Selbstmedikation verstehen läßt. Im Unterschied zum PTBS-Vermeidungstyp fungiert die Sucht aber nicht als nachgeordnete und geringgradig ausgeprägte Begleiterscheinung, sondern stellt eine eigenständige Form der Verarbeitung dar. Daß diese bis zu einem gewissen Grad ihren Zweck erfüllt, zeigt sich daran, daß in der Regel keine ausgeprägteren Manifestationen von PTBS im Verlauf des traumatischen Prozesses zu beobachten sind. Der Suchtmittelkonsum erfolgt dabei über Jahre und in eher hoher Dosierung. Die Einnahme von Drogen oder Alkohol dient einmal als Schutz vor intrusiven Erinnerungen - flankiert in der Regel durch dissoziative Mechanismen -, zum anderen stellt sie eine Möglichkeit der Kontaktaufnahme mit der Umgebung dar, ohne jedoch zu große und beängstigende Nähe entstehen zu lassen. Die Suchtmittel werden also im Sinne einer Wiederherstellung von Wahrnehmungs- und/oder Handlungskontrolle verwendet. "Psychosomatische" Symptome ergeben sich teils aus dem Suchtmittelgebrauch, teils auch aus Versuchen, eine Schonhaltung in der Umgebung zu erzeugen. Oft findet sich in der Familie dieses Verlaufstyps bereits ein Suchthintergrund, der die Bevorzugung dieser Form der Traumaverarbeitung begünstigt.

Der "dissoziationsarme Typ mit neurotischer Konfliktverarbeitung" ist im Sinne einer Leitvariablen durch weitgehendes Fehlen von Dissoziation bei der Traumaverarbeitung gekennzeichnet, obwohl "peritraumatische Dissoziation" in der traumatischen

Situation selbst durchaus berichtet wurde. In der Kindheit finden sich meist keine traumatischen Verarbeitungsmuster, sondern neurotische Formen der Konfliktverarbeitung, die in belastenden Beziehungen entstehen. Erst im Jugend- oder Erwachsenenalter werden traumatische Ereignisse erlebt. Dann kann es zu einem offenen PTBS kommen oder zu Angstentwicklung und Verarbeitungsformen, wie sie der Vermeidungs-Typ aufweist. Psychosomatische Störungen werden erst spät im traumatischen Prozeß entwickelt, in Form vor allem von somatisierter Angst. Der Unterschied zum PTBS-Vermeidungstyp besteht pathogenetisch wohl vor allem darin, daß die traumatische Erfahrung erst im Erwachsenenalter oder in der Adoleszenz eintritt. Als Erklärungshypothese bietet sich die Annahme an, daß die "phantasiebestimmten" dissoziativen Verarbeitungsmechanismen sich vor allem in relativ frühen Phasen der kindlichen Entwicklung herausbilden, in den "präoperationalen" oder frühen "operationalen Stadien", während Dissoziation, zumindest als persönlichkeitstypischer "Kontrollstil", bei Traumatisierung in einem späteren Entwicklungsalter nicht mehr dominant wird. Als "peritraumatische Dissoziation" kommt dieser psychotraumatische Abwehrmechanismus dennoch vor.

Im Einzelfall kann ein Patient Kennzeichen mehrerer Verlaufstypen aufweisen, wie auch aus Tabelle 1 zu entnehmen ist. Letztlich ließen sich die Patienten der Untersuchungsgruppe aber zwanglos einem dominanten Verlaufstyp zuordnen. Das mag in dem Umstand begründet sein, daß sich die kompensatorischen Strategien ab einem gewissen Intensitätsgrad gegenseitig ausschließen, wie z.B. Leistungskompensation und ein exzessiver Suchtmittelgebrauch.

Die hier beschriebenen Verlaufsmuster weisen eine gewisse intuitive Plausibilität auf, wie von erfahrenen Klinikern manchmal spontan bestätigt wird. Es handelt sich allerdings nur um einen ersten Einblick in den sehr viel weiter reichenden Fragenkomplex, wie ein PTBS gewissermaßen "unterirdisch" fortwirkt, um menschliche Lebensläufe oft entscheidend zu beeinflussen. Soweit es, im ungünstigsten Fall, durch ungebremste Reproduktion des Traumaschemas bestimmt wird, nimmt es die Erscheinungsform des chronischen Vollbilds an. Oder es wird bestimmt durch unterschiedliche Muster spontaner und oft auch kreativer Kompensation. Vielleicht sollten wir in nächster Zeit ebenso intensiv und erfindungsreich der Frage nach "Trauma" und "Traumaschicksal" nachforschen, wie in der ersten Phase der

Psychoanalyse dem damals noch rätselhaften Zusammenhang von "Trieb" und "Triebschicksal".

Psychodynamische Traumatherapie - Möglichkeiten von Psychohygiene und fachlicher Hilfe

Während der psychodynamische Ansatz seinen klassischen Bezugspunkt in der Trieb-Abwehr-Dynamik hat (und für den Ätiologiebereich "Neurose" auch in Zukunft beibehalten wird), schlagen wir vor, den dynamischen Aspekt der psychoanalytischen Metapsychologie um die "Traumadynamik" zu ergänzen. Diagnostisches Spektrum und therapeutische Reichweite des psychoanalytischen bzw. psychodynamischen Ansatzes werden hierdurch nicht unwesentlich erweitert. Zugleich wird ein differentielles, ätiologieorientiertes therapeutisches Vorgehen möglich, das "universaltherapeutischen" Mythen (Kiesler, 1966, 1995) entgegenwirkt.

Bei der Trauma-Akuttherapie hat sich die erweiterte, traumaadaptierte Form der psychodynamischen Psychotherapie empirisch bereits bewährt. Wir schildern im folgenden das Kölner Projekt "Traumatherapie für Gewaltopfer" (TTG-Studie), das ermutigende Ergebnisse bei einer psychodynamischen Therapie erkennen läßt, die gezielt von der "Traumadynamik" ausgeht.

Grundsätzlich sollte in der Studie geklärt werden, ob und wieweit sich die Hochrisikogruppe für negative Langzeitfolgen nach Erfahrungen krimineller Gewalt mit einem Behandlungsangebot von nicht mehr als 10 Sitzungen dauerhaft aus dem Symptombereich herausführen läßt. Eingangsbedingungen waren ein traumatisches Ereignis aus dem kriminellen Bereich (Gewaltverbrechen, Geiselnahme, Banküberfall, Vergewaltigung), das nicht länger als 4 Monate zurückliegt, sowie ein kritischer Wert (größer/gleich 7 von 11 möglichen Punkten) im Kölner Risikoindex (In: Fischer 2000a). Ratsuchende, die diese beiden Kriterien erfüllten, wurden nach Zufallszuweisung auf zwei Behandlungsgruppen und eine Kontrollgruppe verteilt. Ausgeschlossen wurden Personen mit komplexer, chronifizierter Vortraumatisierung und/oder psychiatrischen Erkrankungen in ihrer Lebensgeschichte. Den beiden Behandlungsgruppen wurden zwei manualisierte Varianten der Traumatherapie angeboten:

- EMDR (Eye Movement Desensitisation and Reprocessing, Shapiro 1995, dt. 1998), ein relativ neues Verfahren, das mit rhythmischen Augenbewegungen arbeitet, verbunden mit der Aufforderung, sich in der Vorstellung schrittweise an das traumatische Ereignis anzunähern, sowie ein psychodynamisches Verfahren, die MPTT (Mehrdimensionale psychodynamische Traumatherapie, veröffentlicht im Jahre 2000, Fischer 2000b) in ihrer Variante "Trauma-Akuttherapie".

- MPTT (Mehrdimensionale psychodynamische Traumatherapie, Fischer 2000b). Die MPTT greift die bis dahin vorliegenden psychodynamischen Ansätze zu einer differentiellen Traumatherapie auf, fügt neue Ideen und Techniken hinzu, wie sie im KOM-Projekt entwickelt wurden, und integriert sie auf der Grundlage von 12 Prinzipien, Techniken und "Basisinterventionslinien" der Behandlungsführung. Neben der hier getesteten Variante "Akuttherapie" (bis zu 4 Monate nach dem Ereignis, durchschnittlich etwa 10 bis 20 Sitzungen) weist das MPTT-Manual Varianten für chronifizierte und komplexe Traumatisierung aus (ab 30 Sitzungen bis hin zu einer Langzeitbehandlung bei traumatischen Prozessen seit der Kindheit).

Am Ende des ersten Untersuchungsabschnitts lagen 22 Datensätze vor, die Aussagen über den Ausgang des Gruppenexperimentes erlaubten. Insgesamt haben 4 Gewaltopfer die Studie abgebrochen - zwei Fälle in der Kontrollgruppe (N=8) und je ein Fall in der MPTT (N=7) und EMDR-Gruppe (N=7). Die Auswertung erfolgte gruppenstatistisch und auf Fallebene.

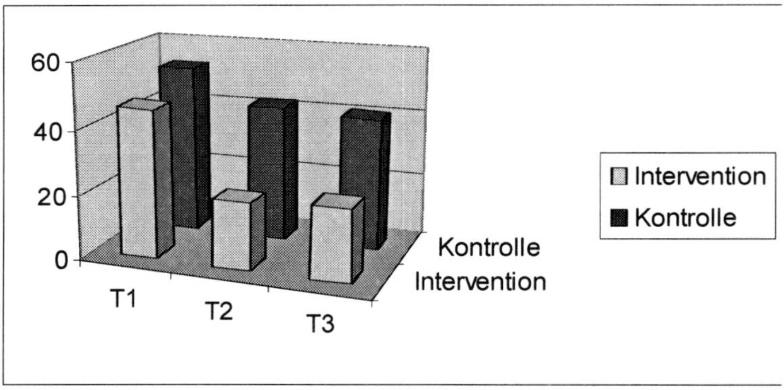

Abbildung 3. Werte der IES (Impact of Events Scale) in den Subskalen Vermeidung und Intrusion im Vergleich von Interventionsgruppen und Kontrollen (N=22, Fischer et al. 1999, 35).

Erklärung: Am Ende der Behandlung (T2) hat sich der Gesamtwert von Vermeidung und Intrusion in der Behandlungsgruppe nahezu halbiert (statistisch hochsignifikant), während er in der Kontrollgruppe statistisch unbedeutend von der Ausgangslage abweicht. Diese massive Symptomreduktion bleibt zum Zeitpunkt T3 in der Halbjahreskatamnese annähernd gleich. Auch die übrigen erhobenen Meßwerte (Ptss-10, Beck-Depressionsinventar) lassen einen ähnlichen Verlauf erkennen. Das Ausmaß der Symptomreduktion ist klinisch relevant und liegt in allen Skalen sozusagen "im grünen Bereich", unterhalb der für Trauma kritischen Werte.

Der folgenden Tabelle kann der relative Anteil entnommen werden, den die Interventionsbedingung (EMDR bzw. MPTT) auf die Varianz der outcome-Variablen hat.

Abhängige Variable	Eta -Quadrat Quadrant	T 2 % erklärte Varianz	Eta-Quadrat	T 3 % erklärte Varianz
IES	.479	47,9 %	.567	56,7 %
Übererregung	.497	49,7 %	.483	48,3 %
Depression	.457	45,7 %	.492	49,2 %
PTSS-10	.463	56,3 %	.553	55,3 %

Tabelle 1: Erklärte Varianz der Outcome-Variablen durch den Faktor Trauma-Akuttherapie (Fischer et al. 1999, S. 39)

Durchschnittlich läßt sich zu beiden Meßzeitpunkten ein Varianzanteil von 50% auf die Intervention zurückführen. So kann von einem deutlichen Wirkungszusammenhang zwischen Therapieangebot und klinischer Besserung bei der Trauma-Risikogruppe ausgegangen werden. Unterschiede zwischen MPTT und EMDR waren statistisch nicht bedeutsam. Trendmäßig zeichnet sich in der Einzelfallanalyse eine Stärke der MPTT bei der Reduktion von Vermeidungsverhalten ab. Diese läßt sich mutmaßlich auf die Komponente "Rekonstruktion und Durcharbeiten der traumatischen Situation" zurückführen. Eine Stärke von EMDR konnte in der raschen Reduktion von Intrusionen beobachtet werden. Das MPTT-Manual enthält Regeln und therapeutische Prinzipien, nach denen sich ein EMDR-Modul in den psychodynamischen Ansatz integrieren läßt (a.a.O.), ohne von Prinzipien einer psychodynamisch reflektierten Beziehungsgestaltung und Therapieplanung abzuweichen. Beide Therapieformen weisen in der vorliegenden Studie eine bemerkenswert geringe Abbruchquote auf, im Vergleich etwa zur verhaltenstherapeutischen Konfrontationstherapie.

Prognostische Validierung des Kölner Risikoindex

Die Tatsache, daß die Mitglieder der Kontrollgruppe in der Zeitachse konstant hohe Werte aufweisen, spricht für die prognostische Validität des Kölner Risikoindex, der eines der Eingangskriterien für die Studie bildet. Dies ist von hoher praktischer Relevanz, da in den ersten zwei bis drei Monaten nach einem schwer belastenden Ereignis nahezu alle Betroffenen PTBS-Symptome haben, während durchschnittlich nur etwa ein Drittel Langzeitfolgen entwickelt. Die prognostische Validierung des Kölner Risikoindex bleibt in dieser Studie allerdings aus ethischen Gründen beschränkt. Nach 2 Monaten wurde der Kontrollgruppe, die zunächst als Wartelisten-Kontrolle geführt wurde, ein Therapieangebot gemacht, worin sie mit einer Kombination von MPTT und EMDR behandelt wurde. Etwa ein Drittel machte von diesem Angebot Gebrauch. Ab T2 befinden sich in der Kontrollbedingung also nur noch Personen, die vom Therapieangebot, zumindest zu diesem Zeitpunkt, noch keinen Gebrauch machen wollten.

Schwerpunkt in der Reduktion von Vermeidungsverhalten

Ein Schwerpunkt der psychodynamischen Therapie zeigte sich bei der Reduktion des Vermeidungsverhaltens. Dieser Effekt geht mutmaßlich vor allem auf den Wirkfaktor "Durcharbeiten der traumatischen Erfahrung" zurück. Auch nach Ende der Therapie wirkt die so erworbene "Ichfähigkeit" fort, wie sich in einer weiteren, gut kontrollierten Studie zur differentiellen Wirkung von Therapieeffekten des dynamischen Ansatzes nachweisen ließ (Brom et al. 1989).

Trauma-Akuttherapie vs. traumatischer Prozeß

Während sich bei guter Indikation und Diagnostik im Trauma-Akutbereich (innerhalb der ersten drei Monate nach dem kritischen Ereignis) mit einer Sitzungszahl von 10 bis 20 Terminen bereits ermutigende und katamnestisch haltbare Ergebnisse abzeichnen, ist mit einer sehr viel höheren Therapiedosis zu rechnen, wenn das traumatische Ereignis bereits mehr als ein Jahr zurückliegt. Nach etwa einem halben Jahr scheint sich das Trauma auch physiologisch zu konsolidieren, so daß hier ein durchschnittlicher Aufwand von 40 bis hin zu 80 Sitzungen traumaadaptierter dynamischer Therapie erforderlich wird. Auch das therapeutische Vorgehen muß dieser erweiterten Aufgabenstellung angeglichen werden, wofür das MPTT-Manual entsprechende Regeln enthält. Ein noch höherer Zeitaufwand wird oft unvermeidlich, wenn langfristig bestehende traumatische Prozesse, beispielsweise nach Kindheitstrauma, therapeutisch zu beeinflussen sind. Hier können bis zu 240 und mehr Sitzungen erforderlich werden, da ein Umbau weiter traumakompensatorisch veränderter Bereiche der Persönlichkeitsorganisation geleistet werden muß. Auch für diesen Therapietyp finden sich Anleitungen im MPTT-Manual.

Notwendigkeit traumaadaptierter Psychotherapie

Schließlich sollte betont werden, daß ein Vorherrschen der psychotraumatischen Ätiologie eine wesentliche Modifikation des tradierten therapeutischen Vorgehens in tiefenpsychologisch fundierter und analytischer Psychotherapie verlangt. Wird die traditionell für den Sektor (A) in Abbildung 1 entwickelte therapeutische Technik konsequent auf den Sektor (A) angewandt, so ergeben sich zahlreiche therapeutische Probleme und schließlich auch Mißerfolge.

Daher soll abschließend das dialektisch-ichstützende Vorgehen der psychodynamischen Traumatherapie noch einmal an einer Fallskizze aus dem Bereich der Trauma-Akuttherapie verdeutlicht werden.

Der psychodynamische Therapieansatz

> Es handelt sich um eine Patientin, die während eines Banküberfalls die Vorstellung entwickelt hatte, es handle sich um einen Film, nicht jedoch um die bedrohliche Wirklichkeit des Überfalls selbst. Der Täter war über die Theke gesprungen, hatte die Patientin mit einer Pistole bedroht, zuerst am Kopf, später am Knie, was sie als noch bedrohlicher, weil glaubhafter empfunden hatte. Nach dem Überfall konnte sie mit allen Bekannten problemlos über das Geschehen reden. Äußerst befremdlich für sie selbst aber blieb der Umstand, daß sie aus dem "Film nicht mehr herauskam". Ihre peritraumatische Dissoziation bestand fort.

Nach dem dialektisch-"homöotherapeutischen" Prinzip der MPTT wurde die Fähigkeit der Patientin zur Dissoziation nun in einer Übung aufgegriffen, die ihren dissoziativen Fähigkeiten gezielt entgegenkam. Es handelte sich um eine Variante der sogenannten "Bildschirmtechnik", wie sie in der Selbsthilfebroschüre "Neue Wege nach dem Trauma" (Fischer 2000c) folgendermaßen beschrieben ist:

"Setzen Sie sich möglichst entspannt hin und schließen Sie die Augen. Sie sehen jetzt innerlich den Bildschirm eines Fernsehgerätes vor sich und haben die Fernbedienung dazu in Ihrer Hand, mit der Sie das Programm wählen können, ganz wie Sie möchten. Damit können Sie das Gerät beispielsweise ein- oder ausschalten. Schalten Sie das Gerät nun ein. Der Bildschirm ist leer. Der Fernseher ist jedoch mit einem Videogerät verbunden, auf dem eine noch unbespielte Kassette mitläuft. Was auf dem Bildschirm erscheint, wird automatisch aufgenommen.

Für diese Übung ist es wichtig, daß Sie sich mit der Taste "Standbild" vertraut machen und sich überzeugen, daß diese gut funktioniert. Sie verlagern jetzt eine Szene aus Ihrem "Traumafilm" auf den Bildschirm. Wählen Sie eine Szene aus, am besten mit größerem Abstand zum eigentlichen Vorfall, auf jeden Fall eine, die Ihnen keine überwältigenden Ängste bereitet. Lassen Sie die Szene nur ganz kurz auf dem Bildschirm anlaufen und drücken Sie dann sofort energisch die "Standbild"-Taste. Betrachten Sie das Standbild nur so lange, wie Ihre Gefühle dabei noch gut erträglich bleiben. Sollte Ihnen das Bild zuviel Angst machen, gehen Sie sofort zu dem im nächsten Absatz beschriebenen Schritt über. Sonst lassen Sie es einige Zeit stehen, und zwar so lange, bis Sie sich einigermaßen daran gewöhnt haben.

Richten Sie nun Ihre Aufmerksamkeit auf den Rand des Bildes. Sie schauen jetzt nicht länger auf das Bild, sondern nur noch auf seinen Rand. Nach einiger Zeit können Sie beobachten, wie das Bild vom Rand her schrumpft, wie es kleiner wird und immer kleiner wird, bis es nur noch ein kleines Bildchen in der Mitte ist. Jetzt drücken Sie auf die Abschalttaste Ihrer Fernbedienung. Wenn Sie energisch drücken, können Sie beobachten, wie das Bildchen mit einem kleinen Geräusch verschwindet - zisch und plopp. Es ist aber auf der Videokassette aufgezeichnet worden.

Jetzt gehen Sie innerlich zum Videorecorder, drücken auf den Auswerfknopf, nehmen die Kassette heraus und verschließen sie in einem großen, sicheren Safe. Der ist so groß, daß Sie hineingehen können. Drinnen befinden sich viele leere Regale. In eines davon stellen Sie die Kassette hinein, weit hinten. Verlassen Sie jetzt den Safe, ziehen die schwere Stahltür zu und achten auf das Geräusch, das entsteht, wenn die Tür ins Schloß fällt. Sie schliessen energisch ab und verwahren den Schlüssel an einem sicheren Ort." (58/59).

Bei unserer Betroffenen "versagte" allerdings die Technik. Der Täter schrumpfte zu einem Miniaturbild zusammen, blieb aber in dieser Form, ganz klein, mitten auf dem Bildschirm stehen.

Der Therapeut schlug der Patientin nun vor, die Übung noch einmal zu versuchen, dann jedoch die Rückspultaste zu verwenden. Das funktionierte, und der Täter sprang rückwärts über die Schalter-Theke zurück, ging rückwärts zur Tür hinaus und zog sie hinter sich zu.

Ergebnis dieser Kurzintervention war nicht nur die wiedergewonnene Kontrolle über die intrusiven Erinnerungsbilder, sondern auch die Kontrolle über den Abwehrmechanismus der Derealisation selbst: Der "Film" war zu Ende, und die Patientin kehrte in die Wirklichkeit zurück. Einerseits war sie darüber erleichtert, andererseits nahmen nun aber auch die Ängste vorübergehend zu, die durch die Erlebnisveränderung als Film zunächst einmal gemildert waren.

Dieser Effekt kann unmittelbar auf die psychodynamische Basisinterventionslinie "Stärkung und Differenzierung des traumakompensatorischen Schemas" zurückgeführt werden. Zur Veranschaulichung sei wieder auf das Schema in Abb. 2 verwiesen. Charakteristisch für diese Patientin war ihr dissoziativer Kontrollstil mit "peritraumatischer Derealisation" im Kern. Damit korrespondierte auch die "präventive" und die "therapeutische" Komponente ihres traumakompensatorischen Schemas: "So lange alles ein Film ist und bleibt, bin ich geschützt vor Wiederholungsgefahr und überflutenden Ängsten".

Wirkungsweise der psychodynamischen Traumatherapie

Die dialektische Basisinterventionslinie bekräftigt nun bei dissoziierenden Patienten die Dissoziation, bei "Verdrängern" die "Verdrängung", bei ängstlichen Vermeidern die Vermeidungshaltung usf. mit dem Hinweis, daß sich hierin jeweils zugleich auch Fähigkeiten und Ressourcen eines Menschen verbergen. So brachte unsere Patientin durch ihren eigenen kompensatorischen Stil optimale Voraussetzungen für eine Dissoziationsübung, wie es die Bildschirmtechnik ist, mit. Grundsätzlich werden jeweils individuelle Wege gefunden, um Kontrolle über die Intrusionen wieder zu erlangen und die traumabedingte Hilflosigkeit zu überwinden. Indem die Patientin angeregt wurde, ihre dissoziative Kontrolltechnik ("Filmtechnik") nun willentlich, als praktische Übung, einzusetzen, wurde die reflexhafte Abwehr dialektisch "aufgehoben" und in eine planbare Handlung überführt.

Symptomverschreibung vs. Stärkung der Kompensation

Diese dialektische Intervention unterscheidet sich von der sog. "Symptomverschreibung" durch ihren psychodynamisch reflektierten Hintergrund. Nicht das Symptom wird verstärkt oder "verschrieben", sondern der spontane Selbstschutzmechanismus, also lediglich der progressive Anteil der Traumasymptomatik bzw. die kompensatorische Komponente beim "minimalen kontrollierten Handlungs- oder Ausdrucksfeld" (vgl. Abb. 2). Interventionen, die punktgenau auf den Kontrollstil und das traumakompensatorische

Schema der Patientin zugeschnitten sind, wirken deshalb so erfreulich, weil sie unmittelbar an die Ressourcen der Traumabetroffenen anknüpfen und diese gezielt weiterführen, indem sie zugleich die dysfunktionalen Aspekte des TKS überwinden. Dabei fühlen sich die Patienten in ihren eigenen Bemühungen ernst genommen. Von daher trifft diese Interventionslinie auf hohe Akzeptanz. So weist die psychodynamische Therapieform eine vergleichsweise sehr geringe Abbruchrate auf.

Unterschied zur Verhaltenstherapie

Nach diesem Kriterium unterscheidet sich der Einsatz von Trainingselementen in der MPTT von Theorie und Vorgehen der Verhaltenstherapie. Entsprechend ihrem lerntheoretischen Ansatz setzt die Verhaltenstherapie auf den Lern- oder Übungseffekt der Trainingselemente. Im dynamischen Therapieansatz ist aber nicht der Übungseffekt einer Technik als solcher von Bedeutung, sondern ihre Eignung, die persönlichkeitstypischen Kontrollstrategien zu ergänzen und produktiv fortzuentwickeln. Psychotherapie ist mehr und anderes als die Summe therapeutischer "Techniken". Ein genaues Verständnis der Traumadynamik ist die Grundlage jeder tiefenpsychologisch fundierten und psychoanalytischen Traumatherapie. Wenn keine Trainingselemente vorhanden sind, die zur individuellen Traumadynamik dieser Patientin passen, muß die Therapeutin kreativ werden und punktgenau "maßgeschneiderte" Elemente für diesen Patienten erfinden.

"Vorrang der Beziehungsgestaltung vor der Technik" lautet ein weiteres Prinzip der MPTT. "Trainingselemente" müssen gezielt in die Dynamik von Übertragung, Gegenübertragung und Gestaltung des therapeutischen Arbeitsbündnisses eingepaßt werden. Andernfalls ergeben sich kontraproduktive Effekte, die den Therapieerfolg gefährden.

Zeitlicher Verlauf der dynamischen Traumatherapie

Die psychodynamische Traumatherapie folgt in ihrem Ablauf der Sequenz von Stabilisierung - Traumabearbeitung und Integration (des Traumas in die Persönlichkeit und der traumatisierten Persönlichkeit in ihr soziales Umfeld). Dies verlangt in der

Einleitungsphase ein spezielles technisches Vorgehen, um durch eine verbale Interventionslinie und notfalls auch den Einsatz von Kontrolltechniken die "erlernte Hilflosigkeit" aus der traumatischen Erfahrung zu überwinden. Es ist günstig, wenn Traumatherapeuten mit vielen unterschiedlichen Kontrolltechniken vertraut sind. Aber nicht die Anwendung von Techniken als solchen entspricht der Wirkungsweise einer dynamischen Psychotherapie, sondern ihre präzise Einbettung in eine psychodynamische Fallkonzeption. Diese darf im "Traumasektor" in Abb. 1 allerdings nicht primär auf der Wunsch-/Abwehr-Dynamik beruhen. Klassische Abwehr- und Widerstandsdeutungen sind bei Patienten mit traumatischem Störungshintergrund kontraindiziert, da sie den therapeutischen Fokus verfehlen und zudem noch die Schuldgefühle und Selbstzweifel verstärken, die in aller Regel ein wesentliches Hindernis bei Selbstheilung des Traumas und Spontanerholung der Betroffenen bilden.

"Ichstützendes" Vorgehen bei akuter, aber auch bei chronifizierter Traumatisierung besteht zusammenfassend darin, Kontrollmechanismen und Traumakompensation gezielt zu stärken und dadurch zu differenzieren. Verzerrungen der ätiologischen Komponente des TKS (oft irrationale Selbstbeschuldigungen) werden durch Deutung schrittweise abgebaut. Mit diesen Mitteln unterstützt die psychodynamische Traumatherapie die natürliche Selbstheilungstendenz der Betroffenen, statt ihnen neue Copingmechanismen anzutrainieren. Distanzierungs- und Dosierungstechniken werden nach ihrer Ich-stärkenden Funktion ausgewählt und in die verbale Interventionslinie eingefügt. Das Vorgehen reduziert den Widerstand gegen das therapeutische Angebot beträchtlich, da die Patienten sich in ihrer eigenen Bemühung um Kompensation und seelisches Gleichgewicht unterstützt sehen. Gelingt es, das traumakompensatorische Repertoire zu stabilisieren und zu differenzieren, so wenden sich die Patienten meist spontan der Traumabearbeitung zu, um ihre traumatische Erfahrung nach und nach schrittweise zu integrieren.

Zielgruppenorientierte Intervention als Grundlage wirksamer Psychohygiene

Nach einem potentiell traumatischen Ereignis gehören keineswegs alle Betroffenen zur Risikogruppe für traumatische Langzeitfolgen, sondern nur etwa ein Viertel bis ein Drittel (vgl. Fischer 2000a). Ein weiteres Drittel rechnen wir zu den

Selbstheilern und noch ein weiteres bezeichnen wir als die sog. "Wechselgruppe". Letztere werden bei sozialer Unterstützung ebenfalls zu "Selbstheilern", wandern jedoch bei weiteren belastenden Umfeldbedingungen zur Risikogruppe ab. Selbstheiler und Wechsler profitieren von psychoedukativer Information und Anleitung zur Trauma-Selbsthilfe, wie sich vor allem in unseren überregionalen Projekten zur Hilfe für die Opfer des Eschede-Bahnunglücks oder im Rahmen unserer Soforthilfe für Opfer von Banküberfällen (zusammen mit der R+V-Versicherung) bestätigt hat. Aufgrund dieser Erfahrungen haben wir eine Selbsthilfe-Broschüre entwickelt ("Neue Wege nach dem Trauma", Fischer 2000c), die gezielte Hilfen und Tips vermittelt. Auch beim sog. "Helfertrauma" hat sich dieser Ansatz bereits bewährt.

Die Möglichkeiten sekundärer Prävention und Psychohygiene lassen sich "zielgruppenspezifisch" folgendermaßen zusammenfassen:

- *Gruppe der Selbstheiler.* Krisenintervention, psychoedukative Information, Anleitung zu Selbsthilfemaßnahmen

- *Wechselgruppe.* Psychohygienische und psychotraumatologische Fachberatung, Weiterführung der Selbsthilfemaßnahmen; falls es zu Blockaden kommt, unterstützende Hilfen im sozialen Umfeld

- *Risikogruppe.* Über psychoedukative Maßnahmen hinaus Trauma-Akuttherapie innerhalb der ersten drei Monate nach dem Ereignis (in der Regel 10 bis 20 Sitzungen).

Bei chronifizierter Traumatisierung im Erwachsenenalter ist die Therapievariante für mittelfristige traumatische Prozesse angezeigt (20 bis hin zu ca. 50 Sitzungen).

Bei chronifizierter und komplexer Traumatisierung (langfristiger traumatischer Prozeß), häufig Kindheitstrauma, ist eine trauma-adaptierte Psychotherapie die Methode der Wahl mit bis zu 240 Sitzungen.

Literatur

Brom, D., Kleber, R.J., Defares, F.B. (1989) Brief psychotherapy for posttraumatic stress disorders. Journal of Consulting and Clinical Psychology 57, 607-612

Butollo, W., Hagl, M, Krüsmann, M. (1999) Kreativität und Destruktion posttraumatischer Bewältigung. Forschungsergebnisse und Thesen zum Leben nach dem Trauma. Pfeiffer-Verlag, München

Cremerius, J., Fischer, G., Gutjahr, O., Mauser, W., Pietzcker, C. (Hrsg., 2000). Trauma. Jahrbuch zur Literaturpsychologie. Königshausen & Neumann, Würzburg

Fischer, G. (2000a) Kölner Dokumentationssystem für dialektische Psychotherapie, Psychoanalyse und Traumabehandlung, KÖDOPS. Deutsches Institut für Psychotraumatologie, Köln. Aktualisierungen und aktuelle Forschungsergebnisse über www.koedops.de

Fischer, G. (2000b) Mehrdimensionale Psychodynamische Traumatherapie. Manual zur Behandlung psychotraumtischer Störungen. Asanger, Heidelberg

Fischer, G. (2000c) Neue Wege nach dem Trauma. Information und Hilfen für Betroffene. Vesalius-Verlag, Konstanz. Direktbestellungen über www.psychotraumatologie.de

Fischer, G. & Riedesser, P. (1998, 2. Aufl. 1999). Lehrbuch der Psychotraumatologie. München: Reinhardt.

Fischer, G. & Schedlich, C. (1995), Kölner Traumainventar, KTI. Veröffentlicht in: G. Fischer (2000a) Kölner Dokumentationssystem für Psychotherapie und Traumabehandlung, KÖDOPS Materialband 30-35. Verlag Deutsches Institut für Psychotraumatologie, Köln. Aktualisierungen in www.koedops.de

Fischer, G., Becker-Fischer, M., Hofmann, A., Klein, B., Licher, H., Ukschewski, S., Schneider, I., Sülzer, A. (1999) Abschlußbericht zum Forschungsprojekt: Prävention chronifizierter psychischer Störungen und Behinderungen bei Opfern von Gewaltverbrechen. Vorgelegt der Stiftung des Landes NRW für Wohlfahrtspflege durch das Deutsche Institut für Psychotraumatologie Köln/Much in Zusammenarbeit mit dem Institut für Klinische Psychologie und Psychotherapie der Universität zu Köln

Fischer, G., Gurris, N., Pross, Ch., Riedesser, P. (1996) Psychotraumatologie - Konzepte und spezielle Themenbereiche. In: Uexküll, v., Psychosomatische Medizin: Adler, R. H., Herrmann, J. M., Köhle, K., Schonecker, O.W., v. Uexküll T., Wesiack, W. (Hrsg.). München: Urban & Schwarzenberg, 543-552

Galley, N., Fischer, G., Hofmann, A. (2000) Psycho-biologische Grundlagen von Traumanachwirkungen. In: Psychotraumatologie, 1, www.thieme.de/psychotrauma

Hinckeldey, S., v., Fischer, G. (2001) Psychotraumatologie der Gedächtnisleistung. Diagnostik, Begutachtung und Therapie traumatischer Erinnerungen. Ernst Reinhardt-Verlag UTB, München

Janoff-Bulman, R. (1992) Shattered assumptions. Towards a new psychology of trauma. New York: The Free Press.

Kiesler, D.J. (1966) Some myths of psychotherapy research and the search for a paradigm. In Psychological Bulletin 65, 110-136

Kiesler, D.J. (1995) Research classic: "Some myths of psychotherapy research and the search for a paradigm" revisited. In: Psychotherapy Research 5, 91-101

Miles, M.B. & Huberman, A.M. (1994). Qualitative data analysis. Thousand Oaks-London: Sage.

Morrison, J. (1989). Childhood sexual histories of women with somatization disorder. Am J Psych, 146, 239-41.

Nathan, R. (2000) Psychosomatische Störungen als Ergebnis von Traumadynamik und traumatischem Prozeß. Eine empirische Untersuchung. Psychologische Dissertation, Philosophische Fakultät der Universität zu Köln

Nathan, R., Fischer, G. (2001) Psychosomatische Störungsbilder als Langzeitfolge des psychotraumatischen Belastungssyndroms (PTBS). Explorative Untersuchung und Modellentwicklung zur psychosomatischen Symptombildung, Online-Zeitschrift Psychotraumatologie, 1, 2001. www.thieme.de/psychotrauma

Rauch, S., van der Kolk, B., Fisler, R., Alpert, N., Orr, S., Svage, C., Jenike, M., Pitman, R. (1996) A symptom provocation study using positron emission tomography and script driven imagery. Arch. Gen. Psychiatr 53, 380-387

Shapiro, F. (1995, dt. 1998): EMDR Grundlagen und Praxis. Handbuch zur Behandlung traumatisierter Menschen. Junfermann, Paderborn

Uexküll v., T., Wesiack, W. (1988) Theorie der Humanmedizin. München: Urban & Schwarzenberg

Das psychische Trauma zwischen Exogenie und Endogenie

Friedhelm Lamprecht

Während umgangssprachlich eine Trauma-Klinik meist mit einer Unfallchirurgie assoziiert wird und damit Trauma in erster Linie als körperliches Trauma verstanden wird, erfordert die Traumatisierung, von der hier die Rede sein soll, das Attribut psychisch. Das Trauma ohne Attribut ist immer das körperliche Trauma, wovon das psychische Trauma abgegrenzt wird. Beim Trauma im umgangssprachlichen Sinne handelt es sich immer um ein Ereignis, bei dem es physikalisch gesprochen zu Krafteinwirkungen und Widerstand, zu Grenzverletzungen kommt, in der Regel der Haut, was bei leichteren Wunden der Fall ist, oder auch zu tieferen Verletzungen mit Beteiligung von inneren Organen und Strukturen. Dabei ist in der Regel die Haut als sichtbare Grenze zur Umwelt durchtrennt, was aber nicht zwangsläufig, wie z.B. beim Schlag auf den Kopf, der Fall sein muß. Dennoch kann es auch hier zu Verletzungen kommen. Das exogene Ereignis läßt sich hier in der Regel mit viel größerer Eindeutigkeit festlegen, als dies bei einer psychischen Traumatisierung der Fall ist. Hier geht es nicht um eine Grenzverletzung gegenüber der Haut als sichtbare Körpergrenze, sondern um eine Grenzverletzung, die zu diagnostizieren man sich ein Bild über das Individuum und seine spezielle Umwelt und Eigenwelt machen muß. Hierbei ist die Grenze wesentlich unsichtbarer als die Hautgrenze. Die dabei entstehenden Verletzungen sind nicht durch operationsanaloge Mechanismen und - wenn sie sich denn etabliert und festgesetzt haben - in aller Regel auch nicht durch Selbstheilungskräfte zu kurieren. Die Außenwirkung ist hier also auch viel schwerer nachzuweisen, obwohl sie nach den zur Zeit gültigen Diagnose-Systemen (DSM IV und ICD 10) ein Voraussetzungs-Kriterium für die Diagnose einer posttraumatischen Belastungsstörung darstellt. So heißt es im ICD 10: "Voraussetzung ist eine Situation außergewöhnlicher Bedrohung oder katastrophenartigen Ausmaßes, die bei fast jedem eine tiefe Verstörung hervorrufen würde". Hierzu gehören Naturereignisse oder vom Menschen verursachte Katastrophen, eine Kampfhandlung, ein schwerer Unfall oder die Tatsache, Folge des gewaltsamen Todes anderer und Selbstopfer von Folterung, Terrorismus, Vergewaltigung oder andere Verbrechen zu sein. Nach DSM IV heißt es wie folgt:

Das A-Kriterium lautet "Die Person wurde mit einem traumatischen Ereignis konfrontiert, bei dem die beiden folgenden Kriterien vorhanden waren:

1. Die Person erlebte, beobachtete oder war mit einem oder mehreren Ereignissen konfrontiert, die einen tatsächlichen oder drohenden Tod oder ernsthafte Verletzung oder eine Gefahr der körperlichen Unversehrtheit der eigenen Person oder anderer Personen beinhalteten.

2. Die Reaktion der Person umfaßt intensive Furcht, Hilflosigkeit oder Entsetzen."

Bei der Beschreibung wird schon deutlich, daß es um ein Ereignis und dessen subjektive Bewertung geht, also etwas Exogenes und Endogenes zusammentreffen.

Wir sehen aber schon, daß bei dem Kriterium A Differenzierungen eintreten, die ja ein unterschiedliches Ausmaß der exogenen Beteiligung signalisieren. Bin ich etwa selbst Opfer eines Unfalles oder einer Vergewaltigung oder Zeuge eines Überfalles, oder erhalte ich die Nachricht, daß einer mir lieben Person etwas Schlimmes widerfahren ist? Wir wissen aus Erfahrung, daß es bei all diesen beschriebenen Umständen auch Menschen gibt, die diese Erfahrung scheinbar folgenlos überleben, so daß die Schwelle, gegenüber diesen Erfahrungen an einer posttraumatischen Belastungsstörung zu erkranken, durch individuelle Risikofaktoren sehr herabgesetzt sein kann. Während die körperlichen Wunden in der Regel gut primär verheilen nach operativen Eingriffen, kommt es nur in einem kleinen Prozentsatz zu Narbenbildungen, zu "Wetterfühligkeit" im Narbengebiet oder einen nervalen Reizzustand. Nach psychischen Traumatisierungen scheint die "Narbe" viel leichter wieder aufzubrechen, was Keilson[1] für die sequenzielle Traumatisierung und Kahn[2] für die kumulative Traumatisierung beschrieben hat und was ich an 2 Fallvignetten erläutern möchte.

Eine 28-jährige Patientin erlebt zusammen mit ihrem Mann und ihren beiden Kindern auf der Autobahn beim Überholen eines LKWs und eines davor ausscherenden Fahrzeuges einen Verkehrsunfall, wobei es zur Berührung der Leitplanke und seitlich des anderen Fahrzeuges kam. Niemand wurde verletzt, so daß als objektiver Schaden nach diesem noch einmal gut gegangenen Unfall nur ein Schaden der Autos zu beklagen war. Die Patientin stellt sich ein Jahr nach dem Unfall in unserer Trauma-Ambulanz vor mit Ängsten und häufigen Albträumen, die von starken körperlichen Reaktionen, wie Herzrasen, Beklemmung und innerer Unruhe, begleitet sind. Die gleiche Symptomatik stellt sich ein, wenn sie auf der Unglücksstrecke fahren muß. Die starke vegetative Begleitsymptomatik und das hohe Maß an subjektiver Belastung durch einen vergleichsweise glimpflich abgelaufenen Unfall wird verständlich, wenn man während der Traumabehandlung erfährt, daß die Patientin vor 4 Jahren ihren Bruder verloren hat, der von einem LKW überfahren wurde, und außerdem sei sie selbst im Alter von 4 Jahren überfahren worden mit Bruch beider Beine, so daß man von einer Bahnung im Sinne eines kumulativen Traumas ausgehen muß. Dies ist eine Erfahrung, die wir immer wieder machen, wenn Patienten wegen eines aktuelleren Traumas in unsere Behandlung kommen, daß es sich dabei weniger um eine Typ-I-Traumatisierung handelt, sondern häufig um komplex traumatisierte Patienten. Markowitsch[3] beschreibt einen 23 Jahre alten Patienten, der einen Feuerausbruch in seinem Haus beobachtete. Es kam nicht zu einer Rauchinhalation. Er trat die Kellertüre ein und rannte aus dem Haus. Es gab keine akute Amnesie über das Ereignis. Er schien aber über die Maßen durcheinander und ängstlich und wußte am nächsten Morgen nicht mehr, was sein Beruf war und wo er lebte. Er wußte kaum noch, wer sein Partner war, er erinnerte keine Freunde mehr. Nach 3 Wochen Psychotherapie auf einer psychiatrischen Station berichtete er als eine der ersten Erinnerungen aus seiner Kindheit, daß er mit 4 Jahren sah, wie ein Autounfall vor seinem Haus passierte, bei dem ein Auto in Brand geriet. Er drückte sich die Nase an der Fensterscheibe platt, hörte die Schreie des Fahrers und sah, wie dieser in den Flammen umkam. Dieses Ereignis wurde später durch die Mutter bestätigt. PET-Untersuchungen und die Registrierung von MRI zeigten, daß die Hippocampusregionen auf beiden Seiten stark hypo-metabolisch waren. Er plädiert, in diesem Kontext von einem mnestischen Blockadesyndrom zu sprechen, ohne sich dabei auf die Verursachungslinie festzulegen, zumal es einerseits Amnesien nach relativ geringen Hirnverletzungen oder auch ohne Hirnbeschädigung gibt, andererseits mehren sich die Befunde, daß es bei Patienten mit posttraumatischer Streßerkrankung zu einem meßbaren Zelluntergang und einer Volumenreduktion, z. B. des Hippocampus, kommt. Von Gedächtnisforschern wird also vorgeschlagen, daß es sowohl durch organische als auch durch psychogene Mechanismen zu einer Funktionsänderung von Leitungsbahnen kommen kann, die mit der Funktionsverarbeitung, der Informationsspeicherung oder dem Zugriff auf Informationen zu tun haben.

Schaut man sich die verschiedenen Begriffe an, die in der Geschichte der Traumaforschung dem Begriff der posttraumatischen Belastungsstörung vorausgingen, dann sieht man darin doch die unterschiedliche Gewichtung exogener und endogener Faktoren an ihrem Zustandekommen. Unglücklicherweise sind Krieg und Gewalt Grunderfahrungen in der Menschheitsgeschichte. Shay[4] beschreibt, daß bereits in Homers Ilias eindringliche Schilderungen von Kriegstraumatisierungen vorhanden sind. Er hebt hervor, daß der Soldat nach Kriegserlebnissen häufig mit enttäuschtem Rückzug, Trauer und Schuldgefühlen gegenüber getöteten Kameraden reagiert, sich wie tot fühlt und häufig zu berserkerhafter Raserei neigt. Auch findet man in der Belletristik Beispiele, wie man mit Traumatisierungen umgehen kann, so etwa in "Oliver Twist" von Charles Dickens, der den frühen Verlust seiner Eltern zu bewältigen hatte. Daly[5] beschreibt einen Zeugen des Londoner Großbrandes von 1666. Er schrieb ca. 6 Monate nach dem Ereignis: "Wie merkwürdig, daß ich bis zum heutigen Tag keine Nacht schlafen kann, ohne von großer Angst vor dem Feuer erfaßt zu werden, und in dieser Nacht lag ich bis fast 2.00 Uhr morgens wach, weil mich die Gedanken an das Feuer nicht los ließen". Flashbacks und Gedankenintrusionen sind hier beispielhaft beschrieben. Eine der ersten Arbeiten in der medizinischen Fachliteratur ist die von dem englischen Chirurgen Erichson[6], der die psychologischen Auffälligkeiten nach Eisenbahnunfällen Mikrotraumen des Rückenmarks zuordnete, was dann auch zu dem Begriff des "rail road spine syndrome" führte, und er beschreibt die Symptomatik wie folgt, nämlich Müdigkeit, Ängstlichkeit, Gedächtnisschwäche, Reizbarkeit, Schlafstörungen, Albträume, Ohrgeräusche, Schwindel, Wahrnehmungsstörungen, Gliederschmerzen, auch könne die Sprache affektiert sein. Hier findet sich bereits vieles aus dem Symptomspektrum wieder, wie es in den modernen Diagnosesystemen zur PTSD beschrieben wird. Ihm wurde nicht nur lebhaft von dem Chirurgen Page[7] widersprochen, sondern vor allem von Oppenheim[8], der in seiner Monographie über die traumatische

Neurose erstens diesen Begriff prägte und zweitens den Hauptsitz der Störung ins Großhirn verlegte. Der Begriff des Traumas, bislang im ausschließlichem Gebrauch der Chirurgie, wurde so in die Psychiatrie eingeführt. Oppenheim (S. 92) beschreibt die häufige Beteiligung des Herzens, die abnorme Erregbarkeit des Herznervensystems bildet ein fast konstantes Symptom der traumatischen Neurose, seltener kommt es zu schwereren Erkrankungen des Herzens. Myers[9] und da Costa[10] fanden die Irritierbarkeit des Herzens bei Soldaten mit Kampferfahrung so häufig, so daß sie die Diagnose "irritable heart" oder "soldier's heart" als gerechtfertigt ansehen. Erst, als er sah, daß diese Erscheinungen nicht nur bei Soldaten auftreten, wurde das da-Costa-Syndrom eingeführt. Die Einführung eines öffentlichen Verkehrssystems mit Eisenbahn, welches zunehmend mehr die Pferdekutsche ablöste, war, wie man Reisebeschreibungen entnehmen kann, anfangs mit sehr viel Schrecken verbunden. Zur gleichen Zeit entstand das Haftpflicht- und Versicherungswesen in Deutschland. Oppenheim zitiert Riegler (S. 139), daß nach Einführung des Haftpflichtgesetzes 1871 bis 1876 in Deutschland die Zahl der Eisenbahninvaliden auf das 9-fache gestiegen sei im Vergleich zu der Zeit von der Gründung der Eisenbahn 1835 bis 1871. Er kommt zu dem Résumé, Simulationen seien ausgesprochen selten, häufig seien aber Übertreibungen. Jedenfalls gehörten die Eisenbahnunfälle zu den frühesten einklagbaren Unfällen. Er weist auf die Komplizierung durch die Rechtsverfahren hin, kommt aber zu dem Schluß: "Aber größer ist nach meiner Erfahrung die Zahl derjenigen, in denen auch nach Beendigung des Rechtsstreites das Leiden unverändert seinen Fortgang nimmt". Ein anderer, im deutschsprachigen Sprachgebiet um die Jahrhundertwende vom 19. ins 20. Jahrhundert verbreiteter Begriff war der der "Schreckneurose" von Kraepelin[11], welcher, wie der Name sagt, die endogene Reaktion in den Vordergrund stellte.

Eine andere Entwicklungslinie zur Trauma-Ätiologie ging von der Salpetrière in Paris aus, wo Charcot 1887[12] und Janet 1889[13] auf die Bedeutung traumatischer Erfahrung für die Entstehung hysterischer bzw. dissoziativer Symptome hingewiesen haben. Janet stellte die Dissoziation als zentralen Prozeß in der Genese posttraumatischer Symptomatik in den Mittelpunkt. Er sprach in diesem Zusammenhang nicht vom Unbewußten, sondern von einem Co- oder Unterbewußtsein, und demzufolge würde die therapeutische Arbeit hauptsächlich in der Integration, in der Erinnerungsarbeit und der Synthese bestehen, während er der normalen psychoanalytischen Arbeit im Sinne von Katharsis und Abreaktion sehr skeptisch gegenüber stand. Nach Janet können allzu heftige Emotionen nirgends abgelegt werden, dissoziierten daher vom Bewußtsein und der willentlichen Kontrolle. Psychisch Traumatisierte seien, so Janet, unfähig, das Erlebte in ihr erzählerisches Gedächtnis einzuordnen oder in neuerer Terminologie in dem semantisch deklarativen Gedächtnis. Der Automatismus, der in der Symptompräsentation erfolgt, wird sensomotorisch ausgelöst und kann nur schwer durch neue Erfahrungen modifiziert werden. Diese Gedanken Janets, die er in seinen Bostoner Vorlesungen in den 20-er Jahren weiter ausführte, sind erstaunlich modern und wurden von der "psycho-analytic community" nicht perzipiert. Es blieb einem Traumaforscher unserer Tage (van der Kolk und van der Hart, 1989)[14] vorbehalten, genau 100 Jahre später diese für die Therapie relevante Arbeit aus der Versenkung geholt zu haben. Eine in diesem Kontext wichtige Diskussion am Ende des 19. Jahrhunderts sei hier noch erwähnt, weil sie sich fast 100 Jahre später identisch wiederholt. Deutlich ist dies geworden durch Massons Buch[15]: "Freuds suppression of the seduction theory" oder zu deutsch: "Was hat man dir, du armes Kind, getan?" Während bei den Eisenbahn-Traumata die exogene Ursache ganz im Vordergrund stand, wird durch die psychoanalytische Betrachtung die intrapsychische Dynamik in den Vordergrund gerückt mit einer teilweisen Vernachlässigung der äußeren Realität. Zusammen mit Breuer schrieb Freud 1895[16]: "Wir fanden nämlich anfangs zu unserer größten Überraschung, daß die einzelnen hysterischen Symptome sogleich und ohne Wiederkehr verschwinden, wenn es gelungen war, die Erinnerung an den veranlassenden Vorgang zu voller Helligkeit zu erwecken, damit auch den begleitenden Affekt wach zu rufen, und wenn dann der Kranke den Vorgang möglichst ausführlich schilderte und den Affekten Worte gab, ... wurde deutlich, daß der Erinnerung Traumen entsprechen, welche nicht genügend abreagiert worden sind". In einem anderen Kontext wies Freud darauf hin, daß die traumatisierte Person das traumatische Ereignis nicht als Erinnerung reproduziert, sondern als Handlung, ohne sich dessen bewußt zu sein, so daß von ihm die Handlung als die spezifische Art des traumatischen Erinnerns angesehen wird. Der große Akzeptanzschub der Psychoanalyse nach dem ersten Weltkrieg hatte im Wesentlichen damit zu tun, daß die intrapsychische Gewichtung den Staat von irgendwelchen Kompensationsleistungen befreite. Krutzenbichler schreibt[17] über den Zusammenhang von Lüge, Hysterie und Sexualität zum Zeitpunkt, als Freud von Paris nach Wien zurückkehrte: "Sexueller

Mißbrauch ist ein gesellschaftliches Massenphänomen, meistens entsprechen die Berichte der Kinder der Wahrheit". Als Freud fast 40-jährig 1896 bei dem Wiener Verein für Neurologie und Psychiatrie in einem Vortrag am Beispiel von 18 von ihm behandelten Fällen den Nachweis zu führen versuchte, daß die Vielfalt der hysterischen Symptome seiner Patienten auf den sexuellen Mißbrauch in ihrer Kindheit zurückzuführen war, schlug ihm ein eisiger Wind der Ablehnung entgegen, und er wandte sich seither mehr von der Trauma-Ätiologie der Hysterie ab und entwickelte die Trieblehre und das Übertragungskonzept. Dadurch und durch das angekratzte Tabu fand eine Umkehr der Einschätzung durch die Fachwelt statt in dem Sinne: `Sexueller Mißbrauch an Kindern ist in den seltensten Fällen Realität, überwiegend handelt es sich um Lügengespinste. Die sich darin entfachende Diskussion, die bis in die 90-er Jahre des letzten Jahrhunderts anhielt, ähnelt der Diskussion im 19. Jahrhundert in erschreckendem Maße. Als der Gerichtsmediziner Tardieu[18] den sexuellen Mißbrauch an Kindern dokumentierte, wurde dieses von Fournier abgetan als "pseudologia phantastica" bei Kindern, die ihre Eltern fälschlicherweise des Inzestes bezichtigen. Dies erinnert an die Auseinandersetzung am Ende des 20. Jahrhunderts um das sog. "false memory syndrome". Nachdem das Pendel zu sehr in die Gegenrichtung ausgeschlagen war und für fast jedes Symptom eine frühkindliche Traumatisierung angenommen wurde, war es so, daß sich nach der Überschätzung der äußeren Realität die Phantasie mit aller Macht zurückmeldete. 1992 gründete sich die "False Memory Syndrome Foundation", bestehend aus Psychiatern und Psychologen mit einem Hauptquartier in Philadelphia, um gegen eine Epidemie von zweifelhaften Therapien zu kämpfen (repressed memory therapy), welche `tausende von Familien auseinanderrreißt, Patienten erschrecken und furchtsam werden läßt für ihr ganzes Leben und die Herzen von unschuldigen Eltern und anderen Verwandten bricht. Es ist tatsächlich die "mental health Krise" in den 90-er Jahren. Elisabeth Loftus[19] gibt in ihrer Arbeit "Remembering dangerously" eindrückliche Beispiele, wie durch Psychotherapeuten, insbesondere solche, die sehr suggestiv mit ihren Patienten umgehen, auftauchende Erinnerungen leicht für wahr gehalten werden und zu falschen Anklagen vor Gericht benutzt wurden. Zweifellos gibt es einige sehr seltene Fälle, die so gelagert sind, aber sie fallen gegenüber der Dunkelziffer in diesem Bereich kaum ins Gewicht. Ich selbst muß mich auch als Psychotherapeut mit fast 30-jähriger Berufserfahrung fragen, warum in den ersten 15 Jahren meiner Berufstätigkeit der Realinzest so gut wie keine Rolle spielte, während jetzt realer

Inzest und körperliche Gewalterfahrung mit zur täglichen Arbeit gehören. Natürlich wird das coming out durch die Medien erleichtert, und wir ziehen mit einem psychotraumatologischen Behandlungsschwerpunkt solche Patienten an, aber dennoch bleibt der Verdacht, daß Realtraumatisierungen in den 70-er und 80-er Jahren zu wenig Beachtung fanden. Ernst Simmel[20] beschreibt in seinem Bericht zur Psychoanalyse der Kriegsneurose - zu erwähnen in diesem Kontext ist auch das Shell-Shock-Syndrom im angelsächsischen Schrifttum -, daß es durch eine eingeleitete Hypnose zu einer kathartischen Abreaktion kommt, so daß die Patienten in 3 - 5 Stunden wieder einsatzfähig waren. Dies erinnnert an die noch bis in die 70-er Jahre hinein durchgeführten narko-analytischen Interviews mit Pentothal.

Dabei wurde ein Zustand von Semi-Narkose erreicht, welcher den Patienten befähigte, die traumatischen Kampferfahrungen noch einmal zu erleben und dabei die bis dahin fragmentierten Emotionen zu synthetisieren und dabei eine Erinnerung zu konstruieren, welche mit der kompletten originalen Erfahrung übereinstimmt. Mit dieser Methode konnten ebenfalls Soldaten in relativ kurzer Zeit wieder an die Frontlinie zurückgeschickt werden. Verstärkt wurde dies natürlich durch die gesellschaftliche Einstellung, die Grinker und Spiegel[21] beschreiben, daß der Rückzug vom Kampf unehrenwert war und daß Familie, Freunde und Kameraden und das Land erwarteten, daß der Soldat zur Frontlinie zurückkehrt und seinen Job beendet. So waren die Therapien nach dem 1. Weltkrieg in erster Linie dazu da, den Willen der Soldaten zu stärken, in den Kampf zurückzukehren. Karl Bonhoeffer sah in seiner umstrittenen Arbeit "Das Gesetz ist die Ursache der Unfallneurosen"[22], daß es zu einem komplizierten Zwischenspiel kommt zwischen Prädisposition, Konstitution und sekundärem Krankheitsgewinn, so daß hier das endogene Element ganz im Vordergrund stand. Er schuf dann auch den Begriff der "Rentenneurose", wo das unbewußte Motiv nach Kompensationszahlungen zugrunde gelegt wurde.

Kardiner[23] beschrieb dann in seiner Monographie die traumatischen Kriegsneurosen sehr systematisch und schuf den Begriff der "Physioneurose" und rückte damit auch die peripher-physiologische Übererregbarkeit in den Vordergrund. Sein initiales Bemühen, das Konzept der traumatischen Neurose mit Freuds Triebtheorie zu versöhnen, scheiterte für ihn, und er kam zu der Schlußfolgerung (S. 137), daß die traumatischen Neurosen sich nur selten besserten nach Psychoanalyse und daß die Amnesie ein

Abwehrmechanismus der Persönlichkeit als Ganzes ist, und was heute als Flashback beschrieben wird, bezeichnete er als "hallucinatory reproductions of sensations on the original occasion". Er kommt zu einer Anerkennung auch exogener Faktoren, indem er sagt, daß eine wie auch immer geartete Prädisposition alleine die Krankheit nicht produzieren kann. Im DSM-I wurde dann der Begriff der extremen Stress-Reaktion eingeführt[24]. Diese Diagnose verzichtete auf eine operationale Definition. Er erschien dann gerechtfertigt, wenn es zu extremen Anforderungen oder Belastungssituationen als Folge von Kriegshandlungen oder Naturkatastrophen gekommen war. Dies konnte vorher ganz unauffällige "normale" Personen betreffen. Es ist zu mehreren Revisionen gekommen, bis dann Anfang der 80-Jahre in DSM-III-R[25] die posttraumatische Belastungsstörung unter den Anpassungsstörungen als ein relativ klar umschriebenes Krankheitsbild beschrieben wird, wenngleich auch schon hier gesagt werden muß, daß diese Diagnose keineswegs das Spektrum der Krankheiten und Reaktionen abdeckt, wie sie nach psychischen Traumatisierungen beobachtet werden. Nachdem die Traumaforschung durch die jeweiligen Kriege einen Forschungsschub erfuhr, insbesondere nach dem Vietnam-Krieg, wo die verwundeten Veteranen in ein Land heimkehrten mit einer intakten Infrastruktur, gibt es eine andere Linie von Entwicklungen in Zusammenhang mit der Holocaust-Literatur und den Folgeeffekten in der 2. und 3. Generation. Wie schwierig hier die Zusammenhangsfrage ist, haben im deutschen Schrifttum von Baeyer, Häfner und Kisker[26] in der Psychiatrie der Verfolgten darzustellen versucht. Die Effekte auf die nachfolgende Generation wurden insbesondere von Judith Kestenberg[27] und Ilany Kogan[28] beforscht. Um zu zeigen, wie schwierig es ist, hier die Ursachenlinie nachzuzeichnen, möchte ich hier ein Beispiel nachzeichnen, welches ich dem amerikanischen Analytiker William G. Niederland[29] verdanke über einen Patienten, nennen wir ihn Werner. Er wurde am 15.02.1931 als Einzelkind jüdischer Eltern in einer Kleinstadt im Westfälischen geboren. Man konnte davon ausgehen, daß es eine Kindheit in einem liebevollen Elternhaus ungestört verbringen konnte. Sein Lebenslauf wurde hier unterbrochen, als er im November 1938 in seinem 8. Lebensjahr beobachtete, wie in der sog. Kristallnacht Nazihorden in das väterliche Geschäft und in die darüber liegende Wohnung eindrangen, durch Steinwürfe die Ladenfenster zertrümmerten, Möbelstücke, Geschirr und viele andere Dinge auf die Straße warfen und den Vater unter Bedrohungen und Beschimpfungen mit sich nahmen. Es gelang seinen Eltern noch im Jahre 1939, ihn in einen der

Flüchtlingskindertransporte nach England unterzubringen. Dort bei den englischen Pflegeeltern wurde er scheu und zurückgezogen. Er war inzwischen zu einem Problemkind geworden. Nach dem 2. Weltkrieg wurde er von Verwandten nach Amerika geholt, die ihm mitteilten, daß seine Eltern 1942 in ein deutsches Konzentrationslager deportiert und darin umgekommen waren. Was bei ihm damals auffiel, war eine emotionale Stumpfheit und ein seelisches Erstarrtsein. Auf die Todesnachricht seiner Eltern reagierte er scheinbar affektlos und kalt und entwickelte gegenüber seinen Verwandten eine starke Mißtrauenshaltung. Mit 18 Jahren meldete er sich freiwillig zur amerikanischen Armee. Er wurde in Norfolk stationiert, und als er 1950 abends durch die Straßen von Norfolk ging und eine Gruppe "lümmelhaft erscheinender Burschen vor einem Restaurant oder Laden stehen sah", reichte dies aus, um das zu initiieren, was man heute als Flashback bezeichnen würde. Er sah in diesen Burschen eine Ähnlichkeit zu denen, die 1938 seinen Vater mitgenommen und die Scheiben des Ladens zerstört hatten. Unmittelbar begann er, mit Steinen um sich zu werfen und zerbrach durch Steinwürfe ein Schaufenster und irrte dann ruhelos des Nachts durch die Straßen der Stadt, bis er durch die Polizei in ein Krankenhaus gebracht wurde, wo man ihn für geisteskrank erklärte. Es hat mehr als ein Dutzend Gutachten bedurft, um den seelisch gestörten Zustand des Patienten als verfolgungsbedingt anzuerkennen. Hier reichte als Schlüsselreiz eine Gruppe Jugendlicher vor einer großen Scheibe aus, um ihn seine ohnmächtige Wut ausagieren zu lasssen, wozu er als Kind nicht fähig war. Für diese Holocaust-Überlebenden ist die ganze Welt voll solcher Schlüsselreize. Es kann die deutsche Sprache sein, eine Uniform, eine Lautsprecheranlage, ein Schäferhund, ein Stacheldraht oder sonstiges.

Ich möchte zum Abschluß aus dem Epilog zitieren, den Esther Fischer-Homberger[30] in ihrem Artikel zur Medizingeschichte des Traumas schreibt:

"In Zusammenhang mit dem Verständnis des Traumas und der psychophysischen Folgen scheint es immer wieder nötig gewesen zu sein, sich der Suggestivkraft geläufiger Dichotomien wie Körper, Seele, Exogenie, Endogenie, Dissoziation, Identifikation, Ursachewirkung usw. zu entziehen. Das Phänomen Trauma scheint gerade darin zu bestehen, daß es gleichermaßen assoziiert wie dissoziiert. Daß sich gerade im Umgang mit dem Trauma die Frage von Ursache und Wirkung von vornherein stellt, beides aber gleichzeitig nicht voneinander trennbar ist, so wenig wie

Kontinuität und Diskontinuität, Zerstörung und Schaffung von Geschichte, Isolation und Einheit von Körper und Psyche, Individuum und Gemeinschaft. Gerade im Trauma zeigt sich der Gegensatz von Exogenie und Endogenie als Zwei-Einheit, die als solche im Auge behalten werden muß. Wie das Trauma schon früh die Chirurgen auf die Frage nach dem Einfluß von sog. psychischen Situationen auf eine Wundheilung gebracht hat, kann es offenbar psychoanalytisches Nachdenken über die psychische Relevanz von außerpsychischen Faktoren in Gang bringen, indem das Entweder-Oder von Exogenie und Endogenie in Zusammenhang mit dem Trauma sich als fruchtlos erweist, könnte das Trauma ähnlich wie der Schmerz in der Medizin zum Kristallisationskern eines neues Paradigmas werden".

Die Entweder-Oder-Frage muß also zum Wohle der psychisch traumatisierten Patienten aufgegeben werden, damit somatische Beschwerden bei psychischen Traumatisierungen genau so ernst genommen werden wie psychische Verletzungen auch bei primär körperlichen Wunden. Denn wenn es, wie im A-Kriterium geschildert, um die Bedrohung der körperlichen Unversehrtheit geht, dann wird deutlich, daß die körperliche Unversehrtheit nicht bedroht werden kann, ohne daß nicht auch massive Faktoren unsere psychische Homöostase beeinträchtigen.

Literatur

Keilson H. Sequentielle Traumatisierung bei Kindern. Enke, Stuttgart, 1979

Kahn M. The concept of cumulative trauma. Psychoanalytic Study of the Child, 18, 286-306, 1963

Markowitsch HJ. The mnestic block syndrome: Environmentally induced amnesia. Neurology, Psychiatry and Brain Research 6, 73-80, 1998

Shay J. Learning about combat stress from Homers Ilias. J Traum Stress 4, 561-579, 1991

Daly RJ. Samuel Pepys and posttraumatic stress disorder. Br J Psychiatry 143, 64-68, 1983

Erichson FE. On railway and other injuries of the nervous system. Walton & Moberly, London, 1866

Page H. Injuries of the spine and spinal cord without mechanical lesion. In: Stein MB, Walker JR, Haison HL, Forbe DR, editors. Full and partial traumatic stress disorder: Findings from a community survey. Am J Psychiatry, 154, 1114 - 1119, 1997

Oppenheim A. Die traumatischen Neurosen. Hirschwald, Berlin, 1989

Myers ABR. On the aetiology and prevalence of disease of the heart among soldiers. London, 1870

Da Costa JM. On irritable heart: A clinical study of a form of functional cardiac disorder and its consequences. Am J Med Sciences 61, 17-52, 1871

Kraepelin E. Psychiatrie. Leipzig, 1899

Charcot JM. Leçons sur les maladies du système nerveux fautes à la Salpetrière. Delahye & Lecrosnie, Paris, 1887

Janet P. L´automatisme psychologique, Alcan, Paris, 1889

van der Kolk BA, van der Hart O. Pierre Janet and the breakdown of adaptation in psychological trauma. Am J Psychiatry 146, 1530-1540, 1989

Masson J. The assault on truth. Fawer, Straus & Giroux, New York, 1984

Freud S. Gesammelte Werke, Band I, Studien über Hysterie. Schriften zur Neurosenlehre, Fischer-Verlag, Frankfurt a.M. 1895

Krutzenbichler S. Das Trauma-Redivivum oder der Glaubenskrieg und die psychoanalytische Urknalltheorie. In: Schlösser AM, Höhfeld K, editors. Trauma und Konflikt. Psychosozial-Verlag Gießen, p. 131 - 147, 1989

Tardieu AA. Etude médicolégale sur les attentats aux moeurs. Paris, 1878

Loftus EF. Remembering dangerously. In: Frazier, E. editor. Encounters with the paranormal. Science, Knowledge and Belief, p. 381-395, 1998

Simmel E. Zur Psychoanalyse der Kriesneurosen. In: Hermanns LM, Schultz-Venrath U (Hsg.): Psychoanalyse und ihre Anwendungen. Geist und Psyche. Fischer-Verlag, 1993, S. 21 - 35

Grinker RR, Spiegel JP. Men under stress. Philadelphia, Blakiston, 1945

Bonhoeffer K. Beurteilung, Begutachtung und Rechtsprechung bei den sogenannten Unfallneurosen. Deutsche Med Wochenschrift 52, 179-182, 1926

Kardiner A. The traumatic neuroses of war. Hober, New York 1941

DSM-I. American Psychiatric Association. Diagnostic and statistical manual of mental disorders. Washington, 1960

DSM-III-R. American Psychiatric Association. Diagnostic and statistical manual of mental disorders (3rd ed., Rev.), Washington, 1987

v. Baeyer W, Häfner H, Kisker KP. Psychiatrie der Verfolgten. Springer Berlin, 1964

Kestenberg JS. Survivor parents and their children. In: Bergmann, MS, Jucovy, ME (Eds): Generations of the Holocoust. Columbia University Press, New York, 83 - 101, 1990

Kogan I. The cry of mute children. A psychoanalytic perspective of the second generation of the Holocaust. Free Association Books, London, New York. Dt. (1998): Der stumme Schrei der Kinder. Die zweite Generation der Holocaust-Opfer. Fischer, Frankfurt, 1995

Niederland WG. Psychiatrie der Verfolgten und seelischer Verfolgungsschäden. In: Die Psychologie des 20. Jahrhunderts. Band 10: Ergebnisse für die Medizin (II). Herausgegeben von U. H. Peters, Kindler Verlag, Zürich, 1055 - 1067, 1980

Fischer-Homberger E. Zur Medizingeschichte des Traumas. Gesnerus 56, 260-294, 1999

Trauma, Dialogik, Kreativität

Zur Kritik des Konzepts der posttraumatischen Belastungsstörung.

Hans Stoffels

Das Thema setzt einen Kontrapunkt zum Geläufigen. In unseren Lehrbüchern lernen wir, daß Traumata mit seelischer Verstörung und Verletzung einhergehen und ein spezifisches Syndrom verursachen, die sog. posttraumatische Belastungsstörung mit vier Kardinalsymptomen (unwillkürliches Wiedererinnern, Vermeidungsverhalten, emotionale Abstumpfung und vegetative Übererregbarkeit). Darüber hinaus postulieren nicht wenige Fachvertreter, daß traumatisches Erleben bei einer Vielzahl weiterer psychischer und psychosomatischer Erkrankungen eine entscheidende pathogenetische Rolle spielen soll: Bei dissoziativen Störungen, Borderline-Syndromen, Angsterkrankungen, Depressionen, sexuellen Perversionen, Süchten aller Art einschließlich Magersucht, vielleicht auch bei Psychosen. Welche Bedeutung kann in diesem Zusammenhang die Erörterung des Themas "Kreativität" gewinnen? Indem wir im folgenden auch über nichtpathologische Verarbeitungsformen seelischer Traumatisierung nachdenken, gelangen wir zu einer Kritik einseitiger Konzepte der Psychotraumatologie.

1. Das PTSD-Konzept und Determinismus

Das Konzept PTSD (Posttraumatic streß disorder) verdankt sich einer besonderen historischen Erfahrung in den USA, nämlich des Vietnam-Krieges. Viele tausend Vietnamveteranen zeigten Störungen, von denen die amerikanischen Militärpsychiater annahmen, daß sie unmittelbare Kriegsfolgen seien. Häufig mißlang die Rehabilitation. Nicht selten wurden psychoanalytische Behandlungsverfahren im klassischen Setting mit mehrstündigen Sitzungen pro Woche angewandt.

Analysieren wir das Konzept PTSD mit seiner Merkmalskombination, so erscheint es als typisches Produkt der angelsächsischen Psychiatrie. Es setzt ein Ursache-Wirkungs-Denken voraus. Seelische Vorgänge werden analog zu körperlichen Vorgängen gedacht: Situative oder subjektive Einflüsse sind weitgehend eliminiert. Es ist ein deterministisches Konzept. Schaut man genauer hin, so bedeutet dieses Konzept konsequent zu Ende gedacht den Tod einer verstehenden Psychologie, die die subjektive Bedeutung von Lebensereignissen erforscht. Das PTSD-Konstrukt postuliert eine gleichsam naturkonstante Reaktionsweise unter Vernachlässigung von Persönlichkeitsstruktur und situativem Kontext. Bezeichnend ist die Gleichsetzung unvergleichbarer Ereignisse: Unter die Kategorie PTSD fallen inzwischen Opfer sexuellen Mißbrauchs, Verkehrsunfallopfer, Verbrechensopfer, Opfer von DDR-Haft, von Folter, von Intensivstationen, Mobbing-Opfer etc.

Obwohl oder weil PTSD ein in erster Linie historisches Konstrukt ist, sind in jüngster Zeit verstärkt Anstrengungen zu beobachten, PTSD als quasi biologisches Faktum durch Neurobiologie und die Hypothese eines spezifischen Traumagedächtnisses zu legitimieren. Der Traumapatient ist ein quasi körperlich Kranker, hat ein, wenngleich diskretes, psychoorganisches Syndrom. Vereinfacht gesagt: Er leidet an einer Hirnschädigung. Es ist bezeichnend, daß der alte Begriff der "Physio-Neurose" neu belebt wird.

Ich möchte auf einen weiteren Umstand hinweisen: Im Rahmen der neueren Klassifikationssysteme fällt die Kategorie PTSD aus dem Rahmen, sofern diese Systeme sich darum bemühen, alle ätiologischen Zuschreibungen zu vermeiden. Es gibt in erster Linie Symptome und Syndrome, und dies hängt gewiß mit einer Tendenz zur Biologisierung der Psychiatrie zusammen. Mit der Kategorie PTSD ist jedoch ein Bereich geschaffen worden, gleichsam eine letzte Bastion, wo das Erlebnisreaktive qua definitionem Zuflucht finden kann.

Dies mag auch ein Grund sein, warum sich diese Kategorie inflationär ausgebreitet hat. Die strengen Definitionskriterien z.B. im Hinblick darauf, was als Trauma zu gelten hat, sind längst aufgeweicht, auch die Zeitkriterien. Schon wird PTSD als eine neue Volkskrankheit ausgerufen, ähnlich wie Diabetes und Hochdruck.

In der deutschen Bevölkerung gebe es eine Lebenszeitprävalenz von 7 %. Die allgemeinärztliche Praxis müsse umgestaltet werden. Jeder Arzt müsse nach den zumeist verborgenen Traumata seiner Patienten forschen. Inzwischen arbeiten verschiedene Gruppierungen, u.a. das Deutsche Rote Kreuz, daran, ein eigenes Versorgungssystem zur Behandlung posttraumatischer Störungen zu etablieren. Schon wird auch ein Streit erkennbar, wer dieses neue oder neu entdeckte Krankheitsbild für sich rekrutieren darf: Die Psychiater, die Psychoanalytiker, die Psychosomatiker oder am besten die Psychologen oder Verhaltenstherapeuten?

2. Die Bedeutung des Subjekts

Ich möchte mit einer kurzen Fallgeschichte beginnen:

Da berichtet eine 57jährige, verhärmt aussehende, kleine Frau in einer Begutachtungssituation von einem Raubüberfall. Sie war Kassiererin in einem Drogeriemarkt. Kurz vor Kassenschluß traten zwei ausländisch aussehende Männer an sie heran, einer bedrohte sie mit einem Messer und forderte die Herausgabe der Tageseinnahmen. Sie befolgte die Anweisung mechanisch. Sie tat auch alles weitere in hohem Maße korrekt: Ließ die Polizei rufen, gab eine Täterbeschreibung. Als sie sich von ihrem Mann abholen ließ, war sie wie benommen. Sie schlief schlecht, sie ging am nächsten Tag nicht zur Arbeit, der Hausarzt schrieb sie für eine Woche krank. In der Nacht vor der Arbeitsaufnahme hatte sie Alpträume, schwitzte, hatte Luftnot. Sie weigerte sich am Morgen, das Haus zu verlassen.

Die Krankschreibungen wurden fortgesetzt, eine Arbeitswiederaufnahme schlug fehl, da sie es an ihrem Kassiererposten nicht mehr aushielt, wenn es im Laden leerer wurde. Heftige Angst überfiel sie, wenn sie Ausländer sah, das konnte jetzt auch auf der Straße passieren. Sie ging nicht mehr in Geschäfte, wenn sie von außen sah, daß dort keine weiteren Kunden waren.

Der Arbeitgeber bot ihr eine Arbeitsstelle ohne Publikumsverkehr an, aber auch an dieser Arbeitsstelle trat in einem charakteristischen Moment ein Angstanfall auf.

Inzwischen waren einige Wochen, bald schon Monate ins Land gegangen, es wurden Antidepressiva eingesetzt, eine

Verhaltenstherapie versucht. Es trat eine Milderung der Symptomatik ein, ohne daß jedoch die Patienten nach ihrer eigenen Einschätzung ihre Arbeitsfähigkeit wiederfand.

Handelt es sich hier um eine posttraumatische Belastungsstörung? Sie selbst sagte, durch den Überfall habe sich ihr Leben verändert, vorher sei alles anders gewesen.

Würde man die Patientin einen Fragebogen ausfüllen lassen, die Diagnose einer PTSD stünde fest. Wäre die Patientin jetzt verstanden worden?

Die genaue biographische Anamnese und insbesondere die Frage nach der besonderen Persönlichkeit der Patientin ergaben ein umfassenderes Bild. Die Patientin hatte in der DDR einen hochrangigen Posten bekleidet, bei dem sie selbständige Entscheidungen herbeiführen konnte. Durch die Wende hatte sie diese berufliche Position verloren. Auch ihr Mann war arbeitslos geworden. Nur notgedrungen hatte sie die Tätigkeit einer Kassiererin angenommen. Sie fühlte sich aber von ihrem neuen Arbeitgeber ausgenutzt und schlecht behandelt.

Je tiefer die biographische Anamnese in die Lebensgeschichte eindrang, um so deutlicher wurde, daß die Patientin sich als Verlierer der "Wende" empfand. Dieses Empfinden, Opfer zu sein aufgrund von Umständen, die sie nicht zu verantworten hatte, hatte sich ihr tief eingeprägt. In dem Überfallereignis verdichtete sich diese existentielle Erfahrung. Der Überfall selbst war der Tropfen, der das Faß zum Überlaufen brachte. Er wurde zum Kristallisationspunkt ihres aktuellen Lebensgefühls.

War der Überfall die Ursache für ihre Symptomatik oder war nicht vielmehr die Symptomatik die Antwort dieser Patientin auf eine viel umfassendere, sie überwältigende Lebenssituation? In ihrem Bewußtsein war der Überfall die alleinige Causa. Er strukturierte für sie die Wirklichkeit. Mit dieser Tatsache konnte sie leben, sie half ihr auch, den ungeliebten Drogeriemarkt auf Entschädigung wegen des "Arbeitsunfalls" zu verklagen.

Es gilt anzuerkennen, daß es ein quasi natürliches Bedürfnis des Menschen nach psychosozialen Kausalitäten gibt. Dies erleichtert die Orientierung in der Welt, liefert aber keinen Erkenntnisgewinn. Die Komplexität des Lebens wird mit Hilfe eines monokausalen Erklärungsmusters beseitigt. Wir meinen, alles klar zu sehen. Auf diese Weise haben Generationen von Psychiatern geglaubt, in der Körperlichkeit die Lösung des Rätsels psychischer Krankheit erblicken zu können. Später entdeckten andere als Ursache seelischen Leidens den sexuellen Konflikt. Nachfolgende Generationen sahen in der Familie, speziell in der Mutter das pathogene Agens. Die Psychiatriegeschichte ist ein einziges Dokument des Bedürfnisses, menschliches Leben und Leiden in Kausalitäten festzulegen.

Die moderne Traumaforschung muß sich davor hüten, in die Fußspuren einer monokausal angelegten Ursachenforschung zu treten. Der Psychsomatiker Thure von Uexküll schrieb bereits 1963:

"Wenn wir den Menschen als Subjekt in die Medizin einführen, müssen wir uns klar machen, daß nicht nur das entscheidet, was in der Außenwelt objektiv geschieht und mit allgemeinen Maßstäben gemessen werden kann, sondern viel häufiger das, was es subjektiv für den Menschen bedeutet, was sein persönliches individuelles Erleben und Reagieren daraus macht".

3. Dialogik versus Determinismus

Ein traumatisches Ereignis macht - anders als im körperlichen Bereich - keine seelische Symptomatik. Dem deterministischen Prinzip ist ein dialogisches Prinzip gegenüberzustellen, nach dem die Symptomatik die spezifische Antwort eines Subjekts auf eine nicht verarbeitbare Erfahrung ist. Zum Subjekt gehört der Kontext, gehört die Situation, gehört das, was das Indiviuum an Geschichte mitbringt und auch das, was es in der Zukunft erwartet.

So kann es im psychotherapeutischen Prozeß notwendig sein, daß im Zuge der Aneignung der verborgenen eigenen Geschichte eine Identität als Opfer angenommen wird. Dies kann nur ein Durchgangsstadium sein. Verbleibt man in dieser Phase, kommt es zu einer Verdinglichung und Fixierung des Traumas, das in den Dienst eines Widerstandes gegen Entwicklung und Reifung gestellt wird. Als Ursache kann es für alle Unbill des Lebens, für alle negativen Erfahrungen, für alles Versagen und Scheitern in Anspruch genommen werden.

In der Regel verbietet es sich, in der Psychotherapie auf das Trauma zu fokussieren. Gerade wenn die traumatische Erfahrung die anderen Wirklichkeitsdimensionen okkupiert hat, darf nicht zugelassen werden, daß alle Themen, die nicht mit dem Trauma verknüpft sind, verblassen und alle guten Erfahrungen der Vergangenheit und Gegenwart abgewehrt werden. In ihrem Buch "Abschied von der Opferrolle" hat Verena Kast diesen ressourcenorientierten psychotherapeutischen Ansatz dargestellt.

Ich möchte noch ein zweites Fallbeispiel anführen.

Vor kurzem war eine 49jährige kroatische Patientin in unserer Behandlung wegen verschiedener depressiver Störungen, phobischer Ängste, Eßstörungen, starken Somatisierungstendenzen. Sie war bereits seit einem halben Jahr krankgeschrieben. Bis dahin hatte sie als Reinigungskraft gearbeitet. Bei der Schilderung ihrer Lebensgeschichte stellte sie ein Ereignis ganz in den Vordergrund. Es war 1995, bis dahin sei sie ein fröhlicher Mensch gewesen. Es war zu einem Autounfall gekommen, bei dem die jüngste, einzige, 13jährige Tochter zu Tode kam. Die Patientin sagte, sie sei schuld an dem Tod, obwohl es reale Exkulpationsgründe gab. Sie sagte weiter, sie spüre eine Todessehnsucht, ab und zu träume sie von ihrer Tochter. Sie wolle nicht mehr arbeiten gehen, weil sie an ihrer Arbeitsstelle häufiger Kinder im Alter von 13 Jahren sehe, was sie nicht ertragen könne.

Die Patientin erhielt sehr viel Zuwendung und nach einer gewissen Stabilisierung wurde ihr eine EMDR-Behandlung (Eye Movement Desensitisation and Reprocessing) vorgeschlagen. Nach zwei Sitzungen brach sie ab.

Wir forschten nach den Gründen für den Abbruch, den Gründen des Widerstandes, und es zeigte sich, daß die Patientin weitgehend auf eine Selbstrealisierung im familiären bzw. beruflichen Bereich verzichten wollte, weil sie in der Rolle der unendlich trauernden Mutter innerhalb eines schwierigen familiären Gefüges mehr Anerkennung und Gratifikation erfuhr und insbesondere mehr Macht besaß als in jeder anderen Konstellation. Diese Einsicht führte zu einem anderen, lösungsorientierten Therapieansatz, der nicht eine Einzelursache beseitigen wollte.

Dem Buch "Traumatherapie" von Butollo verdanke ich den Hinweis auf eine frühe amerikanische Arbeit von Brown et al. aus dem Jahre 1986. Sie untersuchten die Bedeutung akuter, traumatischer Ereignisse (Tod oder Scheidung der Eltern) im Vergleich zur Bedeutung einer dauerhaft schlechten Beziehungsrealität mit

Mangelerfahrung für mögliche depressive Entwicklung bei Kindern und Jugendlichen. Sie bildeten drei Gruppen (eine Gruppe mit dauerhafter Mangelerfahrung, eine Gruppe mit akuten Belastungen und eine dritte Gruppe mit akuten Belastungen und Mangelerfahrung). Bei der Analyse des Outcome, gemessen an Depressionswerten, zeigte sich, daß die erste und dritte Gruppe den gleichen Störungsgrad aufwiesen, während die zweite Gruppe deutlich besser abschnitt. Daraus können zwei Schlußfolgerungen gezogen werden:

1. Pathogenetisch wirksam sind offenbar weniger die schockartigen, einmaligen Ereignisse, die in die Augen springen, sondern vielmehr lang andauernde, weniger sichtbare Schädigungen und Mangelerfahrungen.

2. Es darf gefolgert werden, daß der Ausgang eines akuten traumatischen Dramas nicht durch das Ereignis selbst bestimmt wird, sondern ganz wesentlich protektive Faktoren entscheidend sind. Die sehr gründliche und methodisch einwandfreie Studie von Schnyder (1999) kann als weitere Bestätigung gelesen werden. Er untersuchte schwer Unfallverletzte und stellte zu seiner eigenen Überraschung fest, daß sich PTSD-Symptome nur bei einem relativ geringen Prozentsatz der Verletzten fanden. Diese ungünstige Gruppe zeichnete sich durch vorbestehende komplexe persönlichkeits- und situationsgebundene Problemlagen aus.

4. Das Trauma als Faszinosum

Zur gängigen Traumalehre gehört die Vorstellung, daß alles, was das Trauma betrifft, seine Ursachen und seine Folgen, von einer Tabuzone umgeben sind. Die Menschen meiden den Schrecken und das Entsetzen. Aber dies hat offensichtlich nur beschränkte Gültigkeit. Nicht nur auf besonders disponierte Menschen in Notlagen kann ein Trauma als Faszinosum wirken, sondern auch auf die allgemeine Bevölkerung. Journalisten photographieren mit einer gewissen Vorliebe gerade Menschen in ihrem tiefsten Schmerz, wenn sie am Grabe stehen. Zahlreiche Reality-TV-Sendungen mit Berichten über Katastrophen (Morde, Unglücksfälle etc.) befriedigen offensichtlich ein weit verbreitetes Bedürfnis.

Das Trauma als Faszinosum ist ein Sachverhalt, den die Traumalehre bisher nicht zur Kenntnis genommen, geschweige denn bearbeitet hat. Das ist verwunderlich, denn ein Psychotherapeut, der posttraumatische Störungen behandelt, müßte diese Suggestionskraft, sofern er selbstkritisch ist, doch am eigenen Leibe z.B. als Gegenübertragungsreaktion verspüren. Die Sogwirkung des Traumas kommt in vielen Krankengeschichten unserer Patienten gar nicht so selten auf ganz unspektakuläre Weise zur Darstellung. Die zugrundeliegende narzißtische Problematik macht das nachfolgende, gerade in meiner Sprechstunde erlebte Fallbeispiel deutlich.

> Ein Student, den ich wegen einer depressiven Symptomatik behandelte, erinnerte sich, wie er als Pubertierender, wenn er wieder über etwas sehr verzweifelt war, mehrfach die Phantasie entwickelte, er habe einen schweren Autounfall gehabt, habe Arme und Beine verloren und liege nun im Krankenhaus. Die Eltern, die Geschwister, seine Freundin und seine Freunde kämen an sein Bett, bedauerten und streichelten ihn. Die Phantasie sei eine süße Phantasie gewesen, weil endlich alle Aufmerksamkeit sich auf ihn richtete und er endlich den anderen beweisen konnte, wie heroisch er sein Schicksal meistern werde.

Nicht wenige Patienten berichten, daß sie in der Kindheit erst dann Zuwendung und Aufmerksamkeit ihrer Eltern erfuhren, wenn sie krank waren und Anlaß zu besonderer Sorge gaben. Erst in der Ausnahme-Situation des Krankseins gingen ihre im Alltag versagten Wünsche nach mitmenschlicher Wärme in Erfüllung. Der narzißtische Gewinn des Krankseins kann unbewußt Krankheit als etwas Erstrebenswertes, ja Verführerisches erscheinen lassen. Dies schließt - wie unser Fallbeispiel zeigt - auch die körperliche Verstümmelung durch einen Unfall mit ein.

Dieser Aspekt erhellt den Befund, daß ein Trauma als Faszinosum wirken kann. Zuwendung, Mitgefühl, Aufmerksamkeit und Anerkennung darf derjenige erwarten, dem ohne Verschulden Schlimmes widerfahren ist. Die Verantwortlichkeit für das eigene Schicksal und das eigene Befinden liegt stets anderswo. Die Entdeckung eines seelischen Traumas in der eigenen Biographie kann durchaus den Charakter einer "Bekehrung" annehmen. Vergangenheit, Gegenwart und Zukunft werden neu gedeutet, und es entstehen neue Sinnzusammenhänge. Man kann dies auch wie folgt formulieren: In der Entdeckung des Traumas liegt eine spezifische ideologische Versuchung, der Schlüssel zu einer neuen Weltsicht, vergleichbar dem Bekehrungserleben bei Sekten und sektenähnlichen Gruppierungen.

In der nachfolgenden Tabelle habe ich sechs bedeutsame Komponenten aufgeführt, die das Suggestivpotential eines Traumas bedingen. Wichtig ist, daß diese Komponenten ihre Wirksamkeit gerade in Situationen hoher emotionaler Belastung mit Identitätsunsicherheiten und Regressionswünschen entfalten. Dies ist der Grund, warum bei der Anwendung psychotherapeutischer Techniken, die mit partieller Regression einhergehen, Pseudoerinnerungen an frühe Traumata auftreten können, ein Befund, den bereits Freud vor über 100 Jahren erhob.

Suggestivpotential des Traumas

1. Reduktion der komplexen Wirklichkeit
2. Regressive Aufteilung der Welt in Gut und Böse, Opfer und Täter
3. Entlastung und Erleuchtung durch eine Universalursache
4. Aufmerksamkeit, Zuwendung, Trost, Mitleid, Entschädigung (Medien)
5. Gruppensolidarität und neue Identität ("Traumaopfer")
6. Abwehr eigener Triebbedürfnisse und -wünsche durch Anklage nach außen (Kreuzzugsmentalität und Missionseifer)

5. Posttraumatische Kreativität

Vor einiger Zeit stieß ich auf ein Interview, das der Schriftsteller Peter Weiß 1979, 3 Jahre vor seinem Tod, gegeben hatte. Peter Weiß gehört zu den Schriftstellern, die in ihrem dramatischen Werk immer wieder das Thema seelischer Krankheit und seelischer Veränderung abhandeln. In seinem Schauspiel über Hölderlin ist dieser nicht an einer Schizophrenie erkrankt. Hölderlin muß vielmehr die Rolle des Verrückten spielen, um sich und seine umstürzlerischen Ideen zu schützen und zu verbergen. Das Stück, mit dem Peter Weiß 1964 berühmt wurde, spielt in einer Irrenanstalt und handelt von der Ermordung Jean Paul Marats, dargestellt von der Schauspieltruppe des Spitals zu Charenton, unter Anleitung des Marquis de Sade.

In dem erwähnten Interview berichtet Peter Weiß von einer traumatischen Begebenheit seiner Kindheit: "Ich hatte eine Schwester, Margit Beatrice, die damals 12, 13 Jahre alt war. Sie wurde von einem Auto überfahren, gleich an unserer Straßenecke. Sie lag noch zwei Tage im Krankenhaus. Bewußtlos. Ihr Gesicht war völlig zusammengedrückt. Sie lag in Krämpfen. Es waren grauenhafte Tage. Meine Mutter in völliger Verzweiflung. Die Schwester starb dann nach zwei Tagen. Ihr Tod löste eigentlich den ganzen Prozeß der Produktivität bei mir aus, dieses Erlebnis des Todes ...".

Margit Beatrice war die Schwester, die Peter Weiß am meisten liebte. Er stand ihr besonders nahe. Die Auseinandersetzung mit ihrem Tod wurde sogleich Thema seiner ersten Bilder. Die nachstehende Schwarzweißzeichnung nannte er "Selbstportrait zwischen Tod und Schwester".

Abb. 1

Abb. 2

Noch im gleichen Jahr 1935 malte Peter Weiß ein anderes Bild, das er "Die Maschinen greifen den Menschen an" betitelte. Kann man die Interpretation wagen, daß er in diesem Bild seine persönliche traumatische Erfahrung durcharbeitete und mit Hilfe der künstlerischen Produktion Distanz gewann und zu einem die individuelle Erfahrung transzendierenden Thema vordrang? Im Hinblick auf die Ereignisse des zweiten Weltkrieges ist das Bild prophetisch. In den Ruinen im oberen Bildrand entdecken wir an seiner Staffelei den Maler, der sich außerhalb des tosenden Geschehens stellt, der in ein Refugium geflüchtet ist, von dem jedoch niemand sagen kann, ob es der Zerstörung standhalten wird.

In den Biographien von Künstlern ist immer wieder aufgefallen, daß sie nicht selten eine sehr belastete Kindheit mit schmerzlichen

Trennungen, Tod von Eltern und Geschwistern erleben mußten. Trotz all der Drangsal gelangen ihnen große Werke. Die psychoanalytische Theorie der Sublimierung scheint ergänzungsbedürftig, und vielleicht wird ein zukünftiger Autor der Frage nachgehen, ob es eine Traumatheorie der künstlerischen Kreativität geben sollte unter der Vorstellung, daß ein Kunstwerk auch dazu dient, das, was beschädigt, zerstört oder verlorengegangen ist, wiederzugewinnen. Das künstlerische Schaffen ist stets auch der Versuch einer Versöhnung mit einer zerstörerischen Wirklichkeit. Auf diese Weise vermag das Kunstwerk Haß und Destruktivität zu binden und zu integrieren. Vielleicht besitzt der Künstler im Gegensatz zum "normalen" Menschen eine besondere Fähigkeit zur kreativen Auseinandersetzung mit Verlust, Trauma und Konflikt, vielleicht eine größere Empfänglichkeit und Reaktionsbereitschaft auf die Not des Lebens. Solche Überlegungen können sich stützen auf eine Selbstbeschreibung Friedrich Hölderlins. Ich zitiere einen Ausschnitt aus einem Brief an seinen Freund Neuffer aus dem Jahre 1798:

"Ich fürchte, das warme Leben in mir zu erkälten an der eiskalten Geschichte des Tags, und diese Furcht kommt daher, weil ich alles, was von Jugend auf Zerstörendes mich traf, empfindlicher als andere aufnahm, und diese Empfindlichkeit scheint darin ihren Grund zu haben, daß ich im Verhältnis mit den Erfahrungen, die ich machen mußte, nicht fest und unzerstörbar organisiert war... Weil ich zerstörbarer bin als mancher andere, so muß ich um so mehr den Dingen, die auf mich zerstörend wirken, einen Vorteil abzugewinnen suchen, ich muß sie nicht an sich, ich muß sie nur insofern nehmen, als sie meinem wahrsten Leben dienlich sind."

Imaginative traumaorientierte Psychotherapie zur Behandlung von Kindern und Jugendlichen mit prae- und perinatalen Traumen

- Methodische Aspekte
- Erfahrungsbilanz mit Fallbeispielen

Natascha Unfried

Zusammenfassung:

Der vorliegende Erfahrungsbericht basiert auf dem Therapiekonzept von R. Hochauf, welches von mir modifiziert für Kinder und Jugendliche mit frühen Traumatisierungen eingesetzt wird. Die therapeutischen Erfahrungen orientieren sich an einer traumatischen Genese struktureller Störungen. Traumatische Erfahrungen bleiben aus dem Symbolisierungsprozeß ausgeschlossen, somit sind der weitere Verlauf und insbesondere die Beendigung des Traumas für das Kind nicht wahrnehmbar und als unvollständige Handlungskette dissoziiert auf subcortikaler Ebene gespeichert. Sie sind nicht aktiv evozierbar, sondern nur durch Triggerreize reaktivierbar, da sie an den Streßzustand des jeweiligen konkreten Traumas gebunden sind.

Die imaginativ-methodische Herangehensweise scheint für frühtraumatisierte Kinder und Jugendliche eine Möglichkeit zu sein, die Erlebnisdefizite auf der entsprechenden Zeitebene wahrzunehmen und zu vervollständigen. Der kontrollierte Regressionsprozeß erfolgt in einem konstruiertem "Ersatzzwischenraum", indem die Parallelität von therapeutischer Realbeziehung und Übertragung konstant gehalten wird.

Es konnte gezeigt werden, wie triggerabhängige Projektionen bei den Kindern endeten und Veränderungen in der Persönlichkeitsentwicklung nachweisbar waren.

Seit 1994 beginnend, fielen mir zunächst bei Jugendlichen in pubertären Krisen und später auch bei jüngeren Kindern gesteigerte Empfindlichkeit, veränderte Wahrnehmung im Hinblick auf sich selbst und andere, höhere Empfindlichkeit gegenüber belastenden Ereignissen u. ä. auf. Ebenso bemerkte ich ein bei diesen Kindern und Jugendlichen durch das Trauma verändertes Umwelterleben im Sinne der von L. Janus (1993/1997) beschriebenen Grundgestimmtheit. Die Erkenntnisse der Psychotraumatologie, der Säuglingsforschung, der Neurobiologie und der prae- und perinatalen Psychologie führten mich zunehmend zu einer anders zentrierten Wahrnehmung in meiner Arbeit mit diesen Patienten. Grundlage bildet das Konzept der analytisch- traumaorientierten Psychotherapie nach R. Hochauf (1999, 2001), welches modifiziert wurde für die Arbeit.

Die Entwicklung des Kindes ist heute als adaptiver Prozeß zu verstehen. Ein Kind ist dementsprechend zu jedem Zeitpunkt seiner Entwicklung ausgerüstet mit der Ausstattung, die es für die Bewältigung der Anforderungen benötigt, einschließlich seines intrauterinen Lebens. Dysfunktionen sind als Anreiz für weitere Entwicklungsschritte zu verstehen. Von Beginn an erfolgt dieses mehr oder weniger störanfällige Geschehen (Informationsaustausch) mit anderen im intra- und interagierenden energetischen und stofflichen Austausch. An diesem Prozeß nimmt der gesamte Körper, jede Zelle sowie das Gehirn als Organ für sensomotorische und psychophysische Verarbeitung teil. Für diese komplexen Entwicklungsaufgaben ist das Kind in jeder Phase befähigt.

Wird ein Kind bereits in einer sehr frühen Zeit von einem Trauma aus der Außenwelt erreicht, gelingt es oft nur kurz, mit extremem Einsatz von Schmerz, Angst, Panik und Körperreaktionen dem entgegenzusteuern. Die Streßreaktion und Streß auf bewältigbarem Niveau hilft dem Kind, kritische Phasen zu überstehen (Hüther 1997). Jedoch führt nicht bewältigbarer Streß nach Pavlow zu tiefgreifenden Veränderungen funktionell bis strukturell. Es kommt zum Einsetzen der Schockreaktion, in deren Folge ein Prozeß der Abschaltung und Blockierung der Wahrnehmung unterschiedlichen Ausmaßes entsteht. Die Ganzheit im Raum-, Zeit- und Selbsterleben für die Situation geht verloren.

Der schockbedingte Verlust der Amodalität für das konkrete traumatische Ereignis führt zum Ausschluß aus dem Prozeß der Integration in das Gesamterleben der kindlichen Persönlichkeit. Es kommt zu " Analogiebildungen " (Hochauf 1999, 2001). Somit ist der Inhalt der traumatischen Situation und ihres Ablaufs im

Zustand der Dissoziation ab dem Zeitpunkt des Schockerlebens. Damit ist das Ereignis nicht fühlbar, nicht benennbar, nicht erinnerbar, und auch der Verlauf, insbesondere die Beendigung des Traumas ist für das Kind nicht wahrnehmbar. Es bleibt, wie auch von van der Kolk benannt, als unvollendete Kette dissoziiert auf subcortikaler Ebene kreisend (van der Kolk 1998).

Seite 168:
Abb. I Traumatische Episode und Schockreaktion. Hochauf, Unfried 1999

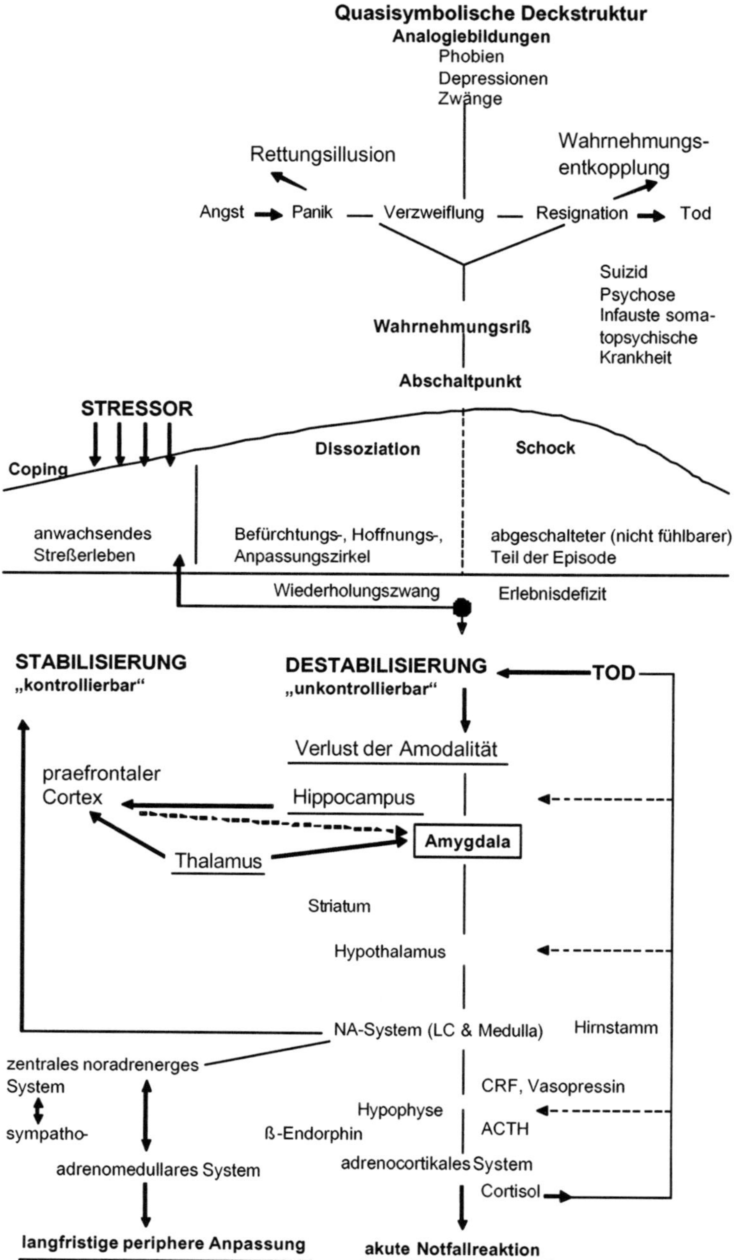
Quasisymbolische Deckstruktur
Analogiebildungen
Phobien
Depressionen
Zwänge
Rettungsillusion
Wahrnehmungs-
entkopplung
Angst
Panik
Verzweiflung
Resignation
Tod
Suizid
Psychose
Infauste soma-
topsychische
Krankheit
Wahrnehmungsriß
Abschaltpunkt
STRESSOR
Coping
Dissoziation
Schock
anwachsendes
Streßerleben
Befürchtungs-, Hoffnungs-,
Anpassungszirkel
abgeschalteter (nicht fühlbarer)
Teil der Episode
Wiederholungszwang
Erlebnisdefizit
STABILISIERUNG
„kontrollierbar"
DESTABILISIERUNG
„unkontrollierbar"
TOD
Verlust der Amodalität
praefrontaler
Cortex
Hippocampus
Amygdala
Thalamus
Striatum
Hypothalamus
NA-System (LC & Medulla)
Hirnstamm
zentrales noradrenerges
System
sympatho-
adrenomedullares System
CRF, Vasopressin
Hypophyse
ß-Endorphin
ACTH
adrenocortikales System
Cortisol
langfristige periphere Anpassung
akute Notfallreaktion

Kinder benennen es folgendermaßen:

- "die Zeit abgerissen"
- "bis zu dieser Stelle"
- "bis dahin - dann ist Schluß"
- "es wird schwarz"

Dies entspricht dem "Abschaltpunkt" (siehe Abb. I). Das Ereignisdefizit umfaßt die Zeit nach dem Abschaltpunkt bis zur Beendigung der konkreten traumatischen Episode. Weiterhin kommt es bei unkontrolliertem Streß zur Daueraktivierung der Amygdala und über die Amygdala zur Aktivierung mehrerer Systeme, unter anderem auch der Hypothalamus- Hypophysen-Nebennieren- Achse mit einem Ausschütten von Streßhormonen. Diese Daueraktivierung löst körperlich die " Notfallreaktion " aus, gleichzeitig führt sie zur Einspeicherung von Informationen in den Hippocampus. Wird der Hippocampus gestört, kann es, wie bekannt ist, vom Funktionsverlust bis zu strukturellen Veränderungen kommen, des weiteren wird die differenzierte Speicherung in den Neokortex (in kontinuierlicher Entwicklung befindlich) verhindert, der "Filmriß" entsteht. Die Funktion des Hippocampus ist heruntergeregelt, die Bewertung der Situation gelingt für das Kind nicht, Kontext geht verloren. Kommt es im Verlauf des Traumas zur totalen Ausweglosigkeit, das heißt zur Gefahr des Sterbens, dann bleibt dies, ebenfalls dissoziiert, subcortikal gespeichert. Die traumatischen Inhalte werden ungenügend in den sich entwickelnden und sich ständig adaptierenden Neokortex eingebaut. Bei Kindern bleiben die Wahrnehmungsinhalte der Primärebene oft noch gut erkennbar, sie zeigen sich als darunterliegende reale Lebenserfahrung. Einsperrgefühle, Einengung, nicht raus können, nichts tun können, Ohnmacht, Panik, Körperempfindungen, Visionen, Lichterscheinungen und typische Abbildungen auf imaginärer Ebene geben Hinweise auf frühe Traumatisierungen. So führt nicht bewältigbarer Streß zu einer veränderten Wahrnehmung.

Beispiele bei Kindern:

- Verlust der Impulskontrolle
- Verlust der Fähigkeit, sich auf einzelne Reize zu konzentrieren

- Veränderte Selbst-, Fremd- und Weltwahrnehmung
- kognitive Störungen, u. ä.

Meiner Meinung nach ist für das Verständnis des Veränderungsprozesses des Patienten das therapeutenseitige Empfinden, Wahrnehmen und Wissen der traumabedingten Erlebnisse, deren Abbildung im Körper und deren spezifische Übertragungen notwendig.

Schon im Erstkontakt, der bei mir in der Regel mit Kind und Eltern beginnt, erlebe ich die Konzentration auf Probleme, die im Hier und Jetzt wenig erklärbar sind bzw. daß in Belastungssituationen, wie Prüfungen, Trennungen u.ä., "Wegrutschen" oder "Nicht da sein" benannt werden. An den Abschnitten im therapeutischen Prozeß, wo deutlich wird, daß das Kind mehrfach frühere Erlebnisse reaktualisiert, oft verbunden mit den für die "falsche" Zeit vorhandenen Körperempfindungen, Bildern, Verhaltensmustern, Ängsten, Gefühlen und anderen Modalitäten, beginne ich mit der Einrichtung eines "Ersatzzwischenraumes", in dem der regressive Prozeß erfolgt. Da bekannt ist, daß die Verknüpfungen von Sinneswahrnehmungen und das Einordnen in ein Bildgedächtnis frühzeitig möglich ist und diese wahrscheinlich nach dem Muster autoassoziativer Netzwerke gespeichert werden (Roth 1997), gelingt mit der imaginativen Technik der Abruf von episodischen Gedächtnisinhalten und die Vervollständigung der zur Situation gehörenden Wahrnehmungen. Oft liegen mehrere in der Situation ähnlich wahrgenommene Ereignisse unterschiedlicher Zeitebenen übereinander (Traumaschichtung) - die aktuelle Situation fungiert als Trigger, am Abschaltpunkt werden alle Traumen abgerufen.

Therapieziel ist, die Rekonstruktion der Einzelszenen mit dem Schwerpunkt zu erleben, daß die Situation schmerzhaft, voller Angst, ohne andere Bewältigungsmöglichkeit usw. war, aber auch daß sie ein Ende, einen Ausweg und insbesondere ein Überleben hatte, bei allen Unsicherheiten, Ängsten und Panik auf diesem Weg. Es wird die notwendige "Parallelität von Übertragung und therapeutischer Realbeziehung" kontinuierlich gehalten. Das Kind kann somit die eigene Erfahrung machen, daß die Affekte, Körperempfindungen, Stimmen, u.ä. zu einer bestimmten Situation, der zugehörigen Zeit, in eine andere Umgebung und zu konkreten Personen gehören. Erst so ist es möglich, die "vermischten Welten" in bezug auf die jeweilige traumatische Erfahrung wahrzunehmen und zu trennen.

Es gibt wieder eine Zeitachse.

Puzzleteile fügen sich zusammen, eine Ordnung entsteht.

Jetzt kann das Kind aufhören, sich im Hier und Jetzt

- "zu verstecken"
- "klein zu machen"
- "sich aufzulösen"
- "weg zu sein"
- "um sich zu schlagen"

Die Realwahrnehmung wird möglich, alle zugeordneten Bestandteile werden in den Neokortex integriert, andere Zuordnungen können erfolgen.

Fallbeispiel 1 9,3 j. Knabe (T.)

Vorstellungsgrund:

Schaukelbewegungen des Körpers und besonders des Kopfes seit der Geburt, verstärkt seien die Symptome, seit es der Kindesmutter wieder schlecht gehe und eine evtl. stationäre Behandlung bevorstehe (eigene traumatische Lebensgeschichte der Kindesmutter), T. krieche unter die Bettdecke, ducke sich, habe Angst, daß jemand ins Zimmer komme, oft zucke er plötzlich zusammen und benenne Angst, wisse nicht warum, sonst sei er ein weniger ängstlicher Junge. Die Kindesmutter gab an, daß sie nicht in der Lage war, das Kind anzunehmen, schon vor der Geburt hatte sie erhebliche Ängste gehabt.

T. gibt bereits beim Erstkontakt an, daß er ständig das Gefühl habe, es komme jemand ins Zimmer (dabei zuckt er kurz mit dem Kopf). Er träume wiederholt einen Traum, daß ihm jemand (ein Mann?) den Kopf abhacken will.

Bild I

Auszüge aus der kontrollierten Regression: "Gefühl, jemand kommt herein"

T. findet sich sehr klein in einem Raum oder wie Zimmer, in der Ecke- oben- so wie über dem Kopf schlägt jemand mit einem Beil oder Messer ein Loch herein- ich nehme den Kopf weg (körperlich bewegt T. mehrfach den Kopf zur Seite), wenn ich wegdrehe, passiert nichts- Angst- der Mann war lieb, Angst vor dem Messer (T. krümmt sich körperlich zusammen), die Türöffnung, die übliche, ist zu - ich muß warten, ich muß dort raus, dort oben, wo er das Loch gemacht hat- eine Oma oder Frau hilft mir, (T. streckt sich), ich bin raus (T. wird ruhig).

Bild II

Nachgespräch: T. nimmt einen Zettel und malt es auf, ich bin nämlich auch so komisch auf die Welt gekommen, der Bauch ist aufgeschnitten worden, ich bin verkehrt geboren worden.

Die Therapie wurde inzwischen beendet, da die Kopfbewegungen nicht mehr auftraten.

Die Therapie wurde von der Mutter beendet, da die Körpersymptome und Ängste bei T. verschwunden waren.

Fallbeispiel 2 17 j. Mädchen (H.)

Vorstellungsgrund: Weiterbehandlung nach stationärer Therapie, die wegen extremer Bedrohungsängste und körperlicher Symptomatik erfolgte. Die Bedrohungsängste bestanden weiter, zusätzlich Einsperrgefühle, Männeraugen würden sie anschauen, panikartige Zustände mit fürchterlichem Herzrasen, Schlafstörungen, Einengungsgefühl, Alkoholgeruch, der oft wahrgenommen wurde, Phasen absoluter Hilflosigkeit und Nichtreaktionsfähigkeit, welche auch zur Beendigung der Ausbildungsmaßnahme geführt hatte. Die Kontaktaufnahme erfolgte telefonisch, da ein direkter Besuch erst anschließend möglich war.

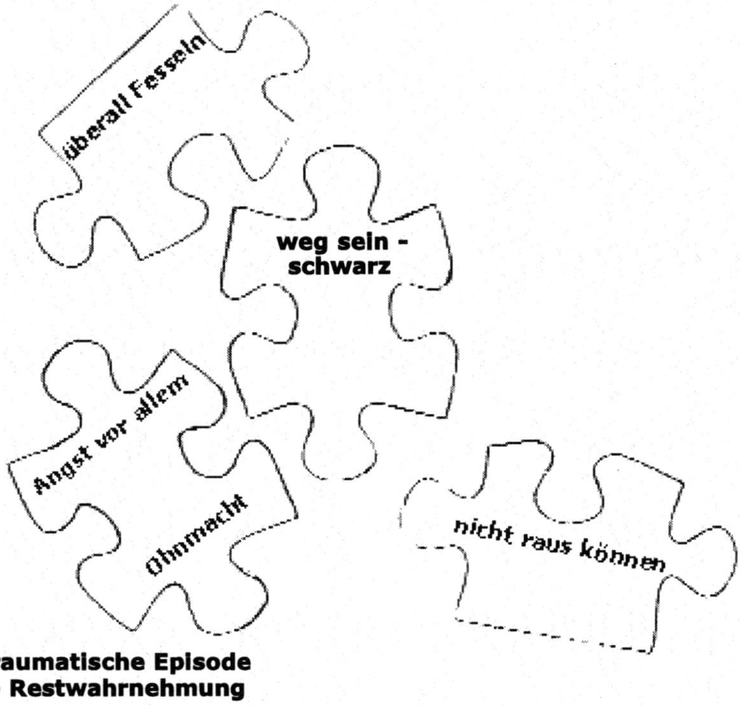

Bild III Traumatische Episoden - Restwahrnehmung

H. kam mit unterschiedlichen Wahrnehmungsfragmenten und Bildern (die sie zu Hause gemalt hatte, s. Bild IV- VI linksseitig), die sie bei der Alltagsbewältigung erheblich behinderten.

Sie befand sich am Abschaltpunkt mit der zugehörigen analogen Übertragung.

Nach Stabilisierung gelang es, den kontrollierten regressiven Prozeß zu beginnen.

H. ordnete puzzleartig die Wahrnehmungen und Bilder mit den dazugehörigen Empfindungen, Ängsten und den realen handelnden Personen (Traumaschichtung) der jeweiligen konkreten Situation.

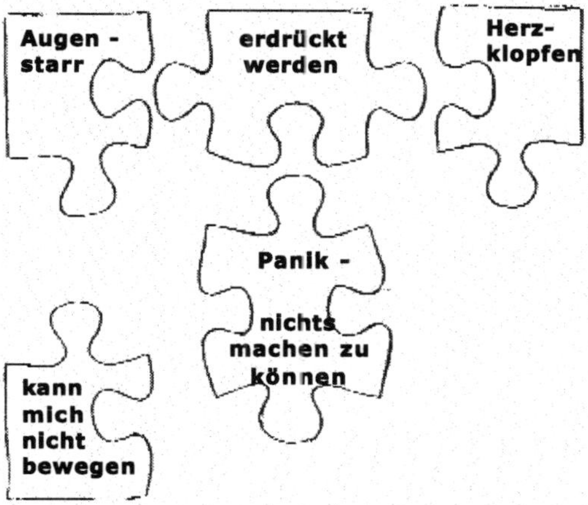

Rekonstruktion der traumatischen Episode

Bild IV

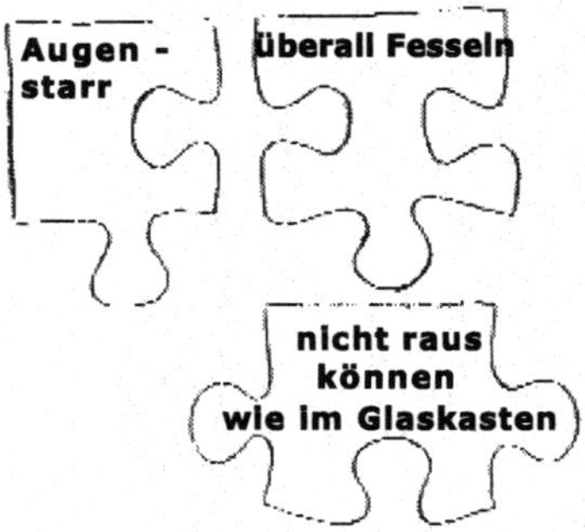
Augen -
starr
überall Fesseln
nicht raus
können
wie im Glaskasten

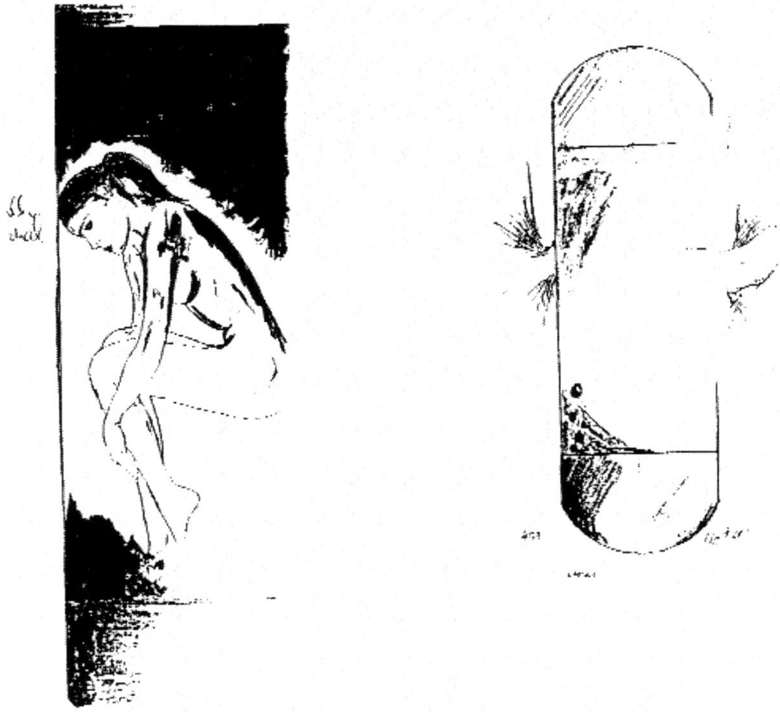

Bild V

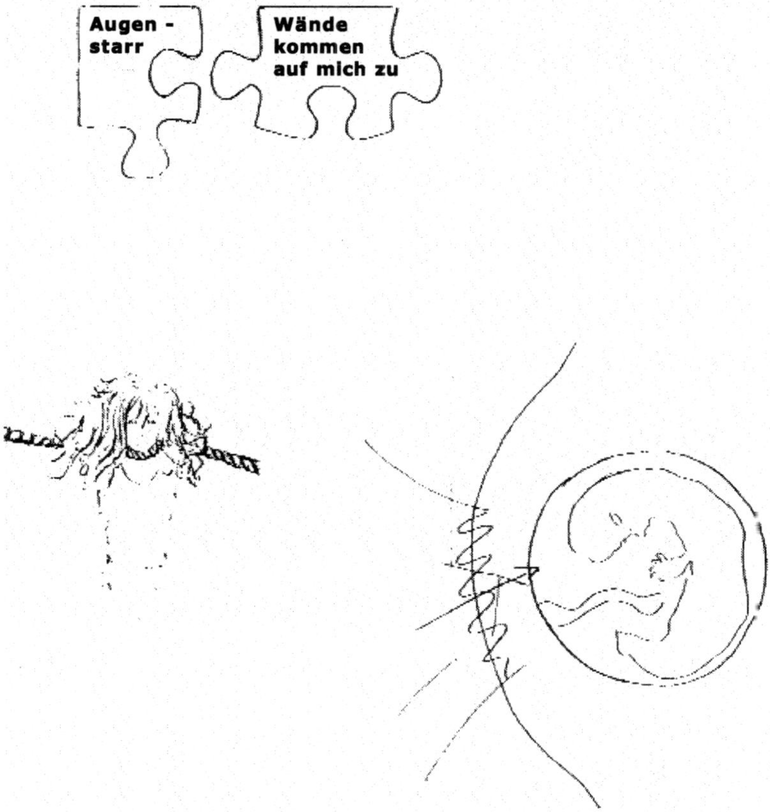

Bild VI

Bild IV - VI Rekonstruktion der traumatischen Episoden

- Zimmer mit Kinderbett - sexueller Mißbrauch, (rechtsseitig Ausdrucksform nach imaginativer Rekonstruktion)

- Inkubator- lebensbedrohlich erlebte Situation unmittel bar nach der Geburt als Frühgeborenes

- Uterus- (noch laufende Rekonstruktion)

Die somit zunehmend belebten traumatischen Episoden werden als beendet wahrgenommen und können nach intensiver Trauer als Ganzes integriert werden.

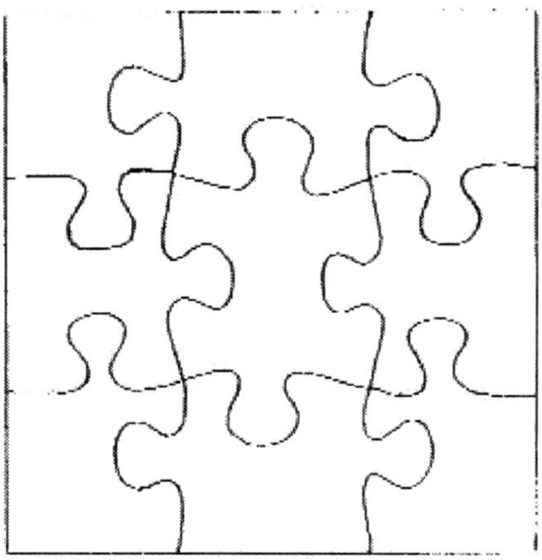

Integration

3 Episoden - 3 Bilder

Bild VII
Integration der vollständig erlebten Einzelsituation

H. war bereits nach der Stabilisierungsphase in der Lage, die Wohnung zu verlassen, konnte sich später deutlich freier in der Stadt bewegen, nahm wieder soziale Kontakte auf und zog nach einem Jahr in eine eigene Wohnung. Die Bedrohungsängste sind deutlich weniger aufgetreten.

Bisherige Erfahrungen mit dieser therapeutischen Herangehensweise (Hochauf 1999, Unfried 1999) zeigen, daß es gelingt, die abgespaltenen Anteile früher traumatischer Szenen zu rekonstruieren, die schmerzlichen Erfahrungen der früheren Zeit wahrzunehmen und in die Struktur zu integrieren. Kinder und Jugendliche benennen als besonders befreiend, daß sie sich selbst als Handelnde erleben und nicht mehr in ständiger Panik passiv reagieren müssen. Meiner Erfahrung nach entfalten diese Patienten erst nachfolgend die in ihnen vorhandenen Möglichkeiten. Der Bericht stellt ein vorläufiges Ergebnis dar.

Literatur

Hochauf R (1999) Imaginative Psychotherapie bei frühtraumatisierten Patienten. Int J of Prenatal and Perinatal Psychology and Medicine 11(4): 503-517

Hüther G (1999) Biologie der Angst- Wie aus Streß Gefühle werden. Vandenhoeck & Ruprecht, Göttingen

Janus L (1998) Wie die Seele entsteht. Mattes, Heidelberg

Janus L, Haibach S (1998) Seeliches Erleben vor und nach der Geburt. LinguaMed Verlag, Neu- Isenburg

v.d. Kolk BA (1998) Zur Psychologie und Psychobiologie von Kindheitstraumata Prax Kinderpsychol Kinderpsychiat 47: 19-35 (1998), Vandenhoeck & Ruprecht

Roth G (1998) Neuronale Grundlagen kognitiver Leistungen, in Neurowissenschaft. Vom Molekül zur Kognition, Dudel, Menzel, Schmidt, Springer-Verlag Berlin Heidelberg New York

Unfried N (1999) Erfahrungsbilanz der Behandlung von Kindern mit prä- und perinatalen Traumen. Int J of Prenatal and Perinatal Psychology and Medicine 11(4): 519-528

Die Identifikation mit dem Aggressor als Grundlage unseres Seins: Das Bedürfnis bestrafen zu müssen*

Arno Gruen

Wir leben in einer Welt, in der wir zunehmend voneinander abhängig werden und uns dennoch immer mehr gegeneinander wenden. Warum stellen sich Menschen gegen das, was sie miteinander verbindet, gegen das, was sie miteinander gemeinsam haben - ihr Menschsein?

Milovan Djilas, einst Titos Gefährte im Partisanenkrieg gegen die Nazis und später einer seiner schärfsten Kritiker, beschreibt in seinem autobiographischen Bericht "Land ohne Recht" die Grausamkeiten einer Männerwelt, in der Menschlichkeit als Schwäche verpönt ist: "Einmal, nach dem Krieg, begegnete Sekula (ein Montenegriner und Jugoslawe) auf dem Weg von Bijelo Polje nach Mojkovac ein fremder Muselmane. Dieser Weg war immer gefährlich, da er dicht bewaldet und für einen Hinterhalt wie geschaffen war. Der Muselmane war daher froh über den montenegrinischen Weggefährten; auch Sekula fühlte sich in Gesellschaft eines Türken sicherer, für den Fall, daß sich türkische Heckenschützen in der Gegend herumtrieben. Der Muselmane war offensichtlich ein friedliebender Familienvater. Unterwegs boten sie einander Tabak an und plauderten freundlich. Der gemeinsame Weg durch die Wildnis brachte die beiden Männer einander näher." Djilas schreibt, daß Sekula später sagte, er habe keinerlei Ressentiments dem Moslem gegenüber empfunden. Er sei für ihn wie jeder andere gewesen, mit dem einzigen Unterschied, daß er Türke war. Doch gerade diese Unfähigkeit, eine Abneigung zu spüren, weckte in Sekula ein Gefühl von Schuld. Djilas berichtet wei-

* Basiert auf: Arno Gruen "Der Fremde in uns", Klett-Cotta: Stuttgart, 2000. Das Buch wurde im November 2001 mit dem Geschwister-Scholl-Preis ausgezeichnet.

ter: "Es war ein heißer Sommertag, weil der Wald aber so dicht war und der Weg einen Bach entlang führte, war es angenehm frisch. Schließlich setzen sie sich ans Bachufer, um im kühlen Schatten zu essen. Sekula prahlte mit seiner wunderschönen Pistole und zeigte sie dem Muselmanen. Der betrachtete die Waffe, lobte sie und fragte Sekula, ob sie geladen sei. Sekula bejahte, und in diesem Augenblick fiel ihm ein, daß er den Türken durch einen leichten Fingerdruck töten konnte. Er hatte sich aber noch nicht dazu entschlossen. Er richtete die Pistole auf den Muselmanen, gerade zwischen seine Augen, und sagte:'Ja, sie ist geladen, und ich könnte dich jetzt töten.' Der Muselmane blinzelte in die Mündung, lachte und bat Sekula, anderswohin zu zielen, da die Waffe ja losgehen könne. In diesem Augenblick wußte Sekula ganz klar, daß er seinen Weggefährten töten mußte. Er hätte die Schande einfach nicht ertragen können, wenn er diesen Türken verschont hätte. So schoß er, wie zufällig, mitten in das lächelnde Gesicht, zwischen die Augen."

Wenn Sekula später darüber sprach, behauptete er, daß er in dem Augenblick, als er die Pistole im Spaß auf die Stirn des Muslims richtete, keine Tötungsabsichten gehabt hätte. Djilas schreibt: "(Aber) dann habe sein Finger wie von selbst abgedrückt. Irgend ewas war in ihm zum Durchbruch gekommen, was er von Geburt an mit sich herumtrug und was er einfach nicht zurückhalten konnte." Es muß der Moment gewesen sein, in dem sich Sekula dem Türken so nahe fühlte, daß sich die Scham seiner bemächtigte. So absurd es auch klingen mag, er tat, was er tat, nicht aus Haß, sondern im Gegenteil: Er tötete, weil er diesen "Fremden" nicht hassen konnte. Dafür schämte er sich, dafür fühlte es sich schuldig. Denn die Freundlichkeit und das Gute, das er in sich selbst spürte, verwandelten sich in ein Gefühl der Schwäche. Und dieses Gefühl mußte er abtöten. Als er den andern tötete, tötete er die Menschlichkeit in sich selbst.

Klaus Barbie, der Gestapo-Schlächter von Lyon, der den französischen Widerstandskämpfer Jean Moulin zu Tode folterte, sagte in einem Interview mit Neal Ascherson (1983): "Als ich Jean Moulin vernahm, hatte ich das Gefühl, daß er ich selber war." Das heißt: Was der Schlächter seinem Opfer antat, tat er in gewisser Weise sich selbst an. Auf was ich hinaus will ist: Fremdenhaß hat auch immer etwas mit Selbsthaß zu tun. Wenn wir verstehen wollen, warum Menschen andere Menschen quälen und demütigen, müssen wir uns zuerst mit dem beschäftigen, was wir in uns selbst verabscheuen. Denn der Feind, den wir in andern zu sehen glauben, muß ursprünglich in unserem eigenen Innern zu finden sein. Diesen Teil von uns wollen wir zum Schweigen bringen, indem wir den Fremden, der uns daran erinnert, weil er uns ähnelt, vernichten. Nur so können wir fernhalten, was uns in uns selbst fremd geworden ist. Nur so können wir weiter aufrecht gehen.

Ein Patient, ein 50jähriger Geologe, berichtet von seinem Vater, der freiwillig in Hitlers Wehrmacht gekämpft hatte. Der Vater zeigte nicht nur eine extrem autoritäre Haltung seinem kleinen Sohn gegenüber, er züchtigte ihn auch körperlich für die kleinsten Abweichungen vom vorgeschriebenen Verhalten. Seine Frau behandelte er ebenfalls herabsetzend und gewalttätig. Die Mutter nahm den Sohn allerdings nie in Schutz. Nur einmal, als das Kind 7 Jahre alt war, griff sie ein, da sie glaubte, der Vater würde ihn in seiner Wut erschlagen. Der Sohn, gehorsam und stets bereit, sich zu fügen, wurde auch als Erwachsener noch von großen Schuldgefühlen geplagt, wenn er an seinem Vater zweifelte. Er kam in die Therapie, weil er sich trotz allem das Gefühl bewahrt hatte, daß mit der Welt, in der er lebte, etwas nicht in Ordnung war. Der Patient hatte schon früh den Entschluß gefaßt, niemals Kinder zu haben. Er wurde jedesmal sehr wütend, wenn er Kinder schreien hörte. Er erlebte dieses Weinen als einen Versuch, ihm etwas aufzunötigen. Das machte ihn so rasend, daß er Angst hatte, ein Kind in einer solchen Situation gegen die Wand zu schmettern. Soweit wollte er es nicht kommen lassen.

Hier haben wir es mit einem Menschen zu tun, der nicht weitergeben wollte, was ihm angetan wurde. Trotzdem wirkte die Identifikation unbewußt in ihm weiter. Seine Reaktion auf das Schreien von Kindern war ja die Reaktion des Vaters auf ihn als Säugling. Seine Wut war die Wut seines Vaters. Dessen Haß hatte er völlig als seinen eigenen verinnerlicht.

So wird das Eigene wie auch die vom Vater übernommene Verurteilung seines Schmerzes zum Fremden, um es dann außerhalb der Grenzen des eigenen Selbst zu bestrafen.

Eine Studentin in einem Therapiekurs fragte mich während einer Vorlesung: "Wie kommt es, daß ich selbst in meiner Arbeit mit Asylanten plötzlich rassistische Gedanken hege? Vorgestern sprach ich mit einer Gruppe jugendlicher Albaner. Einige sagten, 'ich will eine Lehrlingsstelle!' Daraufhin hatte ich das Gefühl, daß sie überhebliche Ausländer sind. Jetzt, durch Ihren Vortrag erkannte ich plötzlich etwas Altes, Vergessenes: Ich durfte nie ich will sagen, sondern nur ich möchte. So haßte ich diese jungen Albaner für das, was ich an mir selbst hassen gelernt hatte."

"Der Krieger", schreibt Barbara Ehrenreich in "Blood Rites" (1997) "sucht nach dem Feind und findet Menschen, die in entscheidender Hinsicht erkennbar wie er selber sind". In seinem Buch "The Warrior's Honor" (Chatto & Windus, London, 1998) gibt Michael Ignatieff ein Gespräch wider, das er mit einem serbischen Freischärler in einem Bauernhaus in Ost-Kroatien führte: "Ich wage den Gedanken auszudrücken, daß ich Serben und Kroaten nicht voneinander unterscheiden kann, und frage ihn: 'Warum denkst du, daß du so anders bist?' Er schaut sich voller Verachtung um und nimmt eine Zigarette aus seinem khakifarbenen Jackett: 'Siehst du das? Das sind serbische Zigaretten. Da drüben ... rauchen sie kroatische Zigaretten.' 'Aber es sind doch beides Zigaretten?' 'Ihr Ausländer versteht nichts!' Er zuckt mit den Schultern und fängt wieder an, seine Zavosto-Maschinenpistole zu reinigen. Doch die Frage hat ihn offenbar irritiert. Ein paar Minuten später wirft er seine Waffe auf das Bett zwischen uns und sagt: 'Ich will dir sagen, wie ich es sehe. Die da drüben wollen Gentlemen sein. Halten sich für fancy Europäer. Ich sage dir etwas: Wir sind einfach alle balkanische Scheiße!'"

Ignatieff schreibt weiter: "Also erst gibt er mir zu verstehen, daß Kroaten und Serben nichts gemeinsam haben. Alles ist anders, bis hin zu den Zigaretten. Eine Minute später meint er, das wirkliche Problem der Kroaten sei, daß sie glauben, 'besser zu sein wie wir.' Am Ende kommt er zu dem Schluß: Wir sind in der Tat alle dieselben."

In seinem Essay "Das Tabu der Virginität" schrieb Freud 1917: "...daß gerade die kleinen Unterschiede (zwischen Menschen) bei sonstiger Ähnlichkeit die Gefühle von Fremdheit und Feindseligkeit zwischen ihnen begründen". Warum, so fragt sich Ignatieff, können sich Brüder mit größerer Leidenschaft hassen, als Fremde? Wieso stellen Männer und Frauen immer ihre Verschiedenheit heraus, obwohl sie bis auf ein, zwei Chromosomen ein identisches Erbgut haben? Ihr Bedürfnis nach Abgrenzung scheint so groß zu sein, daß sie selbst nicht zu leugnende Übereinstimmungen wie intellektuelle Fähigkeiten negieren und als andersartig darstellen, obwohl das Gegenteil längst bewiesen ist. Die Frage, die hinter all dem steht, lautet: Warum empfinden wir gerade den kleinen Unterschied als bedrohlich? Wie kommt es zu dem Paradoxon, daß wir einen andern vor allem dann als fremd erleben, wenn er uns ähnlich ist? Je näher Beziehungen zwischen menschlichen Gruppierungen, desto feindseliger werden sie voraussichtlich miteinander sein. Es sind die Gemeinsamkeiten, die Menschen dazu bringen, einander zu bekämpfen. Nicht die Unterschiede.

Ob Völkermorde, Folter oder die alltägliche Erniedrigung von Kindern durch ihre Eltern - eines haben all diese Beispiele für Gewalt und Haß gemeinsam: Das Gefühl der Abscheu für den andern, den "Fremden". Die Täter stufen sich selbst als "Menschen" ein, doch das Gegenüber verdient diese Bezeichnung nicht. Der andere wird zum Unmenschen degradiert. Es ist, als würde man sich durch diesen Vorgang selber reinigen. Indem man andere abtut und sie peinigt, befreit man sich vom Verdacht des Beschmutztseins. Das Reinsein oder Beschmutztsein wird so zum Merkmal, das den Menschen vom Nichtmenschen unterscheidet. Dabei verlagert sich die Wahrnehmung auf eine abstrakte Ebene. Der andere wird nicht mehr in seiner individuellen Menschlichkeit gesehen. Er ist nur noch Bestandteil einer Gruppe. Seine konkreten Gefühle, Einstellungen und Verhaltensweisen verschwinden aus dem Blickfeld, statt dessen wird seine Persönlichkeit auf eine einzige Eigenschaft reduziert: Die Zugehörigkeit zur Gruppe. Diese Abstrahierung macht ein empathisches Erleben des andern unmöglich. Empathie ist die grundsätzliche Fähigkeit aller Lebewesen. Sie ist die Schranke zur Unmenschlichkeit und der Kern unseres Menschseins, also auch Kern dessen, was unser Eigenes ist. Wenn aber dieses Eigene verachtet und als nicht zu uns gehörig abgespalten werden muß, kann sich auch die Empathie nicht frei entwickeln. Unsere Fähigkeiten, mit anderen mitzufühlen, verkümmern. Der Prozeß, durch den das Eigene zum Fremden wird, verhindert also, daß Menschen sich menschlich begegnen - mit Anteilnahme, Einfühlungsvermögen und gegenseitigem Verstehen. Statt dessen wird die Abstraktion zur Basis unserer Beziehungen. Der Andere tritt uns nicht als Individuum, sondern als Angehöriger einer Gruppe entgegen.

Die Anfänge dieser Entfremdung liegen in der Kindheit. Das wird nirgendwo deutlicher als in einem Satz, den Hitler 1934 bei einer Rede vor der NS-Frauenschaft formulierte: "Jedes Kind ist eine Schlacht" (S. Chamberlain, 1997). Damit drückte er in erschreckend klarer Weise aus, was in westlichen Kulturen auch heute noch oft als unumstößliche Wahrheit angesehen wird: Daß es eine natürliche Feindschaft gibt zwischen Säugling und Eltern. Im Kampf der sogenannten Sozialisation muß das Kind dazu gebracht werden, sich dem Willen der Eltern zu unterwerfen. Das Kind muß daran gehindert werden, seinen eigenen Bedürfnissen und Genüssen nachzugehen. Der Konflikt ist unvermeidlich, und er muß zum Wohle des Kindes durch die Beharrlichkeit der Eltern gelöst werden.

Chamberlains kritische Darstellung der offiziellen Erziehungsmethode des Dritten Reiches in ihrem Buch "Adolf Hitler, die deutsche Mutter und ihr erstes Kind" (1997), veranschaulicht deren pathologische Effekte. Leider beschreibt sie damit aber auch eine Ideologie, die - wenn auch in verhüllter Form - typisch für alle sogenannten großen Zivilisationen ist. Diese besagt: Die Natur der Beziehung zwischen Kindern und Eltern ist die eines Machtkampfes, in dem verhindert werden soll, daß sich der "unreife" Wille des Kindes durchsetzt. Verschleiert wird dabei aber, daß es nicht um ein "Zivilisieren" sondern um die Festschreibung von Herrschaft geht. Die so geartete Sozialisation des Kindes soll dafür Sorge tragen, daß die Motivation zum Gehorsam gegenüber den Mächtigen tief in der menschlichen Seele verankert wird. Das geht aber nur, indem man die Bedürfnisse, Wünsche und Gefühle, die dem Kind eigen sind, zum Schweigen bringt.

Selbst Freud war noch in dieser Ideologie gefangen. Trotz all seiner revolutionären Ideen, mit denen er die Kindheit ins Zentrum unseres Denkens rückte, hielt er an der Vorstellung vom "unvermeidlichen" Kampf zwischen Eltern und Kind fest. Er war der Meinung, jedes Kind sei von universalen Trieben beherrscht und habe nichts anderes im Sinn, als rücksichtslos seine Lüste zu befriedigen. Der Kultur schrieb er die Hauptaufgabe zu, diesen Trieben Einhalt zu gebieten, bevor andere dadurch zu Schaden kämen. Natürlich lassen sich die Ansichten Hitlers und Freuds nicht in einen Topf werfen. Beide haben jedoch eines gemeinsam: Die Einstellung, daß das Kind, das seinen ureigenen Bestrebungen überlassen wird, eine Gefahr für die Gemeinschaft bedeutet.

Chamberlains Buch ist ein wichtiger Beitrag über den Versuch der Nazidiktatoren, sich in ihrem Herrschaftsanspruch zu verewigen. Dieser Aspekt, der ja bis in unsere Zeit hineinwirkt, ist als geschichtlicher Vorgang verleugnet worden. Das von der Naziärztin Dr. J. Haarer veröffentlichte Buch "Die deutsche Mutter und ihr erstes Kind" liefert die ideologische Grundlage für eine Erziehung, in der das Eigene des Kindes zum Fremden gemacht wird. Ich möchte die wesentlichen Aussagen deshalb kurz zusammenfassen:

Babys und Kleinkinder sind nach Haarer tendenziell unersättlich. Sie können nie genug kriegen von verwöhnender Beachtung, ständig wollen sie herumgeschleppt werden, was den Erwachsenen natürlich lästig ist. "Babys schreien aus Veranlagung, zornig und lang anhaltend, zum Zeitvertreib oder um etwas zu erzwingen. Babys und Kleinkinder wollen sich nicht fügen, wollen nicht so wie die "Großen" wollen, sie erproben diese, widersetzen sich und tyrannisieren. Von Natur aus sind sie unrein, unsauber, schmuddelig, schmieren herum mit allem, was sich bietet" (Hervorhebung A.G.; aus Chamberlain, S. 95).

Die Eigenschaften, die Eltern ihren Kindern am häufigsten zuschreiben, sind Unsauberkeit, Unreinheit, Gier, Unstetsein, Zerstörungswut. Kinder sind, auch Freud sah es so, unersättlich in ihrem Trieb, stets darauf erpicht, dem Lustprinzip zu folgen. Es sollte uns hellhörig machen, daß es genau dieselben Eigenschaften sind, die dem gehaßten Fremden - ob Jude, Zigeuner, Chinese, Katholik, Kroate, Serbe, Tschetschene, Kommunist usw. - immer wieder unterstellt werden.

Der Fremde ist immer derjenige, dessen Unsauberkeit, Unreinheit uns zersetzen könnte. Hitler sah in den Juden das Fremdgut, das "sein" Volk zersetzen würde. Gleichermaßen betrachtete er die Bekämpfung der Syphilis als eine der wichtigsten Lebensaufgaben der Nation. Die Sterilisation davon betroffener "Erbkranker" erschien ihm folglich als "unbarmherzige Absonderung unheilbar Erkrankter" absolut notwendig (Hitler, 1942). In seiner Phantasie sah er Gehirne, Körper und Völker gleichermaßen verfaulen und sich zersetzen.

Der innere Feind, der mit dem Fremden identisch ist, ist jener Anteil im Kind, der verwirkt wurde, weil Mutter oder Vater oder beide ihn verwarfen, weil sie das Kind Ablehnung und Strafe erleben ließen, wenn es auf seine eigene und wahre Sicht bestand. Ich sage "wahr", weil die frühesten Wahrnehmungen eines Kindes auf seinen empathisch erlebten Perzeptionen beruhen und deshalb nur wahr sein können. Hitler muß diese Ablehnung seiner eigenen Lebendigkeit auch erfahren haben und seinen inneren Teil als fremd abgestoßen haben, um eine Verbindung mit seinen Eltern aufrechtzuerhalten. Haarer gibt uns eine Vorstellung über das WIE dieses Vorgangs: Das Kind wird als selbstherrliches Wesen dargestellt, als eine Herausforderung, die die Mutter vor eine schwierige Aufgabe stellt, die diese in angemessener Weise zu erfüllen hat. "Das schreiende und widerstrebende Kind muß tun, was die Mutter für nötig hält, und wird, falls es sich weiterhin ungezogen aufführt, gewissermaßen "kaltgestellt", in einen Raum "verbracht", wo es allein sein kann und so lange nicht beachtet, bis es sein Verhalten ändert" (Chamberlain zitiert Haarer, S. 105). All dies geschieht natürlich zum Wohle des Kindes und wird als Akt der Liebe dargestellt. Der Kampf, den die Mutter gegen das Kind führt, spiegelt jedoch den Willen der Väter wider, den manche Mütter übernehmen, weil sie sich dem männlichen Mythos der Stärke und Überlegenheit ergeben haben. Auf diese Weise wird das Fremde in den Vätern dem eigenen Kind weitergegeben. Der Haß auf das Eigene bringt Kinder hervor, die sich nur noch als aufrecht gehend erleben können, wenn sie diesen Haß nach außen wenden können. Indem das Eigene als fremd von sich gewiesen wird, wird es zum Auslöser der Notwendigkeit, Feinde zu finden, um die so erlangte Persönlichkeitsstruktur aufrechtzuerhalten.

Die Folgen dieses Prozesses sind verheerend: Man verleugnet nicht nur, daß man selbst zum Opfer gemacht wurde. Man kann auch die Ursachen des eigenen Opferseins nicht mehr erkennen. Statt dessen muß der Prozeß weitergegeben werden, indem man andere zum Opfer macht. Dies geschieht so lange, wie das eigene Opfer nicht erkannt werden darf. Es muß verleugnet werden, weil sonst der alte Terror, der allem zugrunde lag, wieder aufsteigen würde.

Als Kinder waren wir ausgeliefert und hilflos. Unser Überleben hing von einer Übereinstimmung mit den Eltern ab. Der innere Terror des Opferseins ist deshalb zutiefst existentiell. So kommt es, daß uns die Angst vor dem Verlust des Arbeitsplatzes, von gesellschaftlichen Positionen oder sozialen Rollen in den Grundfesten unserer Persönlichkeit erschüttern kann. Wenn unser Selbstwert vorwiegend auf Erfolg, Status und materiellem Gewinn beruht, muß ein möglicher Verlust solcher äußerer Errungenschaften, aber auch die Bedrohung durch mehr Freiheit als existenzgefährdend erlebt werden, weil dadurch der alte Terror der Ohnmacht, des Ausgeliefertseins und der Scham wiederaufersteht.

Ich glaube, daß hier der wirkliche Grund dafür zu suchen ist, daß in Zeiten wirtschaftlicher und/oder moralischer Instabilität der Fremdenhaß zunimmt.

Instabilität und Chaos kann dadurch hervorgerufen werden, daß eine Identifikation mit autoritärer Macht sich entwickelnde gesellschaftliche Freiheiten nicht tolerieren kann. Fromm (1941) wies auf diesen Zusammenhang hin. Die Wiederherstellung von autoritären gesellschaftlichen Strukturen kann dadurch zum

Anliegen ganzer Bevölkerungsgruppen werden. De Mause hat vorgeschlagen, daß die Reaktion auf die Erweiterung von Freiheit und die Liberalisierung gesellschaftlicher Zwänge in der Weimarer Republik eine "growth panic" hervorrief. Dem Wachstum des inneren und äußeren Lebensraums in Deutschland wurde in weiten Teilen der Bevölkerung mit Gewalt und Mord begegnet und führte zu Hitlers Machtübernahme (de Mause, 1997).

Interessanterweise hat de Tocqueville in 1865 (1978) darauf hingewiesen, daß im Gegensatz zu der damaligen Denkweise - die auch heute noch so ist - die Revolution von 1789 nicht durch wirtschaftliche Not hervorgerufen wurde. Im Gegenteil, das alte Regime war seit Jahren in einer großen Phase wirtschaftlichen Aufschwungs. "Man gelangt nicht immer nur dann zur Revolution, wenn eine schlimme Lage zur schlimmsten wird. Sehr oft geschieht es, daß ein Volk, das die drückendsten Gesetze ohne Klage und gleichsam, als fühlte es sie nicht, ertragen hatte, diese gewaltsam beseitigt, sobald ihre Last sich vermindert. Die Regierung, die durch eine Revolution vernichtet wird, ist fast stets besser als die unmittelbar vorausgegangene."

Im Jahr 1999 beschrieb Jonathan Schell, was die USA in den letzten 30 Jahren durchgemacht haben: Die legalisierte Unterdrückung der Schwarzen Bevölkerung wurde beendet, die sexuelle Revolution durchbrach das Tabu gegen Sex vor der Eheschließung, die Feministische Revolution änderte den Heiratsvertrag, öffnete den Frauen sowohl den Arbeitsmarkt als auch das öffentliche Leben, und dann kam das Gay-Liberation Movement. Alle markierten eine Entfaltung der menschlichen Rechte, der menschlichen Freiheit und den Abbruch vieler Zwänge im gesellschaftlichen Leben. Worauf Schell hinweist ist, daß die Politik in den letzten Jahrzehnten zugleich mit diesen Transformationen immer mehr vom Konservatismus dominiert wurde. So sehr, daß das Morden von Ärzten, die Frauen einen Schwangerschaftsabbruch ermöglichen, eine gewisse bürgerliche Unterstützung erzielt hat. Genau wie in Deutschlands Weimar, aber unter anderen Formen, hat sich eine markante Gewalttätigkeit gegen die Erneuerungen im Leben entwickelt.

Wenn Identität auf der Identifikation mit Autorität basiert, bringt Freiheit Angst. Solche Menschen müssen dann das Opfer in sich selber mit Gewalt gegen andere verdecken.

Beides, wirtschaftliche Not als auch Wohlstand, kann das Opfer in Menschen erwecken. Dann wird das Selbstwertgefühl bedroht, und die Bereitschaft, Feinde und Opfer zu finden, wächst.

Natürlich könnte man das auch so interpretieren, daß die Ketten der Anpassung an das Schlechte (die Identifikation mit dem Aggressor), das man für gut hielt, gesprengt werden. Aber ein nicht auf Autonomie gegründetes Selbst revoltiert nicht, weil sich seine Natur grundlegend gewandelt hat. Es ändert nur die Richtung seiner Gewalttätigkeit. Revolutionen mögen an den Formen der Knechtschaft etwas ändern oder nicht, - an der Knechtschaft selbst ändert sich nichts, solange die Autoritätshörigkeit nicht überwunden wird. Dann wird weiterhin das Böse als das Gute verteidigt, und es findet keine wirkliche Befreiung des Selbst statt (Gruen 1987, 1997, 1999).

In seiner Studie über das Verhalten der russischen Armee während der Revolutionsjahre 1905 und 1906 zeigte John Bushnell (1985), wie diese Armee je nach Situation mal selbst meuterte, mal der Niederschlagung von Aufständischen diente. Dieselben Soldaten wechselten in rascher Folge ihr Verhalten und durchliefen innerhalb von zehn Monaten zweimal den kompletten Zyklus von Rebellion und neuer Loyalität. Truppen, die von Januar bis Oktober 1905 Aufständische niederschlugen, meuterten von Ende Oktober bis Anfang Dezember, und bereits ab Ende Dezember schossen sie wieder auf Zivilisten, um von Mai bis Juni 1906 erneut zu rebellieren und Ende Juni wieder gegen die Aufständischen vorzugehen.

Bushnell weist nach, daß das wechselnde Verhalten der Soldaten nichts mit ihrer Behandlung oder mit ihren politischen Anschauungen zu tun hatte. Ausschlaggebend war einzig, wen sie gerade für die Autorität hielten - nur die gab ihrem Selbstgefühl Halt. Glaubten sie, das alte Regieme sei am Ende, dann revoltierten sie. Glaubten sie aber, daß es noch Befehlsgewalt habe, dann gingen sie gegen die Zivilisten vor. Daran wird sichtbar, daß nicht so sehr der Zerfall der äußeren sozialen Struktur Rebellion hervorruft, sondern daß es darum geht, ob eine Autorität vorhanden ist, der man sich unterwerfen kann. Scheint sie nicht mehr vorhanden zu sein, dann bricht das auf Identifikation gegründete Persönlichkeitsgefüge auseinander.

Die innere Not und der Druck, dem alten Terror zu entkommen, werden so groß, daß man sie nur noch mit verstärkter Energie abwehren kann. Dies geschieht, indem das Eigene, das ja Auslöser des inneren Terrors ist, in äußeren Fremden gesucht und bekämpft wird. Dabei findet man das Eigene natürlich am ehesten bei Menschen, die einem ähnlich sind.

Jetzt verstehen wir die schreckliche Wahrheit, die Klaus Barbie mit dem Satz ausdrückte: "Als ich Jean Moulin vernahm, hatte ich das Gefühl, daß er ich selber war."

Die Entstehung des Fremden und dessen Externalisation stehen in direktem Bezug zum Intimsten des Menschen, nämlich seiner Identität. Entscheidend ist die Frage: Was bleibt für deren Entwicklung, wenn all das, was dem Menschen eigen ist und ihn als Individuum ausmacht, verworfen und zum Fremden gemacht wird? Dann reduziert sich Identität auf die Anpassung an äußere Umstände, welche das seelische Überleben des Kindes sichert: Es tut alles, um den Erwartungen der Mutter und des Vaters gerecht zu werden. Kern dieses Prozesses ist die Identifizierung mit den Eltern. Das Eigene des Kindes wird durch das Fremde der Eltern ersetzt (Gruen 1968).

Eine Identität, die sich auf diese Weise entwickelt, orientiert sich nicht an eigenen inneren Prozessen, sondern am Willen einer Autorität. Das hat natürlich weitreichende Konsequenzen für das Individuum aber auch für die Gesellschaft.

Wenn Identität eine grundlegende Konstellation von immanenten Persönlichkeitsmerkmalen ist, dann deuten diese Beobachtungen darauf hin, daß viele Menschen keine solche Identität besitzen. Die Nazimentalität war darauf versessen, Menschen ihre Identität zu nehmen. Das KZ-Grauen hatte nicht einfach die körperliche Vernichtung im Sinn. Übergeordnetes Ziel war vielmehr, die menschliche Würde, die Persona, zu zerstören. Es waren Menschen ohne eigene wirkliche Identität, die anderen das nehmen mußten, was sie selbst nicht besaßen. Aus Rache töteten sie das eigene Fremde, das sie selbst zu einer eigenen wirklichen Identität hätte führen können.

Menschen, die vom inneren Fremdsein bestimmt sind, hatten nie die Möglichkeit, ein Urvertrauen als festen Bestandteil ihrer Persönlichkeit zu entwickeln. Statt dessen übernehmen sie eine "falsche Identität", die sie auch weiterhin dazu veranlaßt, repressive Autoritäten zu idealisieren und Rettung ausgerechnet von jenen zu erhoffen, die eigentlich ihre Peiniger sind.

Die Identifikation mit dem Aggressor ermöglicht nicht nur ein Weiterleben mit dem Terror, indem sie zu einer Umkehr der Gefühlslage führt - man liebt und idealisiert denjenigen, der einem Leiden zufügt. Eine außergewöhnliche Studie solch einer Entwicklung ist Fridtjov Schaeffers Untersuchung "Pathologische Treue" (1961). Hier beschreibt er die verheerenden fast tödlich verlaufenden somatischen Auswirkungen der Treue einer jungen

Frau zu einer Großmutter, die unmenschlich, sadistisch, quälend und gewalttätig mit ihr umging. Ihre eigenen menschlichen Regungen wurden von der Großmutter und der jungen Frau selber als hassenswerte Schwäche bekämpft. Die Brutalität der Ersatzmutter entschuldigte das Opfer damit, daß diese soviel habe arbeiten müssen.

Ihr Alltag wurde so zum ausschließlichen Maßstab dessen, was sie erwarten durfte, und ihre Möglichkeit, etwas besseres zu erleben, verschwand aus ihrem Gesichtskreis, weil diese Möglichkeit mit Angst und Terror belegt war.

Durch diese Treue zu dieser Großmutter wurden die Mißstände ihres Lebens nicht nur aufrechterhalten, sondern auch moralisch gerechtfertigt und verteidigt. Es ist die Treue der Autorität gegenüber, die uns als moralische Instanz und bewundernswerte Qualität eines Menschen vor Augen gehalten wird. Aber solche Treue ist das Resultat eines destruktiven Erlebens, indem eigener Wert zum Unwert und Unwert zum Wert umgewandelt wurde.

Es ist schon etwas eigenartiges, daß der Mensch, wenn er mit Terror und Nichtexistenz bedroht ist, sich mit der ihn bedrohenden Instanz identifiziert, sich mit ihr verschmelzt, seine Identität aufgibt, um vermeintliche Rettung zu erlangen. Der Dichter Rainer Maria Rilke in seinem "Die Weise von Liebe und Tod des Cornets Christoph Rilke", ein Vorfahre von ihm, erkennt diesen Tatbestand intuitiv. Dieser Cornet Rilke ist, auf einem der Kreuzzüge gegen die Heiden, von einer Gruppe von ihnen umzingelt. Im Gedicht erlebt dieser Held die auf ihn niederschlagenden blitzenden Säbel als einen lachenden, auf ihn niederrieselnden Wasserbrunnen. Um unsere eigene Einheit zu bewahren, werden wir blind, um den uns konfrontierenden Terror nicht zu registrieren. Statt dessen halluzinieren wir eine Einheit mit dem uns bedrohenden Andern und verlieren unsere eigene Identität und manchmal unser Leben. Es ist ein uralter Mechanismus, dessen Wurzeln in frühester Kindheit liegen, als wir dem Versuch der uns versorgenden Erwachsenen ausgesetzt waren, uns ihren Willen aufzuzwingen. Diese Erfahrung bedroht jedes Kind mit dem Erlöschen seines eigenen, gerade im Keimen begriffenen Selbst. Das Ergebnis dieses Prozesses ist, daß gerade solche Kinder, deren Willen besonders stark einem Ausmerzen unterworfen war, eine verhängnisvolle Treue gegenüber Autoritäten entwickeln.

Unter solchen Umständen kann sich kein Inneres entwickeln, das uns vor der "abstrakten Nacktheit" des Menschseins bewahren könnte, von dem Arendt (1973) sprach. Die Nacktheit kommt zustande, wenn die Entfaltung einer wahren Identität verhindert wurde. Sie ist dagegen Bestandteil einer falschen Identität, die auf Leistungen beruht und die auseinanderfällt, wenn der gesellschaftliche Kontext diese Leistungen unmöglich macht.

Ein Überleben in den Todeslagern und im Gulag war jedoch nur möglich mit einer Identität, die auf inneren Vorgängen basierte. Das zeigte auch die Studie von Des Pres (1976) mit Überlebenden. Wenn Identität nur das Ergebnis "äußerer Kriterien" wäre, dann müßten wir der Naziphilosophie recht geben.

Wir müssen davon ausgehen, daß jeder, der in unserer Kultur aufgewachsen ist, die Entfremdung des Eigenen zu einem gewissen Grad erlebt hat. Es kann uns deshalb allen passieren, daß wir einmal unser Inneres beiseite drängen.

Ein weiteres Beispiel dieses Vorgangs, wie auch bei Schaeffer, aus der Psychotherapie: Eine Patientin, deren Mutter unberechenbar war, einmal z.B. lief ihr die Mutter mit einem Messer nach und warf es nach ihr, sprach in einer Sitzung über mehrere solche Erlebnisse. In der darauffolgenden Sitzung erzählte sie: "Als ich von der Sitzung wegging, fiel eine große Sehnsucht nach meiner Mutter über mich her. Gleichzeitig fühlte ich so einen leeren Raum. Meine Schultern waren verspannt, und plötzlich schrie ich nach Mama. Da ist so ein Gefühl einer schwarzen Energie, ein vom Leben abziehen. Es hat alles mit Mutter zu tun. Trotzdem hatte ich das Gefühl, es könne mir nichts passieren, wenn ich mit ihr bin. Aber nach unserer Sitzung und dem Schrei 'Mama' spürte ich diese Dunkelheit wieder, und sie wurde zu einem Stück Geborgenheit." Hier haben wir das Wiedererleben des Moments vor uns, in welchem der Terror umgewandelt wird in Geborgenheit. Es scheint, daß, wenn Angst für ein Kind in seinem Ausgeliefert-Sein und in seiner Hilflosigkeit unerträglich wird, sie ins Gegenteil, nämlich Geborgenheit umkippen kann. Auch Erwachsene können diesen Vorgang unter den Bedingungen einer Gefangenschaft und unter Folter wiederholen, wie Jacob Timmerman (1982) es für die argentinische Diktatur und der Nobelpreisträger, Wole Soyinka (1972), es für Nigeria unter dem Diktator General Gowan beschrieben haben. Eine Variante davon wird in einer vor kurzem erschienenen Studie von Spence (1996) beschrieben. Politische Gefangene im heutigen chinesischen Gulag waren überzeugt, daß es ihre eigene Schuld war, nicht die ihrer Peiniger, daß sie am verhungern und sterben waren.

Der Fremde in uns ist das eigentliche Opfer unseres Selbst. Dieses Selbst wird verzerrt durch einen Gehorsam, der es fast unmöglich macht, die Wahrheit des ganzen Vorgangs zu erkennen. Gehorsam, könnte man sagen, dient nicht nur dazu, sich dem Unterdrücker unterzordnen, sondern auch seine Taten zu verschleiern. Mit anderen Worten: Gehorsam untermauert Macht. Er macht es unmöglich, die angestaute Wut gegen jene zu richten, die für sie verantwortlich sind. Die Wut jedoch ist da, genauso wie der Haß auf das eigene Opfer, das man als fremd von sich weisen muß, um sich mit den Mächtigen zu arrangieren.

Der Mensch bleibt in diesen Vorgängen gefesselt und gefangen. Patienten in der Psychotherapie suchen, wie blind auch immer, einen Ausweg aus dieser Situatiom. Sie wurden zu Kranken, weil sie sich, ohne sich dessen wirklich bewußt zu sein, gegen die Entfremdung ihrer eigenen Seele wehren. Ihre innere Rebellion verhindert, daß sie sich ganz anpassen. Das führt dazu, daß sie von andern als Außenseiter, Nestbeschmutzer, sogar als Verräter an der gemeinschaftlichen Sache bezeichnet werden.

Der Versuch, Menschen in Kranke und Nicht-Kranke einzuteilen, ist zum Scheitern verurteilt, weil er die eigentliche Krankheit, die unser Opfersein hervorbringt, nicht berücksichtigt. Wenn aber diese Grundlage unserer Entwicklung ignoriert wird, muß unser Geschichtsbewußtsein ein unvollständiges sein. Das Vorhaben, die Geschichte des Menschen zu verstehen, wird so lange scheitern, wie wir nicht in der Lage sind, das Allgegenwärtige des Fremden in uns zu erkennen.

Die Einsicht ist versperrt, weil wir den Terror und das Leid, denen wir ausgesetzt waren, verleugnen müssen. Diese Verschüttung der Quellen des Opferseins führt dazu, daß der Gehorsam immer wieder inszeniert und weitergetragen wird. Dabei ist das Perfide am Gehorsam seine eingebaute Sicherung: Gegen ihn zu verstoßen bedeutet, mit Schuld überladen zu sein.

Wenn ein Kind einem solchen inneren Terror ausgesetzt ist, muß es alles tun, um zu überleben. Hier setzt das ein, was Ferenczi schon 1932 als das Umkippen von Angst und Terror in Geborgenheit beschrieb (1984). Dieser Vorgang ist in einem gesellschaftlichen Umfeld verankert, das Erwachsenen erlaubt, die Abhängigkeit eines Kindes zur Steigerung des eigenen Selbstwertes zu mißbrauchen. Er führt dazu, daß ein Kind plötzlich seine eigenen Gefühle und Wahrnehmungen verwirft, um eine lebensnotwendige Verbindung mit dem versorgenden Erwachsenen aufrecht zu erhalten. Ein Kind tut dies, indem es sich den Erwartungen des Erwachsenen ganz und gar unterwirft. Ferenczi beschrieb es so: "Kinder fühlen sich körperlich und moralisch hilflos, ihre Persönlichkeit ist zu wenig konsolidiert, um auch nur in Gedanken protestieren zu können, die überwältigende Kraft und Autorität des Erwachsenen macht sie stumm, ja beraubt sie oft der Sinne. Doch dieselbe Angst, wenn sie einen Höhepunkt erreicht, zwingt sie automatisch, sich dem Willen des Angreifers unterzuordnen, jede seiner Wunschregungen zu erraten und zu befolgen, sich selber ganz zu vergessen, sich mit dem Angreifer vollauf zu identifizieren" (Ferenczi 1984).

Diese Identifizierung führt nicht nur dazu, daß das Opfer sich mit dem Täter verbündet, sondern auch, daß es ihn idealisiert. In den Augen des Opfers beginnt der Täter Geborgenheit auszustrahlen. Gleichzeitig fängt das Opfer an, seinen Schmerz als Schwäche zu empfinden, weil der Täter diese Gefühle verbietet. Würde er diese Gefühle bei seinem Opfer wahrnehmen, müßte er sich schuldig fühlen. Das gilt es, mit Gewalt zu verhindern. Doch der Schmerz und die daraus resultierende Wut existieren weiter in dem Opfer, nur diesmal gegen das Eigene, das nun als fremd erlebt wird. Es gehört zum normalen Anpassungsprozeß, diese Wut gegen das Fremde nach außen zu richten. Die Allgegenwart dieses Vorgangs ist bestimmend für den Verlauf unserer Geschichte.

Was untersucht werden muß, ist der gesamte Organismus, und das ist die Aufgabe einer Psychologie, die der Individualität dient. Das zentrale Problem ist dann, welchen Teil unseres Menschseins wir verloren haben, wie und warum dies passierte und auf welchem Weg wir ihn wiedergewinnen können (siehe auch S.Diamonds Diskussion über Geschichte, 1979).

Dieser Prozeß der Entfremdung, der unser gesellschaftliches und politisches Problem ist, wodurch der Mensch sich in eine "freiwillige Knechtschaft" begibt, ist schon von Etienne de la Boetie im Jahre 1550 beschrieben worden (1991). "Für dieses Mal will ich nur untersuchen, ob es möglich sei und wie es sein könne, daß so viele Menschen, so viele Dörfer, so viele Städte, so viele Nationen sich manches mal einen einzigen Tyrannen gefallen lassen, der weiter keine Gewalt hat als die, welche man ihm gibt; der nur soviel Macht hat, ihnen zu schaden, wie sie aushalten wollen, der ihnen gar kein Übel antun könnte, wenn sie es nicht lieber dulden als sich ihm widersetzen möchten. Es ist sicher wunderbar und doch wieder so gewöhnlich, daß es einem mehr zum Leid als zum Staunen sein muß, wenn man Millionen über Millionen von Menschen als elende Knechte und mit dem Nacken unterm Joch gewahren muß..."

Boetie beschreibt die politischen Konsequenzen der Identifikation mit dem Aggressor, welche Ferenczi so klar in unsere Kindheit plazierte. " ... der Tyrann hat die, die um ihn sind und um seine Gunst betteln und schwenzeln, immer vor Augen; sie müssen nicht nur tun, was er will, sie müssen denken, was er will, und müssen oft, um ihn zufrieden zu stellen, sogar seinen Gedanken zuvorkommen. Es genügt nicht, daß sie ihm gehorsam sind, sie müssen ihm gefällig sein; sie müssen sich in seinen Diensten zerreißen und plagen und kaputt machen, sie müssen in seinen Vergnügen vergnügt sein, immer ihren Geschmack für seinen aufgeben, müssen ihrem Temperament Zwang antun und ihre Natur verleugnen, sie müssen auf seine Worte, seine Stimme, seine Winke, seine Augen achten; Augen, Füße, Hände, alles muß auf der Lauer liegen, um seine Launen zu erforschen und seine Gedanken zu erraten" (S. 41). Und dann beschreibt er das Weitergeben des eigenen Opfers, das Bestrafen des Fremden: "Sie leiden freilich manchmal unter ihm, aber diese Verlorenen, diese von Gott und den Menschen Verlassenen lassen sich das Unrecht gefallen und geben es nicht dem zurück, der es ihnen antut, nein, sie geben es an die weiter, die darunter leiden wie sie und sich nicht helfen können" (S. 40).

Mit dieser Beschreibung der politischen Auswirkungen der Identifikation mit dem Aggressor kommen wir nicht nur zurück zu der Problematik der inneren Entfremdung, sondern auch auf die tiefen Verletzungen, die dem Menschen zugefügt werden. Nur können diese nicht wahrgenommen werden; denn das wäre ein Verstoß gegen das Gebot des Gehorsams, das die Idealisierung der Macht uns auferlegt, um ihre Existenz zu sichern. Das Ergebnis ist das, was in unserer Kultur als "normales" Verhalten bezeichnet wird: Der lebenslange Versuch, diesen schmerzhaften Teil des Menschseins, den wir verloren haben und uns für immer ohnmächtig fühlen läßt, dadurch in den Griff zu bekommen, daß wir andere zum Opfer machen, um sie dann für den Schmerz, den wir nicht haben dürfen, und das Opfer, das wir nicht sein dürfen, zu bestrafen.

Literatur

H. Arendt: The Origins of Totalitarianism. New York: Harcourt, 1973, S. 300; (Elemente und Ursprünge totaler Herrschaft, Piper).

N. Ascherson: The "Bildung" of Barbie, in: The New York Review of Books, November 1983.

E. de la Boetie: Knechtschaft, Münster: Klemm/Oelschläger, 1991.

J. Bushnell: Mutiny and Repression, Bloomington: Indiana University Press, 1985.

S. Chamberlain: Adolf Hitler, die deutsche Mutter und erstes Kind, Giessen: Psychosozial, 1997, S. 96.

T. DesPres: The Survivors, New York: Oxford, 1976.

S. Diamond: Kritik der Zivilisation, Frankfurt: Campus, 1979, S. 79-80.

M. Djilas: Land Ohne Recht, Köln: Kiepenheuer & Witsch, 1958.

B. Ehrrenreich. Blood Rites. New York: Metropolitan Books, 1997.

S. Fereczi: Sprachverwirrungen zwischen den Erwachsenen und dem Kind, Bausteine zur Psychoanalyse, Bd. 3, Berlin: Ullstein, 1984.

S. Freud: Das Tabu der Virginität, Gesammelte Werde Bd.XII,S.169, Frankfurt: Fischer, 1947.

E. Fromm: Die Furcht vor der Freiheit, Zürich, Steinberg, 1941.

A. Gruen: Ein früher Abschied. Objektbeziehungen und psychosomatische Hintergründe beim Plötzlichen Kindstod, Göttingen: Vandenhoeck & Ruprecht. 1999.

A. Gruen: Der Verlust des Mitgefühls, München: dtv. 1997.

A. Gruen: Der Wahnsinn der Normalität, München: dtv. 1987.

A. Gruen: Autonomy and Identification: The paradox of their Opposition, Int. Journal of Psycho-Analysis, 49, 1968.

M. Ignatieff: The Warrior's Honor, London: Chatto & Windus, 1998.

L. de Mause: The Psychogenic Theory of History, Journal of Psychohistory, 25,2, Fall 1997.

F. Schaeffer: Pathologische Treue als pathogenetisches Prinzip bei schweren körperlichen Erkrankungen. Ein kasuistischer Beitrag zur Dermatomyositis, in: Der Nervenarzt, 32,20, 1961.

J. Schell: The Pure and the Impure. The Nation, February 1, 1999.

W. Soyinka: The Man Died, New York: Harper, 1972.

J. Spence: In China's Gulag, The New York Review of Books, August 10, 1996.

A. de Tocqueville: Der alte Staat und die Revolution, S.176, München:dtv, 1978.

J. Timmerman: Wir brüllten nach innen. Folter in der Diktatur heute, Frankfurt: Fischer, 1982.

"Dem Traum entgegenschwimmen". Zum Problem der frühen Traumatisierung in Richard Wagners "Tristan und Isolde"

Nike Wagner

Die "Handlung" ist bekannt, auch die keltisch-mittelalterliche Herkunft des Stoffes und seine geniale Reduktion und Konzentration durch Wagner: Romain Rolland hat von der Umwandlung der weitgespannten Abenteuergeschichte in eine "Kammertragödie" gesprochen. Allein über den "Tristan"-Akkord gibt es dicke Bücher, und die Tragödie des "metaphysischen" oder des "kosmogonischen" oder des "tödlichen Eros" hat zahllose Untersuchungen hervorgerufen. Vielfach beschrieben wurde auch die Romantisierung der Nacht der Romantik und die Übereinstimmungen der Nachtgesänge des zweiten Aktes mit Novalis' "Hymnen an die Nacht", obwohl gar nicht gesichert ist, daß Wagner sie kannte. Über den "buddhistischen" Einfluß Schopenhauers auf den lesenden, nachrevolutionären Wagner ist nachgedacht worden, und die erotische Verzauberung und Lebenskrise, in die der Komponist durch die Züricher Kaufmannsgattin Mathilde Wesendonck zur "Tristan"-Zeit geriet, hat die Populärwagnerianer immer begeistert, obwohl anzunehmen ist, daß es diese berühmte Liebeskrise nur gab, weil der "Tristan" geschrieben werden mußte, nicht aber der "Tristan" dazu diente, das Mathilde-Drama zu bewältigen. Auch ist das Thema des Stückes insofern Kulturgut, als die Kunst wohl immer behauptet hat, daß die "wahre" Liebe keine eheliche, sondern eine verbotene sei, heimlich, von Verrat eingekreist, extremistisch, besessen. Nur Beethovens "Fidelio" ist hier die rühmliche Ausnahme. Schließlich hat sich auch die werkgeschichtliche Besonderheit herumgesprochen, daß Wagner die Arbeit am "Siegfried" im zweiten Akt einfach liegenließ - "die Nibelungen werden mir recht langweilig", meinte er 1856 -, und daß der Schöpfer der "Wollust der Hölle" (Nietzsche) offenbar nicht ganz Herr seiner selbst war, als er mit dem "Tristan" "ein durchaus practicables opus" plante, "in geringen, die Aufführung erleichternden Dimensionen", zu komponieren für den Kaiser von Brasilien und dessen italienische Operntruppe in Rio de Janeiro.

Anders als "Der Ring des Nibelungen" oder "Parsifal" scheint der "Tristan" keinen Diskussionsstoff mehr zu liefern. Das Werk ist perfekt, genial, in sich geschlossen, was gäbe es "Neues" darüber herauszufinden? Die Kategorie des "Neuen" zerschellt sogar in ganz wunderbarer Weise an einem Werk, das mit dem Erklingen der ersten elf Takte, dem zweimal ansetzenden chromatischen Sehnsuchtsmotiv mit dem zentralen "Tristan"-Akkord, seine Botschaft selbst mitteilt, unmittelbar und unmißverständlich. Wir "verstehen" den "Tristan" ja schon mit dem Vorspiel, ohne auf eine "Handlung" angewiesen zu sein. In der Musik ist ein Grundgefühl ausgesprochen, ein Ältestes, ein Jenseits von Zeit und Wort, das jeder kennt, zumindest aus den Zeiten des privaten "Tristanismus", in der eigenen Jugend und Pubertät, wenn die Gefühle noch kompromißlos sind. Die erschrockene Distanzierung, die Thomas Mann oder Alberto Savinio in ihren reifen Jahren vorgenommen haben, spricht noch im Negativ von der Tristanmusik als einem Blick in den eigenen Abgrund. Mit den ersten Takten sind wir gleichsam zurückversetzt in eine andere, frühe Zeit unseres Erlebens: "Nun schreiten wir so leise als tief als in uns selber ...Es ist unser eigenes tiefinneres Träumen, dort zu finden, wo die Worte und die Schritte nicht mehr eilen ... wir schwimmen dem Traum entgegen, der in der vorrückenden Nacht sich bildet", beschreibt Ernst Bloch die magische Gangart, die wir beim Hören des Vorspiels annehmen. Aus dem Vorspiel erwächst die Oper. Trotz seiner plötzlichen Lücken, des Innehaltens in einer Generalpause schon nach den ersten drei Takten, ist das Vorspiel so elastisch gebaut, metrumsfrei gleitend, daß sich in seinen Entwurf die ganze Geschichte, eine kurze und einfache Dreiecks-Geschichte, musikalisch gleichsam einfüllen läßt (Joseph Kerman).

"Wir schwimmen dem Traum entgegen": Diese Suggestion scheint sich in der Mitte des zweiten Aktes zu erfüllen - "So stürben wir, um ungetrennt, ewig einig, ohne End" - vor allem aber, wenn die Melodie dieses "Sterbeliedes" am Ende des dritten Aktes wiederkehrt, im "Liebestod". Man hört diese Melodie gerne noch einmal, weil sie schön und geheimnisvoll ist, raumgreifend schwingt und Vereinigungsglück darin mitklingt, aber die Geschichte war eigentlich ausgestanden: Tristan und Isolde haben sich im Garten geliebt und den gemeinsamen Tod ekstatischvisionär durchgekostet, weil ihnen auf Erden nicht zu helfen war: "Nun banne das Bangen, holder Tod, sehnend verlangter Liebestod!" singen die beiden, um sich in den Paroxysmus zu steigern bei den Worten:"heiß erglühter Brust, höchste Liebeslust!" Dann zerreißt Brangänes Schrei die Nacht, die Musik wechselt Tempo und Temperatur, der "öde Tag" bricht ein in Gestalt Markes, Melots, des Jagdgefolges. Der Rest dieses zweiten Aktes ist Handlung: Enttarnung der Liebenden, Ratlosigkeit des Königs vor dem Verrat seines Lieblingsvasallen, das ungestüme Ende, als Tristan sich in das Schwert Melots stürzt.

Im Grunde ist hier ist das Ende der Oper bereits gekommen, der wahrhaft gemeinsame Liebestod mit aller musikalischen Deutlichkeit vollzogen, die Idee der Oper erfüllt. Sogar der König hat Zeit bekommen, den Verrat ins Tragische zu überhöhen, in seiner Klage hallt die Stimme aller zivilisierten Gesellschaften gegen den Einbruch der Anarchie wider.

Dramaturgisch war alles schon im Gleichgewicht, hier das Recht des Tages, dort das Recht der Nacht: unvereinbare Positionen, die Protagonisten können sich nicht mehr miteinander verständigen, aber jeder Zeuge des Geschehens kann beide Parteien verstehen. Isolde müßte hier und jetzt mit Tristan sterben, anstatt bloß vage zu versprechen, ihm in ein "dunkel nächt´ges Land" zu folgen. Muß es nicht irritieren, daß Isolde nach einer Nacht, wie sie sie gerade mit Tristan durchlebt hat, brav in die Burg des Gemahls zurückkehrt? Wer hätte die Ärztin, die Tristan als "Tantris" schon einmal geheilt hat, daran gehindert, demselben tödlich verwundeten Mann wiederum Ärztin zu sein und mit ihm sofort das Schiff zu besteigen? Niemand hätte sie zurückgehalten. Am Ehebruch gab es ohnehin nichts mehr zu deuteln, und Wagner hatte sich längst von Gottfried von Straßburgs Epos entfernt, das eine Rückkehr der Liebenden aus ihrem Fluchtort, der "Minnegrotte", in die Gesellschaft vorsah. Wagner hätte Isolde wirklich hier und jetzt, am Ende des zweiten Aktes, über Tristan zusammenbrechen lassen können. Eine musikalische Erlösungsgloriole, wie sie nach Brünnhildes Tod in der "Götterdämmerung" erklingt, hätte die *Amour fou* von Tristan und Isolde dann immer noch überirdisch verklären, der Liebe überhaupt "ein Denkmal setzen" können, wie es der Komponist ursprünglich vorgesehen hatte.

Warum dennoch ein dritter Akt? Warum die Anspannung aller organischen Reserven, warum die Schmerzen und Schreie, das Rasen und Fiebern eines Schwerstverwundeten, das musikalische "Sich-Ausrasen", von dem Wagner spricht? Die Hörer werden mitgefoltert, auch wenn der Tenor "gut durchkommt" - zu Recht warten sie nur auf´s Highlight, das "Mild und leise wie er lächelt" .

Es könnte formal-bauliche Gründe gehabt haben: Das Stück beginnt nämlich mit dem letzten Akt sozusagen noch einmal, oder schlägt vielmehr den Bogen zurück. Im Aufbau der Szenen und Motive des dritten Aktes kehren die Szenen und Motive des ersten spiegelbildlich wieder, das hat Alfred Lorenz herausgearbeitet: Mit einem einstimmigen Gesang beginnen die Akte, hier ist es der Seemann, dort der Hirte, den Hilfsdiensten Brangänes für Isolde entsprechen die Pflegeversuche Kurwenals für Tristan, beiden Akten gemeinsam ist das Schiffs- und Meeresthema. Am Anfang grübelt die Heldin über vergangenes Geschehen, am Ende der Held, beide Male endet der Akt in ihrer Umarmung, einer ersten und einer letzten, und beide Male erscheint König Marke am Schluß, als Einbruch der Realität in den Traum. Isoldes "Schwanengesang" ist ja nur die Coda des gesamten Werkes. Von dieser Symmetrie der "Außenakte" wird der zweite Akt eingebettet und damit als Zentrum betont. Inhaltlich ist das plausibel; denn nur in der Mitte ihrer Zeit, im "O sink hernieder, Nacht der Liebe" sind die Liebenden wirklich zu zweit allein, ruhen in sich, erreichen die ersehnte Aufhebung ihrer Individualitäten: "Nicht mehr Tristan!", "nicht mehr Isolde!". Nur im zweiten Akt mischen sich die Stimmen, wird aus dem Dialog zweier ein Monolog zu zweit. Vergleicht man jedoch die spiegelbildlichen Verzweiflungsausbrüche der Protagonisten - Isolde im ersten Akt, Tristan im dritten -, erscheint die sorgfältige bauliche Balance plötzlich schief, läßt eine Ausrichtung erkennen, ein Ziel. Zwar ist zuerst die Frau mit sich und ihrer Geschichte allein, und später der Mann, und jede einzelne Figur macht einen seelischen Prozeß, einen Erinnerungsprozeß durch. Doch im Unterschied zu Isoldes wütendem Monologisieren auf dem Schiff, das von verletzter Ehre und von Rachewünschen für verschmähte und verratene Liebe inspiriert ist, also außengesteuert und tagesbezogen, hat das Reden und Rasen Tristans auf seiner Insel einen ganz anderen Charakter. Es macht deutlich, daß mit dem Ende des zweiten Aktes etwas noch nicht gesagt, noch nicht "fertig" war. Ein dritter Akt mußte da anschließen, ein Hindernis mußte beseitigt, eine letzte Hürde genommen werden.

Tristan ist anders als Isolde, die einfach nur sehr jung, eigensinnig, ein bißchen drogensüchtig und völlig verrückt nach dem einen ist. Seine Verzweiflungsausbrüche sind von innen gesteuert, von innen motiviert. Im dritten Akt hat er die Kategorien seines öffentlichen Selbsts, der ritterlichen Ehre und der Treuepflichten, längst verlassen, und auch der Ort, an dem er sich befindet, die Insel Kareol, hat für ihn keine Realität mehr. "Wo bin ich?" fragt Tristan, als er erwacht. Als er erkennt, daß er wieder dem "Tag" zugeworfen ist, beginnt seine Verzweiflung erneut, und er sucht nach den Ursachen für dieses Lebenmüssen. Er stößt dabei auf Isolde, die sich, als sie ihn"aus der Nacht" - seinem halben Tod als "Tantris"- holt, schuldig gemacht hat, doch mit der konkreten Isolde hat diese Figur kaum mehr etwas zu tun. Er tastet sich denn auch weiter, dringt tiefer in seine Anfänge zurück, betreibt in einem sehr modernen Sinn Anamnese und Selbstanalyse. Dabei strebt er über die Ränder des Möglichen hinaus, will etwas Paradoxes. Er will hinter das, was die Erinnerung leisten kann, zurücksteigen, will gleichsam in die Bauchhöhle seiner Existenz vordringen, sie vergegenwärtigen, sie fühlen, auch wenn er dieses Gefühl nicht beschreiben kann.

Das Auftauchen unbewußter Inhalte, Tristans "mémoire involontaire", wird durch ein sinnliches Moment angeregt. Er hört die "alte ernste Weise" des Hirten: "Durch Abendwehen drang sie bang, als einst dem Kind des Vaters Tod verkündet. Durch Morgengrauen bang und bänger, als der Sohn der Mutter Los vernahm. Da er mich zeugt und starb, sie sterbend mich gebar." Angesichts der vom Tod gezeichneten Liebesgeschichte seiner Eltern - der Überlieferung nach sind es der bretonische Fürst Riwalin und König Markes Schwester Blanchefleur - muß er sich fragen: "Zu welchem Los erkoren ich damals wohl geboren?" Und er antwortet sich selbst, das Schicksal der Eltern in sich wiederfindend, rekonstruierend: "Die alte Weise sagt mirs wieder: mich sehnen - und sterben!" Dann aber korrigiert er sich, seine innere Lage ist schlimmer, weil paradox: "Im Sterben mich zu sehnen, vor Sehnsucht nicht zu sterben!"

Nach diesen Worten schiebt sich das Bild Isoldes vor seine Erinnerungen, ihr Trank sei es gewesen, der ihn zu "ew´ger Qual" des Sehnens und Nicht-Sterben-Könnens verdammte. Er erinnert hier an den Fliegenden Holländer, doch nicht an den, der über die Ozeane der Welt jagt, sondern durch die Unendlichkeit seiner eigenen Innenräume. Der "Liebesfluch", wie Wagner Tristans Verfluchung des Trankes genannt hat, erinnert nicht von ungefähr an den Gottesfluch, der den Holländer verfolgte. Freilich erscheint im "Tristan" alles noch auswegloser, weil die Instanzen ins Innere des Subjekts verlegt sind, kein Gott, kein Teufel mehr schuld am Martyrium ist. Auch Isolde nicht. Tristan nimmt seinen Schuldvorwurf an die Geliebte wieder zurück, wendet sich dem eigenen Ich zu; unerbittlich forscht er weiter und bezichtigt sich schließlich selbst als Urheber seiner lebenslangen Krankheit zum Tode. Wieder taucht das Bild der Eltern auf: "Aus Vaters Not und Mutterweh, aus Liebestränen eh und je" habe er sich selber sein Lebensgift zusammengemischt.

Tristans Vorgeschichte, seine Kindheitsgeschichte, hat ihn geprägt. Seinen Vater hat er nicht mehr gekannt, kaum war er geboren, sah ihn seine Mutter, wie es im "Tristan"-Roman heißt, "mit traurigen Augen an und starb". In dieser Frühgeschichte Tristans spiegeln sich die Frühgeschichten Siegfrieds und Parsifals, alle drei vaterlos, weil der Vater vor ihrer Geburt im Kampf gefallen war. Aber jeder handelt anders: Parsifal läuft seiner Mutter als Halbwüchsiger weg und ihr bricht das Herz darüber, Siegfried wächst von der Ersatzmutter Mime in einer Höhle betreut heran. Den jungen Tristan aber nimmt kein Wald und kein Zwerg auf, er lebt bei einem falschen Vater. Mit vierzehn Jahren rauben ihn Kaufleute, bringen ihn auf ihre Schiff, setzen ihn aber, als ein Sturm sie in Gefahr bringt, in einem Kahn an einer Küste aus, in Cornwall, wo er wie Robinson an Land geht, um später dann bei Onkel Marke unterzukommen. Das Bild des auf einem Kahn im Meer Ausgesetzten gehört zu Tristans Lebensmuster: Ein ähnlicher Vorgang wiederholt sich ja nach seinem Kampf mit Morolt, doch was beim Knaben seelische Verwundung war, ist dieses Mal echte Wunde. Vielleicht sollte man die Geschichte dieses Tantris, der den Meereswellen ausgesetzt in einem Kahn dahintreibt, bis es ihn endlich an die Küste Irlands verschlägt, wo eine Frau, Isolde, ihn rettet, als den gleichen symbolischen Geburtstraum lesen wie die biblische Geschichte von der Pharaonentochter, die das Kind Moses, das in seinem Körbchen auf dem Wasser daherschwimmt, an Land zieht und aufnimmt. Damit würde Tristan sozusagen zweimal geboren - als gelänge es ihm nie so recht, "wirklich" und definitiv auf der Welt zu sein. Wäre er, in der Tat, nicht lieber in seinem Nachen geblieben und wieder davongeschaukelt, statt sich erneut den Anforderungen des Tages stellen zu müssen?

Schon im zweiten Akt hatte Tristan ähnliche poetische Bilder gebraucht wie bei seinem Monolog im dritten Akt. Der Ausdruck vom "Wunderreich der Nacht" fiel beim Zwiegesang im Garten, sowohl einem Liebes- wie einem Todesraum zugeordnet. Auch das Bild des Schoßes war schon da, Zentrum der "heil´gen" Liebesnacht:"Nimm mich auf in deinen Schoß, löse von der Welt mich los!". Als er Isolde nach der Entdeckung des Ehebruchs bittet, ihm in den Tod zu folgen, überschneiden sich Metaphern der Vorgeburtlichkeit mit jenen des Todes."Das dunkel nächt´ge

Land, daraus die Mutter mich entsandt, als, den im Tode sie empfangen, im Tod sie ließ an das Licht gelangen." Der mütterliche Schoß, den das Kind Tristan als "Liebesberge" empfand, wird außerdem auch als "Wunderreich der Nacht" bezeichnet, verrinnt und verschwimmt also mit dem Todesland, das er jetzt seiner Geliebten anbietet. Für den Raum der gnädigen Bewußtlosigkeit nach seinem Selbstmordversuch taucht eine sehr ähnliche Benennung auf: "das weite Reich der Weltennacht". Die Paraphrasierungen für das Eine, das Unaussprechliche, gleichen einander, umkreisen einander - enharmonische Verwechslungen. Das Niemandsland vor der Geburt und das Niemandsland nach dem Tod hängen miteinander zusammen, Anfang und Ende des Lebens gleichen sich in ihrem Dunkel, ihrer Weite und Grenzenlosigkeit, sind identisch. Aber sie entziehen sich dem Benanntwerden, der Reflexion. Tristan bemerkt, daß er hier nicht weiterkommt, gibt aber nicht auf, stößt auf Sackgassen, auf verbaute Wege, Paradoxien.

"Anfang des Lebens und Welteintritt bei der Geburt" seien "jeder Erlebbarkeit wesensmäßig entzogen, was auch immer davon Spur oder Trauma geblieben sein mag", schreibt Hans Blumenberg. Was man nicht mit Bewußtsein erleben, ins Bewußtsein heben kann, hinterläßt Spuren, traumatische Spuren. "Gerade und nur weil das so ist, gibt es die unerfüllte Insistenz auf Annäherungen ans Erlebbare, das rastlose Umkreisen der Natalität nicht anders als der Mortalität", fährt Blumenberg fort. Die Paradoxien jedes menschlichen Verhaltens - man weiß, daß man "angefangen" hat, angefangen worden ist, "ohne es zu glauben, weil man es nicht denken kann" - korrespondieren dem anderen Paradox, daß man zwar weiß, daß man sterben muß, aber es nicht glaubt, weil man es nicht denken kann. Tristan war nahe daran, diese prinzipielle Identitätskrise, die mit dem wesensmäßig "Unerlebbaren" verbunden ist - jeder Schlaf, jedes kleine Nickerchen bringt diese "Abwesenheit von der Welt" und mündet in die Schrecksekunde des Erwachens, ins Wer-bin-ich, Wo-bin-ich -, diesen Zustand vor dem Anfang oder nach dem Ende erlebbar zu machen, in die Erfahrung zu holen. Doch als Kurwenal danach fragt, bleibt Tristan wieder nur das Paradox: "Wo ich erwacht, weilt ich nicht, doch wo ich weilte, das kann ich dir nicht sagen." Tristan muß also weiter suchen, die Stücke verlorener Zeit suchen, deren er nicht habhaft werden kann."Wie schwand mir seine Ahnung?" fragt er, kaum daß er aus dem "Urvergessen" der "Weltennacht" zurückgekehrt, kaum daß die Umnachtung von ihm gewichen ist. Er kann, was er eben noch wußte, nicht mehr definieren. Eine

Metaphorik des Schlafens, des Vergessens, Loslösens von der Welt, Löschens des Lichtes durchzieht das ganze Stück und variiert damit nur in kleineren Einheiten dieses größere Projekt Tristans: "den Zustand des weltlosen und darum reinen Einklanges mit sich selbst" (Blumenberg) zu finden, den Paradieseszustand als einen Zustand, den man gleichzeitig "denken", an den man sich erinnern und dessen man sich vergewissern kann als eines Stückes dem Bewußtsein zugehöriger Realität: Der sich nicht entzieht und ihn wieder dem "Tag" zuwirft - wie einst die Mutter bei seiner Geburt.

Geburt bedeutet Trennung:"Die Geschichte des Individuums beginnt mit dieser Trennung und wird immer wieder durch Trennungen geprägt", schreibt Hans Blumenberg, Trennungen implizieren immer schmerzhafte Gewaltsamkeit, andrerseits bedeuten sie etwas Positives, "Stufen des Realitätsgewinns" . Die primäre Trennung bedeutet auch für Tristan Leben und Licht, später vor allem eine Menge Realitätsgewinn, Ruhm und Ehre. Trennungstraumata bilden immer auch die Schwellen der Erkenntnis, des Realismus, der Wahrheit. Trennungstraumata und Wirklichkeitsbegriffe haben miteinander zu tun, und insofern ist es konsequent, daß die Wirklichkeit verflucht werden muß, wenn die Schockerfahrung der Trennung rückgängig gemacht, aufgehoben werden soll. Die Maßlosigkeit, mit der Tristan und Isolde die Aufhebung von Trennung schlechthin betreiben - der "tückische Tag" ist Inbegriff der Trennung, unaufhörlich wird das "Ungetrennt" beschworen: "Ohne Nennen ohne trennen" oder das Ur-Eine:"ewig endlos", "ein-bewußt". Schon das Wörtlein "und", das zwei Menschen trennt, ist schon zu viel, die ganze Philosophie des zweiten Aktes zeugt davon, daß ihre Gewinne an Realität durch zu viele Schmerzen erkauft waren. Die Gewinne werden widerrufen.

Tristan und Isolde wollen zurück, weit zurück. Sie wollen eine Symbiose, die es nur vor aller Trennung gab: "Wo Ich war, soll Es werden." Sie meinen, in der totalen, radikalen Liebe ohne Außenbezug, einer Liebe in der Grotte oder Höhle oder auf einsamer Insel sei das möglich. Liebe, die sich solchermaßen absolut setzt, hat alle Wirklichkeitskriterien hinter sich gelassen und gibt zu erkennen, was sie ist: Ausdruck der Sehnsucht nach Regression, der Illusion, in Meer und Höhle, ins geborgene Medium vor dem Geborenwerden zurückkehren zu können. Die Geschlechtsliebe definiert sich damit, und da grüßt Schopenhauer denn doch, als raffinierte Täuschung, gaukelt den Individuen vor, sie könnten in der Extase der Sinne ihre Körper verlassen und mit der bewußtlosen Natur wieder in eins verfließen. "Das zu verlassende und verlassene Dunkel" bei der Geburt, so Blumenberg, "könnte die Erklärung für alle Sehnsucht nach Geborgenheit, aber auch für jeden Wahn vollkommener ...Wunscherfüllung" sein. Der Liebeswahn von Tristan und Isolde ist ein Versuch der totalen Wunscherfüllung.

Es ist unwiderstehlich, hier für einen Moment in die Biographie Wagners zu schauen. Die im "Tristan" gestaltete Verstiegenheit ist ja kein Zufall, in der Metapher des Kunstwerks teilt sich auch von den Obsessionen des Schöpfers einiges mit. Im September 1865 sitzt Wagner einsam in einer Jagdhütte auf dem Hochkopf, sein geliebter Münchner Tristan-Darsteller, Ludwig Schnorr von Carolsfeld, war im Juli gestorben, unfaßbar für ihn, und Cosima von Bülow hatte ihn für einen Besuch beim Vater in Budapest verlassen, der über Wochen hinaus gezogen wird, weil Liszt seine Tochter von Wagner abbringen will. Dort auf dem Hochkopf schreibt Wagner Tagebuch, spinnt sich ein in den Traum seiner Vereinigung mit Cosima: "Mein Wachen muß ein Traum sein, nur dann ist es schön." Jeder Brief von Cosima aber verscheuche seinen Traum:"Ich kann dann die Wirklichkeit der Trennung nicht mehr leugnen; alles, was sie beschönigen soll, reizt meine Wut. - Oh- kein Erwachen aus diesem Traum!" Er könne alle seine Werke nur schreiben, wenn er nie "aus seinem Traume über die Welt" gerissen werde."In diesen Traum nun schließ ich mich mit Dir ein, meine Cosima! Sei immer bei mir, immer mit mir träumend. Und in diesem Traume wollen wir schaffen, was die Welt in Traum wiegen soll. Wie wundervoll wird das Sterben sein, das in Schlaf sinken aus dem Traume!" Aber schon als er eine Photographie Cosimas geschickt bekommt, auf der ihre Frisur, dem Vater zu iebe, verändert erscheint, tobt er, fühlt sich durch dieses Partikelchen Wirklichkeit in seinem Traum gestört. Er will überhaupt nur noch "träumen und schlafen". Er will sich, wie Tristan, die imaginären Totalwunscherfüllungen, Rückstände des Trennungstraumas, nicht nehmen lassen. Denn es sind Bedingungen seines Dichtens und Komponierens, und damit immer auch gefährdet, also von sanften Todesvorstellungen begleitet.

Der Liebeswahn der Wagnerschen Bühnenfiguren endet nicht im großbürgerlichen Haus Wahnfried, sondern wird entlarvt als das, was er ist: Wahn, Täuschung. Aus zwei wird nicht eins. Die Liebe entpuppt sich als eine Stufe, eine Vorstufe der Erfüllung, als Hoffnung und Versprechen auf einen Verschmelzungsvorgang von weit radikaleren Dimensionen. Es ist ja auffallend, in welch fast schamloser Direktheit Tristan manchmal durchblicken läßt, daß er Isolde als Handlangerin zum Tode braucht, als Mittel zum Zwecke des Sterbens. "In deiner Hand den süßen Tod, als ich ihn erkannt, den sie mir bot....da erdämmerte mild ...mir die Nacht; mein Tag war da vollbracht" , singt er mit dem Pathos des Schmerzensmanns schon im zweiten Akt. Im dritten Akt steigt noch einmal seine Enttäuschung hoch, daß der "Gifttrank", den Isolde ihm auf dem Schiff reichte und von dem er hoffte, "ganz zu genesen", getäuscht hat, er, Tristan, ist nicht gestorben. Der Trank, als "Vergessens gütiger Trank" willkommen geheißen, brachte statt der Amnesie die Anamnese, die Aufhebung der Verdrängung. Er bewirkte, daß Tristan sich an seine eigentlichen Wünsche erinnert und sich zu ihnen bekennt, daß er die höfische Welt, den "Weltkerker", wie die Theologie sagt, verlassen will. So bringt der Trank ihn immerhin auf seinen Weg, wenn auch auf dem Umweg über die Liebe: die Liebe ein retardierendes Moment, ein "gehemmtes Sterben" (Schopenhauer). Die Liebe aber, die Name und Gestalt hat, "Ärztin" ist, muß ihm endlich doch helfen. Von Isolde, die ihn zweimal schon dem Leben wiedergegeben hat, erträumt er sich "letzte Labung". Er kann sich vor Freude kaum fassen, als der Tod in ihrer Gestalt an Land kommt. Ihm verschwimmen die Geschlechterdifferenzen, wie ein Tagesrest drängt sich plötzlich die Schlachtenmetaphorik des Ritters in seinen Sterbetraum: "Die mir die Wunde auf ewig schließe - sie naht wie ein Held, sie naht mir zum Heil! Vergeh die Welt meiner jauchzenden Eil!".

Isoldes Liebe ist Sterbehilfe. Damit verkehrt sich der Sinn der Liebe, wie ihn die christliche Theologie dachte, in sein Gegenteil. Hier überwindet die Liebe nicht den Tod, weil sie stärker ist, hier soll sie helfen, den Tod herbeizuführen. Zu Recht hat Thomas Mann bemerkt, daß der Name Gottes in dieser Oper nicht auftaucht, und sprach von der "atheistischen Metaphysik" im "Tristan". Gottlosigkeit und Unsittlichkeit aber sind in den abendländischen Moralvorstellungen eng verknüpft. Zu den Aufgaben des dritten Aktes gehört auch, diese Umwertung aller Dinge akzeptabel zu machen: Daß der Tod, der allen Lebewesen Angst und Schrecken einjagt, der biologisch ein Erkalten bedeutet und religiös ein Tremendum, hier positiv besetzt ist. Den Tod als etwas Erstrebenswertes zu präsentieren, ist ja nicht leicht, auch in einer Oper nicht. Es ist nicht nur naturwidrig, sondern eben auch unsittlich, sogar in der Romantik. Auch Novalis grundierte seine "Hymnen an die Nacht" christlich. Wagners Erschrecken vor seinem Unterfangen zeichnet sich in den Briefen an Mathilde

Wesendonck deutlich ab: "Dieser Tristan wird was Furchtbares. Dieser letzte Akt!!!" Gute Aufführungen müßten die Leute verrückt machen. Ein paar Monate später, ebenfalls 1859, beichtet er ihr:"Und bei allem Jammer und Elend soll´s am Ende noch schön tönen und sich so einschmeicheln, daß man die Not ins Herz kriegt, ohne es nur zu merken, was für schlimmes Zeug es ist!"

Die Todessehnsucht ist im "Tristan" das zentrale Motiv (Egon Voss), "Tristan und Isolde" erzählt keine Liebesgeschichte. Diese naive Idee, die Wagner 1854 selbst einmal hegte, als er mit seiner Oper dem "schönsten aller Träume", der Liebe,"ein Denkmal setzen" wollte, ließ sich nicht halten, wie der dritte Akt beweist. Der dritte Akt diente dazu, die landläufigen Vorstellungen von einer Liebesgeschichte zwischen Tristan und Isolde endgültig auszutreiben.

Der dritte Akt leistet aber noch weit mehr. Er ist verantwortlich für den mythischen Charakter, den dieses Werk angenommen hat, für seine mythische Dimension. Wir spüren sie, wissen aber nie so genau, worauf sie sich gründet. Das hat mit dem Wesen des Mythos zu tun, der nicht zu fassen ist, weil "urheberlose Erzählung" (Thomas Mann), und trotz der Beständigkeit eines narrativen Kerns an seinen Rändern ständig variiert wird, zu neuen und eigenen Mitteln der Darbietung reizt. Wagner hat die Geschichte von Tristan und Isolde bereits mythisiert, indem er sie umgestaltete und variierte, und sein mythisierender Instinkt wandelte auch seine Konzeptionen: Die ursprüngliche Fassung der Geschichte als ein eher konventionelles, realistisches Eifersuchtsdrama, gab er Stück für Stück auf und verlieh ihr mit dem abstrakteren Konzept der "Liebe als furchtbarer Qual" eine ganz andere, zeitlosere Qualität (Egon Voss). Einige Zeit später, 1871, schuf Wagner auch werkgeschichtlich einen Mythenzusammenhang, indem er seinen "Tristan" in den Nibelungenmythos einordnete, flocht ihn als einen "Ergänzungsakt" zwischen "Siegfried" und "Götterdämmerung". Die Verwandtschaft zwischen dem Verhältnis Tristans zu Isolde mit dem von Siegfried zu Brünnhilde war ihm durchaus aufgefallen: Beide freien im Bann einer Täuschung die ihnen bestimmte Frau für einen anderen und finden im Verlauf dieses Mißverständnisses den Untergang. Der Unterschied, sagt Wagner, bestehe nur in der Todesverfallenheit des Paares Tristan und Isolde. Ein weiterer Mythenzusammenhang läuft über die Figur Parsifals. Noch relativ spät, 1857, plante Wagner, den auf der Suche nach dem Gral herumirrenden Parsifal - damals noch Parzival - an Tristans Siechbett vorbeikommen zu lassen, weil er Tristan, der an seiner Wunde nicht sterben konnte, mit dem Amfortas des Gralsromans identifizierte. Jenseits dieser Mythisierungen aber hat die besondere Mythisierung des Stoffes von "Tristan und Isolde" noch mit der Zeitraum-Tiefenschicht zu tun, in die diese Oper vorstößt. Ihren stärksten und faßbarsten Ausdruck erfährt diese Schicht wiederum im dritten Akt.

In seinem Buch "Höhlenausgänge" stellt Hans Blumenberg die Frage, was es für das menschliche Bewußtsein heiße, sowohl gattungsgeschichtlich wie individualgeschichtlich eine Schwelle zu überschreiten und verschiedene Wirklichkeiten wahrzunehmen, sich zu ihnen zu verhalten. Beim Ausgang aus der Höhle wird eine Schwelle zu einem anderen Sein und Bewußtsein überschritten. Einerseits bedeutet dieses Überschreiten Licht und Eroberung neuer Räume, Fortschritt, andrerseits weckt es Angst vor dem Unbekannten und Neuen, läßt sehnsüchtig zurückstreben in den dunklen Schutz der Höhle, ruft heimliche Regressivität hervor, es bildet sich eine vage "memoria ". Wir, die wir alle aus Höhlen gekommen sind, den Übergang aus dem bergenden Medium zu verkraften haben, wollen offenbar die schützende Höhle eigentlich nicht verlassen. Anders sei der Erfolg des platonischen Höhlengleichnisses, das in Antike und Frühchristentum immer wieder variiert wurde, nicht zu erklären. In diesem Mythos verweigern sich die Lebewesen dem Angebot, aus dem Dunkel des unterirdischen Schoßes ans Licht der Wirklichkeit zu treten. Diese Weigerung, meint Blumenberg, muß eine "anthropologische Zeitraumtiefe" hinter sich haben, muß uns tiefer bekannt sein als irgend eine datierbare und lokalisierbare Erinnerung.

Erdhöhle und Geburtshöhle sind in der Sprache der Mythen identisch. Nach Blumenbergs Hypothese hat sich aber im individuellen, ontologischen Geburtstrauma ein älteres, phylogenetisches erhalten, ein Gattungstrauma. Statt sich über die Zeiten abzuschwächen, kehrten diese früheren Trennungstraumata beim Menschen sogar in gesteigerter Intensität wieder. Der nachhaltigste Einschnitt in der Phylogenese sei wahrscheinlich der Übergang vom Meer aufs Land gewesen, in ein fremdes Medium. Dieser Übergang an der Gezeitengrenze war gewaltsam, nur ein Bruchteil von Millionen Organismen überlebte. Der schmerzhafte Akt des Heraustretens aus einem Umhüllenden, Hegenden hinterließ traumatische Spuren, der "Schoß des Fließenden" war verlassen. Plötzlich gab es Tag und Nacht, Wärme und Kälte, harten Boden unter den Füßen. Die Organismen mußten autonom werden, ein "inneres Medium" schaffen, eigene Konstanzverhältnisse herstellen. Blumenberg meint, in diesen Übergangsprozessen seien auch die Übergänge vom Leben zum Erleben, von der Unbewußtheit zum Bewußtsein entstanden. Mit dem Überwechseln in ein anderes Medium, einen anderen Seinszustand, mußte, was einmal selbstverständlich war, schwinden, die leichte Wunscherfüllung; denn die Leichtigkeit der Bewegungen im Meer war dahin, der Traum vom "leichten Leben" ausgeträumt: "Die weitere Entwicklung der Organismen ... läßt sich verstehen als Tendenz auf Wiederherstellung der intramarinen Bedingungen des leichten und geborgenen Lebens im homogenen Medium." Als der Mensch aus seinen bergenden Höhlen trat - nicht aus den Tiefen der Erde, wie die Griechen meinten - und auf die Savanne hinaus mußte, weil auch der andere Bergungsraum, der Regenwald, geschwunden war, wurde ihm etwas abverlangt, was dem Überschreiten der Schwelle vom Meer aufs Land ähnelte. Der aufrechte Gang, das Bestehen im hellen Tageslicht, war eine Anstrengung und Herausforderung, die das Bedürfnis nach neuem Schutz weckte, nach, so Blumenberg, "Entlastung vom Realismus der freien Landschaft, als Wiedergewinn des verlorenen Biotops."

Solch mythengesättigte Großraumthesen können Wagners Geschichte von Tristan und Isolde durchaus unterlegt werden. Diese Geschichte zeigt nämlich alle Charakteristika einer durch Trennungstraumata hervorgerufenen Sehnsucht nach Regression. Tristan und Isoldes Liebestod-Phantasien lassen dieselbe Tendenz erkennen, wie sie bei den Organismen in der Phylogenese oder beim Geburtstrauma des Individuums auftritt, eben die "Tendenz auf Wiederherstellung der intramarinen Bedingungen des leichten und geborgenen Lebens im homogenen Medium". Schon gar nicht sollen solche Wechselbäder und Temperaturstürze mehr stattfinden, wie am Ende des ersten und zweiten Aktes, wenn die Tages-Realität in Gestalt König Markes zweimal jäh hereinbricht und, dem coitus interruptus vergleichbar, diejenigen störte und verstörte, die gerade dabei waren, sich aus Zeit und Bewußtsein hinauszuschwemmen. Erst im dritten Akt gelingt dies. Marke und die Seinen erscheinen zwar wieder gegen Aktschluß, aber ihre Macht und Gewalt sind erloschen. Der "Tag" hat abgedankt. Marke erscheint verstehend, verzeihend, unterwirft sich den viel älteren Mächten, dem "Unerforschlichen". Keiner kann das Drama der Regressionen mehr aufhalten.

Tristan und Isolde wissen aber auch, wie sie die "intramarinen" Bedingungen zu gestalten haben. Für die fortgeschrittenen Lebewesen gibt es nur eine Form der Rückkehr, den Tod. Der Schlaf wäre zwar auch ein "homogenes Medium" , das wunderbar fliegen und schwimmen ließe, doch als"homogenes Medium" bei Lebzeiten birgt der Schlaf immer die Gefahr, geweckt zu werden. Immer riefe, sozusagen, eine Brangäne. Auch die organische Mythologie sieht den Tod als ständigen Begleiter von der Geburt an. Von den Ursprüngen des Lebens heißt es beim Philosophen: "Die Elementarform des Geburtstraumas... ist sogleich die Hervorbringung des Todestriebs als der unvermeidlichen Rückkehrtendenz von einer Abweichung zur Normalität". Von den Bildern, die Tristans katastrophische Geburten symbolisch illustrieren, war schon die Rede. Auch sein Todestrieb bricht sich erst stufenweise, in mehreren Anläufen, Bahn. Stufenweise beharrt Tristan darauf, von der "Abweichung", die das Leben darstellt, in die "Normalität" des Todes zurückzukehren. Dreimal versucht er es, zweimal mißlingt es. Dem "Weltkerker" des Realitätsprinzips schon mit dem Liebestrank entronnen, strebt er nun, im dritten Akt, mit aller Macht danach, das "Leibgefängnis" zu verlassen. "Das Licht - wann löscht es aus? Wann wird es Nacht im Haus?" klagt er auf Kareol. Er will die Nacht, er will den Tod. Aus Angst, Isolde könnte ihn wieder "retten" wollen, könnte ihn wie damals in Irland heilen, reißt er sich den Wundverband vorsorglich ab, bevor sie ihn mißverstehen kann. Damit schafft er es: Im Sinne der Regression ins Vorgeburtlich-Bewußtlose, ins Intrauterine oder Intramarine, feiert er sein Ende als eine Auflösung ins Flüssige: "Heia mein Blut, lustig nun fließe!" Isolde hat Tristans Sehnsucht verstanden und folgt ihm in die "thalassale Regression", wie Gottfried Benn gesagt hätte. Sie folgt ihm wie versprochen, jedoch nicht ohne die Vorgänge zu verklären. "Verklärung" wurde ihr Solo am Ende des dritten Aktes von Richard Wagner genannt; der Ausdruck "Liebestod" galt ihm nur für das Vorspiel. Isoldes Schlußgesang verklärt also und feiert die tödliche Heimfindung des Geliebten als eine Auflösung ins flüssige Medium: in die "Wellen ... der Lüfte", die Wogen ... der Düfte. "Wie sie schwellen, mich umrauschen...Soll ich schlürfen, untertauchen? ... In dem wogenden Schwall, in dem tönenden Schall .. .ertrinken, versinken ".

Ob Meer oder Weltall, Geburtshöhle oder Todesraum, ob oben oder unten - Isolde besingt jenen anderen und ursprünglichen Aggregatzustand, in dem ein Körper sich auflöst, schwerelos wird, schwebt oder schwimmt. Daß ihr Gesang etwas fast "Lallendes" bekommt, etwas "Vorsprachliches, wie die ersten Laute von Kindern - Regression in selige Frühe", ist dem Komponisten Dieter Schnebel aufgefallen. Jahrmillionen der Entwicklung scheinen in diesem Wunscherfüllungsgesang rückgängig gemacht. "Jahrtausende zogen abwärts, in die Ferne, wie Ungewitter" heißt es bei Novalis, wenn er seine tote Geliebte transfiguriert. Diese Zeitraumtiefen-Halluzination ist es wohl, die "mythisch" anrührt, aus der eigenen Zeit heraustreten und dem "Traum entgegenschwimmen" läßt.

An der Fähigkeit, diese letzte Transformation, diesen Übergang in die Vorwelt musikalisch voranzutreiben, "liquid sounds" zu komponieren, hat es dem Komponisten des "Rheingolds" sicherlich nicht gefehlt. In der "Götterdämmerung" werden sie wiederkehren, wenn das Wasser die Bühne überschwemmt, wenn alles im Anfang endet. Wenn Thomas Mann gemeint hat, im "Tristan" verberge sich, nicht anders als im "Ring", ein "Weltentstehungsmythos", so muß das dahingehend korrigiert werden, daß dieser Weltentstehungsmythos durch auskomponierte Regressionsmaßnahmen wieder rückgängig gemacht wird.

Ohne die Musik aber wäre es niemals möglich, an unsere "anthropologische Zeitraumtiefe", ältere und jüngere Trennungstraumata und heimliche Sehnsucht nach einem Zurück zu appellieren. Die Strukturalisten legen nahe, daß der Mythos die gleichen Strukturen habe wie die Musik zwischen Wagner, Mahler und Debussy, man verstehe mythische Geschichten nur, wenn man sie wie eine Orchesterpartitur lese, nicht von links nach rechts, sondern zugleich vertikal. Es stellt sich daher immer wieder nur eine Frage, die Frage nach dem "Wie". Wie macht Wagner das, obendrein in so kurzer Zeit, zwischen 1856 bis 1859, inmitten persönlicher Ehe- und Eifersuchts-Turbulenzen, kräfteraubender Ortswechsel zwischen Zürich, Venedig und Luzern? Wie erzielte Wagner jene Wirkung, die "die Welt", wie er sagte, "in den Traum wiegt"? Wußte er es selber überhaupt? "Wie ich so etwas habe machen können, wird mir immer unbegreiflicher: wie ich ihn - den "Tristan" - wieder durchlas, mußte ich Auge und Ohr weit aufreissen!" , schrieb er an Mathilde 1860 aus Paris.

Ein solches Staunen gehört zur Künstlerpsychologie. Wagner weiß nämlich sehr genau, wie er den "Tristan" hat machen können. Zur gleichen Zeit verfaßt er einen Artikel, der später unter dem Titel "Zukunftsmusik" erscheint und in dem er sich anhand dieses Werkes über die Herstellungsweise, über die Ästhethik seiner Musik, über die Zusammenarbeit zwischen dem Dichter und dem Musiker in ihm Rechenschaft gibt: Sollte man denken, daß das Gedicht den Musiker einenge, irre man. Er wird, im Bewußtsein, daß er über die "enge Form der Opernmelodie" und über die symphonische Melodie hinausgehen muß, bereits die "poetische Konzeption mit fesselloser Freiheit" entwerfen. Und umgekehrt, sollte der Musiker noch "mit Befangenheit" an die symphonischen Formen und Grenzen denken, so wird ihm der Dichter zurufen: "Stürze dich zaglos in die vollen Wogen des Meeres der Musik!" Er garantiere dafür, daß der Boden der dramatischen Aktion, die Verständlichkeit, nie verlassen werde. "Spanne deine Melodie kühn aus", ruft er dem Musiker zu, "daß sie wie ein ununterbrochener Strom sich durch das ganze Werk ergießt: In ihr sagst du, was ich verschweige ... weil nur du es sagen kannst." Dann schreibt Wagner den entscheidenden Satz, über den so viele seiner Zeitgenossen, die bei ihm den Boden unter den Füßen zu verlieren meinten, gestolpert sind, auch der kluge Wiener Kritiker Eduard Hanslick: "Der Musiker ist es nun, der dieses Verschwiegene zum hellen Ertönen bringt, und die untrügliche Form seines laut erklingenden Schweigens ist die unendliche Melodie." Bei dem Versuch, die "Tristan"-Partitur des dritten Aktes zu beschreiben, gibt Wagner eine verbale Imitation dieser unendlichen Melodie, ihrer"rastlos auftauchenden, sich entwickelnden, verbindenden, trennenden, dann neu sich verschmelzenden, wachsenden, abnehmenden, endlich sich bekämpfenden, sich umschlingenden, gegenseitig fast sich verschlingenden musikalischen Motive". Man meint fast, er spräche von Debussys "La Mer", aber er spricht von jenem "ungeheuren Orchester", das den monologisierenden "Sologesang" des Tristan begleitet.

Die Auflösung gedichteter Handlung in ein Elementares, in bewegte Wassermassen sozusagen, ist in all diesen Worten Wagners deutlich spürbar, entweder im direkten Vergleich der Musik mit dem Strom und dem Meer, oder indirekt, in der Aneinanderreihung von Bewegungsadjektiven. Daß der "Tristan"-Mythos von der Dichtung allein nicht zu fassen ist und sich nachvollziehender Beschreibung erst recht entzieht, will das Paradox vom "tönenden Schweigen " sagen, das auf die Musik hinweist. Wo es "tönend schweigt", kann nicht geredet, höchstens wortlos gesungen werden. "Vorläufig Musik ohne Worte" heißt es in einer frühen Aufzeichnung Wagners, als er "heute am `Siegfried´ komponieren wollte und unversehens in den`Tristan´ kam" (1856). Daß der Mythos "eher Vollzug als Rede" sei, hat Carl Dahlhaus festgestellt: Nicht was geredet wird, sei mythenbildend, sondern was verschwiegen wird. Eben hier setzt die Musik ein, faßt in Töne, was die Menschen der mythischen Szenerie verschweigen, weil sie stattdessen handeln. Vielleicht erklärt das auch den

Untertitel "Handlung", den Wagner seinem Liebestodesdrama gegeben hat, als Hinweis auf den Mythos.

Doch wie immer man es dreht und wendet, ob "unendliche Melodie" oder "tönendes Schweigen" - die Frage nach der Ursache der "Tristan"- Wirkung bleibt. Wie vermittelt der Musiker Wagner begrifflich Ungreifbares? Es handelt sich bei der "Tristan"-Musik doch nicht um die handfeste, objekt- und personenbezogene Leitmotivtechnik, die wir aus dem "Ring" kennen, sondern eher um abstrakte Komplexe wie die "Liebesqual", "Sehnsucht" oder "Todessehnsucht". Diese Hauptbegriffe im "Tristan" sind jeweils offene Begriffe, offen, was Zeit und Bewußtsein anbelangt. Wo fängt ein Gefühl wie "Sehnsucht" an, wo hört es auf? Wie komponiert man, was keinen Anfang und kein Ende hat, die Unbegrenztheit? Die "Endlosigkeit" mag von der Technik der unendlichen Melodie suggeriert werden, aber die Anfangslosigkeit? Der Begriff der "offenen Konsistenz", den Hans Blumenberg auf die literarische Gattung des neuzeitlichen Romans anwendet, wäre hier ergiebiger. Der neuzeitliche Roman will keinen festen Rahmen mehr geben für eine Bewährung des Helden, die durchgestanden werden muß - wie Wagner, der seinem Helden Tristan alle Abenteuer und Bewährungsproben des alten Stoffs wegstreicht. Dem neuzeitlichen Roman geht es darum, das Werden des Bewußtseins einer Figur darzustellen. Die Welt entsteht mit dem Subjekt, ohne das Subjekt ist sie nicht vorhanden. "Selbst dann / bin ich die Welt" hieß es in alarmierender Modernität bei Tristan. Die Welt und das Bewußtsein von ihr sind miteinander identisch. Wenn ästhetische Gebilde - Roman oder Oper - eine solche innere Unbegrenztheit des Ichs und seines Bewußtseins darstellen wollen, müssen sie versuchen, dafür die Mittel zu finden. Der Roman tut es durch seine "nicht mehr geschlossene Formenmannigfaltigkeit", die Oper, zumal diese Oper, tut es, indem sie gleich zu Anfang - "langsam und schmachtend" - eine unglaublich raffinierte musikalische Linie erfindet, die dank ihrer gleitenden Chromatik nirgendwo herzukommen scheint und nirgendwo hinwill, deren Zentrum ein Akkord ist, der sich nicht in einen Grundton auflösen will, ein "vagierender Akkord", wie Schönberg den "Tristan-Akkord" genannt hat, weil er nach allen Seiten hin schielt und schillert, sich dahin oder dorthin begeben könnte, aber es vorzieht, in halbaufgelöster Erwartung zu verbleiben. "Offene Konsistenz": Alles scheint virtuell, nichts real, suggeriert wird ein anfangsloses Kontinuum, Ausdruck des Undefinierbaren selbst, der "Sehnsucht".

Vielleicht ist diese musikalische Erfindung, die der Zeitlosform eines Bewußtseins entspricht, wirklich nur mit dem Romananfang von Marcel Prousts "Suche nach der verlorenen Zeit" vergleichbar, der eigentlich keinen Anfang hat. Ein schlafloses Ich erinnert sich da an sein einst glückendes Einschlafen, wie schön es war, die Welt loszulassen und in den Bewußtseinsverlust zu versinken, um, aufgewacht, nach der Welt zu tasten, während die "Gedanken einer früheren Existenz wie nach einer Seelenwanderung" immer ungreifbarer werden."Wie schwand mir seine Ahnung?" hieß das in Tristans Sprache. Auch das Proustsche Ich wird, wie Tristan, nie so genau sagen können, wo es war, als es abwesend war, als es schlief. Erst am Schlafesrand, beim Wachwerden, wird es erkennen können, daß die Welt mit ihm angefangen hat und wieder verloren geht, beim nächsten Einschlafen. Eben diese Balance zwischen zwei Polen, zwischen dem Welt- und Ichverlust im Schlaf, Traum oder Tod und dem Ich-bin-die-Welt im Erwachen hat Wagners musikalische Kunst im "Tristan" vorgeführt. Mit jener Meisterschaft, die Extremzustände zu verbinden weiß und, indem sie Trennung und Trauma aufhebt, alles zum Fließen bringt - mit seiner "Kunst des "feinsten allmählichsten Überganges".

Literatur

Joseph Kerman, "`Tristan und Isolde´: The Preludes and the Play", in: Write all these down. Essays on Music. Univ. of California Press, Berkeley, Los Angeles, London 1994

Ernst Bloch, Geist der Utopie (1918/1923), Frankfurt/Main 1964

Dietmar Holland, "Hier wütet der Tod. Zu Wagners `Tristan und Isolde´" in: Richard Wagner, "Tristan und Isolde". Texte, Materialien, Kommentare. Hg. von Attila Csampai und Dietmar Holland, Hamburg 1983.

Alfred Lorenz, "Der musikalische Aufbau von Wagners `Tristan und Isolde´", in: Hundert Jahre Tristan. Neunzehn Essays, hg. von Wieland Wagner, Emsdetten, Westfalen 1965

Egon Voss, "Die `schwarze und die weiße Flagge´. Zur Entstehung von Wagners `Tristan´", in: Archiv für Musikwissenschaft, hg. von Hans H. Eggebrecht, LIV.Jahrgg., Heft 3, 1997

Hans Blumenberg, Höhlenausgänge. Frankfurt/Main 1989

Thomas Mann, "Leiden und Größe der Meister", in: Wagner und unsere Zeit. Aufsätze, Betrachtungen, Briefe. Frankfurt/Main 1963

Dieter Schnebel, "Religiöse Klänge - Klangreligion", in: Richard-Wagner-Handbuch, hg. von Peter Wapnewski und Ulrich Müller, Stuttgart 1986

Richard Wagner, Erläuterungen zu `Tristan und Isolde´, in:"Tristan und Isolde", Texte, Materialien, Kommentare. Hg. von Attila Csampai und Dietmar Holland, Hamburg 1983

.... Das Braune Buch. Tagebuchaufzeichnungen 1865-1882, Zürich, 1975

Bindung und seelische Gesundheit

Die Bedeutung der frühen Bindungsentwicklung für die seelische Gesundheit, ihre Störungen und die Psychotherapie

Karl Heinz Brisch

Der englische Psychiater und Psychoanalytiker John Bowlby gründete in den 50er Jahren die Bindungstheorie (Bowlby, 1975; Bowlby, 1976; Bowlby, 1983). Diese besagt, daß der Säugling im Laufe des ersten Lebensjahres auf der Grundlage eines biologisch angelegten Verhaltenssystems eine starke emotionale Bindung zu einer Hauptbezugsperson entwickelt, die er bei Schmerz oder Gefahr aufsucht. Das Bindungsverhalten drückt sich insbesondere im Suchen der Bindungsperson, Weinen, Nachlaufen, Festklammern an der Bindungsperson aus und wird durch Trennung von der Bindungsperson sowie durch äußere oder innere Bedrohung und Gefahr aktiviert. Ist die Hauptbindungsperson nicht erreichbar, so können auch andere Bezugspersonen - wie etwa der Vater, die Großmutter, die Tagesmutter oder das ältere Geschwister - anstelle dieser ersatzweise aufgesucht werden. Der Säugling hat bereits mit einem Jahr eine klare Bindungshierarchie mit einer Hauptbindungsperson, die er bevorzugt aufsucht, und ca. 3-4 weiteren Bindungspersonen, die er bei Abwesenheit der Hauptbindungsperson ersatzweise in einer gewissen hierarchischen Abfolge als sichere emotionale Basis akzeptiert und in Gefahrensituationen aktiv sucht. Hauptfunktion der Bindungsperson ist es, den Säugling in Situationen von Bedrohung zu schützen und ihm Sicherheit zu geben. Für das unselbständige menschliche Neugeborene und Kleinkind ist die Schutzfunktion durch eine Bezugsperson von lebenserhaltender Bedeutung. Die Pflegeperson bietet als zuverlässige Bindungsperson in Gefahrensituationen einen "sicheren Hafen". Dorthin kann sich der menschliche Säugling in Gefahrensituationen retten und Schutz und Hilfe erwarten. Das Bindungssystem, das sich im ersten Lebensjahr entwickelt, bleibt während des gesamten Lebens aktiv. Auch Erwachsene suchen in Gefahrensituationen die Nähe zu anderen Personen auf, von denen sie sich Hilfe und Unterstützung erwarten. Werden diese Bedürfnisse befriedigt, so wird das Bindungssystem beruhigt und es kann als Ergänzung zum Bindungssystem das System der Erkundung aktiviert werden. Ein Säugling, der sich sicher und geborgen fühlt, kann von der Mutter zum Beispiel als "sicherem Hafen" aus die Umwelt erforschen. Bindung und Exploration stehen in einem Wechselspiel miteinander. Nur unter den Bedingungen eines beruhigten Bindungssystems kann der Säugling sich optimal der neugierigen Explortion seiner Umwelt zuwenden. Daher ist es nicht verwunderlich, daß sich eine sichere Bindungsbeziehung des Säuglings auch auf seine optimale kognitive Entwicklung positiv auswirken kann (Brisch, Grossmann, Grossmann, & Köhler, 2002).

Werden die Bindungsbedürfnisse nicht befriedigt oder mißachtet oder nur in sehr unzuverlässiger Weise beantwortet, so führt dies zu Wut und Enttäuschung, wie auch zu zwiespältigen Gefühlen gegenüber der Bindungsperson. Unter diesen Umständen ist die Exploration nur sehr eingeschränkt oder gar nicht möglich. Parens betont, daß die Hauptquellen von kindlicher Wut und Aggression in zurückgewiesenen oder extrem unfeinfühlig beantworteten Bindungsbedürfnissen des Kindes zu finden sind (Parens, 1993).

Die Konzepte der Bindungsforschung

Eine Mitarbeiterin von John Bowlby, Mary Ainsworth, begründete durch ihre Forschungsarbeiten das Konzept der Feinfühligkeit für das Pflegeverhalten der Bezugsperson (Ainsworth, 1977). Sie fand heraus, daß Säuglinge sich an diejenigen Pflegepersonen binden, die ihre Bedürfnisse in einer feinfühligen Weise beantworten. Dies bedeutet, daß die Signale des Säuglings durch seine Pflegeperson wahrgenommen werden, daß sie richtig interpretiert und ohne Verzerrungen durch eigene Bedürfnisse und Wünsche der Pflegeperson wiedergegeben werden können. Weiterhin muß die Pflegeperson die Bedürfnisse angemessen und prompt entsprechend dem Alter des Säuglings beantworten. Je älter der Säugling wird, um so länger können auch die Zeiten sein, die dem Säugling bis zur Bedürfnisbefriedigung zugemutet werden. So ist z.B. in den ersten Lebenswochen die aushaltbare Frustrationsspannung nur kurz. Wenn der Säugling zeigt, daß er hungrig ist, wird eine feinfühlige Mutter ihn relativ rasch stillen.

Werden die Bedürfnisse des Säuglings in dieser von Ainsworth geforderten feinfühligen Art und Weise von einer Pflegeperson beantwortet, so besteht eine große Wahrscheinlichkeit, daß der Säugling eine sichere emotionale Bindung an diese Person entwickelt. Dies bedeutet, daß er diese spezifische Person bei Bedrohung und Gefahr als "sicheren Hort" und mit der Erwartung von Schutz und Geborgenheit aufsuchen wird. Wird die Pflegeperson eher mit Zurückweisung auf seine Bindungsbedürfnisse reagieren, so besteht eine höhere Wahrscheinlichkeit, daß der Säugling sich an diese Pflegeperson mit einer unsicher vermeidenden Bindungsrepräsentation bindet.

Werden die Signale manchmal zuverlässig und feinfühlig, ein anderes Mal aber eher mit Zurückweisung und Ablehnung beantwortet, so entwickelt sich eine unsicher-ambivalente Bindungsqualität zur Pflegeperson, zum Beispiel zur Mutter. Ein unsicher-vermeidend gebundenes Kind wird in Notsituationen eher die Bindungsperson meiden oder nur wenig von seinen Bindungsbedürfnissen äußern. Es hat eine Anpassung an die Verhaltensbereitschaften seiner Bindungsperson gefunden, das heißt: Nähewünsche werden von ihm erst gar nicht so intensiv geäußert, da der Säugling weiß, daß diese von der Pflegeperson auch nicht so intensiv mit Bindungsverhalten im Sinne von Schutz und Geborgenheit gewähren beantwortet werden.

Ein weiteres Muster zeigen Säuglinge mit einer unsicher-ambivalenten Bindung. Sie reagieren auf Trennungen von ihrer Hauptbindungsperson mit einer intensiven Aktivierung ihres Bindungssystems, das heißt: Sie weinen lautstark und klammern sich intensiv an die Bindungsperson. Über lange Zeit sind sie kaum zu beruhigen und können nicht mehr zum Spiel in ausgeglichener emotionaler Verfassung zurückkehren. Einerseits klammern sie sich an die Mutter, andererseits zeigen sie aber auch aggressives Verhalten. Wenn sie etwa zur Beruhigung von der Mutter auf den Arm genommen werden, strampeln sie und treten nach der Mutter, während sie gleichzeitig klammern und Nähe suchen. Dieses Verhalten wird als Ausdruck ihrer Bindungsambivalenz interpretiert (Ainsworth, Blehar, Waters, & Wall, 1978).

Erst später wurde noch ein weiteres Bindungsmuster gefunden, das als desorganisiertes und desorientiertes Muster bezeichnet wurde. Diese Kinder zeigen Sequenzen von stereotypen Verhaltensweisen, oder sie halten im Ablauf ihrer Bewegungen inne und erstarren für die Dauer von einigen Sekunden, was als "absenceartiges Verhalten" imponiert, ohne daß eine Anfallsleiden im neurologischen Sinne vorliegt. Dies wird dahingehend interpretiert, daß diese Kinder keine eindeutige Bindungsverhaltensstrategie in diesem Moment zur Verfügung haben. Vielmehr werden einander widerstrebende Bindungsstrategien relativ gleichzeitig aktiviert, so daß innerhalb von wenigen Minuten mal die eine oder die andere Strategie im Verhalten zum Ausdruck kommt und auf diese Weise so bizarre und widersprüchliche Verhaltensweisen entstehen (Main & Solomon, 1986; Solomon & George, 1999).

Bindungsrepräsentation der Bezugsperson

Durch ein spezifisches, halbstrukturiertes Interview (Erwachsenen-Bindungs-Interview) gelang es, auch einen Aufschluß über die Bindungsrepräsentation der Erwachsenen zu gewinnen (George, Kaplan, & Main, 1985). Mit Hilfe einer sehr differenzierten Auswertungsmethode, die insbesondere Charakteristika der sprachlichen Kohärenz im Interview berücksichtigte, fanden sich bei den Erwachsenen ähnliche Bindungsstile wie bei den Kindern (Main & Goldwyn, 1984).

Erwachsene mit einer sicheren Bindungsrepräsentation können im Interview frei und in einem kohärenten Sprachfluß über ihre Erlebnisse von Bindung, Verlust und Trauer mit ihren Eltern und wichtigen Bezugspersonen sprechen.

Erwachsene mit einer unsicher-distanzierten Bindungsrepräsentation weisen zwischenmenschlichen Beziehungen und emotionalen Bindungen wenig Bedeutung zu. Erwachsene mit einer unsicher-verstrickten Bindungsrepräsentation zeigen im Interview durch eine langatmige, oft widersprüchliche Geschichte und Beschreibung ihrer vielfältigen Beziehungen, wie emotional verstrickt sie zum Beispiel mit ihren Eltern und anderen Beziehungen bis zum Erwachsenenalter noch sind.

Es wurde später noch eine weitere Bindungsrepräsentation in Zusammenhang mit ungelösten, traumatischen Erlebnissen wie unverarbeiteten Verlusten und Mißbrauchserfahrungen gefunden. Sobald die Interviewten über die unverarbeiteten Traumata sprachen, wurde ihr Narrativ extrem inkohärent, wogegen es sehr kohärent sein konnte, wenn sie über ihre berufliche Situation sprachen und damit keine affektiven Aktivierungen verbunden waren.

Durch verschiedene Längsschnittstudien sowohl in Deutschland als auch in den USA und in England konnte nachgewiesen werden, daß zum Beispiel sicher gebundene Mütter häufiger auch sicher gebundene Kinder haben, beziehungsweise Mütter mit einer unsicheren Bindungsrepräsentation auch häufiger Kinder, die mit einem Jahr unsicher gebunden sind (ca. 75% Übereinstimmung). Ähnliche Zusammenhänge, wenn auch nicht mit gleicher Intensität, fanden sich für die Beziehung zwischen der Bindungsrepräsentation der Väter und der Bindungsqualität ihrer Kinder (ca. 65% Übereinstimmung) (van IJzendoorn & Bakermans-Kranenburg, 1997).

Diese Studien weisen auf eine Weitergabe von Bindungsstilen und -mustern zwischen Generationen hin: Die Bindungsrepräsentation der Mutter beeinflußt ihr Verhalten gegenüber dem Säugling. Es konnte nämlich nachgewiesen werden, daß sicher gebundene Mütter sich auch in der Pflegeinteraktion mit ihren Kindern feinfühliger verhielten als dies unsicher gebundene Mütter taten. Die Mutter-Kind-Interaktion scheint ein wichtiger Prädiktor zu sein, aus dem heraus sich zumindest in Teilbereichen die Ausbildung der Bindungsqualität des Säuglings im ersten Lebensjahr erklären läßt. Es war auch möglich, bereits aus den Erwachsenen-Bindungs-Interviews, die mit den werdenden Eltern während der Zeit der Schwangerschaft durchgeführt wurden, die Bindungsqualität der Kinder mit ähnlich hoher Übereinstimmung vorherzusagen (Steele, Steele, & Fonagy, 1996)

Bindungsstörungen

In der klinisch psychotherapeutischen sowie pädagogischen Arbeit sehen wir Kinder und auch Jugendliche, die abweichend von den oben skizzierten Mustern der Bindungssicherheit, beziehungsweise -unsicherheit, Störungsvarianten in ihrem Bindungsverhalten aufweisen, die weit über das bisher dargestellte Spektrum von adaptiven Mustern hinausgehen und als Psychopathologie der Bindung betrachtet werden (Brisch, 1999).

In einem erweiterten Klassifikationssystem lassen sich diese Bindungsstörungen in einer klinischen Typologie beschreiben (Brisch, Buchheim, & Kächele, 1999).

Bindungsstörungen können sich dadurch äußern, daß Kinder kein Bindungsverhalten zeigen. Auch in Bedrohungssituationen wenden sie sich an keine Bezugsperson, in Trennungssituationen zeigen sie keinen Trennungsprotest (Typ I).

Eine weitere Form ist durch undifferenziertes Bindungsverhalten gekennzeichnet. Solche Kinder zeigen eine soziale Promiskuität. Sie zeichnen sich durch undifferenzierte Freundlichkeit gegenüber allen Personen aus. Sie suchen in Streßsituationen zwar Trost, aber ohne eine Bevorzugung einer bestimmten Bindungsperson. Jeder, der sich in ihrer Nähe findet, kann sie auf den Arm nehmen und trösten (Typ II a).

Andere Kinder neigen zu einem deutlichen Unfallrisikoverhalten. In Gefahrensituationen suchen sie nicht eine sichernde Bindungsperson auf, sondern begeben sich vielmehr durch zusätzliches Risikoverhalten in unfallträchtige Situationen (Typ II b).

Eine weitere Form der Bindungsstörung drückt sich durch übermäßiges Klammern aus. Diese Kinder sind nur in absoluter Nähe ihrer Bezugs- und Bindungsperson wirklich ruhig und zufrieden. Sie sind aber dadurch in ihrem freien Spiel und ihrer Erkundung der Umgebung entsprechend eingeschränkt. Sie wirken insgesamt sehr ängstlich und können sich kaum von ihrer Bindungsperson trennen. Unvermeidlichen Trennungen setzen sie massiven Widerstand entgegen und reagieren mit größtem Streß (Typ III).

Andere Kinder wiederum sind übermäßig angepaßt. Sie reagieren in Abwesenheit der Bezugsperson weniger ängstlich als in deren Gegenwart und können in der Obhut von fremden Personen besser ihre Umwelt erkunden als in Anwesenheit ihrer vertrauten Bindungs- und Bezugsperson. Besonders Kinder etwa nach massiver körperlicher Mißhandlung und bei Erziehungsstilen mit körperlicher Gewaltanwendung oder -androhung reagieren auf diese Art und Weise (Typ IV).

Bei einem weiteren Stil der Bindungsstörung verhalten sich Kinder oft aggressiv als Form der Bindungs- und Kontaktaufnahme. Solche Kinder haben zwar eine mehr oder weniger bevorzugte Bindungsperson, aber sowohl mit dieser als auch mit anderen Menschen nehmen sie über aggressive Interaktionsformen, sowohl körperlicher als auch verbaler Art, Kontakt auf (Typ V).

Manchmal ist die Bindungsstörung dadurch gekennzeichnet, daß es zu einer Rollenumkehr kommt (Typ VI). Diese Kinder müssen dann für ihre Eltern, die etwa körperlich erkrankt sind oder an Depressionen mit Suizidabsichten und Ängsten leiden, als sichere Basis dienen. Die Kinder können somit ihre Eltern nicht als Hort der Sicherheit benutzen, vielmehr müssen sie selbst diesen die notwendige emotionale Sicherheit geben. Dies hat zur Folge, daß die Ablösungsentwicklung der Kinder gehemmt und verzögert wird.

Im Rahmen von Bindungsstörungen kommt es manchmal auch zur Ausbildung von psychosomatischen Störungen mit Schrei-, Schlaf- und Eßsymptomatik im Säuglingsalter, oder auch zu ausgeprägten psychosomatischen Reaktionen, sowohl im Kleinkindalter als auch im höheren Lebensalter (Typ VII).

Anwendung der Bindungstheorie in der psychotherapeutischen und pädagogischen Arbeit

In der psychotherapeutischen Arbeit muß der Kindertherapeut oder Pädagoge in seinem Verhalten gegenüber dem Kind als verläßliche psychische und physische Basis fungieren können, so daß sich trotz der Bindungsstörung des Kindes ein sicheres Arbeitsbündnis entwickeln kann. Der Therapeut und Pädagoge ermöglicht ein Spielverhalten, das dem Kind Ansätze bietet, im Symbolspiel seine erlebten Bindungsbeziehungen darzustellen. Im Spiel auftauchende bindungsrelevante Themen werden vom Therapeuten und Pädagogen aufgegriffen und verbal oder durch teilnehmende Spielinteraktion in ihrem Ausdruck gefördert. Durch neue sichere Bindungserlebnisse ermöglicht der Therapeut und Pädagoge, daß das Kind sich von alten destruktiv unsicheren Bindungsmustern lösen und eine sichere Bindungsqualität entwickeln kann (Brisch, 2000).

Bindungsstörungen bei traumatisierten Risikogruppen erfordern eine bindungsorientierte therapeutische Herangehensweise und stellen für die Therapeuten eine besondere Herausforderung dar. Von solchen traumatischen Ursachen sind Kinder nach Mißhandlungen, Mißbrauch und Vernachlässigung betroffen, aber auch bei Erkrankungen der Eltern, wie Angststörungen und depressiven oder psychotischen Erkrankungen, chronischen lebensbedrohlichen Erkrankungen oder plötzlichem unerwartetem Verlust der Hauptbindungsperson, etwa durch einen Unfall (Brisch, 2001; Brisch & Hellbrügge, 2002).

Der Therapeut und Pädagoge muß sich darüber im Klaren sein, daß ein Kind in der Spielsituation bindungsrelevante Erwartungen auch an ihn hat, das heißt das Kind sucht im Therapeuten und Pädagogen ebenfalls wie zu einer sicheren Bindungsperson eine hoffnungsvolle sichere Basis, von der aus es sein Spiel und die damit verbundenen Erkundungen starten kann. Werden diese Bedürfnisse von den psychotherapeutischen und pädagogischen Bindungspersonen nicht feinfühlig beantwortet oder sogar abgewiesen, so kann sich das Spiel als eine Wiederholungssituation von früher erlebten Traumatisierungen gestalten und damit die Psychopathologie des Kindes verstärken. Aus diesem Grunde ist es von großer Bedeutung, daß auch Pädagogen und Therapeuten die normalen Varianten der Bindungsmuster und die Zusammenhänge zwischen Bindungs- und Erkundungssystem kennen, da sie dann in der Spielsituation hierauf auch adäquater eingehen können und sich selbst als die zentrale sichere Basis verstehen, von der aus eine emotionale Entwicklung der Kinder gelingen kann.

Eine weitere Risikogruppe stellen Kinder aus Heimen oder aus Pflegestellen dar, die mehrfach in ihrem Leben, in der Regel unfreiwillig, ihr Betreuungssystem und ihre Bindungspersonen wechseln mußten. In einer ähnlich schwierigen Situation befinden sich Kinder, die längere Zeit von ihrer Hauptbindungsperson getrennt sein mußten, zum Beispiel wegen stationärer Krankenhausaufenthalte nach Unfällen, wegen chronischer eigener Erkrankungen oder wegen schwerwiegender Erkrankungen der Eltern, die eine Trennung nach sich zog.

Auch bei Eingewöhnungssituationen im Kindergarten, nach Umzügen oder Schulwechseln sind bindungstheoretische Gesichtspunkte von Bedeutung, da auch hier in solchen Situationen das Bindungssystem der Kinder aktiviert ist. Es ist erforderlich, daß die Kinder während einer Eingewöhnungszeit eine emotionale Begleitung durch eine vertraute Bindungsperson erfahren, bis sie in einer neuen ihnen fremden und sie ängstigenden Umgebung wieder eine emotionale Bindung zu einer fremden Person aufbauen konnten (Brisch & Hellbrügge, 2002; Hedervari, 1996).

Für die Zukunft wird es von Bedeutung sein, daß Mitarbeiter in therapeutischen und pädagogischen Berufen mit der Bindungstheorie und ihren Grundsätzen vertraut sind, damit sie in ihrer alltäglichen Arbeit im Umgang mit gesunden Kindern deren Bindungsbedürfnisse berücksichtigen können. Im therapeutischen Bereich ist es hilfreich, auf die spezifischen Bedürfnisse und auf die pathologischen Verhaltensweisen in der Bindungs- und

Kontaktaufnahme von Kindern mit Bindungsstörungen entwicklungsfördernd reagieren zu können. Nur so werden diese Kinder eine Chance bekommen, im lebenslangen Kontext der Bindungsentwicklung eine positive korrigierende emotionale Neuerfahrung zu machen (Brisch, Grossmann, Grossmann & Köhler, 2002).

Literatur

Ainsworth, M. D. S. (1977). Feinfühligkeit versus Unempfindlichkeit gegenüber Signalen des Babys. In K. E. Grossmann (Hrg.), Entwicklung der Lernfähigkeit in der sozialen Umwelt (Vol. Geist und Psyche, S. 98-107). München: Kindler.

Ainsworth, M. D. S., Blehar, M. C., Waters, E., & Wall, S. (1978). Patterns of attachment: Assessed in the strange situation and at home. Hillsdale, NJ: Lawrence Erlbaum Associates.

Bowlby, J. (1975). Bindung. Eine Analyse der Mutter-Kind-Beziehung. München: Kindler.

Bowlby, J. (1976). Trennung. Psychische Schäden als Folge der Trennung von Mutter und Kind. München: Kindler.

Bowlby, J. (1983). Verlust - Trauer und Depression. Frankfurt: Fischer.

Brisch, K. H. (1999). Bindungsstörungen - Von der Bindungtheorie zur Therapie. (4. Auflage ed.). Stuttgart: Klett-Cotta.

Brisch, K. H. (2000). Bindungsorientierte Psychotherapie mit Eltern und Säuglingen, Kindern und Jugendlichen. Wiss. Jahrestagung des Berufsverbandes der Ärzte für Kinder- und Jugendpsychiatrie und Psychotherapie, Berlin, 23. September.

Brisch, K. H. (2001). Premature Birth: Trauma or/and chance for attachment? Int. Conference "Attachment and Trauma. Risk and protective factors in child development", München, 01. Dezember.

Brisch, K. H., Buchheim, A., & Kächele, H. (1999). Diagnostik von Bindungsstörungen. Praxis der Kinderpsychologie und Kinderpsychiatrie, 48, 442-454.

Brisch, K. H., Grossmann, K. E., Grossmann, K., & Köhler, L. (Hrsg.). (2002). Bindung und seelische Entwicklungswege. Grundlagen, Prävention, klinische Praxis. Stuttgart: Klett-Cotta.

Brisch, K. H., & Hellbrügge, Th. (Hrsg.). (2002). Bindung und Trauma. Stuttgart: Klett-Cotta.

George, C., Kaplan, N., & Main, M. (1985). The Attachment Interview for Adults (Unveröffentlichtes Manuskript). Berkeley, University of California.

Hedervari, E. (1996). Kleinkinder in traditionellen Heimen (Abschlußbericht zum Modellprojekt des Ministeriuns für Bildung, Jugend und Sport des Landes Brandenburg). Potsdam: Institut für angewandte Sozialisationsforschung Frühe Kindheit e. V. Berlin/Brandenburg (INFANS).

Main, M., & Goldwyn, R. (1984). Adult Attachment Scoring and Classification System. Unpublished manuscript . University of California, Berkeley.

Main, M., & Solomon, J. (1986). Discovery of an insecure-disorganized/disoriented attachment pattern. In T. B. Brazelton & M. Yogman (Hrsg.), Affective development in infancy (S. 95-124). Norwood, New York: Ablex.

Parens, H. (1993). Neuformulierungen der psychoanalytischen Aggressionstheorie und Folgerungen für die klinische Situation. Forum der Psychoanalyse, 9, 107-121.

Solomon, J., & George, C. (Hrsg.). (1999). Attachment disorganization. New York: Guilford.

Steele, H., Steele, M., & Fonagy, P. (1996). Associations among attachment classifications of mothers, fathers and their infants. Child Development, 541-555.

van IJzendoorn, M. H., & Bakermans-Kranenburg, M. J. (1997). Intergenerational transmission of attachment: A move to the contextual level. In L. Atkinson & K. J. Zucker (Hrsg.), Attachment and Psychopathology (S. 135-170). New York, London: The Guilford Press.

Einflüsse von Bindungspersonen auf die Entwicklung von Gefühlen, Motiven und Perspektiven über den Lebenslauf.

Klaus E. Grossmann & Karin Grossmann

Die historische Sehnsucht nach Erklärungen für das Leid im eigenen Leben

Anton Reiser: Ein psychologischer Roman

Die historische Sehnsucht nach Erklärungen für das Leid im eigenen Leben wurde erstmalig im autobiographischen Roman "Anton Reiser" von Karl Philipp Moritz literarisch dokumentiert. Er vermittelt in mitleiderregender Weise seine Einsichten und Beschreibungen selbst erlebter psychologischer Verunsicherung bei gleichzeitiger Unfähigkeit, die eigene psychologische Befindlichkeit zu verändern, zu beherrschen oder zu verbessern. Literarisch ist der Roman, der vor über 200 Jahren geschrieben wurde, das Ergebnis eines verzweifelten Versuchs, durch Aufklärung zum Verständnis zu gelangen, um so vielleicht eine Grundlage für Veränderungen zu schaffen. Das groß angelegte, gleichzeitig über zehn Jahre herausgegebene "Magazin zur Erfahrungsseelenkunde, als ein Lesebuch für Gelehrte und Ungelehrte, mit Unterstützung mehrerer Wahrheitsfreunde herausgegeben" widmete sich ebenfalls, unter Beteiligung zahlreicher weiterer Autoren, Begründungen für individuelles Befinden. Solche Versuche scheiterten allerdings am Fehlen angemessener Methoden, um induktive Schlußfolgerungen zu prüfbaren Hypothesen oder Theorien ausgestalten zu können (Grossmann, K.E., 1995).

Psychoanalyse als kulturelles Wissen

Ein Jahrhundert später kulminierte der literarische Blick in die eigene Psyche in Freuds Psycho-Analyse, die besonders erfolgreich in ihrer kulturprägenden Wirkung war. Im Gegensatz zur akademischen Psychologie, die sich mit einem geringen Vorsprung etwa zur gleichen Zeit etablierte, beteiligte sich die Psychoanalyse nicht am positivistischen Wissenschaftsverständnis. Sie formulierte keinerlei Hypothesen zum Zwecke einer methodengerechten Überprüfung. Sie konstruierte statt dessen Weltbilder über psychisches Geschehen. Hermeneutische Stimmigkeit und Loyalität der Schüler war gefordert im Hinblick auf die Theorie 'psycho-sexueller Entwicklungsphasen', insbesondere dem Ödipus-Konflikt. In ihm wird angeblich eine frühkindliche, "polymorph-perverse" Sexualität des Knaben manifest, die sich auf die Mutter richtet, aber am starken Vater scheitert. Damit gehörte es zum weithin akzeptierten Glaubenskanon, daß die frühe Kindheit einen nahezu unwiderruflich prägenden Einfluß auf die weitere Entwicklung des Individuums zum Erwachsenen ausübt, das Kind als "Vater des Mannes". Entwicklungspsychologische Überprüfungen wurden von der Psychoanalyse nicht angestrebt (Grossmann, K.E., 2001).

Anfänge der Bindungstheorie und der Bindungsforschung Überprüfung pychoanalytischen "Wissens" durch Forschung

John Bowlby, praktizierender Psychoanalytiker, gleichzeitig geistig eng mit der Person und dem Denken von Charles Darwin verbunden, wehrte sich gegen und überwand die anti-empirische Haltung der etablierten Psychoanalyse, so wie später auch - eher stillschweigend - Freuds Tochter Anna. Sie legte den Grundstock für die heutigen empirischen Forschungen am Anna-Freud-Institut in London. Bei einer der vielen Strittigkeiten und Zerreißproben in der British Psychoanalytic Society ging es um kindliche Phantasien im Gegensatz zu realen Erfahrungen als 'Ursache für Neurosen'. Melanie Klein z.B. hatte ganz auf Phantasien gesetzt. Freud hielt die Äußerungen einiger seiner Patientinnen über sexuelle Verführungen im Kindesalter nicht länger, wie noch anfänglich, für wirklich, sondern für ein Phantasie-Gebilde sexueller Konflikte. Kleins erstaunliche Vorstellungen über angebliche sexuelle und aggressive Phantasien von Säuglingen und Kleinkindern basierten u.a. auf einer von ihr selbst vorgenommenen Vorverlegung des ödipalen Konflikts in das Säuglingsalter. Bowlby, Lehranalysand bei Joan Riviere an Kleins Abteilung in der Tavistock-Klinik, konnte dem nicht folgen und suchte nach Möglichkeiten, solche Behauptungen empirisch zu prüfen. Die junge Ethologie der 40er und 50er Jahre, ganz im Sinne der Evolutionstheorie Darwins, wies ihm den Weg. Angeregt u.a. durch Konrad Lorenz in Deutschland und Niko Tinbergen in England und beraten durch Robert Hinde, fügte Bowlby unzählige Einzelbeobachtungen zur induktiv gewonnenen Bindungstheorie (Grossmann K. et al., 1997).

Ethologie und Kontrolltheorie

Die Bindungstheorie befaßt sich u.a. mit der psychoanalytischen Vorstellung vom frühen und dauerhaften Einfluß von Verlust oder von tatsächlichen Erlebnissen der Zurückweisung auf die Psyche, genauer gesagt, auf die Entwicklung der Organisation von Gefühlen und Verhalten gegenüber vertrauten Personen. Das Phänomen der Nachfolgeprägung bei Graugänsen, von Lorenz damals popularisiert, regte prospektive, psychoanalytisch orientierte Forschung an. Soziale Prägungen bei Gänsen und Enten, die sich sehr viel langsamer entwickeln, die weniger deutlich 'irreversibel' sind, und die sehr viel komplexer ablaufen als Nachfolgeprägungen, waren bald die geeigneteren Modelle. Instinkte oder Motive, die bei Lorenz noch als Druck- oder Energiereservoirs behandelt wurden (z.B. Lorenz, 1963), beschrieb Bowlby im Anschluß an von Bertalanffy kontrolltheoretisch als informationsverarbeitende Systeme (Bowlby, 1969; 1989).

Prospektive Entwicklungs-Bindungspsychologie

Die prospektive empirische Entwicklungs- Bindungsforschung begann kulturübergreifend mit Beobachtungen von Mary Ainsworth an Säuglingen in ihren Familien in Uganda. Eine schier unüberschaubare Fülle von Detailbeobachtungen sind dabei von ihr geordnet und systematisiert worden. Ainsworth übertrug das Konzept der psychischen Sicherheit des Persönlichkeitspsychologen Blatz auf das Verhalten und die Befindlichkeit von Säuglingen. Sie konnte darlegen, wie sehr diese Sicherheit vom Verhalten der Mutter als Hauptfürsorgeperson beeinflußt war. Die

Erkenntnisse wurden anschließend in den USA an 26 Säuglingen in ihren Familien systematisch geprüft, und zwar durch 16 fünfstündige Hausbeobachtungen alle drei Wochen während des gesamten ersten Lebensjahres. Das Hauptaugenmerk galt der funktionalen Passung des mütterlichen Verhaltens und ihrer Reaktionen auf mannigfache Bewegungs-, Vokal- und mimische Äußerungen ihres Kleinkindes. In einer Standardsituation, Fremde Situation (siehe unten) genannt, wurde am Ende des ersten Lebensjahres das Verhalten der Kinder ihren Müttern gegenüber nach kurzen Trennungen beobachtet, um die Hausbeobachtungen im Sinne der psychischen Sicherheit der Kleinkinder zu validieren. Damit waren erste Grundlagen für prospektive Forschung gelegt (Ainsworth, 1967).

Klinische Ziele

Bowlby verband mit der Bindungstheorie, die in drei Bänden 1969, 1973 und 1980 erschien, vor allem klinische Ziele. Sie sieht die wesentliche Ursache von normalen und abweichenden Entwicklungsverläufen in Bindungsstörungen, Trennung und Verlust. Die beginnenden zeitgleichen Erkenntnisse über Risiko- und Schutzfaktoren für psychisch gesunde Entwicklung sind in epidemiologischen Untersuchungen außerhalb der Bindungsforschung ebenfalls meist prospektiv ermittelt worden. In der geschichtlichen Tradition von Anton Reiser und Sigmund Freud sollten sich jedoch bindungstheoretische Untersuchungen nicht auf die Bilanzierung günstiger und ungünstiger Einflüsse beschränken, sondern sie sollten das innere psychische Geschehen als Folge von Bindungsstörungen erklären. Gelegenheit zu objektiven Beobachtungen ergaben sich in Heimen, in denen Kinder aus bombengefährdeten britischen Großstädten untergebracht waren. Sie führten Bowlby zu einer Bestandsaufnahme des europaweiten Kinderelends nach dem 2. Weltkrieg und 1951 schließlich zu einem weltweit beachteten Bericht darüber für die Weltgesundheitsbehörde (Bowlby, 1973). Noch ganz psychoanalytisch orientiert, ging Bowlby damals von einem kindlichen, auf die Mutter bezogenen "Monotropismus" aus, den er aber bald aufgab, vor allem nach z.T. hervorragend gefilmten Beobachtungen von James und Joyce Robertson über die heilende Wirkung von Ersatz- oder Pflegeeltern. Die Filme "Jane", "Kate" und "Thomas", aber auch als Kontrast "John, 9 Tage in einem Kinderheim", sind beim IWF in Göttingen erhältlich.

Ethologische Beobachtungen: Bindung und Exploration Feinfühligkeit, Kooperation, Verfügbarkeit

In ethologischer Tradition wurden von Ainsworth die funktionalen Konsequenzen des Ausdrucksverhaltens der Säuglinge im Verhalten der sie betreuenden Mütter beobachtet und jeweils durch verhaltensbeschreibende Skalen systematisch erfaßt. Individuelle Unterschiede in 'mütterlicher Feinfühligkeit gegenüber den Signalen des Babys', in mütterlicher Verfügbarkeit für das Baby und in mütterlicher Kooperation im Gegensatz zu Beeinträchtigungen der kleinkindlichen Intentionen ergaben tatsächlich Unterschiede in der emotionalen Befindlichkeit der Säuglinge. Mit ihren Reaktionen auf das kindliche Ausdrucksverhalten reguliert die Mutter als "externer Organisator" die Befindlichkeit des Kindes. Sie vermittelt ihm durch ihre Reaktionen ein Gefühl von Kompetenz in dem Maße, in dem sich das Kind die Zuwendung und Fürsorge der Mutter zuverlässig holen kann. Das Kind lernt auf diese Weise schon früh, daß seine auf die Bindungsperson gerichteten Signale Leid beenden und Bedürfnisse erfüllen können, so daß es geschützt und in positiver Befindlichkeit seine Umwelt erforschen kann. Die postulierten Auswirkungen auf die psychische Sicherheit des Kindes wurden im Alter von 12 Monaten in der sogenannten Fremden Situation geprüft (Ainsworth, Blehar, Waters & Wall, 1978).

Die Bindungsperson als Sichere Basis

Die Fremde Situation (FS) ist ein standardisiertes Verfahren zur Erfassung des Bindungsverhaltensmusters eines Kleinkindes. Sie wird in einem mit Spielzeug attraktiv ausgestattetem, aber für das ca. 12 Monate alte Kind und seine Mutter bzw. Vater fremden Raum durchgeführt. Es wird geprüft, auf welche Weise das Kind nach zweimaliger beunruhigender, aber höchstens je dreiminütiger Trennung von der Bindungsperson nach deren Rückkehr bei ihr Beruhigung sucht. Dies wird verglichen mit dem Verhalten des Kindes gegenüber einer freundlichen, trainierten Spielpartnerin in der Rolle der 'Fremden'. Eine sichere Bindung (in der Literatur "B" genannt) hat folgende Merkmale: Die Kinder zeigen offen ihren Kummer über die Trennung. Sie suchen Nähe bei der Wiedervereinigung, beruhigen sich schnell und nehmen das unterbrochene Erkunden wieder auf. Kinder, die kein Trennungsleid erkennen lassen und die sich gegenüber der zurückkehrenden Bindungsperson "vermeidend" verhalten und sich stattdessen dem Spielzeug zuwenden, werden als unsicher-vermeidend ("A") klassifiziert. Ihre Herzschlagfrequenz steigt allerdings wie bei den sicher gebundenen Kindern an, wenn ihre Mütter den Raum verlassen, d.h. sie sind ebenso beunruhigt. Nach der FS steigt, im Gegensatz zu den Kindern in "B"-Beziehungen, der streßindizierende Kortisolspiegel von Kindern in "A"-Beziehungen an, ein weiteres Zeichen dafür, daß auch sie durch Trennung belastet sind (Spangler & Grossmann, 1993). Ein drittes Bindungsmuster ist die unsicher-ambivalente Klassifikation "C". So klassifizierte Kinder suchen abwechselnd Nähe und weisen sie nachfolgend zurück, aber sie finden keine Beruhigung durch den Kontakt mit der Bindungsperson.

Es gibt kindliche Verhaltensmerkmale, die in allen Klassen vorkommen können. Einige Kinder zeigen subtile Störungen in den klassischen Bindungsmustern, gelegentlich aber auch klinische Anzeichen extremer Belastung. Dieses wird mit dem Begriff Desorganisation des Bindungsverhaltens charakterisiert. Desorganisation ist ebenfalls korreliert mit Indikatoren von physiologischem Streß (Main & Solomon, 1986; Solomon & George, 1999a, b; Spangler & Grossmann, K.E., 1993; Spangler & Grossmann, K., 1999).

Bindung und spielerisches Erkunden bei Kindern

In der FS wird vorrangig das kindliche Bindungsverhalten gegenüber der Bindungsperson als 'Sichere Basis' untersucht. Die Qualität des spielerischen Erkundens wurde demgegenüber bislang leider sehr viel weniger beachtet. Mit der FS wurde eine Methode bereitgestellt, die erste Validierungen für die Bindungssicherheit des Kindes im Hinblick auf beobachtete Einflüsse mütterlichen Verhaltens erbrachten. Gleichzeitig verblieb aber ein noch großer Bereich im Bedingungsgefüge der Bindungs-Verhaltens-Strategie des Kindes, der noch nicht geklärt werden konnte. Der Streit, wie bedeutsam die Feinfühligkeit der Bindungsperson als Erklärung für die in der FS gezeigte Bindungsqualität des Kindes ist, kann u. E. nur durch weitere und auch das Explorationsverhalten umfassende ethologische Beobachtungen geklärt werden.

Die ethologische Bindungsforschung leidet allerdings stark unter dem damit verbundenen enormen Zeitaufwand, der für noch nicht etablierte Wissenschaftler karrierefeindlich und riskant ist. Nicht zuletzt deshalb wohl wurde die ursprünglich nur zur Validierung von Verhaltensbeobachtungen erfundene Fremde Situation zur Standardmethode, um Bindungsqualitäten zu erfassen. Die drei bedauerlichsten Konsequenzen waren 1. die Überbewertung der Erfahrungen im Säuglingsalter gegenüber späteren Erfahrungen, 2. die Beschränkung auf die Typologie der 3 Bindungsklassen aus der FS, allerdings mit dem Zusatzkonzept der Desorganisation, und 3. die unbesehene Übertragung der drei Bindungstypen auf spätere Altersstufen, ohne ihre Bedeutung, z.B. für 3-6 oder 10jährige Kinder durch unabhängige ethologisch orientierte Verhaltensbeobachtungen zu erfassen (Grossmann, K.E., Grossmann, K. & Zimmermann, P., 1999).

Bindung und physiologische Untersuchungen

Psychobiologen sind im Begriff, das Bindungssystem systematisch vergleichend zu untersuchen. Bei Hühnerküken z.B. führt Wiedervereinigung mit der Glucke nach Trennung zur Ausschüttung zentralnervöser Endorphine. Wenn Opiate gespritzt werden, dann scheint das Küken keinen Disstress zu haben, denn dann sucht das getrennte Küken die Glucke nicht mehr und sendet keine Disstressrufe. Bei Ratten wird durch experimentelle Beeinflussung des Bemutterungsverhaltens z.B. systematisch untersucht, welche spezifischen Komponenten, z.B. Wärme, Milch, Bewegung, Berührung, das Wachstum und die Entwicklung der physiologischen Selbstregulation und des Sozialverhaltens von Rattenjungen beeinflussen. Bei Kleinkindern wurden neben den erwähnten Kortisolanalysen zur physiologischen Streßbestimmung auch vergleichbare Analysen im Zusammenhang mit ihrer Befindlichkeit beim Erkunden durchgeführt. Es zeigte sich ein signifikant höherer kindlicher Kortisolanstieg bei weniger gut ausgebildeter elterlicher Unterstützung. Bei Studenten wies eine erhöhte Hautleitfähigkeit auf Diskrepanzen zwischen emotionsarmem Interviewverhalten und emotionell belastenden Fragen zur Bindungsgeschichte der Probanden hin. Dieser Bereich der Bindungsforschung wird inzwischen sehr intensiv betrieben, wie ein Überblick von Fox & Card (1999) zeigt.

Bindungsrepräsentation: Innere Arbeitsmodelle

Die Bindungsforschung im Erwachsenen-Alter stützt sich weitgehend auf das Erwachsenen-Bindungs-Interview (Adult Attachment Interview, AAI). Diese offenen Interviews über bindungsrelevante Kindheitserinnerungen und deren aktuelle Bewertung werden von klinisch instruierten Forschern durchgeführt und nach Inhalt und sprachlichen Merkmalen klassifiziert. Die Kohärenz der sprachlichen Darstellung zusammen mit einer Wertschätzung von Bindungen ist das übergeordnete Kriterium für eine "sicher - autonome" Bindungsrepräsentation. Eine "vermeidende" Bindungsrepräsentation ist gekennzeichnet durch Geringschätzung von Bindungen, während eine "verstrickte" Repräsentation Objektivität und Reflektionen in den Berichten über Bindungsbeziehungen vermissen lassen. Die Klassifikationen der Antwortmuster von Eltern im AAI wurden an den Bindungsmustern ihrer Kleinkinder in der Fremden Situation validiert. Z.B. sagt die elterliche Bindungsrepräsentation während der Schwangerschaft die Bindungsqualität des Kindes in der Fremden Situation am Ende des ersten Jahres voraus. Zudem konnten zahlreiche Zusammenhänge zwischen AAI-Klassifikationen der Eltern und ihrem Verhalten ihren Kindern gegenüber methodisch und zeitlich unabhängig voneinander nachgewiesen werden. Die beobachtete mütterliche Feinfühligkeit gegenüber ihrem Säugling z.B. war eng verknüpft mit ihrer Bindungsrepräsentation 5 Jahre später (Grossmann, K. et al., 1988). Das Modell von Bindungsbeziehungen, das sich eine Person aufgrund eigener Erfahrungen aufgebaut hat, scheint ihre Einstellungen und ihre Reaktionen auf das Bindungsbedüfnis ihres Kindes stark zu beeinflussen (Gloger-Tippelt, G., 2001; Hesse, 1999).

Entwicklungspsychologische Bindungsforschung Verknüpfung von Bindungsmustern über den Lebenslauf: Kontinuität oder nicht?

Eine Zeit lang hat die Bindungsforschung eine gewisse Stabilität der Bindungsverhaltensmuster in der Fremden Situation zu späterem Bindungsverhalten erwartet. Nun zeigen sich zwar die Anfänge unterschiedlicher Bindungsqualitäten bereits mit 12 Monaten, aber eben nur die Anfänge. Bindungsqualitäten, vor allem zu Beginn des Lebens, passen sich verändertem Verhalten von Bindungspersonen an und können sich damit ändern. Deshalb ist die naive Kontinuitäts-Hypothese zu eng und in Ermangelung weiterer zuverlässiger Methoden nur auf der Grundlage der FS und dem AAI allein kaum zu erforschen. Zu einem Persönlichkeitsmerkmal werden Bindungserfahrungen mit den beiden Eltern und eventuell anderen Bindungspersonen erst allmählich ausgebildet (Suess et al., 1992) und sind erst dann, nach Ansicht klinischer Bindungstheoretiker, nicht mehr leicht veränderbar. Summarisch läßt sich jedoch sagen, daß Bindungssicherheit im zweiten Lebensjahr prospektiv mit größerer Kompetenz bis zum Alter von 6 Jahren korreliert ist und die Bindungsmuster über diesen Zeitraum hinweg erstaunlich stabil sein können. Längerfristige Stabilitäten sind jedoch nur auf einzelne Verhaltensbereiche beschränkt. Individuell prospektiv zeigte sich z. B. in unseren eigenen Untersuchungen zunächst kein Zusammenhang zwischen den Bindungsklassifikationen eines Kindes mit einem Jahr zu seinen Eltern und seiner Bindungsrepräsentation als 16-jähriger Jugendlicher, wohl aber mit seiner Partnerrepräsentation mit 22 Jahren (siehe unten).

Eine breite Forschungsaktivität befaßt sich mit Kontinuitäten und Diskontinuitäten der Bindungsqualitäten über Lebensabschnitte hinweg. Allerdings geht es dabei u. E. weniger um die Erfassung und Stabilität von Bindungsmustern als um individuelle Anpassung. Psychologische Anpassung an neue Herausforderungen erfordert von Individuen jeweils neue Strategien. Gemäß den Ergebnissen der klinischen Bindungsforschung ist die emotionale Organisation von Personen mit bindungssicheren Inneren Arbeitsmodellen häufiger funktional realitätsbezogen und seltener dysfunktional wirklichkeitsfremd. Dies scheint mit Bindungserfahrungen besonders in der Kindheit verknüpft zu sein, wobei die Kindheit bis zum Jugendalter reicht. Es betrifft aber nicht vorrangig oder gar ausschließlich das erste Lebensjahr als sensible Phase, selbst wenn das Kind dann ethologisch am deutlichsten auf die externe Organisation seiner Bedürfnisse und Gefühle angewiesen ist. Zukünftige Bindungsforschung steht im Dienste eines besseren Verständnisses dieser Prozesse.

Mentales Erkunden als Zeichen für Bindungssicherheit jenseits des Säuglingsalters

In der modernen entwicklungspsychologischen Bindungsforschung dominiert das Bestreben, die Organisation der Gefühle und besonders der Fähigkeit von Personen in belastenden Situationen, sich den Beistand vertrauter Personen zu sichern, über viele Situationen und Altersstufen hinweg zu untersuchen. Bei Kindern z.B. kann das Gefühl der Bedrohung beim Versagen in einer Leistungssituation zu gesteigertem Konfliktverhalten, zum frühen Abbruch der Aufgabe und zu einer kürzeren Aufmerksamkeit oder Konzentration führen. Die bindungs-hypothetische Vorstellung beinhaltet, daß negative Gefühle als bedrohlich erlebt werden, weil sie in der Vergangenheit Zurückweisungen angekündigt haben, etwa durch Verweigerung von Hilfe, Ablehnung, bei Unvorhersagbarkeit von Beistand oder durch andere unkontrollierbare Ereignisse. Eine sichere Bindung zeichnet sich mental durch die Fähigkeit aus, negative Gefühle als Signale für eine zu verändernde Wirklichkeit zu werten und zwar aktiv durch eigenes Handeln. Ärger und Wut können entweder zu unkontrolliertem Verhalten führen (dysfunktional), oder zur "Wahr"-Nehmung der Umstände, die sie ausgelöst haben. In günstigen Fällen läßt sich aktiv handelnd, auch mit Hilfe anderer, die Umwelt verändern, aber oft gelangt man auch zur realistischen Erkenntnis, daß man die Wirklichkeit nicht ändern kann. Auf jeden Fall sollte das Reaktionsverhalten im Einklang mit der Wirklichkeit stehen und nicht allein beherrscht sein von unmittelbar auftretenden Gefühlen, vor allem negativen.

Eine sichere Bindungsqualität und die damit verbundene Organisation der Gefühle steht somit im Dienste wirklichkeitsbezogener psychologischer Anpassung. Unsichere Bindungsqualitäten dagegen führen bei großer Belastung eher zum Abbruch einer wirklichkeitsbezogenen Orientierung und beeinträchtigen so ein adäquate psychologische Anpassung an veränderte Lebensumstände. Wenn negative Gefühle nicht in Handlungspläne, die realistisch sind, eingebunden werden können, sind anhaltende Erfolge nicht zu erwarten. Validierungen eines funktionalen, wirklichkeitsnahen mentalen Erkundens sind für nicht pathologische Entwicklungsverläufe allerdings noch rar. Für mangelndes mentales Erkunden im Zusammenhang mit psychopathologischen Entwicklungsverläufen gibt es dagegen zahlreiche Hinweise (z.B. im Journal of Consulting and Clinical Psychology, 1996, 64, 1 und 2). In Bowlbys psycho-therapeutischem Denken sollte idealerweise ein fehlangepaßtes Individuum aus bindungstheoretischer Sicht erkennen, daß seine bisherigen mentalen Modelle von sich selbst und seine Bindungen im Hinblick auf seine psychologische Anpassung untauglich sind und durch besser geeignete ersetzt werden müssen, z.B. durch die Wahrnehmung von sich selbst als kompetent und liebenswert, und von anderen als hilfsbereit, die man durch kooperartive Partnerschaft für sich gewinnen kann (Bowlby, 1995a, b).

Die Rolle der Organisation der Gefühle und der Erfahrung: Ziel-korrigierte Partnerschaft, Klärung von Motiven und Problemorientiertheit bei der individuellen Anpassung

Handlungspläne organisieren das Verhalten auf Ziele hin. Bindungspsychologische Ziele sind bei psychischer Verunsicherung Partner, die man für sich gewonnen hat oder die man für sich gewinnen muß, damit sie einem Sicherheit geben. Pläne und Absichten der Partner sind dabei mit den eigenen in Einklang zu bringen durch ziel-"korrigiertes" Verhalten. Dies geschieht durch kohärente und offene Kommunikation, wobei Gefühle den jeweiligen Stand der Transaktionen spiegeln. Der Zugang zu den eigenen Gefühlen und Empathie mit den Gefühlen und Absichten des Partners gehören folglich zu einer zielkorrigierten Partnerschaft. Unsichere Bindungen sind aus bindungstheoretischer Sicht beeinträchtigend, weil die externe Organisation ausbleibt, wenn unter Belastung oder Bedrohung des Selbstwertgefühls und der persönlichen Integrität die Handlungsmotive durch negative Gefühle beeinträchtigt werden. Dysfunktionaler Ärger wäre ein solches Beispiel. Die psychologische Anpassung an die Wirklichkeit, z. B. das Erkennen unterschiedlicher Motive anderer, oder die Veränderung eigener Ansprüche an die gegebenen Möglichkeiten ist das Ziel realitätsbezogenen Handelns. Ähnlichkeiten auch mit den affektiven Ursprüngen leistungsmotivierten Verhaltens sind in gewisser Weise gegeben. Beide basieren in ihrer frühen Entwicklung auf elterlicher Anteilnahme, Unterstützung und altersangemessenen Anforderungen, aber sie folgen verschiedenen Erklärungsprinzipien, weil bindungstheoretisch gesehen nicht die Leistung selbst im Vordergrund steht, sondern die psychische Sicherheit, in der sich geistige Fähigkeiten, vor allem Einsicht in komplexe Zusammenhänge, am ehesten frei entfalten können (Grossmann, K.E., 1997).

Perspektiven der Bindungsforschung: Entwicklungspsychologie, Entwicklungspsychopathologie und Persönlichkeitsentwicklung

Aus den Anfängen der Bindungsforschung hat sich ein breites Spektrum von Anwendungsgebieten entwickelt. Es reicht von Fragestellungen aus der Kinder- und Jugendspsychiatrie über die psychoanalytische Entwicklungsforschung bis hin zur Erforschung besonderer Anpassungsleistungen im zwischenmenschlichen und im Sachbereich. Interventions-Forschung konnte mütterliche Feinfühligkeit verbessern und damit die Bindungssicherheit ihrer Babys (van den Boom, 1994; Lieberman & Zeanah, 1999). Therapeutische Einflüsse auf mentale Bindungs-Modelle führten bei Patienten zur Verbesserung von Einsicht in ihre Handlungsmotive und ihren Realitätsbezug. Empirische klinische Forschung hat die entwicklungspsychologische Forschung der vergangenen 40 Jahre eingeholt. Nach grundlegenden Einsichten über die Funktion von Bindungssicherheit und -unsicherheit, die vor allem in entwicklungspsychologischen Längsschnittuntersuchungen gewonnen wurden, schwingt das Pendel nun verstärkt hin zu Untersuchungen über die Beziehung zwischen Bindungsqualität und Anpassungsprozessen selbst. Die aktuelle Bindungsforschung ist damit sowohl Teil der Entwicklungspsychologie, als auch der Entwicklungs-Psycho-Pathologie. Sie versucht, die "inneren Arbeitsmodelle" von Individuen zu ergründen, die bindungssicherem und -unsicherem Verhalten zugrunde liegen. Ihr vordringliches Interesse gilt dabei der Organisation der Gefühle in ihrer Funktionalität bzw. Dysfunktionalität als handlungsleitend (vgl. Brisch, Grossmann, Grossmann & Köhler, im Druck; Strauß, Buchheim & Kächele, in Vorb.).

Der von uns Mitte der 70er Jahre eingeschlagene Weg der längsschnittlichen Bindungsforschung begann mit Replikationen von Untersuchungsergebnissen aus den USA und trug zur Etablierung der ethologisch beobachtbaren Grundlagen der Bindungsforschung bei. Derzeit erkunden wir bindungstheoretische Komponenten sprachlicher Zukunftsperspektiven parallel zum AAI. Deutliche Ergebnisse liegen schon für ältere Menschen vor, die Großeltern der Kinder aus einer unserer Längsschnittuntersuchungen. Die durchschnittlich 70-Jährigen mit sicherer Bindungsrepräsentation im AAI haben klarere und erfreulichere Zielperspektiven als diejenigen mit unsicheren Repräsentationen (Wensauer & Grossmann, 1995; 1998). Zukünftige Forschung wird sich der Frage unmittelbar annehmen müssen, wie und welche neuen Lebenserfahrungen dazu führen, die Organisation von Bindungsgefühlen angemessener und die Organisation von Bindungsverhalten adaptiver zu gestalten. Die heutige Bindungsforschung untersucht bereits die Bedingungen, die zu Kontinuitäten oder Veränderungen adaptiven Verhaltens im Zusammenhang mit Bindungsbeziehungen und der damit zusammenhängenden Organisation von Gefühlen führen (Sroufe, Duggal, Weinfield & Carlson, 2000).

Bindung und biologische Anthropologie

Zwei besondere Charakteristika zeichnen die Bindungstheorie aus.

1. Sie ist eine offene Theorie und 2. Sie ist in erster Linie eine induktive Theorie. Als eine offene Theorie lädt sie zu Beobachtungen auf der Grundlage allgemeiner Hypothesen über biologische und psychologische Anpassung ein. Die biologische Anpassung einer Spezies ist begründet in der Darwinschen Selektion. Sie bildete die phylogenetische Wurzel von Bindung. Bindungsverhalten zeigen die Jungen fast aller Säugetiere. Das phylogenetisch gesetzte Ziel der Kinder bei ihrer Suche nach Nähe und dem Erhalt von Nähe zu Bindungsfiguren ist Schutz. Schutz geht einher mit einem Gefühl der Sicherheit und ist verbunden mit der Reduktion von Streßhormonen (Spangler & Schieche, 1998). Bindung hat Überlebenswert und ist auch beim Menschen "vorprogrammiert"; sie ist im Genotyp verankert und deshalb in Bowlbys Worten umweltstabil. Bindungsverhaltensweisen werden auf unterschiedliche Weise je nach dem elterlichen Verhalten im Laufe der Entwicklung ausgebildet. Die Umwelteinflüsse in der Frühzeit des Menschen waren sicher verschieden von unserer gegenwärtigen Umwelt. Unverändert bleibt jedoch die Passung zwischen der Feinfühligkeit der Bindungsperson und der sich entwickelnden kommunikativen Kompetenz des Kleinkindes (Ainsworth & Bell, 1973). Sie ist entscheidend für die Entwicklung hochindividualisierter Bindungsbeziehungen. Diese Passung enthält die meisten Elemente für die Entwicklung psychologischer Sicherheit und stellt eine ihrer wichtigsten, wenn nicht die wichtigste Wurzel dafür dar. Phylogenetisch steht sie sicher im Dienste der inklusiven Fitness auch der Spezies Mensch. Dieser Teil der Bindungstheorie ist fest verankert in der biologischen Anthropo-

logie. Auf der physiologischen Ebene funktioniert das kleinkindliche Bindungssystem vor allem im Mittelhirn und ist fest im limbischen System verankert (Ploog, 1989). Zusammen mit dem komplementären elterlichen Kommunikationssystem, von Papousek & Papousek (1987) "intuitives Elternverhalten" genannt, bildet es das von Harlow bereits in den 50er Jahren sog. "affectional system" (Harlow, 1971), das die Bindungsforschung als Feinfühligkeit gegenüber den Bedürfnissen des Kindes erfaßt, das sich auf sprachlicher Ebene fortsetzt und das die Intentionen anderer berücksichtigt.

Mütterliche Feinfühligkeit als Organisator emotionaler Kommunikation: Bindung und Kulturanthropologie.

Von klein auf formt die Feinfühligkeit der Bindungsperson gegenüber den kindlichen Signalen den Ausdruck und die Mitteilung emotionaler Bedürfnisse. Die reichste kommunikative Entwicklung wird durch subtile, prompte und angemessene Antworten durch den Interaktionspartner erreicht. Die Antworten sind sehr häufig begleitet von Vokalmelodien und Worten, obwohl das Kind die Bedeutung der Worte nicht erkennt. In allen Interaktionen, ob feinfühlig oder nicht, erhält das Kind Antworten, die seine Wünsche und seine Bedürfnisse anerkennen oder ignorieren oder aus seiner Sicht richtig oder falsch interpretieren. Das Kind "fühlt", ob es verstanden wurde oder nicht. Allmählich beginnen die Worte der Bindungsperson bedeutungsvoll zu werden. Durch Worte lernt das Kind, zusätzlich zu der bereits bestehenden Erfahrung auf der Verhaltensebene, Gefühle als wichtige Bewertungssysteme (appraisal systems) zu verstehen, die allerdings interpretationsbedürftig sind (Grossmann, K.E. & Grossmann, K., 2001).

Die Integration negativer Gefühle in eine kommunikative Strategie beginnt schon recht früh z.B. bei einem Säugling, der ärgerlich auf die Trennung von seiner Mutter reagiert. Wenn die Mutter den Ärger als Signal der Unsicherheit interpretiert, wird sie zurückkommen, um das Kind zu vergewissern und es mit einer anderen sicheren Basis, einer anderen vertrauten Person zu versorgen. Auf diese Weise steht die Funktion des Ausdrucks von Ärger und Disstress klar und eindeutig im Dienste von Nähe und psychischer Sicherheit. Wenn jedoch die Mutter den kleinkindlichen Ärger etwa als Aggression interpretiert, könnte sie dazu neigen, das kindliche Verhalten zu ignorieren, zurückzuweisen oder gar zu bestrafen. Unter solchen Bedingungen würde sich der Ärger-Ausdruck des Kindes dysfunktional entwickeln, weil das Ziel von Nähe und psychischer Sicherheit nicht erreicht wurde und der Ärger dadurch weiter schwelt. Angemessene klärende Diskurse mit dem sprechenden Kind über solche Zusammenhänge zwischen inneren Gefühlszuständen und den Antworten der Bindungspersonen und auch anderer nahestehender Mitmenschen macht solche Bindungserfahrungen für das Kind auf der Ebene bewußter sprachlicher Diskurse "verfügbar". Dieser Prozeß ist Teil des kulturanthropologischen Aspekts der Bindungstheorie.

Lernen durch den sprachlichen Diskurs dauert sehr viel länger und bedarf sehr viel größerer Anstrengungen seitens des Kindes, als durch mütterliche Feinfühligkeit allein erreicht werden kann. Der Diskurs ist der bei weitem wichtigste Weg, um feste Beziehungen zwischen internaler Kohärenz und externaler Korrespondenz herzustellen. Dies gilt nicht nur für den Bereich formalen Wissens und der Intelligenz (Sternberg, 1997), sondern besonders für die Verbindung zwischen vor- und extrasprachlichen Erfahrungen im Rahmen von Bindungsbeziehungen und den ihnen zugrunde liegenden Gefühlen und Verhaltensweisen (Harris, 1999; Nelson, 1999). Zusätzliche Verbindungen müssen ausgebildet werden zwischen den Reaktionsmustern der Bindungspersonen und den kindlichen Erfahrungen damit. Im Erwachsenen-Bindungs-Interview z.B. kann eine Person über eine miserable Kindheit berichten und trotzdem, unter Berücksichtigung aller Realitäten, Gefühle und Motive, kohärente Erklärungen für das Verhalten der Eltern äußern. Es kann sich in ihre Lage versetzen. Eine solche Person kann die mit den Erinnerungen verbundenen Gefühle erkennen und angemessen damit umgehen. Sie zeigt keine inkohärenten Widersprüche oder Mängel in der Erinnerung, und auch keine eingeschränkte sprachliche Repräsentation. Solche Personen haben sich ihre psychische Sicherheit im Laufe der Zeit "verdient"; sie werden im Rahmen des AAI-Klassifikations-Systems als "earned secure" bezeichnet (Hesse, 1999).

In unserer Längsschnittuntersuchung fanden wir erste Hinweise auf "Klarheit der Motive" und eine "Orientierung auf Lösungen". Dazu gehört die mehrfach erwähnte Integration negativer Gefühle im Rahmen einer zielorientierten oder zielkorrigierten Strategie mit etwa 6 Jahren. Es bestanden enge Kontinuitäten zwischen 6, 10 und 16 Jahren. Mit 16 Jahren war der Zugang zu den eigenen Gefühlen bei zahlreichen Probanden gut etabliert und stand in engem Zusammenhang mit der Sicherheit der Partnerschafts-repräsentation und mit der Qualität des Diskurses über die

Partnerbeziehung mit 22 Jahren. Natürlich sind es nicht nur Worte, die der Sicherheit der Partnerschaftsrepräsentation junger Erwachsener zugrunde liegen. Unsere Daten legen aber nahe, daß es ein Kontinuum zwischen der frühen Organisation der Gefühle durch die mütterliche Feinfühligkeit und der Integration dieser Organisation in eine kohärente Repräsentation des Selbst in der Partnerschaft gibt (Grossmann, Grossmann, Winter & Zimmermann, im Druck). Sichere internale Arbeitsmodelle von sich und anderen werden bindungstheoretisch gedacht als Organisation von Gefühlen, interaktiven Verhaltensweisen und Diskursen mit den Bindungspersonen, die nach Minsky (1987) Ziele beinhalten, die zu erreichen das Individuum hoch motiviert ist. Sie führen zu einer kohärenten Planung und Kommunikation, die sprachlich-diskursiv an die Wirklichkeit angepaßt werden kann.

Dieser theoretische Hintergrund kann helfen, die vielfältigen Einflüsse auf frühe vorsprachliche und spätere diskursive Organisation der Gefühle und Verhaltensweisen zu verstehen. Dies steckt nach unserer Überzeugung hinter allen Variablen, die wir zusammenfassend mit "Mütterlicher Feinfühligkeit und Wertschätzung von Bindung" bezeichnet haben. Es lehnt sich auch stark an Diskussionen an, die seit Jerome Bruners (1990, deutsch 1997) "Acts of Meaning" über die gemeinsame Aufmerksamkeit von Kind und Mutter oder Vater geführt werden (Bruner, 1987). Auch Michael Tomasello (1999) sieht in dieser Fähigkeit zu gemeinsamer Aufmerksamkeit, die nur der Mensch und kein anderer Primat zeigt, die Grundlage kultureller Erkenntnistätigkeit. Sie führt über bloßes Nachahmen motorischer Abläufe hinaus und richtet sich zunehmend auf das Begreifen der hinter dem imitierten Verhalten stehenden Intentionen. Bereits ab dem 9. Lebensmonat prüft das Kind den Ausdruck und die Ereignisse, auf die sich die Aufmerksamkeit vertrauter Erwachsener richtet. Zwei Monate später schon folgt es der Aufmerksamkeit Erwachsener und registriert dabei den Ausdruck emotionaler Bewertung ("social referencing"). Schließlich wiederum etwa zwei Monate später, mit etwa 13-15 Monaten, lenkt es die Aufmerksamkeit anderer in die von ihm selbst intendierte Richtung und verwendet dabei referentielle Sprache. Das mimetische, initiative Verhalten orientiert sich dabei nicht am motorischen Verhalten, sondern an den Intentionen des Vorbilds. Dieses phylogenetische Humanum ist Grundlage für die Entwicklung des Verständnisses anderer Personen und des eigenen Selbst. Sie bedarf allerdings aller in der Bindungsforschung untersuchter

Formen sicherer Bindungsbeziehungen und -repräsentationen, um individuell wirksam zu werden. Eine solche Sicht betont die aktive Autorität des Kindes, durch (intendierten) Ausdruck und Interpretation seine eigene Entwicklung zu bestimmen und dabei angemessene und prompte Antworten von seinen Bindungspersonen und später auch von anderen klügeren und weiseren Erwachsenen zu erwarten. Im dafür zuständigen Intentionalitäts-Modell von Lois Bloom und Erin Tinker (2001) ist Sprachentwicklung folglich ein integraler Teil des Gefüges von Erkennen (Kognition), Gefühlen (Emotion) und sozialer Interaktion.

Die Entwicklung von Bindungs-Verhaltensstrategien und Bindungsrepräsentationen

Die Bindungsqualität während der Kleinkindzeit, so wie sie in der Fremden Situation erfaßt wird oder in der Kindheit durch projektive Verfahren über Trennungen oder im Jugend- bzw. Erwachsenenalter durch das Erwachsenen-Bindungs-Interview, war ausschlaggebend für die schnelle Entwicklung der Bindungsforschung in den letzen 20 Jahren. Die Bindungstheorie ist allerdings wesentlich reicher und schafft bei weitem mehr kreative Forschung, als Korrelationen zwischen den traditionellen Bindungsmaßen zu produzieren. Als offene Theorie liegt die potentielle Stärke der Bindungstheorie im Generieren von Hypothesen durch Beobachtung und Vergleich von bindungsrelevanten Ereignissen. Wir konnten in unserer Längsschnittuntersuchung zeigen, daß viele induktive Maße - Feinfühligkeit, Wertschätzung von Bindung, väterliche feinfühlige Herausforderung usw. auf der einen Seite und sprachliche Diskursqualität auf der anderen Seite - vielsagender sein können als die traditionellen Bindungsmaße (Grossmann, Grossmann, Winter & Zimmermann, im Druck). Die Bindungstheorie als ein besonderer Weg des Denkens über die individuelle menschliche Entwicklung kann die Bindungsforschung sehr viel umfassender anleiten, als die Beschränkung auf bereits bestehende Methodiken oder festgefügte Weltsichten (Grossmann, K.E., 2001).

Die Rolle des Vaters in der Bindungsentwicklung

Väter sind eine vernachlässigte Gruppe in der Bindungsforschung. Die wenigen Forscher, die mit Vätern gearbeitet haben, haben nur schwache Zusammenhänge gefunden, die den Mutter-Kind-Beziehungen nur zum Teil ähnlich waren (Belsky, 1999). Die Rolle des Vaters für die Entwicklung seines Kindes ist allerdings in vielerlei Hinsicht eigenständig (Parke & Buriel, 1998; Shulman & Seiffge-Krenke, 1997). Beim Erfassen der väterlichen Unterstützung des kindlichen Wunsches nach Exploration im Sinne eines kundigen Wegbegleiters und bei seinen vorsichtigen Herausforderungen im Zusammenhang mit neuen Kompetenzen an Stelle einer ausschließlichen Fixierung auf die Fremde Situation als die einzige Methodik zur Erfassung der Kind-Vater-Beziehung haben wir zahlreiche bedeutsame längsschnittliche Beziehungen zwischen 2 und 22 Jahren gefunden (Grossmann, K. et al. im Druck; Kindler, 2001). In unserer Stichprobe haben wir direkte Zusammenhänge zwischen der Spielfeinfühligkeit von Vätern mit ihren 2-Jahre alten Kindern und der mentalen Repräsentationen von Bindung ihrer 16-Jahre alten Kinder, also 14 Jahre später, und der Partnerschaftsrepräsentation ihrer Kinder als junge Erwachsene mit 22 Jahren, also 20 Jahre später, gefunden. Wir haben also Einflüsse des Geschlechts der Eltern auf die Entwicklung der generellen psychischen Sicherheit ihrer Kinder, Mädchen und Jungen gleichermaßen, gefunden. Beide zusammen, Vater und Mutter, legen die Grundlagen für psychische Sicherheit, sowohl für den Bereich sicherer Bindung als auch für den Bereich sicherer Exploration innerhalb von affektiven Beziehungen.

Das von Monika Winter erarbeitete Partner-Beziehungs-Interview ist der erste einer Reihe von Datensätzen über eine Altersspanne von 22 Jahren hinweg (Winter, in Vorb.; Winter & Grossmann, im Druck). Zusammenhänge mit der Bindungsrepräsentation sind gegeben (Strasser, in Vorb.) Die Bindungstheorie als offene Theorie erlaubt uns, neue Wege des Denkens zu erkunden, die durch biologische und kulturelle Anthropologie beeinflußt sind und die gegenüber den in den Anfängen der Bindungsforschung etablierten Methoden im Dienste zukünftiger Erkenntnisse Priorität haben. Wir haben zahlreiche neue Meßverfahren entlang der drei Pfade "Feinfühligkeit", "Diskurs" und "Bindungsrepräsentation" zu einer sicheren Partnerschaftsrepräsentation entwickelt (Grossmann, Grossmann, Winter & Zimmermann, im Druck). Wir sind davon überzeugt, daß die gezeigten Zusammenhänge das Herz der Bindungstheorie ausmachen. Daten über kausale Beziehungen zwischen den Erfahrungen von Individuen mit ihren Bindungspersonen und ihren späteren Fähigkeiten, selbst emotional befriedigende Bindungen einzugehen, stehen im Mittelpunkt (Bowlby, 1987). Colwyn Trevarthen betont in diesem Zusammenhang die Bedeutung von "älteren und klügeren Gehirnen" im Dienste der Integration emotionaler Organisation und kognitiver Repräsentation über die Lebensspanne (Trevarthen, 1987a, b; 2001).

Die Bindungsforschung ist in der Lage, eine sichere Basis zu liefern für das Verständnis z.B. von "Erfahrungsperspektiven in der Entwicklung psychologischer Komplexitäten" (Csikszentmihalyi & Rathunde, 1998) einschließlich komplexer Gefühle. Sichere Bindungsrepräsentationen reflektieren einen Zustand psychischer Sicherheit, der mit einem anpassungsfähigen Gleichgewicht von Selbstbestimmung und Verbundenheit einhergeht. Unsichere Bindungsrepräsentationen schränken geistig ein, weil die Repräsentation einer Passung zwischen Emotionen und realen Gegebenheiten nicht kohärent ist. Psychische Abhängigkeiten werden durch unsichere Bindungen größer und der Spielraum enger (Grossmann, K.E., 2000).

Fazit

Die Bindungstheorie und -forschung befaßt sich mit der Psychologie des Individuums. Die unerläßliche Erforschung einzelner Variablen steht für sie praktisch immer im Dienste individueller Anpassungsleistungen. Tatsächlich werden, nomothetisch und differentiell, empirische Zusammenhänge statistisch erforscht, gleichzeitig aber auch, ideographisch und qualitativ, individuelle Unterschiede in der Organisation von Gefühlen bei zielkorrigierten Partnerschaften und ihren Folgen (Grossmann, 1988). Für eine Entwicklungstheorie, die ein brauchbares Denkzeug auch für Kliniker und Therapeuten sein soll, ist die ideographische die angemessene Ebene (Valsiner, 2001).

Wie Gottlieb (1992) gezeigt hat, sind ontogenetische Entwicklungsverläufe nicht aus populationsgenetischen Daten ableitbar. Sie führen also zu eigenständigen Ergebnissen und Erkenntnissen. Molenaar (2001) weist mit Hilfe statistisch-methodischer Simulationen nach, daß individuelle Lebensläufe nicht "ergotisch" im Sinne der klassischen Testtheorie sind und logisch nicht aus

Testwerten erschlossen werden können. Bindungstheoretische Erkenntnisse zeigen sich immer nur in den inneren Arbeitsmodellen und ihrem Einfluß auf das Denken, Fühlen und Wollen von Individuen.

Die fehlende methodische Überprüfbarkeit kasuistischer (Selbst-)Deutungen, die das Werk von Karl Philipp Moritz praktisch scheitern ließ, wird heute durch eine Vielfalt methodisch replizierbarer Untersuchungen überwunden. Selbstverständlich provoziert die Lebensnähe der ideographischen Bindungsforschung die kritische Skepsis des nomothetischen Forschers in besonderem Maße. Dies kann leicht zu Mißverständnissen und Abgrenzungen führen. In vergangenen Zeiten war eine solche Konstellation in der Psychologie nicht selten Anlaß zur Bildung von Schulen, die sich tatsächlich gegeneinander abgeschottet haben, weil sie weder Kritik noch die gleichzeitige Existenz von zwei empirischen Ebenen, die der Variablen und die der Individuen, handhaben konnte. Dieses Schicksal ist auch John Bowlby im Kreise seiner psychoanalytischen Kollegen nicht erspart geblieben (Holmes, 1993). Aus dem historisch gewachsenen Wunsch nach Einsicht in individuelles psychologisches Funktionieren wurde, bei allen angemessenen Vorbehalten, eine moderne Bindungsforschung mit hohem Anspruch an empirische Überprüfbarkeit geschaffen. Sie hat sich in den vergangenen mehr als 40 Jahren als eine neue, der Natur des Menschen entsprechende entwicklungspsychologische Theorie etabliert und hat damit Grundlagen auch für die klinische Forschung gelegt, die zukünftig auch weitere profunde und zugleich überprüfbare Erkenntnisse über die Psychologie individueller Fehlanpassungen verspricht.

Literatur

Ainsworth, Mary D.S. (1967). Infancy in Uganda: Infant care and the growth of love. Baltimore: Johns Hopkins University Press.

Ainsworth, Mary D.S. & Bell, S.M. (1973). Mother-infant interaction and the development of competence. In K. Connolly & J. Bruner (Eds.), The growth of competence, 97-118.

Ainsworth, M. D. S., Blehar, M. C., Waters, E. & Wall, S. (1978). Patterns of attachment. A psychological study of the strange situation. Hillsdale, NJ: Lawrence Erlbaum Associates.

Belsky, Jay (1999). Interactional and contextual determinants of attachment security. In J. Cassidy & P. R. Shaver (Eds.). Handbook of attachment theory and research (pp. 249-264). New York: Guilford Press.

Bloom, Lois & Erin Tinker (2001). The intentionality model and language acquisition. Monographs of the Society for Research in Child Development, Vol. 66, No. 4, Serial No. 267.

Bowlby, John (1969). Attachment and loss. Vol. 1: Attachment. London: Hogarth Press and Institute of Psycho-Analysis (deutsch: Bindung. München: Kindler, 1975).

Bowlby, John (1973). Attachment and loss. Vol. 2: Separation: Anxiety and anger. New York: Basic Books (deutsch: Trennung. München: Kindler, 1976).

Bowlby, John (1987). Attachment. In R. L. Gregory (Ed.). The Oxford companion to the mind (pp. 57-58). Oxford: Oxford University Press.

Bowlby, John (1995a). Bindung: Historische Wurzeln, theoretische Konzepte und klinische Relevanz. In G. Spangler & P. Zimmermann (Hrsg.). Die Bindungstheorie: Grundlagen, Forschung und Anwendung (S. 17-26). Stuttgart: Klett-Cotta.

Bowlby, John (1995b). Elternbindung und Persönlichkeitsentwicklung. Heidelberg. Dexter Verlag.

Brisch, Karl-Heinz., Grossmann, K., Grossmann, K.E. & Köhler, L. (Hrsg.) (im Druck). Bindung und seelische Entwicklungswege. Vorbeugung, Interventionen und klinische Praxis. Stuttgart, Klett-Cotta.

Bruner, Jerome (1990). Acts of meaning. Cambridge: Harvard University Press.

Bruner, Jerome S. (1997). Sinn, Kultur und Ich-Identität. Heidelberg. Carl-Auer-Systeme

Csikszentmihalyi, Mihaly M. & Rathunde, Kevin (1998). The Development of the Person: An Experiential Perspective on the Ontogenesis of Psychological Complexity. In William Damon (Ed.). Handbook of Child Psychology. Vol. 1: Theoretical Models of Human Development. Lerner, Richard M. (Vol.Ed.). John Wiley & Sons, Inc., New York. S. 635-684.

Fox, Nathan A. & Card, Judith A. (1999). Psychophysiological Measures in the Study of Attachment. In Jude Cassidy & Phillip R. Shaver (Ed.). Handbook of Attachment. Theory, Research, and Clinical Applications. New York. Guilford Press, 226-245.

Gloger-Tippelt, Gabriele (2001). Das Adult Attachment Interview: Durchführung und Auswertung. In Gabriele Gloger-Tippelt (Hrsg.). Bindung im Erwachsenenalter. Bern. Verlag Hans Huber, S. 102-120.

Gottlieb, Gilbert (1992). Individual development and evolution. The genesis of novel behavior. New York. Oxford University Press.

Grossmann, Karin, Fremmer-Bombik, Elisabeh, Rudolph, Joseph & Grossmann, Klaus E. (1988). Maternal attachment representations as related to patterns of infant-mother attachment and maternal care during the first year. In R. A. Hinde & J. Stevenson-Hinde (Eds.), Relationships within families (pp. 241-260). Oxford: Oxford Science Publications.

Grossmann, K., Grossmann, K.E., Fremmer-Bombik, E., Kindler, H., Scheuerer-Englisch, H., Winter, M. & Zimmermann, P. (im Druck a): The uniqueness of child-father attachment relationship: Fathers´sensitive and challenging play as the pivotal variable in a 16-year longitudinal study. Social Development.

Grossmann, K., Grossmann, K.E., Fremmer-Bombik, E., Kindler, H., Scheuerer-Englisch, H., Winter, M. & Zimmermann, P. (im Druck b), Väter und ihre Kinder - Die "andre" Bindung und ihre längsschnittliche Bedeutung für die Bindungsentwicklung, das Selbstvertrauen und die soziale Entwicklung des Kindes. In: K. Steinhardt, K. Ereky u.a. (Hrsg.), Die Bedeutung des Vaters in der frühen Kindheit. Gießen: Psychosozial Verlag.

Grossmann, Klaus E. (1988). Longitudinal and systemic approaches in the study of biological high- and low-risk groups. In M. Rutter (Ed.), Studies of psychosocial risk. The power of longitudinal data. Cambridge: Cambridge University Press, 138 - 157.

Grossmann, Klaus E. (1995). The evolution and history of attachment research and theory. In S. Goldberg, R. Muir & J. Kerr (Eds.) Attachment theory: Social, developmental and clinical perspectives, (pp. 85-102). Hillsdale, NJ.: The Analytic Press.

Grossmann, Klaus E. (1997). Bindungserinnerungen und adaptive Perspektiven. In G. Lüer & U. Lass (Hrsg.): Erinnern und Behalten. Wege zur Erforschung des menschlichen Gedächtnisses. Göttingen: Vandenhoeck & Ruprecht. S 321-337.

Grossmann, Klaus E. (2000). Bindungsforschung im deutschsprachigen Raum und der Stand bindungstheoretischen Denkens. Psychologie in Erziehung und Unterricht, 47, 221-237.

Grossmann, Klaus E. (2001). Die Entwicklung von Bindungsverhalten und internalen Arbeitsmodellen. In M. Cierpka & P. Buchheim (Hrsg.). Psychodynamische Konzepte. Heidelberg. Springer Verlag, S. 209 - 218.

Grossmann, Klaus E. (2001). Der Umgang mit der Wirklichkeit. Die Entwicklung internaler Arbeitsmodelle von sich und anderen in Bindungsbeziehungen. In Bohleber, Werner & Sibylle Drews (Hrsg.). Die Gegenwart der Psychoanalyse - die Psychoanalyse der Gegenwart. Stuttgart, Klett-Cotta, S. 320-335.

Grossmann, Klaus E. & Grossmann, Karin (2001). Die Bedeutung sprachlicher Diskurse für die Entwicklung internaler Arbeitsmodelle von Bindung. In Gabriele Gloger-Tippelt (Hrsg.). Bindung im Erwachsenenalter. Bern. Huber. S. 75-101

Grossmann, Klaus E., Grossmann, Karin & Zimmermann, Peter (1999). A wider view of attachment and exploration: Stability and change during the years of immaturity. In J. Cassidy & P. R. Shaver (Eds.), Handbook of attachment: Theory, research, and clinical applications (pp. 760-786). New York: Guilford Press.

Grossmann, Klaus E., Grossmann, Karin, Winter, Monika & Zimmermann, Peter (im Druck). Bindungsbeziehungen und Bewertung von Partnerschaft. Von früher Erfahrung feinfühliger Unterstützung zu späterer Partnerschaftsrepräsentation. In Brisch, K.H., Grossmann, K., Grossmann, K.E. & Köhler, L. (Hrsg.). Bindung und seelische Entwicklungswege. Vorbeugung, Interventionen und klinische Praxis. Stuttgart, Klett-Cotta.

Grossmann, Klaus E., Becker-Stoll Fabienne, Grossmann, Karin, Kindler Heinz, Schieche Michael, Spangler Gottfried, Wensauer Mirjam & Zimmermann Peter (1997) Die Bindungstheorie: Modell, entwicklungspsychologische Forschung und Ergebnisse. In Heidi Keller (Hrsg.), Handbuch der Kleinkindforschung. Göttingen. Hogrefe. S. 51-95.

Harlow, Harry F. (1971). Learning to love. San Francisco: Albion Publishing Co.

Hesse, Erik (1999). The adult attachment interview: Historical and current perspectives. In J. Cassidy & P. R. Shaver (Eds.), Handbook of attachment theory and research (pp. 395-433). New York: Guilford Press.

Holmes, Jeremy (1993). John Bowlby and attachment theory. London. Routledge.

Kindler, Heinz (2001). Fürsorge und Engagement des Vaters in der Kindheit und sozioemotionale Entwicklung im Jugendalter: Längsschnittliche Analysen. Unveröffentlichte Dissertation. Universität Regensburg.

Lieberman, Alicia F. & Zeanah, Charles H. (1999). Contributions of attachment theory to infant - parent psychotherapy and other interventions with infants and young children. In J. Cassidy & P. R. Shaver (Eds.), Handbook of attachment: Theory, research, and clinical applications (pp. 555-574). New York: Guilford Press.

Lorenz, Konrad (1963). Das sogenannte Böse. Zur Naturgeschichte der Aggression. Wien: Borotha Schöler Verlag.

Main, Mary & Solomon, Judith (1986). Discovery of an insecure disorganized/disoriented attachment pattern: Procedures, findings and implications for the classification of behavior. In T. B. Brazelton & M. Yogman (Eds.), Affective development in infancy. Norwood, NJ: Ablex, 95-124.

Minsky, Marvin (1987). The society of mind. London: Heinemann (Pan Books, Picador Edition, 1987).

Molenaar, Peter C.M., Huizenga, Hilde M. & Nesselroade, John R. (im Druck). The relationship between the structure of inter-individual and intra-individual variability: a theoretical and empirical vindication of developmental systems theory. In Ursula M. Staudinger & Ulman Lindenberger (Eds.). Understanding human development. Kluwer Academic Publishers.

Papousek, Hanus & Papousek, Mechthild (1987). Intuitive parenting: A dialectic counterpart to the infant´s integrative competence. In J.D. Osofsky (Ed.), Handbook of infant development (pp. 669-720). New York: Wiley (Kap. 4, 15).

Parke, Ross D. & Buriel, R. (1998). Socialization in the family: Ethnic and ecological perspectives. In W. Damon & N. Eisenberg (Eds.), Handbook of Child Psychology, Fifth Ed. Vol. 3: Social, emotional, and personality development (pp. 463-552). New York: Wiley & Sons.

Ploog, Detlev (1989). Psychopathology of emotions in view of neuroethology. In K. Davison & A. Kerr (Eds.), Contemporary themes in psychiatry. London: Royal College of Psychiatrists, 441 - 458.

Shulman, Shmuel & Seiffge-Krenke, Inge (1997). Fathers and adolescents. New York: Routledge.

Solomon, Judith & George, Carol (Eds.) (1999a). Attachment disorganization. New York: Guilford Press.

Solomon, Judith & George, Carol (1999b). The Place of Disorganization in Attachment Theory: Linking Classic Observations with Contemporary Findings. In Solomon, J. & George, C. (Eds.). Attachment Disorganization. The Guilford Press, 3-32.

Spangler, Gottfried & Grossmann, Karin (1999). Individual and physiological correlates of attachment disorganization in infancy. In Solomon, J. and George, C. (Eds.). Attachment disorganization. (pp. 95-124).New York: Guilford.

Spangler, Gottfried & Grossmann, Klaus E. (1993). Biobehavioral organization in securely and insecurely attached infants. Child Development, 64, 1439-1450.

Spangler, Gottfried & Schieche, Michael (1998). Emotional and adrenocortical responses of infants to the strange situation: The differential function of emotional expression. International Journal of Behavioral Development, 22(4), 681-706.

Sroufe Alan L., Duggal, Sunita, Weinfield, Nancy & Carlson, Elizabeth (2000). Relationships, Development and Psychopathology. In Arnold J. Sameroff, Michael Lewis & Suzanne M. Miller (Hrsg.). Handbook of Developmental Psychopathology. Second Edition. New York. Kluwer Academic / Plenum Publishers S. 75 - 92.

Sternberg, Robert J. (1997). The concept of intelligence and its role in lifelong learning and succes. American Psychologist, 52(10), 1030-1037.

Strasser, K. (in Vorb.). Einflüsse auf die Bindungsrepräsentation im frühen Erwachsenenalter über den Lebenslauf. Unveröffentlichte Dissertation. Universität Regensburg.

Strauß, Bernhard, Anna Buchheim & Horst Kaechele (Hrsg., im Druck). Klinische Bindungsforschung - Methoden und Konzepte. Stuttgart, Schattauer.

Suess, Gerhard, Grossmann, Klaus E. & Sroufe, L. Alan (1992). Effects of infant attachment to mother and father on quality of adaptation in preschool: From dyadic to individual organisation of self. International Journal of Behavioral Development, 15, 43-65.

Tomasello, Michael (1999). The cultural origins of human cognition.London, Harvard Univ. Press.

Trevarthen, Colwyn (1987). Brain development. In R.L. Gregory (Ed.), The Oxford Companion to the Mind. Oxford: Oxford University Press, 101 - 110.

Trevarthen, Colwyn (1987). Infancy, mind in. In R. L. Gregory (Ed.), The Oxford Companion to the Mind. Oxford: Oxford University Press, 362 - 368.

Trevarthen, Colwyn (2001). Intrinsic motives for companionship in understanding: Their origin, development, and significance for infant mental health. Infant Mental Health Journal, Special Issue. 22, 1-2, 95-131.

Valsiner, Jaan (2001). Cultural Developmental psychology of affective processes. Vorlesung, gehalten anläßlich der 15. Tagung der Fachgruppe Entwicklungspsychologie der Deutschen Gesellschaft für Psychologie, Potsdam, September 2001.

Van den Boom, Dymphna C. (1994). The influence of temperament and mothering on attachment and exploration: An experimental manipulation of sensitive responsiveness among lower-class mothers with irritable infants. Child Development, 65, 1457-1477.

Wensauer, Mirjam & Grossmann, Klaus E., (1995). Qualität der Bindungsrepräsentation, soziale Integration und Umgang mit Netzwerkressourcen im höheren Erwachsenenalter. Zeitschrift für Gerontologie und Geriatrie, 28, 444-456.

Wensauer Mirjam & Grossmann, Klaus E. (1998). Bindungstheoretische Grundlagen subjektiver Lebenszufriedenheit und individueller Zukunftsorientierung im höheren Erwachsenenalter. Zeitschrift für Gerontologie und Geriatrie, 31(5), 362-370.

Winter, Monika (in Vorb.). Bindungsbeziehungen und die sprachliche Repräsentation von Partnerschaftserfahrungen: Längsschnittliche Zusammenhänge von 0 bis 22 Jahren (Arbeitstitel). Unveröffentlichte Dissertation. Universität Regensburg.

Winter, Monika & Grossmann, Klaus E. (im Druck). Der Einfluß der Qualität des elterlichen Umgangs mit den Bindungs- und Explorationsbedürfnissen ihrer Kinder auf die Repräsentation romantischer Beziehungen im jungen Erwachsenenalter. In Thomas Fuchs (Hrsg.). Affekt und affektive Störungen. Paderborn: Schöning-Verlag.

Wir danken Fabienne Becker-Stoll und Gottfried Spangler für kritische Durchsicht von Teilen des Manuskripts.

BINDEN - HALTEN - LÖSEN: Ein mehrdimensionales Entwicklungs- und Balancemodell für die seelische Gesundheit von Kindern, Jugendlichen und Familien

Alexander Trost

Dieser Aufsatz ist aus der Perspektive eines Kinder- und Jugendpsychiaters und Psychotherapeuten mit familientherapeutischer Ausrichtung geschrieben, der die vergangenen 10 Berufsjahre mit der tiefenpsychologisch-systemischen Ausbildung von Diplom-HeilpädagogInnen und Tätigkeit in eigener kinder- und jugendpsychiatrischer Praxis in einem integrativen Frühförderzentrum verbracht hat. Aus dieser Anschauung konnte ich eine Reihe von Einrichtungen von innen und auch aus einer relativen Außenperspektive kennen lernen. Daneben bin ich immer noch "meiner" alten Tagesklinik in Viersen verbunden geblieben durch katamnestische Studien, Diplomarbeiten und PraktikantInnen und auch durch interessante konzeptionelle Gespräche mit dem Weggefährten und jetzigen Leiter Charly Pleyer. Nicht zuletzt die Erfahrungen mit Organisationsentwicklung und Supervision von Einrichtungen der medizinischen, psychologischen und pädagogischen Hilfen für psychisch auffällige Kinder und Jugendliche haben mir geholfen, so etwas wie einen "siebten Sinn" für eine funktionelle Balance in solchen Einrichtungen zu entwickeln.

Im Leitbildpapier: "Kinder- und Jugendpsychiatrie und Psychotherapie und seelische Gesundheit" der Bundesarbeitsgemeinschaft der Leitenden Klinikärzte für Kinder- und Jugendpsychiatrie und Psychotherapie e.V. (BAG) heißt es: *...Alle Maßnahmen des Fachgebietes ... zielen darauf ab, die Entwicklung* *der Persönlichkeit des Kindes zu einem sicheren Selbstwerterleben zu unterstützen... Die Würde des Kindes, ...seine Individualität in seinem Lebensumfeld,... und die Achtung seiner Ansprüche auf Anerkennung und Akzeptanz stehen im Mittelpunkt aller Behandlungskonzepte... (Diese)... setzen dabei auf die Stärkung der Kommunikation innerhalb der Familie.*[1]

Heutige Institutionen der seelischen Gesundheit von Kindern, Jugendlichen und ihrer Familien müssen sich an diesen Maximen messen lassen. Dieser Beitrag möchte zur Qualitätssicherung in der helfenden Arbeit mit den genannten Personengruppen ein Reflektionsmodell vorstellen, das zentrale Dimensionen des beratenden, pädagogischen und therapeutischen Prozesses miteinander in Verbindung bringt.

Der Geist der Kooperation und der Interdisziplinarität sowie die Grundgedanken der Prävention und lösungsorientierten Frühintervention haben mich durch die beruflichen Erfahrungen seit längerem geprägt, und ich möchte Ihnen als einen Beitrag gegen Stagnation oder gar Regression in institutionellen Strukturen ein dynamisches Balancemodell, als Kompaß vielleicht, zur handwerklichen Orientierung bei der Konzeptualisierung und Weiterentwicklung für Institutionen der seelischen Gesundheit von Kindern, Jugendlichen und ihrer Bezugspersonen vorstellen. Kein fertiges Konzept, eher die vorläufig versprachlichte Essenz aus 20 Jahren kinder- und jugendpsychiatrischer Erfahrung in unterschiedlichen organisatorischen Settings, holzschnittartig dargestellt.

Meine Vorliebe für Balancemodelle kommt aus der langjährigen Beschäftigung mit der Themenentrierten Interaktion Ruth Cohns, die mit dem TZI-Dreieck als Denk- Fühl- und Handlungsfigur in der Leitung von Gruppen ein dynamisches Modell geschaffen hat, das - so die einschlägige Erfahrung - hervorragend funktioniert.[2] Mittlerweile gibt es damit bereits einen großen Erfahrungsschatz für die unterschiedlichsten Anwendungsbereiche, sowohl in klinischen Bezügen, als auch in der Organisationsentwicklung, in Wirtschaftsunternehmen, in Schule und Hochschule und in der Supervision. Es handelt sich dabei um ein Modell der Beziehungsgestaltung, in dem Kooperation mit dem Ziel eines ganzheitlichen Lernens und effektiven Copings konstituierend ist.[3]

Ein Modell dynamischer Balance hilft, "Schieflagen" in helfenden Beziehungen wahrzunehmen, sie zu beschreiben und im

Sinne einer evolutionären Entwicklung so auszugleichen, daß sich seelisches Wachstum wieder ungehindert entfalten kann. Das verlangt vom Berater[4] eine hohe Fähigkeit zu verantwortlicher Selbst-Leitung und zu dialogischer Begegnung. Dabei ist es illusorisch anzunehmen, eine solche Beeinflussung könnte "neutral" geschehen. Sie ereignet sich vielmehr auf dem Hintergrund der Werte, Einstellungen und Kompetenzen des Helfers und in ständiger Rückkoppelung mit dem Klientensystem. Ein neues Gleichgewicht kann dabei - getreu dem Satz: "Nichts ist so beständig wie der Wandel" - immer nur temporär sein. Ein grobes Bild dafür könnte das ausgleichende Gewichtsverlagern auf einem - hier allerdings interaktiven - Balancierkegel in der Psychomotorik abgeben.

Wie so oft im Kosmos, findet sich eine Entsprechung von strukturellen Gegebenheiten im Kleinen wie im Großen. Nach meiner Erfahrung eignet sich das Modell für die (Selbst-) Supervision im therapeutischen Prozeß, aber auch für die Leitung einer Einrichtung und zur Interventionsplanung für interdisziplinäre psychosoziale Hilfen.

Was auf die Mikroanalyse der therapeutischen oder pädagogischen Einzelsituation zutrifft, kann auch auf die Makrostruktur eine Instituts oder einer anderen klinischen Einrichtung angewendet werden. Also ein Metamodell, das als Lupe oder Weitwinkelobjektiv verwendet werden kann. Ich überlasse es Ihren Vorlieben als Leser, wann Sie die eine und wann die andere Perspektive einnehmen möchten. Wie alle Modelle verführt auch dieses zu der Annahme von Vollständigkeit und Ganzheit. Davor sei ausdrücklich gewarnt; denn längst nicht alle Dimensionen können damit erfaßt werden, so z.B. die Komplexität differenzierter unbewußter intersubjektiver Phänomene.

1. Kontextfaktoren

Als systemisch denkender Kinder- und Jugendpsychiater beginne ich mit der Betrachtung des Kontextes, in dem unsere Arbeit stattfindet. Sowohl unsere Patienten mit ihren Familien als auch wir selbst als Mitarbeiter und Leiter unterliegen diesen Einflüssen.

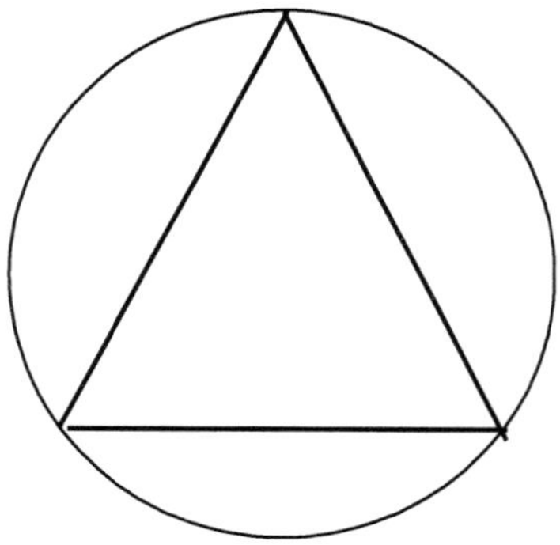

Abb.1 Kontext und Balancemodell

1.1 Gesellschaftliche Umbrüche: Der Verlust der "sozialen Ozonschicht[5]

Die zunehmende Individualisierung und damit Relativierung geltender Werte und Normen hat zur Folge, daß höchst unterschiedliche Lebensmilieus entstanden sind, die oft kaum Schnittmengen haben, sozusagen nebeneinander existieren. Es fällt dadurch immer schwerer, allgemeine Konzepte von "gutem" und "richtigem" Leben zu formulieren. Meine eigene Entscheidung bricht sich und relativiert sich - außer in abgeschottenen Lebensenklaven - permanent.

Um so schwieriger, aber auch notwendiger ist es, einen individuellen Kohärenzsinn (Antonovsky) zu entwickeln, oder besser: sich zu erhalten. Damit ist die subjektive Fähigkeit gemeint, in dem Mikrokosmos persönlicher Erlebnisse und Erfahrungen eine zusammenhängende sinnhaft-dynamische Gestalt zu erkennen und immer wieder neu zu konstruieren. Kohärenz, das wissen wir aus der Salutogeneseforschung, hat für die alltägliche Identität von Menschen eine so zentrale Bedeutung, daß deren Fehlen zu schwerwiegenden gesundheitlichen Konsequenzen führt[6]. Das Kohärenzprinzip darf daher für die Identitätsbildung nicht zur Disposition gestellt werden.

Aber die soziokulturellen Schnittmuster für Lebenssinn oder Kohärenz haben sich dramatisch geändert. Die individuellen Narrationen, in denen heute Kohärenz gestiftet wird, schöpfen immer weniger aus den "Metaerzählungen" der traditionellen Instanzen der Sinnvermittlung wie Kirchen, Mehrgenerationenfamilien usw.; sie müssen in der reflexiven Moderne individualisiert geschaffen werden. Adorno nennt es "das befreite Ich", dem sich Chancen für das Ende des Identitätszwanges der festgelegten Rollen vergangener Jahrhunderte eröffnen. Hier wird, z.B. in der selbstbestimmten Gestaltung von familialen Strukturen, eine hohe Befähigung und Bereitschaft zu immer wieder neuen Positionsbestimmungen und zur Ambivalenztoleranz eingefordert, Aufgaben, denen sich nicht jeder ohne weiteres stellen kann. Die unüberschaubare Komplexität heutiger Lebenszusammenhänge führt immer wieder zur Konstruktion einfacher, d.h. präambivalenter Entweder - Oder - Lösungen, wie sie uns durch Politik und Medien im übrigen ja auch immer wieder nahe gelegt werden (z B. die Medien-Konstruktion der "Monsterkids", angesichts der Tatsache, daß 97% aller Kinder und 95% der Jugendlichen strafrechtlich überhaupt nicht in Erscheinung treten[7]).

1.2 Multiple Streßbelastungen für Kinder und ihre Familien

Der Streß der Erwachsenen ist bei den Kindern angelangt. Wir haben die Kinderkrankheiten besiegt, dafür leiden Kinder heute zunehmend an Erwachsenenkrankheiten wie: Nervöse Leiden, Allergien, Herz-Kreislauf-Probleme als Ausdruck von Streßbelastung.

Zinnecker et. al. haben in einem aktuellen Survey[8] herausgestellt, daß:

"... jedes vierte 10 - 13-jährige Kind seine Familienumwelt als streßhaltig beschreibt In solchen Familien sind sowohl das Binnenklima zwischen Eltern und Kindern als auch die äußeren Lebensbedingungen schwieriger als bei anderen Familienkindheiten. Der Zusammenhalt ist relativ schwach ausgeprägt, die Kommunikation ... angespannt und konfliktreich. Die Kinder fühlen sich weder vom Vater noch von der Mutter richtig verstanden, dafür aber kontrolliert und mit ehrgeizigen Ansprüchen belastet, etwa bezogen auf Schulleistungen. Die Kinder schätzen die Kompetenz der Eltern, sie zu beraten, nicht sehr hoch ein. Der inneren Situation entspricht die äußere Lage der Streßfamilien.

Mütter und Väter sind jünger und unerfahrener, die finanzielle Situation ist angespannt, Väter sind häufig abwesend oder Stiefväter. Die Eltern rechnen sich häufig unteren Sozialgruppen zu, obwohl hinsichtlich des Bildungsstandes keine Unterschiede vorhanden sind"[9].

In einer Zeit, in der Kinder immer weniger direkte Wahrnehmungserfahrungen der basalen Sinne und immer weniger sprachliche Anregung erhalten, und statt dessen reglos vor dem Fernseher sitzen, ist es nicht verwunderlich, daß ein Viertel der Kindergartenkinder mittlerweile unter Sprachentwicklungsstörungen leidet, die sie in ihren Lernmöglichkeiten und bei der Bewältigung ihrer altersentsprechenden Entwicklungsaufgaben behindern.

Kinder leiden unter der Tatsache, daß die Kindheit in modernen westlichen Gesellschaften kein Schonraum mehr ist. Kein Wunder, daß mittlerweile nach Angaben der AOK jeder dritte Jugendliche zwischen 12 und 14 Jahren Erfahrungen mit Schmerzmitteln, Aufputsch- oder Beruhigungspillen hat. In Schulen der USA sollen bereits 30-40% der Schüler regelmäßig mit Medikamenten gegen Kopfschmerz oder Übelkeit behandelt werden. Auch bei uns ist die Anzahl der Methylphenidat-Verordnungen zur Behandlung der hyperkinetisch gestörten Kinder in den 90er Jahren um mehr als den Faktor 10 emporgeschnellt[10]. Jahr für Jahr sterben mehr junge Leute an Drogenintoxikationen, und es scheint so, daß die Familie immer weniger die Basisleistung der primären Erziehung von der Ernährung bis zum Spracherwerb erbringen kann. Zum Sündenbock wird in dieser Situation häufig die Schule gestempelt, deren Aufgabenvielfalt mittlerweile sogar für ausgesprochen "multitasking"- befähigte Lehrer kaum noch zu schaffen ist.

Kinder werden instrumentalisiert - von der Wirtschaft als potente Konsumenten, von den Medien in jedem Lebensalter als Werbeträger oder Werbeziel, von ihren Eltern als narzißtische Ergänzung.

Gewalt im Fernsehen spricht, wie auch Werbung, instinktähnliche Mechanismen der Aufmerksamkeitszuwendung an, weshalb gerade Kinder nicht anders können, als solche Inhalte wie gebannt anzuschauen. US-Schüler sehen bis zum High-School-Abschluß 25000 Stunden fern (darin 32000 Morde, 40000 versuchte Morde und praktisch keine gewaltlosen Problemlösungsstrategien) bei insgesamt nur 15000 Schulstunden[11]. Die gerade im Kindesalter ausgeprägte Neuroplastizität bewirkt dann die

Ausbildung entsprechender Repräsentanzen in den höherstufigen, bedeutungstragenden kortikalen Landkarten, die genau deswegen angelegt werden, um zukünftiges Verhalten effektiv zu steuern. Dazu kommt das ebenfalls neurobiologisch nachgewiesene Phänomen der emotionalen Desensibilisierung. Empirische Studien zeigen, daß Gewalt im Fernsehen aufgrund unserer neurobiologischen Verfassung zu mehr Gewalt in der Welt führt. Was das bei der zunehmend schlechten Qualität der Sendungen insgesamt in Bezug auf die moralisch-ethische Erziehung heißt, ist kaum auszudenken! Die Konsequenzen für die längerfristige Entwicklung der Menschheit sind wahrscheinlich mindestens so dramatisch wie die von Umweltrisiken (z.B. die Erderwärung durch Treibhausgase).

Gewalt wird von den Medien unausgesprochen als Erklärungsmodell für die Welt angeboten, so daß es für stark Fernsehen konsumierende Kinder und Jugendliche naheliegt, daß "Action" auch zum heimlichen Handlungsmuster für die eigene Lebensbewältigung wird. Langzeitstudien haben längst bewiesen, daß Kinder, die im achten Lebensjahr überdurchschnittlich häufig Gewaltszenen im Fernsehen sahen, im Alter von 19 Jahren mit größerer Wahrscheinlichkeit mit dem Gesetz in Konflikt gerieten und im Alter von 30 Jahren eher wegen Gewaltkriminalität verurteilt waren. Kurz: Gewalt im Fernsehen führt aufgrund unserer neurobiologischen Verfassung zu mehr Gewalt in der Welt.[12]

Trotz dieser Umbrüche, das zeigen empirische Untersuchungen, streben Kinder und Jugendliche immer noch die gleichen Werte an, wie eh und je: Zuneigung, Zusammenhalt, Pflichterfüllung stehen am oberen Ende der Skala, und auch das sexuelle Verhalten hat sich trotz weit verbreiteter Libertinage in den Medien nicht wirklich verändert.

1.3 Zeit-Geist: Mehr Leistung mit weniger Ressourcen in kürzerer Zeit (...und dabei noch attraktiv sein und sich wohl fühlen!)

Die zunehmende Temporalisierung sämtlicher Lebensprozesse macht vielen Menschen zu schaffen. Zeit ist das heutzutage am meisten benutzte Substantiv der deutschen Sprache. Ruth Cohn, meine alte TZI-Lehrerin, sagt öfters: "Wir haben wenig Zeit heute, deswegen laßt uns langsam machen."[13] Zeit ist die wertvollste aller unserer nicht erneuerbaren Ressourcen. Wir können sie nur verlieren. Raum können wir überwinden, Zeit überwindet uns. Sie bleibt Sieger. Zeitnot gilt heute als Statussymbol. "Ich hetze, also bin ich!" Tatsache ist, daß wir in der psychosozialen Versorgung von Kindern und Jugendlichen zunehmend mit rigiden Zeitmaßen konfrontiert sind. Das fängt bei den Aufenthaltszeiten von Kindern in kinder- und jugendpsychiatrischen Einrichtungen an und hört mit der für die Bezahlung relevanten exakten Zeitmessung für notwendige Verrichtungen in der Jugendhilfe auf. Während in der Diagnostik zunehmend Langzeitstudien oder Langzeit-Messungen, z.B. des EEG, vorgenommen werden, würde sich sicherlich niemand trauen, heute eine neue Langzeittherapie für psychische Auffälligkeiten vorzustellen. Nein, es muß kurz und knapp sein. Da ist der Griff zur Pille sicherlich die schnellste Therapie. Stierlin, als systemischer Familientherapeut, löst das Zeitproblem durch die "langzeitige Kurztherapie" mit vier bis zwölf Sitzungen, durch Intervalle von drei Monaten getrennt.

Der Verlust über die Verfügbarkeit der Zeit ist sicherlich für junge Paare mit ihrem ersten Kind eine der einschneidendsten Einschränkungen, und zwar, weil das Kind soviel an eigener Zeit braucht und von den Eltern verlangt. Das paßt nicht zur schnelllebigen Zeit, d.h. diese Zeitperiode muß rasch überwunden werden, so daß wir unsere Kinder spätestens ab dem Kindergartenalter in immer engeren Zeitrastern vorfinden. In postmodernen Zeiten ist die Zeitorganisation zunehmend flexibel gehandhabt und den Individuen überlassen. Kein Wunder, daß die Nachfrage nach Zeitmanagementseminaren sprunghaft gestiegen ist. Die Rückseite der Beschleunigung sind Autostaus (im Schnitt 3 von 80 Lebensjahren eines Menschen in einer westlichen Gesellschaft!), Datenstaus, Telefonwarteschleifen. Hier gibt es noch Langeweile, aber eben nicht die selbstgewählte, sondern die im Dienste ökonomischer Prinzipien erzwungene.

Ein weiteres entscheidendes Merkmal unserer heutigen Zeit ist die von H. Lübbe[14] beschriebene Erfahrung der "Gegenwartsschrumpfung". Ein Hauptgrund dafür liegt in der Innovationsverdichtung, die die "Halbwertzeit" des aktuell geltenden Wissens ständig verringert und eine Spirale von scheinbaren Innovationen in immer kürzeren und instabileren Zyklen anstößt. Die kulturellen Folgen dieser fortschrittsabhängig zunehmenden Verhaltensgeschwindigkeit sind erheblich und nicht ohne Schaden für die Menschen, da sich unsere eigenes, biologisch determiniertes Potential für Geschwindigkeit ja nur unwesentlich verändert. (Das läßt sich übrigens auch in den Hochschulen, mit entsprechenden

Konsequenzen für die Lernprozesse bei den Studierenden, beobachten!)

Im postindustriellen Zeitalter verliert Beschleunigung als dominantes Zeitmuster an Bedeutung zugunsten der Gleichzeitigkeit. "Realtime multitasking" - Zeitverdichtung. Geteilte Aufmerksamkeit ist doppeltes Leben, Erlebnisdichte versus Erlebnisintensität!

Der Neurowissenschaftler Hans Pöppel meint, daß Multitasking unsere Lernfähigkeit, letztlich unsere Intelligenz beeinträchtigt und schizoides, unzusammenhängendes Denken fördert. Das Bewußtsein kann die jeweiligen Inhalte nicht mehr sinnvoll repräsentieren oder gar verarbeiten, die jeweilige Informationsflut rauscht gewissermaßen an einem vorbei. Vertieftes oder fundiertes Wissen kann nicht wirklich aufgebaut werden. Multitasking als "kognitives Zappen" eignet sich allenfalls für ein situatives Monitoring: Was ist hier eigentlich alles los?[15] Dies entspricht übrigens dem permanenten Orientierungsreflex der hyperkinetischen (ADHD[16])-Kinder, die diese unglaublich schnelle serielle Leistung vollbringen und dabei ein entscheidendes Ziel verpassen, nämlich affektiv unterlegtes, ruhiges und verknüpftes Lernen und Begreifen in überschaubaren Zusammenhängen.

1.4 Ökonomische Bedingungen

Kinder aus minderbemittelten Familien werden häufiger krank, ärmere Familien sind oft nicht in der Lage, ihren Kindern eine regelmäßige gesunde und ausgewogene Ernährung zu bieten. Auch eine elementare Gesundheitserziehung ist in diesen Familien oft nicht gewährleistet. Zu beobachten ist, daß statt der Grundbedürfnisse wie Essen und Kleidung irrationale Konsumwünsche befriedigt werden. Das Statussymbol Handy ist manchmal wichtiger als eine warme Mahlzeit für die Familie. Dies ist nicht selten ein Zeichen für einen entwicklungsbehindernden und krankmachenden Strukturmangel.

Ein weiterer ökonomischer Aspekt liegt in der zunehmenden Verknappung der Ressourcen Therapie und Beratung in den öffentlichen Haushalten. Während in die Wirtschaftförderung, oft ohne erkennbare Gegenleistung in Form von Arbeitsplätzen etwa, Milliarden gepumpt werden, von unsinnigen Agrarsubventionen ganz zu schweigen, bluten die städtischen Budgets der Gesundheits-, Schul- und Sozialdezernate zunehmend aus.

Dazu kommt, daß es trotz eines insgesamt gut ausgebauten Versorgungsnetzes für Kinder und Jugendliche in Form von Beratungsstellen, schulpsychologischen Diensten, sozialpädiatrischen Zentren, Jugendhilfeeinrichtungen, Kinderärzten und Kinderpsychiatern Unzufriedenheit über die Qualität der psychosozialen Versorgung von Kindern und Jugendlichen gibt. Knappe finanzielle Ressourcen und der zunehmend höhere Aufwand für Verwaltung, Dokumentation und Qualitätssicherung ziehen immer mehr Ressourcen von der eigentlichen helfenden Tätigkeit ab. Kooperation, Interdisziplinarität und Vernetzung sind vielbenutzte Schlagworte, aber von der Umsetzung oft weit entfernt.

Mittlerweile scheint die Politik zu reagieren. Familie ist wieder "en vogue", ein Bündnis für Erziehung wurde erfunden, und auch der Bundeskanzler schreibt sich die Familienpolitik auf die Fahne. Anscheinend beginnt die Gesellschaft zu begreifen, daß sie mit der Kindheit auch ihre eigene Zukunft zerstört.

Die bis hierhin geschilderten Fakten bilden einen wichtigen Teil des Bedingungsgefüges, innerhalb dessen wir psychosoziale Hilfen anbieten, und sie zeigen die Herausforderungen auf, denen sich eine Einrichtung für die psychische Gesundheit von Kindern und Jugendlichen heute stellen muß. Handlungsleitend können dabei auch neue Erkenntnisse der Humanwissenschaften werden.

2. Neue Erkenntnisse:

2.1 Megatrend Gesundheit

Der russische Wissenschaftler und Ökonom Nikolai Kondratieff hat in den 20er Jahren eine Theorie der langen Wellen formuliert, nach der die wirtschaftliche Entwicklung in mehrere Jahrzehnte dauernden Zyklen erfolgt, die jeweils mit einer entwicklungslenkenden Basisinnovation beginnen. Derzeit befinden wir uns in der Schlußphase des 5. Zyklus seit ca. 1900, dem der Informationstechnologie. Nun hat der Kölner Wirtschaftswissenschaftler und Experte für Informationstechnologie Leo Nefiodow in einem beeindruckenden Werk nachgewiesen, daß der 6. Kondratieff (-Zyklus) seine Antriebsenergie aus dem Streben nach einer ganzheitlich verstandenen Gesundheit ziehen wird, in deren Zentrum die Erschließung psychosozialer und seelischer Potentiale als Basisinnovation steht. Beim jetzt anstehenden Übergang vom 5. zum 6. Kondratieff geht es um eine grundlegende Verschiebung von der Optimierung der Energieflüsse hin zur Optimierung der Informationsflüsse. Naturwissenschaftlich-technische Kompetenz genügt aber nicht mehr, nun steht die Entwicklung interpersonaler Kompetenz im Vordergrund. Im Kern ist daher Kooperationsfähigkeit die absolute Qualifikation. Während in der Industriegesellschaft vor allem materielle Produkte nachgefragt wurden, geht es nun im wesentlichen um immaterielle Güter wie Dienstleistung, Pflege und Betreuung. Erstmals in der Geschichte scheinen Wirtschaftswachstum und Strukturwandel nicht mehr primär von Rohstoffen und deren Anwendung abhängig, sondern vom Fortschritt im Menschlichen. Dazu gehört nicht nur die Sicherung einer guten psychosomatischen Gesundheit und eine bessere Wechselwirkung zwischen Körper, Seele und Geist. Nefiodow zieht den Anspruch noch höher: Zur vollen Menschlichkeit zählt in seinem Sinne eine möglichst störungsfreie, kreative und produktive Beziehung zum sozialen Umfeld.[17] Was das in unserem Kontext bedeutet, brauche ich hier nicht näher zu erläutern. Im Sinne dieser Erkenntnis berichtete die Zeitschrift Focus Ende 1999 unter dem Titel "Schnellkurs in Nächstenliebe" von Seminaren, in denen Amerikaner lernen, ihr Kooperationstalent zu verbessern, da man herausgefunden habe, daß ohne diese Fähigkeit kommende Probleme nicht zu lösen sein werden. Aus egomanen Einzelkämpfern wieder altruistische Mitmenschen zu machen, ist die Devise.

2.2 Fortschritte der Neurowissenschaften: Biologisierung psychischer Phänomene - Psychologisierung biologischer Phänomene

Eine weitere, noch größere Herausforderung liegt meines Erachtens in den Fortschritten der Neurowissenschaften. Wir erleben zunehmend, daß psychische Phänomene biologisch erklärt werden.

ADHD und Neurobiologie:

Während sich Eltern, Kindergärtner und Lehrer nahezu flächendeckend mit den Verhaltensproblemen der hyperkinetischen, aufmerksamkeitsgestörten "ADHD"-Kinder herumschlagen, haben Neurowissenschaftler eine Dysfunktion der frontalen, speziell präfrontalen Hirnregionen durch die Messung des Glukoseumsatzes in PET-Untersuchungen und eine Dysfunktion der Basalganglien, vor allem im Nucleus caudatus und im Striatum durch Xenon-

Hyperperfusion konstatiert. Ursache oder Ausdruck von? Das ist noch nicht geklärt.

Es handelt es sich wohl um relative Imbalance im Neurotransmittersystem: Entweder (a) aufgrund einer asynchronen Reifung bestimmter Bezirke, oder, (b) als Ausdruck der unzeitgemäßen Dominanz eines in der Frühzeit menschlicher Entwicklung genetisch angelegten und damals vorteilhaften Verhaltensmusters . Dieses Muster ständiger Reaktionsbereitschaft und variabler Aufmerksamkeitsfokussierung, "Der Mann als Jäger", wird in der heutigen modernen Gesellschaft zum Nachteil und gefährdet die Entwicklung und Adaptation von Kindern, wie z.B. durch A. Rothenberger[18], einen ausgewiesenen biologischen Psychiater, betont wird. Konsens ist, daß als neurobiologische Grundlage des ADS ein generelles Inhibitionsdefizit vor allem in kognitiven und motorischen Regelsystem, bzw. ein unzureichendes globales zentralnervöses "supervidierendes" Inhibitionsvermögen angenommen wird, welches insbesondere über eine Dysfunktion der dopaminergen Neurotransmission vermittelt sein könnte. Dadurch ist insbesondere unter erhöhter Leistungsanforderung eine stetige adäquate und situationsgerechte Verhaltenshemmung und damit auch konzentriertes Lernen nicht möglich.

Während seriöse europäische ADHD-Behandler den kognitiven verhaltenstherapeutischen Strategien noch einen Vorrang vor der medikamentösen Behandlung dieses Störungsbildes geben[19], meinen neueste Untersuchungen aus den USA, daß eine alleinige Behandlung mit Methylphenidat genauso wirksam ist wie die Kombination, ganz zu schweigen von einer alleinigen psychopädagogischen Beeinflussung der Symptome. Und es gibt ja mittlerweile auch schon Ärzte, die eine dauerhafte Methylphenidat-Gabe analog einer Brille für den "ADSler" empfehlen. Im Internet findet sich folgende Homepage: <"ADDitude", a happy healthy lifestyle-magazine for people with ADD>. Damit erhält die Hyperaktivitäts- und Aufmerksamkeitsstörung, die ja vor allem Beziehungsgeschehen ist, vollends den Charakter eines gegenständlichen Besitzstandes: Habe ich nun ADD oder habe ich es nicht?

Emotionale Prozesse und Hirnentwicklung:

Aber es gibt auch die andere Seite: Hirnforscher wie Manfred Spitzer oder Gerald Hüther betonen immer stärker die psychischen Voraussetzungen für eine adäquate somatische Entwicklung des Gehirns. Emotionale Prozesse stellen eine wesentliche Komponente für die Focussierung von Aufmerksamkeit, Verarbeitungstiefe von Ereignissen und für Motivation dar. Dabei scheint ein mittlerer Erregungspegel die günstigsten Effekte zu haben. "Was uns Menschen umtreibt, sind nicht Fakten und Daten, sondern Gefühle und vor allem andere Menschen". Maßnahmen, die die Aufmerksamkeit verbessern, führen zu meßbaren Veränderungen der neuronalen Aktivität in aufgabenrelevanten kortikalen Arealen Die Bedeutung von Aufmerksamkeit und Motivation für Lernen im therapeutischen Kontext kann nicht hoch genug eingeschätzt werden. Der bereits genannte H. PöppelL sagt dazu: "Es gibt keine Wahrnehmung ohne Gefühl oder Erinnerung, und es gibt kein Gefühl ohne Gedächtnis oder Denken, es gibt kein Wollen ohne Wahrnehmung, Erinnern oder Bewerten."

D. h. Lernen - besonders in den ersten 10 Lebensjahren auch Lernen von Sprache - ist immer eingebettet in emotionale Bewertung. Diese jedem ehemaligen Schüler selbstverständliche Tatsache hat in der Didaktik des Schulunterrichtes bislang viel zu wenig Berücksichtigung gefunden. Dazu wissen wir, daß Hirnfunktionen irreversible Schäden erleiden, wenn während der frühkindlichen Entwicklung Erfahrungen aus der Umwelt vorenthalten werden, beispielsweise bei den visuellen Wahrnehmungsleistungen. Ähnliches gilt möglicherweise für die Verknüpfung von Lernen und Affekt.

Spitzer nennt die wichtige Vermittlerfunktion des Hippocampus für Lernprozesse und deren Repräsentation im Langzeitgedächtnis. Chronischer Streß, meßbar am Serum-Cortisolspiegel, zerstört neuronale Strukturen des Hippocampus (glücklicherweise reversibel , wie wir heute wissen) und verursacht damit organisch begründbare Lernstörungen. Der Hippocampus als Teil des limbischen Systems ist eng mit affektiven Motivationssystemen verknüpft, dazu wichtiges Orientierungswerkzeug und Trainer der Großhirnrinde bei der Abspeicherung von Lernprozessen. Bei frühtraumatisierten und bindungsunsicheren Kindern lassen sich chronisch erhöhte Cortisolspiegel messen; sie brauchen mehr Halt, Orientierung, emotionale Einbettung als andere Kinder, und viel Bestätigung für Erreichtes! Diese alte psychologische Erkenntnis ist nun auch neurobiologisch abgesichert.

Gerald Hüther weist nach, daß "Liebe ein Naturgesetz ist und das Gehirn ein Sozialorgan".

Er bezieht sich dabei auf Darwin, der selbst erkannt hatte, daß das Konkurrenzprinzip die Entstehung des Menschen nicht erklärt. Zwölf Jahre nach seinem ersten Buch über die Prinzipien der Selektion veröffentlichte er ein zweites Buch über die sexuelle

Selektion und ihre Bedeutung für die Menschwerdung. Seine These war, daß in der Partnerwahl eine zweite Art von Zuchtverhalten erfolgt, die durch die Anziehung der beiden Partner bestimmt ist, wobei er Beispiele aus dem Tierreich heranzieht, nach denen hauptsächlich die Weibchen die Männchen aussuchen. Dieses Buch wurde damals aus verständlichen Gründen nicht beachtet. Darwin machte auf ein wichtiges Faktum aufmerksam: Durch die sexuelle Selektion wurden lauter Merkmale und Fähigkeiten herangezüchtet, die für den nackten Kampf ums Dasein völlig nutzlos, wenn nicht sogar hinderlich sind. Auffällige Farben, betörende Düfte, bizarre Körperanhänge, vielfältige Töne und Gesänge. All diese Signale der Liebe machen unsere Welt erst so bunt und liebenswert, wie sie nun einmal ist, und was noch viel wichtiger ist, auch die Sinne, mit denen diese Signale wahrgenommen und im Gehirn verarbeitet werden, sind für die Partnerwahl und nicht für den Kampf ums Dasein optimiert worden. Frauen haben in der Vorzeit jene Männer ausgewählt, und umgekehrt natürlich auch, die sich am besten für die Nachzucht eigneten. Das wesentliche dabei war, daß sich eine Bindung aufbauen konnte. Diese Bindung war die Voraussetzung dafür, daß die Nachkommen erfolgreich aufgezogen werden konnten. Nur wenn die Partner zusammengehalten haben und es verstanden, sich derart in soziale Gruppen einzubetten, daß auch die Kinder in der Geborgenheit dieser Gruppen heranwachsen konnten, nur dann konnten die Kinder ihre vorhandenen Potenzen zur Ausbildung eines komplexen lernfähigen Gehirns überhaupt nutzen. Auf der Ebene menschlicher (Primaten-) Familien, Gruppen, Gemeinschaften finden wir besonders unfertige Gehirne, die vor allem mittels früher Bindungserfahrungen entwickelt werden. Dies führt zu dem Gefühl der Zusammengehörigkeit und hilft entscheidend bei der Streßverarbeitung. "Diejenigen Mitglieder, denen eine Gruppe kein Gefühl der Sicherheit und Geborgenheit bei der Bewältigung ihrer Ängste bietet, erleben eine dauerhafte Streßreaktion, die dazu führt, daß die einmal entstandenen Verschaltungen gelockert, ihre Bindung an die anderen Gruppenmitglieder wieder gelöst werden. Wird die Anzahl dieser bindungslosen Mitglieder in einer Gruppe zu groß, zerfällt irgendwann die ganze Gruppe."[20]

Fazit:

Die laut propagierte materielle und psychische Unabhängigkeit als höchster Wert postmoderner Lebensführung führt auf die Dauer zum Zerfall. Nur wenn die soziale Verankerung eines

Menschen breit genug ist und wenn die Person über ein umfangreiches Wissen und vielseitige Kompetenz verfügt, kann sich das herausbilden, was eine Gesellschaft zusammenhalten kann: die Fähigkeit zur Wahrnehmung sozialer Verantwortung.

Hüther hat sich viele Jahre als Hirnforscher in der Grundlagenforschung mit Hirnentwicklungsstörungen befaßt und herausgefunden, daß eine wesentliche Ursache für Hirnentwicklungsstörungen mangelnde Fürsorge ist, mangelnde Geborgenheit. In einer Welt, in der die Geborgenheit verloren geht, kann Hirnentwicklung nicht mehr normal verlaufen. Er appelliert an uns, indem er sagt, wenn wir unser plastisches komplexes und lernfähiges Gehirn bis ins hohe Alter weiterentwickeln wollen, müssen wir ein Weltbild und mit ihm eine Gesellschaft verabschieden, die allein auf Konkurrenz und Wettbewerb setzt.

Wir bleiben gesund und am Leben so lange, wie unsere Regelsysteme die von außen kommenden Störungen ausgleichen können. Neben biologischen Störungen gehört dazu auch psychosozialer Streß. Übermäßig stressende Verstörungen kann unser Gehirn auf die Dauer nicht mehr ausgleichen. In der Konsequenz bedeutet dies Entwicklungsstillstand, Regression auf primitivere Verhaltensstufen, Krankheit, Tod, Aussterben ...

2.3 Veränderte Störungsbilder:

Die Störungen bei Kindern und Jugendlichen haben sich im Vergleich zu den 70er Jahren deutlich verändert. Die Familie als Halt und Schutz gebendes Nest kann ihre Aufgaben vielfach nur noch unzureichend erfüllen. Es werden mehr frühe Regulations-, Interaktions- oder Bindungsstörungen diagnostiziert, moderne Formen von Vernachlässigung mit den begleitenden psychosozialen Entwicklungsstörungen spielen eine größere Rolle. Die Themen Gewalt, Mißhandlung und Mißbrauch sind stärker in den öffentlichen Diskurs geraten. Die Drogenproblematik ist mit Einzug der neuen Modedrogen wie z. B. Ecstasy in größere Bevölkerungsschichten eingedrungen und, wie bereits genannt: die explosive Dynamik der vielen unruhigen ADHD-, ADS-, HKS- oder wie auch immer genannten Kinder. All dies sind Themen, denen sich eine moderne kinderpsychiatrische Einrichtung stellen muß.

3. Binden - Halten - Lösen - ein dynamisches Balancemodell

Nachdem nun die Rahmenbedingungen, innerhalb derer sich helfende Arbeit für Kinder und Jugendliche heute bewegt, dargestellt wurden, sollen nun die zu balancierenden Elemente des Modells erläutert werden (siehe Abb. 6). Die genannten Herausforderungen verlangen nach qualitativ hochwertigen, modernen und angemessenen Antworten. Ich meine, daß die Ergebnisse der modernen Bindungstheorie, der Säuglingsforschung und der Ansatz der lösungsorientierten Psychotherapie wichtiges dazu beitragen. "Binden" und "Halten" bilden dabei die Basis des Dreieckes. Bindung und Halt sind von Geburt an entwicklungsgestaltende Faktoren und sie bleiben es das ganze Leben lang. Ob und wie explorative Anpassung geschieht, ob und wie nach Lösungen für anstehende Problemstellungen gesucht wird, hängt in hohem Maße von der Qualität dieser ersten Erfahrungen und von deren Aktualisierungen im Lebensverlauf ab. Damit ergibt sich eine natürliche Beziehung zwischen diesen drei Dimensionen menschlicher Existenz, die es rechtfertigt, Binden, Halten und Lösen in ein Modell dynamischer Balance aufzunehmen. Je nach Situation liegt das Gewicht der momentanen Bedürfnisse bei einem der drei Pole. Wird dies erkannt und berücksichtigt, kann die Entwicklung des entsprechenden Systems, sei es Individuum, Familie oder Organisation, produktiv vorankommen. Eine anhaltende Imbalance wird hingegen eher zu Stagnation und Krise führen. Im günstigen Fall geschieht die Regulierung der Bedürfnisse intuitiv, wie z.B. mittels angeborener und tradierter Regulationshilfen der Mutter gegenüber ihrem Säugling. Analog könnte dies auch ein leitungsbegabter, in Wahrnehmung und Handlung freier Leiter einer psychosozialen Einrichtung sein, der die Notwendigkeiten und Bedürfnisse seiner Mitarbeiter nach emotionaler Aufgehobenheit, haltgebender Struktur und Ermutigung zu kreativem Handeln so auszubalancieren weiß, daß eine koevolutive Entwicklung ermöglicht wird. Oft ist dieser Idealzustand aber nicht gegeben, weder in der Aufzucht und Erziehung von Kindern, noch in therapeutischen Prozessen, noch in der Leitung einer Einrichtung. Hier könnte das im folgenden näher beschriebene Modell eine Hilfe zur Reflexion und für die weitere Planung darstellen.

3.1 Binden

Die Bindungsforschung lehrt uns, daß wir mit hoher Wahrscheinlichkeit schon als Säugling die Bindungserfahrungen der Frühkindheit in einem "inneren Arbeitsmodell" speichern, das sich im Laufe der Entwicklung zu einer relativ stabilen "Bindungsrepräsentation", einer teils bewußten, teils unbewußten psychischen Repräsentanz, verfestigt. Dabei entscheidet, neben Temperamentsfaktoren beim Kind selbst, die von Ainsworth so genannte "Feinfühligkeit" der primären Bezugsperson darüber, ob das Kind eine sichere oder eine unsichere Bindungsrepräsentation ausbildet[21]. Feinfühliges Verhalten der Bezugsperson besteht darin, daß diese in der Lage ist, die Signale des Kindes wahrzunehmen (z.B. es schreit), sie "richtig" zu interpretieren (es hat Hunger, ist naß, müde, oder braucht Unterhaltung) und sie dann auch prompt und angemessen zu befriedigen. Dieser Prozeß geschieht ausschließlich mittels analoger Kommunikation, die trotz späterer Dominanz der digitalen Kommunikation (Bedeutung von Worten) lebenslang von größter Bedeutung bleibt: Nonverbales Verhalten, Klang, Rhythmus, Lautstärke usw. von sprachlichen Äußerungen. Es gibt viele Hinweise darauf, daß die beziehungsstiftenden Kommunikationsleistungen des Menschen vorsprachlicher Natur sind[22]. Dazu gehört vor allem auch die Spannungsregulierung und die Affektabstimmung zwischen Kind und Erwachsenem.

Eine auf solche Weise erworbene sichere Bindungsrepräsentation gilt als Schutz- oder Resistenzfaktor für die Entwicklung des Kindes und als Risikopuffer für spätere belastende Lebensereignisse.[23] Umgekehrt gilt eine unsichere Bindung als Risiko für spätere Entwicklungsstörungen und psychische Auffälligkeit. Es werden unsicher-vermeidende, unsicher-ambivalente und desorganisiert / desorientierte Bindungsbeziehungen unterschieden. (Näheres dazu z.B. in den Beiträgen von Grossmann und Brisch in diesem Buch.)

Kind	Bezugsperson
Sichere Bindung	Sicher-autonome Bindungsrepräsentation
Unsicher-Vermeidende Beziehung	Unsicher-abwehrende Bindungs-repräsentation
Unsicher-ambivalente Beziehung	Unsicher präokkupierte / verstrickte Bindungsrepräsentation
Desorientiertes / desorganisiertes Bindungsverhalten des Kindes	Unverarbeiteter Bindungsstatus

Abb.2

Korrespondenz zwischen den Bindungstypen des Kindes in der Fremden Situation und der Bindungsrepräsentation der Bezugspersonen im Adult Attachment Interview (Nach Gloger-Tippelt, 1999)

Eine Pilotstudie von Schwark et. al.[24] zeigte auf, daß in einer klinischen Population von Kindern und Jugendlichen 78% eine unsichere Bindung aufwiesen, die meisten davon vermeidend. Damit gingen auch erhebliche Lern- und Konzentrationsstörungen einher. Dies unterstützt die bereits in Abschnitt 2.2 genannten neuropsychologischen Erkenntnisse zu Geborgenheit und Lernen. Daraus, und auch aus anderen Arbeiten, läßt sich die Hypothese ableiten, daß Verhaltensstörungen im Kindes- und Jugendalter häufig mit Bindungsunsicherheiten zu tun haben. Die Ergebnisse der Studien von Gloger-Tippelt[25] und der Metaanalysen von v. Ijzendoorn[26] zur transgenerationalen Weitergabe von Bindung ergaben Übereinstimmungen zwischen Eltern und Kindern von 75-87%. Damit müssen wir davon ausgehen, daß auch die primären Bezugspersonen dieser Kinder und Jugendlichen zum großen Teil über ein unsicheres Bindungsmodell verfügen.

Aus dem Gesagten wird deutlich, daß in der professionellen Begegnung mit Klienten und ihren Bezugsystemen der Aspekt der Bindung essentiell ist. Vertiefte Kenntnisse zur Bindungstheorie sind daher notwendig.

Da die meisten Eltern mit ihren Kindern, ihrer Problemlage entsprechend, in einem Zustand hoher Spannung, oft mit Angst und einem eher verminderten Erleben eigener Autonomie, Kompetenz und Selbstwert in unsere Einrichtungen kommen, müssen wir davon ausgehen,

(a) daß in der helfenden Begegnung das jeweilige Bindungssystem beim Gegenüber aktiviert wird,

(b) daß der jeweils zutreffende Typ der Bindungsrepräsentation in der Beratungs-/ Behandlungssituation wirksam wird. Dies kann von dem geschulten Berater/ Therapeuten sowohl durch die direkte Interaktion als auch in Übertragungs- und Gegenübertragungsreaktionen erfahren werden:

- Eine sichere Bindungsrepräsentation ermöglicht einen sowohl affektiven und kognitiven Zugang zu positiven und negativen Kindheitserfahrungen. Vergangene und gegenwärtige Lebens- und Beziehungssituationen werden kohärent, offen und frei geschildert. Auch die Erlebnisperspektive anderer kann wahrgenommen und respektiert werden. Je nach Ausprägung der Bindungsunsicherheit fehlen bei den drei als unsicher zu bezeichnenden Bindungsrepräsentationen diese Kriterien teilweise oder ganz.

- Bei Menschen mit unsicher-abwehrender Bindungsrepräsentation überwiegen in den Äußerungen die kognitiven Bewertungen von Beziehungserfahrungen. Es finden sich wenige und vage Erinnerungen dazu, wenig Zugang zu Gefühlen. Negative Beziehungserfahrungen werden verleugnet, die Kindheit idealisiert, emotionale Unabhängigkeit wird betont sowie ein Bedürfnis, allein zu sein. Unsicher-vermeidende Kleinkinder erleben ihre Bindungspersonen oft als emotional zurückgezogen, zurückweisend bis feindselig und fühlen sich unzureichend unterstützt und ziehen sich dementsprechend auch selbst eher zurück, reproduzieren so das Beziehungsmuster.

- Ältere Kinder und Erwachsene, die noch in Bindungsthematiken verstrickt sind, überbetonen Gefühle in der Darstellung ihrer Beziehungserfahrungen, v.a. in Form episodischer Erinnerungen mit viel Ärger oder unpräzisen Frustäußerungen, die nicht auf einer globaleren Ebene bewertet und integriert werden können. Der kognitive Aspekt der Schilderungen ist relativ unterrepräsentiert. Dies macht es auch ihren Kleinkindern schwer, eine kohärente Erwartungshaltung aufzubauen. Sie orientieren sich intensiv und reagieren heftig auf ihre Mutter und sichern sich so die beständige und verläßliche Zuwendung[27].

- Ein unverarbeiteter Bindungsmodus mit Aussagen und Agieren im Sinne von Desorganisation und Desorientierung findet sich häufig bei Erwachsenen aus klinischen Stichproben, vor allem bei schweren Traumata wie extremen Verlusten, Mißbrauch oder Mißhandlung.

(c) Es ist zudem sehr wahrscheinlich, daß charakteristische Übertragungen entsprechend dem Bindungstyp stattfinden. Wir sollten lernen, angemessen mit diesen Übertragungsreaktionen umzugehen und unsere Gegenübertragungen auf die genannten Bindungsformen zu kontrollieren. Dies kann bedeuten, daß wir stellvertretend väterliche oder mütterliche Funktionen, analog der Situation mit Kindern des entsprechenden Alters, auch bei erwachsenem Gegenüber (z.B. Eltern) temporär ausüben müs-

Bindungstyp beim Klienten	**provozierte Gegenübertragungsreaktion**
Sicher	Allzu sicher ..., ganz einfach!
Unsicher-vermeidend	werbend, zuviel Nähe..., latente Aggression
Unsicher-ambivalent	Rückzug, zuviel Abstand, Gegenaggression
Desorganisiert-unverarbeitet	Entmündigung des Gegenübers durch zuviel Strukturvorgabe und Verantwortungsübernahme

Abb. 3

sen, um an die aktuelle Wirklichkeitskonstruktion der Klienten anzuknüpfen. Dies geschieht, um nach und nach das Vertrauen der Klienten in ihre eigenen Möglichkeiten zu stimulieren, und bezieht sich natürlich sowohl auf die analoge als auch auf die digitale Kommunikation. Damit nehmen wir die Übertragung an, arbeiten sie aber nicht im Sinne einer Übertragungsneurose durch. Vielmehr nutzen wir sie als Hinweis darauf, wie wir genau die Fähigkeiten zur Generierung neuer Lösungen stärken können, und setzen sie zur Ich-Stärkung ein. D.h., wir arbeiten *mit* der Übertragung, aber nicht explizit *an* der Übertragung.[28] Im Übrigen wurde auch mittlerweile von psychoanalytischer Seite herausgearbeitet daß die Übertragung keineswegs nur ein projektives, sondern vielmehr ein interaktionelles Geschehen darstellt.[29] Die Analyse der Gegenübertragung[30] hilft zum Verstehen des Bindungstyps beim Gegenüber und ist damit ebenfalls ein Instrument, um an die erlebte Wirklichkeit beim Klienten Anschluß zu nehmen. Zudem können damit vorschnelle Änderungsimpulse auf Therapeutenseite vermieden werden.

Das Ziel unserer therapeutisch-heilpädagogischen Arbeit ist immer eine Erweiterung der Denk-, Fühl- und Handlungsmöglichkeiten im Klientensystem. Dazu ist ein affektiv annehmendes, entspanntes und lernförderndes Klima notwendig. Daniel Stern meint, daß 70 - 80 % der Interaktion in der Psychotherapie aus nonverbaler Kommunikation besteht.[31] In den meisten therapeutischen oder pädagogischen Ausbildungen wird dieser Tatsache bislang nur sehr unzureichend Rechnung getragen. Wir als Professionelle sollten aber zu Experten in der kongruenten analogen Kommunikation werden[32]. Dadurch wird Vertrauen und Sich-Einlassen auf Klientenseite (oder Schüler- / Mitarbeiterseite, falls wir das Modell in anderen Kontexten verwenden) gefördert.

3.2 Halten

Der Pol "Halten" des Balancedreiecks bezeichnet alle Haltungen und Interaktionen, die die Struktur einer professionellen therapeutischen oder pädagogischen Tätigkeit organisieren. Während das Bindungsthema sich mehr auf die Erfahrungen mit Beziehungen in der Vergangenheit und ihre Konsequenzen für die gegenwärtige Beratungssituation erstreckt, geht es beim Thema Halten mehr um die Gestaltung der Hier-und-Jetzt-Situation: Die Frage nach der Hierarchie (wer leitet?), nach den Regeln (was gilt hier?), nach Räumen und Zeiten (wo und wann, wie lange?) Damit wird Verläßlichkeit für die Klienten hergestellt, eine wesentliche Vorbedingung für Sich-Öffnen und Sich-Engagieren.

D. W. Winnicott, der berühmte englische Kinderarzt und Psychoanalytiker, stellte in seinen Arbeiten vor allem die Bedeutung des Haltens und Gehaltenwerdens (engl.: Holding) in der frühen Mutter-Kind-Beziehung heraus. Voraussetzung für eine gesunde Persönlichkeitsentwicklung des Kindes sei die Erfahrung, von der frühesten Säuglingszeit an von der Mutter oder einer anderen engen Bezugsperson hinreichend gehalten worden zu sein.

> "... Halten: Schützt vor physischer Beschädigung. Berücksichtigt die Hautempfindlichkeit des Säuglings - Empfindlichkeit gegen Berührung, Temperatur, auditive und visuelle Reize, Empfindlichkeit gegen das Fallen und den Umstand, daß der Säugling kaum etwas von der Existenz von irgend etwas anderem als des Selbst weiß. Es umfaßt den immer gleichen Ablauf der Pflege bei Tag und bei Nacht; sie ist bei jedem Säugling anders... Es (das Halten) folgt ebenfalls den winzigen Veränderungen, die von Tag zu Tag eintreten und zum Wachstum und zur Entwicklung des Säuglings in physischer und psychischer Hinsicht gehören".[33]

Winnicott ging es sowohl um das physische Halten als auch um das Vermitteln von Sicherheit durch die Bezugspersonen, wenn das Kind sich neuen Entwicklungsaufgaben zuwendet. Eine besonders kritische Zeit dafür liegt in der Phase der ersten Autonomiebildung, also der Zeit zwischen ca. 7. und 24. Lebensmonat. Der Wunsch, gehalten zu werden, bleibt aber das ganze Leben erhalten, wenn auch je nach Lebensentwurf oder -lage in stark abgeschwächter Form. In Schwellen- oder Krisensituationen, wie sie für therapeutische Beziehungen ja konstitutionell sind, kann sich das Bedürfnis nach "Holding" wieder auf frühkindliche Intensitätsgrade steigern, und es sollte ihm im Interesse einer erfolgreichen Arbeit hinreichend Rechnung getragen werden.

Ein hilfreicher Ansatz zur emotional stimmigen Gestaltung der Beratungs- oder Therapiesituation scheint mir das "Konzept der affektiven Rahmung" aus der Gruppe um E. Fivaz-Depeursinge am Centre d' Études de la Famille in Lausanne zu sein.[34] Der Begriff der "*Affektiven Rahmungsprozesse*" bezeichnet - ausgehend von der Eltern-Kind-Triade - ein formelles, abstraktes Konzept zu Interventionen, die menschliche Entwicklung in instabilen Situationen ermöglichen. Hier findet eine - sicher diskussionswürdige, aber auch zweifellos sehr anregende - Analogiebildung statt: Zwischen der interaktionellen Situation des Säuglings mit seiner primären Bezugsperson und der Situation in anderen, temporär oder permanent hierarchischen Settings, beispielsweise in therapeutischen Situationen in einer kinderpsychiatrischen Einrichtung oder im Lehrer-Schüler-Verhältnis in einer Schule oder sogar in den Beziehungen zwischen Firmenleitung und Angestellten in einem Betrieb.

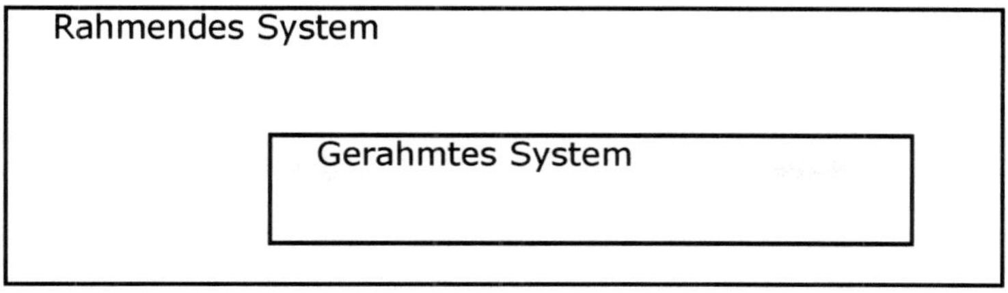

Abb.4

R. Welter-Enderlin formuliert es so: "Flexible Einstimmungsbereitschaft und hohe Konstanz beim rahmenden System sind also gleichermaßen wichtig. Sie erlauben dem instabileren System, z.B. einem Säugling, Abweichungen ("Fluktuationen") bzw. neues Verhalten auf emotional sicherer Basis auszuprobieren. Eltern müssen sich auf das ihnen anfangs fremde Neugeborene einstimmen, um allmählich seine Präferenzen kennenzulernen und herauszufinden, wie viel Nähe oder Distanz, wie viel Stimulation, Übertreibung oder Wiederholung ihm guttun. Diese frühen averbalen Austauscherfahrungen werden übrigens später von verbalen Mustern weitergeführt."[35] Sie bezeichnet "Öffnen" und "Bergen" als therapeutische Kernkompetenzen und wendet das Konzept der affektiven Rahmung vor allem auch auf die Lernprozesse in Therapieausbildung und Supervision an.

Ziele affektiver Rahmungsprozesse:

- "Metastabilisierung" eines instabilen Systems im Wandel. vgl.Zitat von Winnicott

- Anhaltende, langfristige Koppelung eines instabilen Systems mit einem rahmenden, konstanteren System ("sichere Basis").

- Erhaltung der Grundstruktur ("Identität") von Individuen, Familien, Organisationen.

- Einbettung von nötigen "Fluktuationen" als Vorboten von Entwicklung zur Reorganisation menschlicher Systeme.

Merkmale instabiler gerahmter Systeme (z. B. Säuglinge, Schüler, Therapieklienten):

- Hin- und Herbewegungen zwischen fokaler Aufmerksamkeit und Rückzug
- Bereitschaft zu und Verweigerung von Blickkontakt
- Wachheit und Abwendung
- Verläßliche "Grundstruktur" und "Fluktuation"

Merkmale stabiler, rahmender Systeme (z.B. Eltern, Lehrer, Therapeuten):

- Verantwortlich für konstante, vorhersagbare, sozial-affektive Kommunikationsangebote, die "langatmiger" sind, als die des gerahmten Systems, damit zuverlässig rahmen

- Eine temporär leitende Funktion

- "Metastabilsisierung" zwischen Grundstruktur und Wandel im gerahmten System wird durch dessen Koppelung mit dem leitenden System möglich.

Das rahmende System muß zwar temporär stabiler und autonomer sein, sich aber gleichzeitig auf kommunikative Angebote des gerahmtes Systems einstimmen:

Es entspricht meiner von vielen Kollegen bestätigten Erfahrung, daß die Fähigkeit des Therapeuten, eine haltgebende Umgebung (holding environment[36]) zu schaffen, in der Psychotherapie der ausschlaggebende unspezifische Faktor ist, der sie wirken läßt. Dabei kann und muß Holding durchaus einmal als Gegenpol zum regressiven Sog der "Binden"-Dimension eingesetzt werden. Es geht dabei immer wieder auch um Grenzsetzung und Begrenzung reaktivierter archaischer Regungen und Objektbeziehungen. In der Behandlung aggressiver, massiv haltloser Patienten kann es sogar notwendig sein, eine körperbezogene Variante des Holdings im Sinne eines wohlindizierten und eingebetteten realen physischen Festhaltens einzusetzen.

J. Prekops Verdienst war es, mit ihrer - durchaus umstrittenen - Festhaltetherapie den Aspekt des Gehaltenwerdens in die zeitgenössische Kinderpsychiatrie auch praktisch wiedereinzuführen. Die Kinderpsychologin orientiert sich dabei am biologisch-anthropologischen Modell des Menschenkindes als sekundärem Nesthocker, das sie "Tragling" nennt, in Anlehnung an den bei Naturvölkern und mittlerweile auch bei uns wieder verbreiteten Brauch der Mütter, ihr Kind in den ersten ein bis zwei Lebensjahren zeitweise oder immer auf dem Leib zu tragen. Sie sieht in dem ständigen Körperkontakt eine essentielle Vorbedingung für das Entstehen eines tiefen Urvertrauens und einer grundlegenden Glückfähigkeit. Diese Annahme wird auch durch die Untersuchungen der Anthropologin Jean Liedloff untermauert.[37] Zusätzlich betont J. Prekop den Aspekt der Anpassungsbereitschaft, die das Kind lernen muß und im Getragenwerden lernt, um im biologischen wie im sozialen Sinn überleben und leben zu können. Sie benutzt dabei die Metapher des Baumes, der sich zunächst der Bodenbeschaffenheit und dem Klima anpassen muß, bevor er Früchte tragen kann, und führt dann aus:

> "... Ohne selbst über Nähe, Tempo, Rhythmus des Körperkontaktes entscheiden zu können, obwohl es ihm vielleicht unangenehm ist, weil es Bauchweh oder Hunger hat und trotzdem von der Mutter nur noch gehalten und gewiegt wird, lernt das Kind, Verzicht zu üben, Frustrationen zu ertragen, die eigene Angst und Wut auszuleben und schließlich doch bei der Mutter Zufriedenheit zu erleben. ... Es macht die Tiefen und Höhen einer Beziehung durch, kann seine Gefühle ausdrücken und landet doch immer im geborgenen Hafen der Liebe. ... Dadurch, daß Trost und Aufmunterung über die Gegenwehr des Kindes hinaus andauern und das Kind in seinen Aktivitäten durch die Abgrenzung des Nestes gehemmt wird, nimmt es die Eltern als die Stärkeren, die Überlegenen wahr. Es kann sich unter der primären Autorität der Eltern glaubhaft geschützt fühlen, die Eltern achten und sich an ihnen als Vorbild orientieren."[38]

Fehlt diese Erfahrung des Gehaltenwerdens, die in modifizierter Form bis zur Ablösung des Jugendlichen aus dem Elternhaus notwendig bleibt, kann es zur Ausbildung von Störungen im genannten Sinn kommen. Diesen spricht Prekop wegen der Tendenz zur Verschlimmerung, der Neigung der betroffenen Kinder, ihren Machtbereich maximal auszuweiten, Unruhe und Aggressivität zu verstärken, einen Suchtcharakter zu. Sie nennt das Verhalten "Herrschsucht" und empfiehlt in solchen Fällen die Anwendung einer Festhaltetherapie durch die Eltern mit dem Ziel, daß das Kind die grundlegende Erfahrung des Gehaltenwerdens nachholt, dabei seine unangemessene Macht verliert und sich der beschützenden Stärke dieses Erwachsenen anvertraut. Dies kann - auch nach meiner eigenen Erfahrung - bei sachgemäßer und verantwortungsvoller Durchführung zu einer kathartischen Erfahrung für beide Seiten werden und zu einer angemessenen Neuverteilung der familiären Rollen führen.

Eine umfassende Darstellung dieses Ansatzes[39] mit der sicherlich notwendigen Diskussion der Machtfrage zwischen Eltern und Kindern, zwischen Therapeuten und Klienten etc., wie sie bereits mit dem Stichwort Hierarchie auch an anderen Stellen dieses Abschnitts anklang, kann hier aus Platzgründen nicht geleistet werden.

Unter dem Begriff der *pädagogischer Perspektive* verstehe ich den erzieherischen Aspekt, der jeder therapeutischen, aber auch Leitungsarbeit eigen ist. Halt geben durch pädagogische Interaktion, durch das Wissen, daß jeder Mensch der Erziehung bedarf, und daß ich als Berater, Therapeut, Erzieher auch manchmal klar Stellung beziehen muß, im Sinne meiner Grundhaltung, meiner Werte, z. B. wenn es darum geht, Eltern an ihre Verpflichtung bezüglich eines entwicklungsfördernden Tagesablaufes bei ihren Kindern zu erinnern.

In Bezug auf die bereits genannte ADHD-Problematik heißt Halten: Regeln, Räume, Zeiten setzen, Verläßlichkeit leben, Erfahrungsspielräume eröffnen und gleichzeitig begrenzen.

Zum Halten gehört auch das Bereitstellen von Wahrnehmungs- und Handlungsräumen, von denen wir wissen, daß sie für die Entwicklung des Menschen - sowohl seines Gehirnes als auch seiner sozialen Kompetenzen - notwendig ist. Dazu zählt z.B. auch ein politisch eindeutiges Eintreten für Kinderrechte und Elternpflichten im Vorschulalter.

Damit ist der Bereich der eigenen Wert-Haltungen angesprochen, die einen nicht zu unterschätzenden, meist unbewußten Einfluß auf die Arbeit mit Klienten haben. Die Reflexion der Grundannahmen, die mich in meinem beruflichen und privaten Leben leiten, gehört nach meiner Einschätzung mit zum Wichtigsten, was echte Professionalität auszeichnet. Es macht z.B. für die helfende Begegnung mit verhaltensgestörten Kindern einen großen Unterschied, ob ich von einer pathologiezentrierten oder einer ressourcenorientierten Sichtweise ausgehe, um nur zwei polarisierende Schlagworte zu nennen.

Ein weiterer bedeutsamer Aspekt des Holdings ist für mich die bewußte Einnahme einer *entwicklungspsychologischen Perspektive*. Das Konzept der Entwicklungsaufgaben mit ihren charakteristischen Schwellen und Krisensituationen ist überaus hilfreich bei der verständnisvollen Einordnung vorgebrachter Probleme und Symptome. Gerade bei der Verwendung von diagnostischen Klassifikationssystemen wie dem ICD 10 z.B. gerät dieser für die Patienten(-familien) oft entlastende Aspekt leicht in den Hintergrund. Kindliches Lügen beispielsweise kann oft als unzeitgemäßes Persistieren eines in früheren Entwicklungsphasen durchaus normalen Verhaltens eingeordnet werden anstelle als schlimmes Verhalten per se. Im Sinne eines Reframing[40] geht es damit nicht mehr um das "Abstellen" eines pathologischen Verhaltens sui generis, sondern um die Berücksichtigung von Bedürfnissen, die in eine frühere Entwicklungsphase gehören, und um die Förderung altersgemäßen Verhaltens als bedeutsame Hilfestellung.

Dieser Aspekt von Verständnis für Verhaltensauffälligkeiten zeigt aufgrund seiner affektiv annehmenden Dimension und der bereits implizit formulierten Lösung die Verbindungen zu den Polen Binden und Lösen und damit den organismischen Charakter des Modells.

Last but not least soll hier auch der Aspekt einer wohlverstandenen *Interdisziplinarität* erwähnt werden. Damit ist gemeint, daß wir - quasi modellhaft für die Klienten - mit unterschiedlichen Berufsgruppen respektvoll und einander achtend kooperieren, um mit ihnen zusammen gute Lösungen zu finden, und dabei die Spannungen aushalten, die sich aus der Unterschiedlichkeit der Methoden, der Zugangswege und der Beziehungsgestaltung ergeben. Wie bereits im Abschnitt über den Kontext dargestellt, entstehen durch das manchmal unverantwortliche Neben- oder sogar Gegeneinander der in einem Fall beteiligten Institutionen nicht nur unnötig hohe Kosten, sondern vor allem auch Verwirrung und zusätzliche Spannungen im Klientensystem, die einer Veränderungsbereitschaft entgegenstehen.

3.3 Lösen

Der obere und dritte Pol unseres Balancedreiecks benennt die zukunftsbezogene Dimension der helfenden Beziehung. Exploration, Neugier und Kreativität sind immer dann möglich, wenn die Bedürfnisse nach Bindung und Halt - für den jeweiligen Moment - soweit abgesättigt sind, daß die Suche nach etwas Neuem, nach anderen Wegen, nach Lösungen losgehen kann und daß Ablösungsschritte erfolgen können. Dies gilt für Säuglinge ebenso wie für Kinder, Jugendliche und Erwachsene in Therapie- oder Lernsituationen. Wiewohl das ganze Modell systemisch fundiert ist, kommen gerade hier spezielle systemische Handlungsansätze zum Zuge. Einführungen in systemisches Denken und Behandeln liegen zu Genüge vor[41], daher sollen an dieser Stelle nur einige wesentliche praxisbezogene Aspekte kurz dargestellt werden:

- Systemisches Denken akzeptiert die neurobiologisch begründetete Erkenntnis, daß unsere Sicht der Dinge Ergebnis einer Konstruktion und nicht lineares Abbild der Wirklichkeit ist. Damit orientieren wir uns in unserem Verhalten an "Landkarten", reduktionistischen Modellen der Realität, mit dem Vorteil der leichteren Navigation in einer unübersehbar komplexen Welt und dem Nachteil, daß unsere persönliche Landkarte immer nur partiell kompatibel mit der anderer Menschen ist. Psychische Probleme werden in der systemischen Theorie eher als Ergebnis unterschiedlicher Beziehungsrealitäten, denn als originär eigene Defekte verstanden. Also keine "harten" Fakten, sondern Ergebnisse von zirkulären, meist sprachlichen Rückkoppelungseffekten zwischen Menschen, die bestimmten Ereignissen bestimmte Bedeutungen geben.

> Im Falle eines Stromkreises, der eine Glühbirne mittels eines Schalters zum Leuchten bringt, ist eine lineare Interpunktion im Sinne des Wenn (ich den Schalter betätige) - Dann (geht das Licht an) sehr sinnvoll. Ein solch mechanistisch-kausales Modell auf eine Ehestreitigkeit angewendet, trifft bestenfalls die Wirklichkeitskonstruktion eines Partners und führt daher nicht weiter.

Aufgabe systemischer Beratung wäre es in diesem Fall, mit den Klienten zusammen eine passendere Landkarte mit entsprechenden Möglichkeiten zu Veränderung zu konstruieren, z.B. die einer zirkulären Interaktionsfolge. (Wenn Du soviel meckerst, dann habe ich keine Lust, nach hause zu kommen; wenn Du immer weg bist, fühle ich mich allein und bin unzufrieden und vorwurfsvoll, wenn Du dann endlich da bist, aber eigentlich würde ich gerne friedlich mit Dir zusammen sein ...).Dabei wird der Berater immer als Teil des Behandlungssystems gesehen, er ist also nie nur neutraler Beobachter, sondern beeinflußt durch sein Dasein und sein im günstigen Fall modellhaftes Fördern einer antiregressiven, coping-orientierten Einstellung die lösungswirksame Facette der Wirklichkeit seines Gegenübers. Die Qualität der therapeutischen

Beziehung bemißt sich maßgeblich nach der Fähigkeit des Behandlers, einen guten Rapport zum Klienten(-system) aufzubauen.

- Ressourcenorientierung meint, daß in der Beratung/Therapie eine Mobilisierung von vorhandenen Ressourcen und Kompetenzen Vorrang vor der Beschäftigung mit dem Problem gewinnt. Als Ressource wird jedes Potential verstanden, das die Verhaltensoptionen eines Systems erhöht und damit seine Lebens- und Problemlösefähigkeit verbessert. Personelle Ressourcen können dabei z.B. Temperamentsfaktoren sein, erworbene Kompetenzen, Problemlösungsfähigkeiten, Bereitschaft zu Engagement, eine spirituelle Fundierung. Im interaktionellen Bereich können ein funktionierendes soziales Netzwerk, ein liebevoller Partner oder eine gute Arbeitsstelle starke Ressourcen darstellen. Die Hinwendung der Aufmerksamkeit zu den Ressourcen wirkt sich auf zentrale Erlebensweisen der Klienten aus: Selbstwert und Selbstwirksamkeit werden unmittelbar gesteigert, das eigene Erleben von Autonomie und Kompetenz trotz vorliegender Probleme verbessert.

- Der lösungsorientierte Ansatz von de Shazer und Mitarbeitern ist eine der jüngeren Behandlungsmethoden im Spektrum der systemischen Therapien. Er hat in den vergangenen Jahren eine zunehmende Bedeutung auch bei primär nicht systemisch arbeitenden Therapeuten gewonnen, so z.B: Bei Fürstenau, der von suggestivem Intervenieren bei psychoanalytischem Verstehen spricht.[42] Eine kompakte Darstellung des Ansatzes, angewandt auf das Praxissetting der Kinder- und Jugendpsychiatrie, findet sich bei Trost und Wienand.[43] Kernpunkt der Methode ist die von dem Begründer der modernen Hypnotherapie, Milton H. Erickson, formulierte Erkenntnis, daß Klienten in der Regel im Zustand einer "Problemtrance" zu uns kommen, ein "natürlicherweise" auftretendes Phänomen, wenn Menschen einen Helfer aufsuchen. Die intensive Beschäftigung mit dem Problem bewirkt eine Bewußtseinseinengung, übrigens oft auch beim Berater. Diese Problemtrance ist meist mit einem Gefühl von Ohnmacht, Schuld und Ausweglosigkeit verknüpft. Die Aufgabe des lösungsorientierten Therapeuten ist es, den "Versuchungen" der Problemtrance zu widerstehen, indem er immer wieder neue Lösungsansätze im Verhalten der Beteiligten entdeckt und redundant versprachlicht.

Dies geschieht unter anderem durch die Suche nach Ausnahmen vom Problemverhalten, die oft bereits als Modelle für Lösungen dienen können.

Lösungsorientierter Umgang mit unsicheren Bindungen in der therapeutischen Beziehung

Generell:	- Akzeptanz und positive Konnotation des gezeigten Bindungsmusters
Unsicher-abwehrend:	- Gemeinsame Suche nach einem Auftrag - Autonomie betonen
Unsicher-präokkupiert:	- Verständnis, keine forcierten Lösungen, - Wahrnehmung für Ausnahmen fördern - Beobachtungsaufgaben geben
Unverarbeiteter Bindungsstatus:	- Sinnstrukturen im Chaos entdecken - Beispiele für Autonomie und Stärke finden - Halt und Struktur geben

Abb. 5

- Ein beliebtes und wirkungsvolles Instrument, um sinnlich konkrete Verhaltensziele, die der Patient erreichen möchte, zu stimulieren, ist die sogenannte Wunderfrage: "Falls ein Wunder geschehen würde und das Problem wäre gelöst: Was ist dann anders? Was machen Sie dann anderes?" Der Leser wird unschwer feststellen können, daß die Frage auf etwas zielt, das üblicherweise bei der Focussierung auf ein Problem zu wenig Berücksichtigung findet, nämlich den Zustand "danach". Gerade bei längerdauernden Verhaltensschwierigkeiten und ernsten psychischen Störungen haben sich alle Beteiligten ja um dieses Problem herum organisiert und sie können sich oft nicht vorstellen, was an seine Stelle treten könnte. Hier wird nun nach einer beobachtbaren und sensorisch genau beschreibbaren Zielvorstellung gefragt, die dieses scheinbare Vakuum ausfüllen kann. Scheinbar deshalb, weil bei weiterem Nachfragen oft deutlich wird, daß dieser gewünschte Zustand durchaus in Ansätzen oder für kurze Zeit bereits vorkam. Darauf kann aufgebaut werden! Die zur Problemlösung notwendigen Ressourcen werden von den Beteiligten als bereits vorhanden erkannt, wenn auch der Weg zur Umsetzung noch weit scheint. Dies entspricht der Erfahrung, daß das Problem oft darin besteht, daß eine alte, früher zweckmäßige und sinnvolle Interpunktion von Ereignissen (zum Beispiel Überprotektion bei ehemaligen Risikokindern) weiter beibehalten wird, auch wenn in späteren Entwicklungsphasen dieses Lösungsmuster, weil nicht mehr passend, Probleme in Form von kindlichen Symptomen erzeugt (z. B. expansive Suche des Kindes nach erzieherischen Grenzen, während die Mutter weiterhin schützend reagiert). Während klassische Psychotherapie / Psychiatrie eher formulierte: "Die Mutter kann keine Grenzen setzen", würde ein lösungsorientierter Systemtherapeut vielleicht eine nicht (mehr) passende Wahl des Lösungsmittels annehmen und einen Anstoß zur Wahl eines heute angemesseneren geben.

- Lösungsorientierte Arbeit ist also suggestiv, so wie gute Entwicklungsförderung immer auch suggestive Aspekte beinhaltet: Ermutigung und Hervorheben von bereits Gelungenem machen Mut zu neuen Schritten, zur Erweiterung der Wahrnehmungs- und Handlungsperspektive. Dazu gehört als wichtige systemische Methode ein gekonntes Reframing, d.h. das problematische Verhalten wird in einen neuen Rahmen gesetzt und damit aus dem Circulus vitiosus befreit. So kann die Interpretation der Symptomatik unter Aspekten von Bindung oder Halt als spezifisches Reframing bereits Teil der Lösung sein. (Siehe dazu auch Abbildung 5.)

3.4 Balance und Dysbalance

Nachdem wir nun unsere Reise um das Balancemodell beendet haben, zum Schluß noch ein Blick aufs Ganze: Ziel unserer Arbeit ist ja Entwicklungsförderung, nämlich die angebotenen Probleme, Aufgaben oder Themen so anzunehmen und damit umzugehen, daß Wachstum des Einzelnen und seines Bezugssystems ermöglicht wird: Ermutigung, Stärkung des Selbstgefühls und des Vertrauens in Beziehungen, kurz: Progression fördern, Regression abbauen, Stagnation verhindern. Dies geschieht innerhalb der zu Beginn dieser Arbeit ausführlich geschilderten Kontextbedingungen. Anders als zu Zeiten der therapeutischen Revolutionen der 60er und 70er Jahre, als es schwerpunktmäßig um Befreiung aus starren Konventionen und Verhaltensmustern ging, also um den explorativen, den Lösen-Aspekt, kommen wir heute in der Zeit der Herausforderungen und Zumutungen postmodernen Lebens wieder zu einer stärkeren Betonung von Bindung und Halt. Die Kunst ist, sich möglichst selbstbestimmt ein hinreichend stabiles und hinreichend flexibles soziokulturelles Schnittmuster für eine eigene kohärente Identität als Individuum und als mikrosoziales System zu schaffen.

Je nach Klientensystem, Schule oder Einrichtung liegen dabei die notwendigen Schwerpunkte unterschiedlich, immer aber sind alle drei Elemente für eine gesunde Entwicklung notwendig. Eine Schule, in der der Bindungspol vernachlässigt wird, wird weniger an Identifikation von Lehrern und Schülern mit ihrer Schule und den Lerninhalten bewirken, damit möglicherweise weniger Engagement auf allen Seiten aufweisen. Eine Suchtklinik, in der das Thema Halt nicht hinreichend beachtet wird, wird keine Erfolge erbringen, und eine kinderpsychiatrische Einrichtung, in der keine Förderung von Kreativität, Exploration und Neugier stattfindet, wird ihre Patienten nicht mehr los.

Ähnliches gilt für die mikrosoziale Situation der therapeutischen Beziehung: Ich werde immer dann "Widerstand" auf der Klientenseite provozieren, wenn ich ein bedeutsames Bedürfnis nach Bindung, Halt oder Lösung nicht angemessen berücksichtige oder irrtümlich auf meiner persönlichen "Lieblingsseite" verharre. Die Extrempositionen verdeutlichen jeweils durchaus bekannte Gefahren: Nur Binden erzeugt Konfluenz und Abhängigkeit, nur Halten ist kalt und leblos, nur Lösen ist verkopft oder ‚hysterisch' und nicht geerdet.

In vielen Fällen gelingt die Balance intuitiv aufgrund eines guten Rapports zwischen Therapeut und Klienten. In den Fällen eines "unguten Gefühls" über den Verlauf oder sonstiger Komplikationen kann das Modell helfen, die notwenigen Schritte einzuleiten, um eine neue Balance zu finden. Damit lassen sich meiner Überzeugung nach Aggressivität und Destruktivität in Beziehungen zugunsten von kreativer Lebendigkeit wirkungsvoll reduzieren. Dabei stoßen wir sicherlich immer wieder an Grenzen: Solche, die das Umfeld uns aufweist, solche, die in der Begrenztheit der Möglichkeiten des Klienten liegen oder aber in unserer eigenen Begrenztheit. Zum Schluß noch ein Zitat von Ruth C. Cohn: "Wir sind nicht ohnmächtig, wir sind nicht allmächtig, wir sind partiell mächtig."

(*Zukunftsorientierung*)

Lösen:
- Ressourcenperspektive
- Lösungsorientierter Ansatz
- Loslassen

Organisation der Veränderungs-schritte:
Förderung von Neugier, Exploration, Kreativität

Organisation der Begegnung:
analoge Kommunikation, Affektivität, emotionale Einbettung

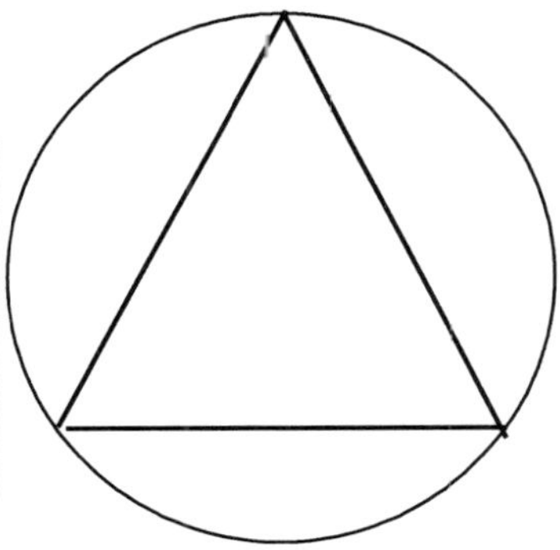

Organisation der Struktur:
Leitung, Regeln, Räume, Zeiten, Verläßlichkeit

Binden:

- Sichere Basis
- analoge Verständigung
- affektive Kommunikation
- Spannungsregulierung
- "Verständnis"
- Übertragung + GÜ des Bindungsmodus und der Bindungsrepräsentation

(*Vergangenheitsorientierung*)

Halten:

- Rahmungsprozesse
- Halt-Geben
- pädagogische Perspektive
- Grund-Haltung
- entw.-psychol.Perspektive
- Interdisziplinarität

(*Gegenwartsorientierung*)

Abb. 6 Ein Dynamisches Modell helfender Beziehungsgestaltung

Anmerkungen:

1 Hrsg: J. Jungmann, BAG, Weinsberg, 2000

2 vgl. z.B. Langmaack, B.: Themenzentrierte Interaktion, Weinheim (PVU) 1998

3 Zur Verbindung zwischen TZI und systemischer Arbeit siehe: Trost, A: TZI und systemische Therapie - spielend kreative Lösungen (er-finden). In: Themenzentrierte Interaktion 12, 2, 1998

4 Aus Gründen besserer Lesbarkeit verwende ich durchgehend die männliche Form, schließe damit aber selbstverständlich das weibliche Geschlecht mit ein!

5 Zitat nach Hurrelmann, K., in: Keupp, H.: Identität und Gemeinschaft im Wandel. Frankfurter Rundschau, 25.5.99, S. 12

6 z.B. Antonovsky., A.: Salutogenese (Tübingen (dgvt-Verlag) 1997, oder Schüffel, W. et al.: Handbuch der Salutogenese, Wiesbaden (Ullstein Medical) 1998

7 Müller-Münch, Ingrid: Wenn kleine Kinder zu Monsterkids gestempelt werden; Symposion über "Kriminalität in den Medien", kritisierte reißerische Berichterstattung, Frankfurter Rundschau vom 20.09.1999

8 Zinnecker, J, Silbereisen, R, et al.: Kindheit in Deutschland. Aktueller Survey über Kinder und ihre Eltern Weinheim-München 1996

9 Zinnecker, J.: Kinder im Übergang. In Aus Politik und Zeitgeschichte. Beilage zur Wochenzeitung Das Parlament B11/96 S. 3-10

10 Ritalin®, Medikinet®, gegen unaufmerksames und hyperkinetisches Verhalten

11 Spitzer, M. Geist, Gehirn und Nervenheilkunde, Stuttgart (Schattauer) 2000, S. 9-11

12 Spitzer, M., a.a.O.

13 vgl. z. B.: Cohn, R.: Gucklöcher - Zur Lebensgeschichte von TZI und Ruth Cohn. In: Gruppendynamik 25 (1994) S. 345-370

14 Lübbe, H.: Erfahrungen von Orientierungskrisen in modernen Gesellschaften. In: Weidenfeld, W, Rumberg, D.(Hrsg) Orientierungsverlust - Zur Bindungskrise der modernen Gesellschaft. Gütersloh (Bertelsmann) 1994

15 Pöppel, H.: Grenzen des Bewußtseins. Wie kommen wir zur Zeit und wie entsteht Bewußtsein? Frankfurt (Insel) 1997

16 Attention Deficit and Hyperactivity Disorder, auch ADD, ADS, HKS. Sammeldiagnosen für unruhige und unaufmerksame Kinder mit wahrscheinlich polyvalenter Ätiologie

17 Huber, A. in: Psychologie heute, 3/1997, S. 51 f. und Nefiodow, L.; Der 6. Kondratieff. Wege zur Produktivität und Vollbeschäftigung im Zeitalter der Information, St. Augustin/Bonn (Rhein-Sieg-Verlag) 1996

18 Moll, G , Rothenberger, A.: Neurobiologische Grundlagen - Ein pathophysiologisches Erklärungsmodell der ADHD. In Kinderärztliche Praxis (2001) Sonderheft "Unaufmerksam und hyperaktiv" S. 9 - 15

19 nachzulesen in: Die deutschen kinder- und jugendpsychiatrischen Fachgesellschaften: DGKJPP, BKJPP, BAG (Hrsg): Leitlinien für Diagnostik und Therapie. Köln (Deutscher Ärzte-Verlag) 2000, Internet: www.uni-duesseldorf.de/awmf oder bei Taylor, E: Development of clinical services for attention-deficit/hyperactivity disorder. Archives of General Psychiatry 56 (1999(1097-1099

20 Hüther, G.: Die Evolution der Liebe; Göttingen 1999

21 Ainsworth, M.D.D., Blehar, M.C., Waters, E, Wall, S.: Patterns of attachment. A psychological study of the strange Situation. Hillsdale, NJ (Erlbaum) 1978

22 vgl. Chasiotis, A., Keller, H.: Zur Relevanz evolutionsbiologischer Überlegungen für klinische Psychologie und Psychotherapie. In: Petzold, H. (Hrsg): Die Kraft liebevoller Blicke- Psychotherapie und Babyforschung Band 2, Paderborn (Junfermann) 1995

23 Spangler, Zimmermann, P: Bindung und Anpassung im Lebenslauf: Erklärungsansätze und empirische Grundlagen für Entwicklungsprognosen. In: Spangler, G., Zimmermann, P.: Die Bindungstheorie. Grundlagen, Forschung und Anwendung. Stuttgart (Klett-Cotta) 1995

24 Schwark, B., Schmidt, S, Strauß, B.: Eine Pilotstudie zum Zusammenhang von Bindungsmustern und Problemwahrnehmung bei neun- bis elfjährigen Kindern mit Verhaltensauffälligkeiten. Prax.Kinderpsychol. Kinderpsychiat. 49: 340-350 (2000)

25 Gloger-Tippelt, G: Transmission von Bindung über die Generationen - Der Beitrag des Adult Attachment Interview. In: Prax.Kinderpsychol.Kinderpsychiat. 48: 73-85 (1999)

26 v. Ijzendoorn, M.H: Adult attachment representations, parental responsiveness, and infant attachment: A meta-analysis of the predictive validity of the Adult attachment Interview. Psychological Bulletin, 117, 387-403

27 vgl. Ziegenhain, U.: Die Stellung von mütterlicher Sensitivität bei der transgenerationalen Übermittlung von Bindungsqualität. In: Prax.Kinderpsychol.Kinderpsychiat. 48: 86-100 (1999)

28 vgl. Fürstenau, P.: Entwicklungsförderung durch Therapie. Grundlagen psychoanalytisch-systemischer Psychotherapie. Pfeiffer, 2. Aufl. München 1994, S. 109 f.

29 Gill, M.M: Psychoanalysis and Psychotherapy. A Revision. Int. Rev. Psycho-Anal.11, 161-179, zit. nach Fürstenau, P.: Psychoanalytisch verstehen, systemisch denken, suggestiv intervenieren. Stuttgart (Pfeiffer) 2001

30 Hier ist mit Gegenübertagung die Gesamtheit der unbewußten Prozesse gemeint, die durch die Übertragung beim Therapeuten ausgelöst werden

31 Stern, D.: Wie das Gewebe der Seele geknüpft wird. Interview in Psychologie heute, 12/99 S. 39-44

32 Das kann man beispielsweise von den Hypnotherapeuten oder im NLP unter dem Begriff "Rapport" lernen.

33 Winnicott, D.W.: Die Theorie von der Beziehung zwischen Mutter und Kind. In: Reifungsprozesse und fördernde Umwelt. München 1974

34 vgl. Welter-Enderlin, R.: Was hat Säuglingsforschung mit Therapie und Beratung zu tun? In: Welter-Enderlin, R., Hildenbrand, B.(Hrsg) Gefühle und Systeme. Heidelberg (Auer)1998

35 Welter-Enderlin, R., a.a.O., auch im folgenden teils wörtliche Zitate

36 Ein Begriff, den Winnicott bereits 1960 geprägt hat. Quelle: Theory of the Parent-Infant-Relationship. Intern. J. of Psychoanalysis 41, 585-595

37 Liedloff,J.: Auf der Suche nach dem verlorenen Glück. München 1980

38 Prekop J.: Der kleine Tyrann. München 1991

39 z. B.: Prekop, J.: Hättest Du mich festgehalten... München 1989

40 Reframing: dt. Umdeuten, eigentlich: neu rahmen ' vgl.: Affektive Rahmungsprozesse. Ausführliche Definition in: Simon, F.B., Clement, U.

Stierlin, H.: Die Sprache der Familientherapie - Ein Vokabular. Stuttgart (Klett-Cotta) 1999

41 z.B.: v. Schlippe, A., J. Schweitzer: Lehrbuch der systemischen Therapie und Beratung. Göttingen (V+R) 1996, oder Mücke, K.: Probleme sind Lösungen. Berlin (Ökosysteme) 2001

42 Fürstenau, P. 2001, a.a.O.

43 Trost, A. und Wienand, F.: Praxis der lösungsorientierten Therapie in der kinder- und jugendpsychiatrischen Praxis. In: Forum der Kinder- und Jugendpsychiatrie und Psychotherapie 10/2, 2000 und: Trost, A., Wienand, F.: "Halten und Lösen - vom therapeutischen Umgang mit Bindungs- und Beziehungsmustern in der kinder- und jugendpsychiatrischen Praxis". Vortrag und Workshop bei der Jahrestagung 2000 des Berufsverbandes der Ärzte für Kinder- und Jugendpsychiatrie und Psychotherapie in Berlin

Literatur

Ainsworth, M.D.D., Blehar, M.C., Waters, E, Wall, S.: Patterns of attachment. A psychological study of the strange Situation. Hillsdale, NJ (Erlbaum) 1978

Antonovsky., A.: Salutogenese (Tübingen (dgvt-Verlag) 1997

Chasiotis, A., Keller, H.: Zur Relevanz evolutionsbiologischer Überlegungen für klinische Psychologie und Psychotherapie. In: Petzold, H. (Hrsg): Die Kraft liebevoller Blicke- Psychotherapie und Babyforschung Band 2, Paderborn (Junfermann) 1995

Cohn, R.C.: Gucklöcher - Zur Lebensgeschichte von TZI und Ruth Cohn. In Gruppendynamik 25 (1994) S. 345-370

DGKJPP, BKJPP, BAG (Die deutschen kinder- und jugendpsychiatrischen Fachgesellschaften, Hrsg): Leitlinien für Diagnostik und Therapie in der Kinder- und Jugendpsychaitrie. Köln (Deutscher Ärzte-Verlag) 2000

Fürstenau, P.: Entwicklungsförderung durch Therapie. Grundlagen psychoanalytisch-systemischer Psychotherapie. Pfeiffer, 2. Aufl. München 1994, S. 109 f.

Fürstenau, P.: Psychoanalytisch verstehen, systemisch denken, suggestiv intervenieren. Stuttgart (Pfeiffer) 2001

Gill, M.M: Psychoanalysis and Psychotherapy. A Revision. Int. Rev. Psycho-Anal.11, 161-179,

Gloger-Tippelt, G: Transmission von Bindung über die Generationen - Der Beitrag des Adult At-tachment Interview. In: Prax.Kinderpsychol.Kinderpsychiat. 48: 73-85 (1999)

Huber, A: Megatrend Gesundheit. in: Psychologie heute, 3/1997, S. 51-53

Hüther, G.: Die Evolution der Liebe; Göttingen 1999

Jungmann, J, (Hrsg): Leitbildpapier: "Kinder- und Jugendpychiatrie und Psychotherapie und seelische Gesundheit" der Bundesarbeitsgemeinschaft der Leitenden Klinikärzte für Kinder- und Jugendpsychiatrie und Psychotherapie e.V. (BAG). Weinsberg, 2000

Keupp, H.: Identität und Gemeinschaft im Wandel. Frankfurter Rundschau, 25.5.99, S. 12

Langmaack, B.: Themenzentrierte Interaktion, Weinheim (PVU) 1998

Liedloff,J.: Auf der Suche nach dem verlorenen Glück. München 1980

Lübbe, H.: Erfahrungen von Orientierungskrisen in modernen Gesellschaften. In: Weidenfeld, W, Rumberg, D.(Hrsg) Orientierungsverlust - Zur Bindungskrise der modernen Gesellschaft. Gütersloh (Bertelsmann) 1994

Moll, G , Rothenberger, A.: Neurobiologische Grundlagen - Ein pathophysiologisches Erklärungsmodell der ADHD. In Kinderärztliche Praxis (2001) Sonderheft "Unaufmerksam und hyperaktiv" S. 9 - 15

Mücke, K.: Probleme sind Lösungen. Berlin (Ökosysteme) 2001

Müller-Münch, I.: Wenn kleine Kinder zu Monsterkids gestempelt werden; Symposion über "Kriminalität in den Medien". Frankfurter Rundschau vom 20.09.1999

Nefiodow, L.: Der 6. Kondratieff. Wege zur Produktivität und Vollbeschäftigung im Zeitalter der Information, St. Augustin/Bonn (Rhein-Sieg-Verlag) 1996

Petzold, H. (Hrsg): Die Kraft liebevoller Blicke- Psychotherapie und Babyforschung Band 2, Paderborn (Junfermann) 1995

Pöppel, H.: Grenzen des Bewußtseins. Wie kommen wir zur Zeit und wie entsteht Bewußtsein? Frankfurt (Insel) 1997

Prekop J.: Der kleine Tyrann. München 1991

Prekop, J.: Hättest Du mich festgehalten... München 1989

Schüffel, W. et al.: Handbuch der Salutogenese, Wiesbaden (Ullstein Medical) 1998

Schwark, B., Schmidt, S, Strauß, B.: Eine Pilotstudie zum Zusammenhang von Bindungsmustern und Problemwahrnehmung bei neun- bis elfjährigen Kindern mit Verhaltensauffälligkeiten. Prax.Kinderpsychol. Kinderpsychiat. 49: 340-350 (2000)

Simon, F.B., Clement, U. Stierlin, H.: Die Sprache der Familientherapie - Ein Vokabular. Stuttgart (Klett-Cotta) 1999

Spangler, G., Zimmermann, P: Bindung und Anpassung im Lebenslauf: Erklärungsansätze und empirische Grundlagen für Entwicklungsprognosen. In: Spangler, G., Zimmermann, P.: Die Bindungstheorie. Grundlagen, Forschung und Anwendung. Stuttgart (Klett-Cotta) 1995

Spitzer, M.: Geist, Gehirn und Nervenheilkunde, Stuttgart (Schattauer) 2000, S. 9-11

Stern, D.: Wie das Gewebe der Seele geknüpft wird. Interview in Psychologie heute, 12/99 S. 39-44

Taylor, E: Development of clinical services for attention-deficit/hyperactivity disorder. Archives of General Psychiatry 56 (1999) 1097-1099

Trost, A: TZI und systemische Therapie - spielend kreative Lösungen (erfinden). In: Themenzentrierte Interaktion 12, 2, 1998

Trost, A. und Wienand, F.: Praxis der lösungsorientierten Therapie in der kinder- und jugendpsychiatrischen Praxis. In: Forum KJPP 10/2, 2000

v. Ijzendoorn, M.H: Adult attachment representations, parental responsiveness and infant attachment: A meta-analysis of the predictive validity of the Adult attachment Interview. Psychological Bulletin, 117, 387-403

v. Schlippe, A., Schweitzer, J.: Lehrbuch der systemischen Therapie und Beratung. Göttingen (V+R) 1996

Welter-Enderlin, R.: Was hat Säuglingsforschung mit Therapie und Beratung zu tun? In: Welter-Enderlin, R., Hildenbrand, B.(Hrsg): Gefühle und Systeme. Heidelberg (Auer)1998

Wienand, F., Trost, A.,: "Qualitätskriterien kinder- und jugendpsychiatrischer Gesprächsführung". Vortrag und Workshop beim XXVI. Kongreß der Deutschen Gesellschaft für Kinder- und Jugendpsychiatrie und Psychotherapie in Jena, 2000

Winnicott, D.W.: Die Theorie von der Beziehung zwischen Mutter und Kind. in: Reifungsprozesse und fördernde Umwelt. München 1974

Winnicott, D.W.: Theory of the Parent-Infant-Relationship. Intern. J. of Psychoanalysis 41, 585-595 (1960)

Ziegenhain, U.: Die Stellung von mütterlicher Sensitivität bei der transgenerationalen Übermittlung von Bindungsqualität. In: Prax.Kinderpsychol.Kinderpsychiat. 48: 86-100 (1999)

Zinnecker, J, Silbereisen, R, et al.: Kindheit in Deutschland. Aktueller Survey über Kinder und ihre Eltern Weinheim-München 1996

Zinnecker, J.: Kinder im Übergang. In Aus Politik und Zeitgeschichte. Beilage zur Wochenzeitung Das Parlament B11/96 S. 3-10

Laienanalyse

Zur Geschichte der Laienanalyse

Ernst Federn

Laienanalyse wurde die Psychologie genannt, die von Nichtärzten ausgeführt wurde. Bereits in der Sitzung, die am 10.Oktober 1906 stattfand, nahmen sechs Nichtärzte an der Mittwochsgesellschaft teil. Es war die erste, die von Otto Rank - selbst ein "Laienanalytiker"- protokolliert wurde: David Bach, Musikhistoriker und Kritiker, wie Max Graf, der denselben Beruf hatte, Phillip Frey, ein Lehrer, Hugo Heller, ein Buchverleger, Adolf Häutler, ein Privatgelehrter, und Otto Rank. In den Jahren der Protokollierung der Sitzung gab es im ganzen 18 Mitglieder, die keine Ärzte waren. Von diesen wurden international berühmt: Lou Andreas-Salome, Siegfried Bernfeld, Otto Rank, Hans Sachs, Theodor Reik, Karl Furtmüller, der mit Adler Freud verließ, Herbert Silberer, und Alfred Winterstein, der nach dem 2.Weltkrieg jahrelang Präsident der "Wiener Psychoanalytischen Vereinigung" war. Eine Reihe anderer bedeutender Schüler Freuds, die nach dem 1.Weltkrieg zu ihnen kamen, waren Nichtärzte, wie Robert Wälder, Ernst Kris und Anna Freud. In der Schweiz waren der Pfarrer Oskar Pfister und der Lehrer Hans Zullinger schon vor dem 1.Weltkrieg Mitarbeiter Freuds. 1919 wurde im Namen der "Internationalen Zeitschrift für Psychoanalyse" das Wort "ärztlich" gestrichen. Freud erkannte sehr früh, daß Psychoanalyse und Medizin nicht zusammengehören und warnte davor, die Psychoanalyse in die Psychiatrie einzubinden; sie würde von ihr erdrosselt werden. Diese Voraussage schien sich auch in den Vereinigten Staaten zu erfüllen und wurde nur durch das Entstehen einer psychoanalytischen Sozialarbeit in letzter Minute verhindert. In Frankreich gründete Marie Bonaparte, auch keine Ärztin, 1926 die "Psychoanalytische Gesellschaft."

Gegner der Laienanalyse gab es auch in Wien, Berlin und London. In Wien wurde Theodor Reik wegen Kurpfuscherei angeklagt, das Verfahren aber eingestellt. Die Tatsache, daß Paul Federn, der aktiv und mit allen Mitteln für die Laienanalyse eintrat, und Anna Freud, die selbst Laienanalytikerin war, die beiden stellvertretenden Vorsitzenden die Wiener Vereinigung waren, erlaubte die Ausbildung einer Reihe nicht-ärztlicher Psychoanalytiker, unter denen Rudolf Ekstein der bekannteste wurde. Er arbeitete eine zeitlang an der Klinik von Karl Menninger in Topeka, Kansas. Dieser war einer der wenigen Psychoanalytiker in den Vereinigten Staaten, der für die Laienanalyse eintrat und Nichtärzte ausbildete.

Die Anhänger Freuds in den Vereinigten Staaten verstanden von Anfang an die Psychoanalyse als eine Methode der ärztlichen Behandlung aller seelischen Erkrankungen, eine Auffassung, die Freud schon im 1.Weltkrieg zurückwies. Für ihn war die Psychoanalyse immer nur eine Behandlung für Neurosen. Er erklärte im Vorwort zu dem Buch "Die verwahrloste Jugend" von August Aichhorn, daß delinquente Jugendliche und ähnliches Fehlverhalten bei Erwachsenen nicht mit psychoanalytischen Methoden behandelt werden können. Er machte das 1918 in Budapest sehr klar.

Die Einstellung der Psychoanalytiker in den Vereinigten Staaten hat natürlich historische und soziale Gründe. Die Psychiatrie dieses Landes begann um die Zeit der Unabhängigkeit als moralische Behandlung, und die Medizin wurde erst 1916 in die Universität als Wissenschaft aufgenommen. Sie war vorher eine Art von Handwerk. In den Vereinigten Staaten spielen die verschiedenen protestantischen Sekten eine so große Rolle in der Behandlung seelischer Nöte, daß die Einstellung der Psychoanalytiker dieses Landes eher verständlich wird. In einerm Aufsatz "How Freudian are the Freudians", der im "Journal of the History of Behavioral Sciences" im Juli 1967 publiziert worden ist, versuche ich nachzuweisen, daß im Grunde die strenge Regel der Psychoanalytiker der Vereinigten Staaten, nur Ärzte als Mitglieder aufzunehmen, ein Ausdruck des Widerstandes gegen die Lehre Freuds ist. Wer einer Analyse bedarf, ist krank, das bedeutet, daß es seelisch gesunde und kranke Menschen gibt. Freud hat gezeigt, daß das so nicht der Fall ist, sondern daß die Zivilisation in allen Menschen neurotisches Verhalten erzeugt, das nur durch eine Psychoanalyse bewußt gemacht und beseitigt werden kann. 1927 gab es eine große Diskussion "über die Frage der Laienanalyse" auf einem Kongreß in Innsbruck, der mit einem Kompromiß endete. 1937 war Freud bereit, sich von den Psychoanalytikern in den Vereinigten Staaten wegen dieser Frage zu trennen.1938 emigrierte die gesamte Wiener Gruppe, mit Ausnahme von August

Aichhorn, Winterstein, Nepallek und Sadger, in andere Länder, und 1939 brach der Krieg aus.

Die Herrschaft der Internationalen Psychoanalytischen Vereinigung ging in die Hände der Vereinigten Staaten über, wo sie bis in die 70er Jahre verblieb. Die Meinung, daß die Psychoanalyse eine medizinische Methode sei, wurde rigide eingehalten, und erst 1988 gelang es den Psychologen und psychoanalytischen Sozialarbeitern mit legalen Mitteln, diese Meinung zu Fall zu bringen.

Historisch gesehen hängt die Frage, ob die Psychoanalyse zur Medizin gehört oder zu den Sozialwissenschaften, davon ab, was man unter Wissenschaft versteht. Die Sprachen unterscheiden sich natürlich in der Bezeichnung der verschiedenen seelischen Phänomene, mit denen sich die Psychoanalyse beschäftigt. So gibt es im Englischen keine Bezeichung für das Wort "Trieb". Auch das deutsche "ich" ist mit "ego" falsch übersetzt. Der "Trieb" könnte im Englischen "the desire for lust" genannt werden, ein wissenschaftlich unbrauchbarer Ausdruck. Die Engländer verließen die Freudsche Triebtheorie daher sehr bald, sie begnügten sich mit der "object-subject relationship", die unmittelbar beobachtbar ist; beim Trieb ist das nicht möglich. Auch das deutsche Wort "Wissenschaft" - das heißt: "was Wissen schafft" - gibt es in England nicht. "Natural sciences" ist Wissen, also ein Resultat, das geprüft und gemessen werden kann. Wissenschaft aber ist eine Tätigkeit, die weder fotografiert noch durch Zahlen ausgedrückt werden kann. Die Engländer unterscheiden deshalb Humanitäten von Naturwissenschaften. Die Vertreter der ersteren sind Scolaren, die letzteren Scientisten.

Wir sind heute zu einem großen Teil der Ansicht, daß die Psychoanalyse eine eigene Form der Wissenschaft ist, nämlich der des Menschen, mit eigenen Regeln und Bedingungen. Das war wohl auch Freuds Meinung am Ende seines Lebens. Die Geschichte der Laienanalyse ist daher auch eine Geschichte der Gedanken Freuds.

Die neue Laienfrage

Professionalisierung der Psychotherapie und Verlust der Psychoanalyse als Anthropologie

Jürgen Hardt

Der Kampf um die Laienanalyse ist entschieden, sagt man; zumindest in den USA, dem ehemaligen Hauptkriegsschauplatz, sagen manche.

Durch die Zulassung von klinischen Psychologen zur psychoanalytischen Ausbildung und die Neugründung von Instituten für Psychologen in den USA, die zur internationalen Psychoanalytischen Vereinigung gehören und denjenigen eine Vollmitgliedschaft in der internationalen Vereinigung ermöglichen, die eine Ausbildung an diesen Institutionen absolviert haben, sind die rechtlichen Auseinandersetzungen um die Laienanalyse nach langem und kostspieligem Ringen an ein vorläufiges (?), glückliches (?), endgültiges (?) Ende gekommen. Der Rechtsstreit endete in einem für die organisierte Psychoanalyse teuren Vergleich, an dem sich auch psychoanalytische Nicht-Ärzte außerhalb der USA finanziell beteiligen mußten.

Alle sind nun zufrieden, sagen sie. Aber irgend etwas stimmt nicht. Die IPA, etwa zu einer Hälfte aus Nicht-Ärzten bestehend, war als aufsichtpflichtige Institution der amerikanischen Assoziation mit angeklagt und mußte einen Teil der Kosten des Vergleiches tragen. Da kann etwas nicht stimmen, wenn Kläger zu Mitangeklagten werden. Psychoanalyse ist auf Wahrheit begründet, aber dieser Vergleich hat etwas Schiefes, Ungerechtes, Verlogenes.

Im übrigen haben aber, nach Einschätzung der Kontrahenten im Rechtsstreit, alle Parteien gewonnen und natürlich auch "die Psychoanalyse" als Wissenschaft und als Institution. Die Auseinandersetzung darum, wer in diesem Rechtsstreit den Sieg für sich beanspruchen durfte, hat allerdings beinahe zu einer Wiederaufnahme der juristischen Auseinandersetzungen geführt.

Bei so vielen Gewinnern muß man sich fragen: Wer oder Was hat verloren? Denn bekanntlich: "Umsonst ist nur der Tod".

Eine andere nicht so dramatische, aber ebenfalls langwierige Geschichte der institutionellen Auseinandersetzung um die Laienanalyse spielt in Deutschland. Sie ist noch nicht geschrieben und nur schwer rekonstruierbar, weil es keine prominenten Protagonisten gibt, wie in den USA.

Auch in Deutschland ist mit dem Inkrafttreten des Psychotherapeuten-Gesetzes und dessen genau geregelter Umsetzung klar: Das alleinige Vorrecht der Ärzte, Psychoanalyse selbständig zu betreiben, ist gebrochen. Psychologen als Psychoanalytiker sind nicht mehr Heil-Hilfspersonen und unterstehen deswegen nicht mehr ärztlicher Aufsicht; sie müssen sich auch nicht mehr der Heilpraktiker-Überprüfung unterziehen, um zu belegen, daß sie keine Kurpfuscher sind. Sie haben mit der psychotherapeutischen Approbation einen eigenständigen, gleichberechtigten (?) Zugang zur selbständigen Ausübung der Psychoanalyse als psychotherapeutische Heilkunde gewonnen.

Also, auch hier ist die Frage der Laienanalyse gegen (?) die Ärzteschaft entschieden. Die Psychoanalyse ist, gesetzlich verbürgt, nicht mehr ein ausschließliches Betätigungsfeld für Ärzte.

Die Ärzteschaft ist einverstanden, zumindest soweit sie zur Kenntnis genommen hat, was passiert ist. Auch die Psychologen sind es zufrieden, sie können endlich selbständig in der Heilkunde tätig sein. Der Gesetzgeber ist zufrieden. Die Kassen sind weniger, aber letztlich auch zufrieden, weil ihre Aufwendungen geringer geworden sind. Also gibt es auch hier nur Gewinner, und wer hat verloren?

Die Auseinandersetzung um die Laienanalyse begann mit dem drohenden Prozeß gegen Theodor Reik, einen Schützling Freuds, der der Kurpfuscherei angeklagt werden sollte. Freud stellte seine Ansichten zu diesem Thema dar (Freud 1926), mit dieser Schrift wendete er sich zugleich gegen Entwicklungen in den USA, wo nicht der Gesetzgeber, sondern psychoanalytische Gesellschaften und Ausbildungsinstitute gegen seinen ausdrücklichen Wunsch Laien von der Psychoanalyse ausschließen wollten. Die amerikanische Vereinigung wollte ausschließlich eine medizinische, später nur noch eine psychiatrische Vorbildung als Zugangsqualifikation gelten lassen. Bekanntlich wurde das Verfahren gegen Reik eingestellt, das interessanter Weise von einem amerikanischen Arzt initiiert worden war, der bei Freud Analyse suchte, von Freud an Reik verwiesen, unzufrieden mit dem Ergebnis der Analyse sich an das Gericht wendete. Reik wurde freigesprochen und durfte weiter als Psychoanalytiker praktizieren. Ebenso wie Hanns Sachs, Lou Andreas-Salomé und natürlich Anna Freud sowie einige andere, für die Freud 1926/1927 ebenfalls eintrat. Alle waren Laien und Psychoanalytiker, die Wesentliches zur Entwicklung der Psychoanalyse beigetragen haben.

Was wäre aus diesen Psychoanalytikern/Psychoanalytikerinnen heute geworden? Sie würden heute weder in den USA noch in Deutschland zur psychoanalytischen Ausbildung zugelassen werden, weil sie nicht klinische Psychologen waren und keine psychologische Approbation würden erwerben können. Vielleicht wäre ihnen als anerkannten Psychoanalytikern irgendwie das Äquivalent einer Approbation zugesprochen worden, aber solche Nicht-Nichtse (Nicht - Ärzte und Nicht - Psychologen) wären und sind weiterhin von der Ausbildung und der Praxis der Psychoanalyse ausgeschlossen.

Wallerstein (1998) hat in einem äußerst interessanten Buch die Geschichte der Laienanalyse in der Internationalen Psychoanalytischen Vereinigung und speziell der amerikanischen Vereinigung sowie den Rechtsstreit beschrieben. Er meint, als Fazit dieses Rechtsstreites sei die Frage nach langem Ringen und Sträuben der amerikanischen Gesellschaft zugunsten der Laien, im Sinne Freuds entschieden. Aber alle bekannten Laien, für die Freud eintrat, nämlich Reik, Sachs, Anna Freud, würden nach den erstrittenen Regelungen in den USA und den geltenden rechtlichen Regelungen in Deutschland keine Ausbildung machen können. Sie könnten auch nicht mehr als Psychoanalytiker praktizieren.

Irgend etwas stimmt mit dieser ganzen Geschichte nicht.

Wallerstein (1998) endet seinen Bericht damit, daß die Konflikte, die sich um die Frage der Laienanalyse entwickelt hatten, zu einem guten Ende gekommen seien. "Die lang dauernde Kontroverse um den ungehinderten Zugang zur vollen psychoanalytischen Ausbildung in den USA für alle qualifizierten Personen aus allen Berufen der seelischen Gesundheit ist endgültig beigelegt worden" (Wallerstein 1998, S. 441, Übersetzung J.H.). Sein höchst persönlicher Bericht - zum Teil als Biographie angelegt - der Untertitel heißt: "Life inside the Controversy" - ist äußerst spannend zu lesen. Hauptsächlich werden die Vorgänge in der Zeit des Rechtsstreits in den USA von 1985 bis 1988 mit vielen Details, Auszügen aus Sitzungen, taktischen Überlegungen und Stellungnahmen geschildert.

Wallerstein ist wirklicher Insider. Er war als Präsident der Internationalen Psychoanalytischen Vereinigung während der ganzen Zeit des Verfahrens in alle Verhandlunsschritte einbezogen. Zudem hatte er als früherer Präsident der amerikanischen Gesellschaft viele persönliche Beziehungen mit Funktionären der amerikanischen Gesellschaft und damit Zugang zu deren strategischen Überlegungen und Stellungnahmen.

Von diesen Vorgängen waren also nicht nur die Amerikaner (the American) betroffen, sondern auch die internationale Vereinigung und damit alle Zweiggesellschaften. In einer dieser Zweiggesellschaften, der deutschen, war ich in dieser Zeit im Vorstand. Die Informationen über den Rechtsstreit waren äußerst spärlich, vielleicht sogar tendenziös sparsam. Man vermutete vieles, ahnte, daß große Kosten auf uns zukommen würden, was sich dann zu aller Erleichterung nicht ganz bewahrheitete. Daß wir gegen unsere Überzeugung mit der amerikanischen Gesellschaft angeklagt waren und dazu gezwungen waren, mit ihnen solidarisch zu sein, war selbstverständlich und nicht zu hinterfragen.

Für Wallerstein hat die Laienfrage schließlich eine gute Antwort bekommen: Qualifizierte Menschen aus Berufen des Bereichs der seelischen Gesundheit können gleichberechtigt mit den Ärzten ausgebildet werden. Aber auch hier gilt, daß Theodor Reik zum Beispiel als Literaturwissenschaftler nicht darunter fallen würde. Freud müßte also wieder für ihn und gegen Wallerstein antreten. Und nicht nur für ihn, sondern auch für Hanns Sachs, mit dessen Laienschicksal es eine besondere Bewandtnis hat. Schließlich war er der erste Vollzeit-Lehranalytiker der Internationalen Vereinigung, praktizierte als Lehranalytiker in Berlin und dann bis zu seinem Lebensende in den USA.

Weil Freud Theodor Reik, Hanns Sachs, Otto Rank, Anna Freud, Lou Andreas-Salomé sowie Melanie Klein und viele andere nicht mehr als legitime Analytiker verteidigen kann, sich die Verhältnisse aber verändert haben, stellt sich die Frage der Laienanalyse erneut. Es ist notwendig, sich unter Berufung auf die grundsätzlichen und zwingenden Gedanken Freuds, unter Berücksichtigung der heutigen Regelungen psychotherapeutischer Tätigkeiten - der Professionalisierung der Psychotherapie innerhalb und außerhalb der Medizin - wieder mit der Laienfrage zu beschäftigen. Nur dann kann man ermessen, um was es letztlich bei der Laienfrage wirklich geht: nicht um das Privileg, therapeutisch tätig sein zu dürfen, sondern um das Verständnis vom Wesen der Psychoanalyse.

Zugegebenermaßen sieht auch Wallerstein, daß es bei der Laienfrage um die Frage nach dem Kern oder dem Wesen - wie er sagt, "der Natur" - der Psychoanalyse geht. Er formuliert es etwa so in seinem letzten Kapitel: "Die Kontroverse geht um die Identität der Psychoanalyse" (Wallerstein, 1998, S. 443, alle Zitate übersetzt von J. Hardt). Der fast hundertjährige laute Kampf um die nicht-medizinische (Laien) Analyse ist beendet. "Was stand wirklich auf dem Spiel"?, fragt er. Er meint, daß es nie nur um finanzielle Fragen ging, obwohl auch diese eine Rolle spielten. Daß der Prozeß um finanzielle Belange, um Monopolisierung, Antitrust-Gesetz und ausgefallene Honorare und Verdienstmöglichkeiten geführt wurde, betraf nicht das Wesen der Auseinandersetzung, so seine Einschätzung in Übereinstimmung mit den Klägern, sondern das war nur das Rechtsfeld, in dem die Klage erhoben werden konnte und die rechtlichen Auseinandersetzungen betrieben werden konnten.

"Ich habe das immer als eine grundsätzliche Auseinandersetzung zwischen Leuten mit Überzeugungen und besten Absichten (goodwill) erlebt, die allerdings gegensätzliche Sichtweisen vom Wesen der Psychoanalyse als Wissenschaft, als Disziplin und als Beruf hatten" (S. 443). Er kommt in seinem Resümee dann auf die frühe Geschichte der Laienfrage zurück, die er am Anfang des Buches skizziert, und bemerkt, daß wegen der unterschiedlichen Verhältnisse in Europa und in den USA am Anfang des Jahrhunderts die Amerikaner sich gezwungen sahen, mit dem "vollendeten Genius Freuds" über seine eigene Schöpfung uneins zu werden.

(1910 stellte eine Regierungskommission den sogenannten Flexner Report zusammen. In diesem Report wurden die verheerenden Zustände in der medizinischen Versorgung beklagt und dringend Maßnahmen gegen zunehmende Quacksalberei gefordert. Weil in dieser Zeit sich viele als Analytiker betätigten, ohne irgendeine Ausbildung durchlaufen zu haben, und die Anwendung von Analyse nicht durch Fachgesellschaften kontrollierbar war, schlossen sich die amerikanischen Analytiker in der Aufbauphase ab 1910 den Forderungen des Flexner-Reports an und versuchten, nach dem Muster qualifizierter medizinischer Ausbildungsstätten auch psychoanalytische Ausbildungsstätten zu organisieren. Man orientierte sich an den Standards der medizinischen Ausbildungen in Europa. Dieser Standard war allerdings nur schwer durchzusetzen. Aus den Umständen in der frühen Gründerzeit der psychoanalytischen Institute in den USA ist verständlich, warum die Anlehnung an die Medizin und die Regulierung des therapeutischen Marktes eine Qualitätssicherung der Psychoanalyse zu versprechen schien.)

Trotz der historisch verständlichen Motivationen für die restriktive Ausbildungspolitik der amerikanischen psychoanalytischen Ausbildungsstätten kam es sehr früh zu einer Auseinandersetzung um die Medizinalisierung und Psychotherapeutisierung der Psychoanalyse in den USA, die Freud beklagte und gegen die er seine gesamte Autorität in psychoanalytischen Fragen stellte. Es ging ihm von Anfang an nicht nur um die Organisation geregelter Ausbildungsgänge und um die Identität einzelner Psychoanalytiker, sondern um die Identität der Psychoanalyse selbst. Diese Überlegungen stellt auch Wallerstein an und verbindet sie mit dem Konzept der Identitätsentwicklung von E. H. Erikson. Er versucht, sein Verständnis von Psychoanalyse in dieses Entwicklungsmodell einzuordnen. Dabei bleibt letztlich unklar, ob er die Psychoanalyse als selbständige Wissenschaft oder nicht doch eher als ein mehr oder weniger organisiertes, vielfältiges Ganzes unterschiedlicher Grundwissenschaften ansieht.

Wie hat Freud im Zusammenhang mit der Laienfrage die Psychoanalyse verstanden? Bekannt ist seine große Vorsicht gegenüber den Versuchen der Mediziner, die Psychoanalyse für sich zu beanspruchen. "... Ich bin noch heute mißtrauisch, ob die Werbung der Ärzte um die Psychoanalyse vom Standpunkt der Libidotheorie auf die erste oder die zweite der Abrahamschen Unterstufen zurück zu führen ist, ob es sich dabei um eine Besitzergreifung mit der Absicht der Zerstörung oder der Erhaltung des Objektes handelt" (Freud 1926, S. 290). Er betont, "daß die Psychoanalyse kein Spezialfach der Medizin ist"(S. 289). Er tritt "für den Eigenwert der Psychoanalyse und ihre Unabhängigkeit von der medizinischen Anwendung" (S. 291) ein. Er meint allerdings, daß man, wenn man Psychoanalyse in der Medizin anwende, auch "für alle therapeutischen Methoden geltende Vorschriften" beachten muß. Er setzt dann fort: "Ich anerkenne das, gestehe es zu, ich will nur verhütet wissen, daß die Therapie die Wissenschaft erschlägt" (S. 291).

Freud richtet sich damit gegen eine bestimmte damals (vielleicht auch heute) dominierende Neigung in der Medizin zu einem statischen dogmatischen Denken, das keine Möglichkeit des systematischen Hinterfragens, des Beachtens von Übergängen in andere Gebiete und auch nicht die Frage nach dem Wesen des Menschen zuläßt. Gegen eine solche Medizin, die er auch in den Vorlesungen als klassifizierende Psychiatrie karikiert (Freud 1916/1917, S. 258) und deren Vereinnahmungsversuche er befürchtet, stellt er ein Konzept systematischer, endloser Rekonstruktion und Selbstreflexion.

Damit aber entfernt sich Freud vom Medizinbetrieb und kommt in gefährliche Nähe zur Philosophie, zu der er einen Sicherheitsabstand bewahrt wissen wollte. Er hatte eine ambivalente Haltung zur Philosophie und eine bestimmte Auffassung von ihr, zu der viele nüchterne (ernüchterte) Wissenschaftler seiner Zeit neigten. Die Sichtweise einer Philosophie aus der Enttäuschung an den großen Systementwürfen der nachkritischen, idealistischen und postidealistischen Zeit im Sinne Hegels, Fichtes und Schellings. Die großen Entwürfe wurden allgemein verspottet und verachtet. Schopenhauer und Nietzsche hatten sich als andere Philosophen noch nicht in der akademischen Welt etabliert, geschweige denn der völlig neuartige Denker Wittgenstein. Freud kannte zwar diese neuen Ansätze, rechnete sie aber nicht zum Korpus der akademischen Philosophie.

Freuds Verhältnis zur Philosophie muß äußerst zwiespältig gewesen sein, denn er hatte selbst eine Neigung zur systematischen Spekulation, die er bekämpfte und die er nicht müde wurde, auf die Philosophen zu projizieren, zu karikieren und lächerlich zu machen (z.B. Freud 1932, S. 173). Daß in seiner Zeit die großen Systementwürfe und die allumfassenden Verständnisversuche längst skeptisch betrachtet (Schopenhauer), verspottet (Nietzsche) und sogar schon überwunden (Wittgenstein) waren und damit als gescheiterte Anmaßungen einer selbstherrlichen Vernunft entlarvt worden waren, "vergaß" Freud tendenziös. Um ihn herum sind, außerhalb der Psychoanalyse, die vernünftigen Spekulationen diskriminiert, und die egoistischen und triebhaften Grundlagen des scheinbar reinen Denkens sind längst entdeckt.

Ambivalent war Freud gegenüber der Philosophie, weil er selbst einen schwer zu bändigenden Hang zum umfassenden Spekulieren und zum Systeme Entwerfen hatte. Psychoanalyse sollte gerade kein System werden und schon gar kein geschlossenes System. Sie sollte nicht als System von Aussagen dogmatisch lehrbar sein, mit einer kanonisierten Vorgehensweise, einer strengen Methode ausgestattet, die jede Ableitung und jede Klassifikation eindeutig macht. Die Offenheit seines Entwurfs von Psychoanalyse war Freud äußerst wichtig. Für diese Offenheit des Systems standen für ihn die Laien, von denen er sich versprach, daß sie die Psychoanalyse außerhalb der psychotherapeutischen (medizinischen) Anwendung mit ihren spezifischen Zwängen für neue Untersuchungen, neue Anregungen und ein ständiges Überschreiten von Grenzen offen halten könnten.

Damit sind die Laien schon zur Zeit Freuds Träger der Hoffnung, daß man sich zwar auf die Medizin einlassen könne und sich doch nicht mit ganzem Herzen an sie verkaufen müsse; auch dann nicht, wenn man in den Versorgungszwang des geregelten Heilens eintritt.

Das versprach man sich explizit von den ausgewählten Laien, die es in den USA immer gab. Sie waren die, die den Anspruch der Forschung, des Forschens neben dem Heilen erfüllen sollten, weil alle ein Ungenügen gegenüber dem unabweisbaren Anspruch Freuds empfanden. (Bekanntlich sah Freud ein Junktim zwischen dem Forschen und dem Heilen, er verstand die psychoanalytische Wahrheit als das zentrale, wirkende Element der analytischen Therapie, somit war jeder Heilungsprozeß ein Forschungsprozeß und umgekehrt.)

Das Heilen war aber in den USA und auch in Deutschland den Ärzten vorbehalten, und das Forschen mußte zurücktreten. Jetzt ist es an die Psychotherapeuten ärztlicher und psychologischer Provenienz übergegangen, die sich Pflicht und Privileg mehr oder weniger gleichberechtigt miteinander teilen; wo ist das Forschen geblieben?

Die Medizinalisierung der Psychoanalyse führte in den USA, mit dem Aufkommen der sogenannten Ich-Psychologie, zu einer zunehmenden Dogmatisierung der Lehre und einer Kanonisierung der Technik. In der Konsolidierung als medizinische Disziplin wurde die richtige Technik mit der Methode des wissenschaftlichen Systems der Psychoanalyse gleichgesetzt. Meilensteine in dieser Entwicklung sind erstens der Anspruch Hartmanns, daß die Psychoanalyse ein komplettes System sei, an dem es nur noch kleine Korrekturen, aber keine grundsätzlichen Veränderungen mehr geben werde, sowie die Arbeit von Eissler (1953), in der die rite Technik der Psychoanalyse kanonisiert und damit eine bestimmte Form der fiktiven psychoanalytischen Heilbehandlung

- ohne "Parameter" - zur Norm des "klassischen" Vorgehens der Psychoanalyse erhoben wurde. Tatsächlich wurde die psychoanalytische Klassik in dieser Zeit erfunden und nicht wieder entdeckt. In diese inzwischen gemildert dogmatische, aber medizinisch verstandene Psychoanalyse sind die Psychologen in den USA und in Deutschland eingetreten. Um gleichberechtigt mit den Ärzten zu sein, müssen sie sich als Psychotherapeuten und nur als solche verstehen.

Damit ist eine zweite Gruppe von Laien, die Nicht-Psychotherapeuten, Nicht-Ärzte und Nicht-Psychologen, das heißt die Nicht-Nichtse, übrig geblieben.

Können die Laien, im Sinne von Wallerstein, die jetzt als Psychotherapeuten mit den Ärzten gleichberechtigte Analytiker sind, noch Träger dessen sein, was ursprünglich mit den Laien verbunden war? Wohl kaum! Durch die Professionalisierung der Psychoanalyse als einer geregelten Psychotherapie ist das eingetreten, was Freud mit seiner Stellungnahme für die Laien verhindern wollte. Die Psychoanalyse ist ausschließlich als eine Anwendung in der Heilkunde fest geschrieben.

Mitte der siebziger Jahre fühlten sich die psychoanalytischen Fachverbände in Deutschland wegen der Neuregelung der gesetzlichen Krankenversorgung (GKV) dazu gezwungen, Nicht-Ärzte und Nicht-Psychologen aus der Krankenversorgung auszuschließen, um damit sicherzustellen, daß Psychologen weiterhin gleichberechtigt, allerdings im Delegationsverfahren, an der Kassenversorgung teilnehmen konnten. Es kam scheinbar zwangsläufig zu einer Einschränkung der Laien auf Psychologen. Das führte schließlich zu einer Änderung der Ausbildungsrichtlinien in der DPV, in denen nicht mehr stand, daß in der "Regel" der Vorberuf von Auszubildenden "Arzt oder Psychologe" sein sollte, sondern jetzt wurde fest geschrieben, daß "nur" Ärzte und diplomierte Psychologen in die Ausbildung eintreten konnten.

Diese Veränderung der Ausbildungsrichtlinien führte Mitte der siebziger Jahre zu heftigen Auseinandersetzungen in der Generalversammlung der Vereinigung. Unterschiedliche Sichtweisen und Visionen von Psychoanalyse wurden artikuliert. Die Frage wurde diskutiert, ob Psychoanalyse ein Spezialfach der Medizin, mit Anwendungen außerhalb, oder ob sie eine eigenständige Wissenschaft mit einer Anwendung in der Heilkunde ist? Das Grundsätzliche der neuen Regelung wurde beschworen, die scheinbar realen Notwendigkeiten siegten. Nachdem sich die

Situation stabilisiert hatte, wurde ab Anfang der achtziger Jahre überlegt, ob man die "Laienanalyse", die sich jetzt nur noch auf Nicht-Ärzte und Nicht-Psychologen bezog, wieder einführen könne. Ich zitiere aus einem Protokoll einer Arbeitsgruppe der DPV (1983). Dort heißt es:

"Daß die Wiedereinführung der Laienanalyse wahrscheinlich keine grundsätzlichen Schwierigkeiten aufwirft. Daraufhin haben Vorstand und zentraler Ausbildungsausschuß beschlossen, die juristische Problematik auszuklammern und zu prüfen, ob die Ausbildungsrichtlinien wieder auf den alten Stand gebracht werden können, der besagt, daß die Zulassung zur psychoanalytischen Ausbildung "in der Regel" ein abgeschlossenes Medizin- oder Psychologie-Studium voraussetzt ..."

Die Strukturkommission empfiehlt, daß potentielle Laienanalytiker Personen mit einem abgeschlossenen Universitätsstudium und einem festen Beruf sein sollten. Sie dürften nicht gezwungen sein, Psychoanalyse als Lebensunterhalt zu betreiben. Unter diesen Bedingungen dürfte die Zahl der Laienanalytiker schon sehr beschränkt bleiben. Die Aufnahmekriterien für Laienanalytiker sollten einmal die sein, die für alle gelten, die sich für die DPV-Ausbildung bewerben. Darüber hinaus sollte sich ein zentrales Gremium der DPV bilden, das sich mit den besonderen Problemen von angehenden Laienanalytikern befaßte.

In der Frage der Wiedereinführung der Laienanalyse stehen sich Enthusiasten und Skeptiker gegenüber. Die Enthusiasten erwarten, unter dem Hinweis auf die zahlreichen Laienanalytiker der Geschichte der Psychoanalyse eine Bereicherung, die Skeptiker befürchten einen Ansturm potentieller Laienanalytiker mit ungeahnten Konsequenzen. Insbesondere wird zu bedenken gegeben, ob die DPV von der Wiedereinführung der Laienanalyse spricht, in Wirklichkeit aber ihr Unbehagen an der geringen wissenschaftlichen Kreativität auf diese Weise erledigen möchte. In diesem Fall wäre die Wiedereinführung der "informatorischen Ausbildung" zu diskutieren. In der Arbeitsgruppe wurde zunächst Skepsis laut bezüglich der informatorischen Ausbildung. Diese habe ja früher nicht funktioniert. Sie könne allenfalls zu Zwei-Klassen-Psychoanalytikern führen. Sie vermittle Psychoanalyse nicht praxisbezogen, sondern als ein intellektuelles "Glasperlenspiel", was eigene Gefahren in sich berge.

Ein Hauptbedenken bezieht sich auf die gegenüber früher veränderte Situation, daß es in der Bundesrepublik praktisch keine nicht versicherten Privatpatienten gibt. In der Arbeitsgruppe wurde demgegenüber aber auch hervorgehoben, daß die Kassenregelung mit der Leistungsobergrenze von 240 bis 300 Stunden dazu geführt hat, daß jeder Analysepatient, Analysen durchschnittlicher Länge vorausgesetzt, in der zweiten Hälfte der Analyse zum Privatpatienten wird.

Im weiteren Diskussionsverlauf zeigte es sich, daß unter den Anwesenden eigentlich nur Befürworter der Laienanalyse waren. Es wurde dann aber der Vorschlag aufgegriffen, davon auszugehen, daß in jedem der Anwesenden doch auch ein Stück Gegnerschaft gegenüber der Laienanalyse stecke. Die Gruppe versuchte dann durch "freie Assoziation" die vorbewußten und unbewußten Anteile dieser Gegnerschaft zu entdecken. Dieser interessante Versuch ergab ein facettenreiches Bild von rationalen, großenteils aber irrationalen Einwänden gegenüber den potentiellen Laienanalytikern, was den Rahmen dieses Berichtes sprengen würde.

Diese, in diesem Bericht deutlich zutage tretenden, unbewußten, mit der Identitätsbildung von Analytikern verbundenen Prozesse der Selbstdefinition und der Abgrenzung bilden den eigentlichen Kern der Laienfrage. Es scheint so, als würden auf die "Laien" im Prozeß der Identitätsbildung des einzelnen Analytikers und der Analytikergruppe alle verlorenen Möglichkeiten und Hoffnungen projiziert (wie z.B. der wissenschaftliche Einfallsreichtum und das Nicht-Beschränktsein auf den psychotherapeutischen Alltag). Daraus ergibt sich für die Gruppe der Laien eine äußerst delikate Position; denn würde man sie zulassen und gegenwärtig haben, würde das hoch besetzte Verlorene ständig anwesend sein und an das eigene Versagen mahnen. Also muß man alles daran setzen, daß sie als Außenstehende zur Verfügung bleiben, um nicht zu erfüllen, was einem selbst versagt war. Nur so kann das sehnsüchtig Begehrte erhalten bleiben und darf aber gleichzeitig nicht erfüllt werden.

Die in der Kommission Anfang der achtziger Jahre vorgeschlagenen Veränderungen der Ausbildungsrichtlinien erfolgten schließlich 1992.

Als das Psychotherapeuten-Gesetz nach langem Ringen ab Ende der neunziger Jahre Wirklichkeit zu werden "drohte" und damit klar wurde, daß künftig jegliche Möglichkeit verbaut sei, Nicht-Ärzte und Nicht-Psychologen noch auszubilden, wurde vom zentralen Ausbildungsausschuß der DPV unter meiner Leitung eine neue Kommission ins Leben gerufen, die die Situation der Laien, jetzt der Nicht-Nichtse, erneut bedenken sollte. Wie waren psychotherapeutische Laien in der Realität der Ausbildung noch unterzubringen, wenn doch die meisten Analysen in den Ausbildungsgängen im Rahmen der GKV durchgeführt wurden, nachdem Psychotherapie endgültig als Profession festgeschrieben war?

Der Bericht der Kommission "zur Frage der Praktikabilität der Laienausbildung" (1998) macht die Klemmen, in denen sich die für die Ausbildung Verantwortlichen befanden, deutlich:

"Die Kommission schlägt nach eingehender Beratung keine, über die in den Ausbildungsrichtlinien formulierten, hinausgehenden Regelungen vor."

Begründung:

1. In der derzeitigen berufsrechtlichen Situation scheint nur ein jeweils persönlicher und örtlich zu erwirkender Zugang für Laien zur psychoanalytischen Ausbildung möglich. Eine generelle Regelung würde die Situation von potentiellen Bewerbern eher verschlechtern.

1.1. Eine ausführliche Information über strafrechtliche Regelungen (HPG) und die Regelungen der GKV (Arztvorbehalt und Teilnahme von Psychologen qua Delegation an der Krankenversorgung) muß, wie in den Ausbildungsrichtlinien gefordert, bei jeder Bewerbung erfolgen. Auf die sich daraus ergebenden Schwierigkeiten in der Ausbildung sollte hingewiesen werden.

1.2. Eine generelle Regelung des praktischen Teils der Ausbildung für Laien ist nicht möglich.

1.3. Der Aufbau einer von der "klinischen Arbeit" unabhängigen Ausbildung scheint der Mehrzahl der Kommissionsmitglieder unmöglich, weil andere psychoanalytische Techniken nicht das gleiche Maß an methodischer Strenge und Verbindlichkeit verwirklichen und Einsichten in die Psychoanalyse vermitteln, wie die Arbeit im klassischen Setting. Die Erfahrung in und mit der Arbeit in der zeitlich nicht begrenzten, nicht zielorientierten, hochfrequenten Einzelbehandlung - als dem Kernstück des praktischen psychoanalytischen Lernens - hält die Kommission für unverzichtbar.

1.4. Nach Wegen zu suchen, Psychoanalytiker auch außerhalb der therapeutischen Regelwerke auszubilden, sollte nicht aufgegeben werden.

1.4.1. Es bleibt abzuwarten, welche Ausnahmemöglichkeiten ein verabschiedetes Psychotherapeutengesetz "für Laien" (im Sinne von Nicht-Medizinern und Nicht-Psychologen) bieten wird.

2. Die Frage der Zulassung von Laien zur psychoanalytischen Ausbildung berührt grundsätzliche Auffassungen von Psychoanalyse und ihre Stellung zur Heilkunde.

2.1. 70 Jahre nach Freuds Schrift "Zur Frage der Laienanalyse" stellen sich die gleichen Probleme wie damals. Die Situation ist allerdings noch komplizierter geworden. Neben den "Interessen von dreierlei Art", die Freud anführte: "das der Kranken, das der Ärzte und - last but not least - das der Wissenschaft" (S. 278) sind weitere Interessen hinzugetreten: das der Psychologen, das der psychoanalytischen Gesellschaft, das der Krankenversicherungen und das des staatlich zu regulierenden Psychotherapiemarktes. Es ist nicht zu erwarten, daß alle diese divergierenden Interessen einen alle zufriedenstellenden Ausgleich finden werden. Es kann nur darum gehen, eine "offene" Lösung anzustreben, deren implizite Kompromisse tolerabel sind.

2.2. Es gibt keine neuen - psychoanalytisch relevanten - Gesichtspunkte seit Freuds Stellungnahme "Zur Frage der Laienanalyse". Nach wie vor gilt erstens, daß psychoanalytische Laien nur die Personen sind, die Psychoanalyse ohne gründliche Ausbildung durchführen, und zweitens, daß weder Ärzte noch Psychologen von ihren Studien her besonders gut vorbereitet sind, in die psychoanalytische Ausbildung einzutreten.

3. 1992 wurde die Ausbildung von Laien in der DPV wieder eingeführt mit folgendem Kommentar: "Anmerkung zu § 2.2: In der Psychoanalyse entspricht es einer bewährten Tradition, auch Bewerber aus anderen akademischen Berufen bei besonderer Eignung zur psychoanalytischen Ausbildung zuzulassen. Dies setzt im konkreten Einzelfall eine eingehende Information des Bewerbers über die Besonderheit seiner Bewerbung und seiner möglichen psychoanalytischen Tätigkeit voraus."

3.1. Mit diesem Kommentar wurde versucht, einerseits dem Anspruch Freuds, daß die Psychoanalyse eine eigenständige Wissenschaft sei, gerecht zu werden, andererseits sollten die eingegangenen Verpflichtungen und Regelungen Berücksichtigung finden. Es wurde darauf verzichtet, genauere Ausführungsbestimmungen zur formulieren, um einen möglichst großen Spielraum für "individuelle" Lösungen zu eröffnen.

3.2. Im Laufe der 90er Jahre - zuerst durch die Forderung einer Prüfungsordnung für die von der KBV für die Ausbildung von Psychologen (ärztliche Laien) anerkannten Institute und dann hauptsächlich durch die Einwirkung auf die Frequenzwahl der Ausbildungsanalysen - wurden die Abhängigkeiten der praktischen psychoanalytischen Ausbildung von den therapeutischen Regelwerken überdeutlich.

3.2.1. Die Anerkennung als psychotherapeutische Profession verstärkt die Tendenz, Psychoanalyse einseitig als ein "Spezialfach der Medizin" (Freud S. 289) weiter zu entwickeln, und diese Tendenz steht damit im Gegensatz zu einer Tradition in der Psychoanalyse, daß die "Psychoanalyse kein Spezialfach der Medizin" (Freud) sei. (Heute müßte man hinzufügen: auch nicht der psychologischen Medizin oder klinischen Psychologie).

3.2.2. Die Anmerkung zur Wiedereinführung der Laienanalyse-Ausbildung in den Ausbildungsrichtlinien ist als Aufforderung zu verstehen, jeweilige mehr oder weniger gelungene Kompromisse der Unvereinbarkeiten von eigenständiger Wissenschaft und der therapeutischen Tätigkeit zu finden.

3.3. Die Wiedereinführung der Ausbildung von anderen als den definierten Berufsgruppen (Medizinern und Psychologen), die Zugang zur Therapie haben, kann als Gegenbewegung oder Rückbesinnung verstanden werden. "Der Gebrauch der Analyse zur Therapie der Neurosen" (S. 285) schien damals zur einzigen Anwendung zu werden, und damit verstärkt sich die Gefahr, daß die Psychoanalyse von der Medizin "verschluckt" (Freud) werde und dann schließlich eine "endgültige Ablagerung" in einem Lehrbuch für Psychotherapie finde.

3.3.1. Weil die Psychoanalyse sich als therapeutische Disziplin etabliert hat und ihr Überleben davon abhing/abhängt, müssen wir in der Ausbildungspraxis den Regelungen des therapeutischen Marktes Rechnung tragen.

3.3.2. Die Wiedereinführung der "Laienanalyse" 1992 erscheint im nachhinein wie ein Aufbegehren. Ein Aufbegehren gegen die Einwirkungen der medizinischen Organisationen in die sich bisher weitgehend autonom verstehenden Ausbildungsinstitute. Sie war ein minimalistischer Rettungsversuch der psychoanalytischen Freiheit.

3.3.2.1. Das Interesse der Psychoanalyse an den Laien wird dadurch verständlich. Es wird ein Mehr an Interdisziplinarität erwartet. Wir brauchen Fachleute aus anderen Disziplinen, die uns lehren können, psychoanalytische Gesichtspunkte in angemessener Weise in Feldern außerhalb der Therapie anzuwenden.

3.3.2.2. Das Interesse der Laien an der psychoanalytischen Ausbildung ist demgegenüber vergleichsweise gering. Die größte Zahl der Laienbewerber kommt aus sozialen-therapeutischen Berufen und erwartet von der psychoanalytischen Ausbildung ein Mehr an therapeutischer Kompetenz.

3.4. Die praktische Ausbildung und Tätigkeit der Psychoanalytiker ist weitgehend den therapeutischen Regelwerken unterworfen. Die Fragen nach dem Eigenwert und der Unabhängigkeit der psychoanalytischen Wissenschaft stellt sich im therapeutischen Alltag kaum. Für die wissenschaftlichen Gesellschaften der Psychoanalyse bilden aber das Ringen um die Eigenständigkeit der Psychoanalyse und die Verankerung im therapeutischen Feld gegensätzliche Anforderungen, deren Ausgleich bisher nicht gelungen ist und voraussichtlich nicht gelingen wird.

4. Die DPV hat sich in den Ausbildungsrichtlinien darauf festgelegt, daß die Ausbildung als eine zum "psychoanalytischen Therapeuten" zu verstehen ist (vgl. § 1). Das steht im Gegensatz zum Sprachgebrauch und der damit verbundenen Differenzierung.

4.1. Es wird angeregt zu überlegen, den § 1 der Ausbildungsrichtlinien wie folgt zu ändern: Die psychoanalytische Ausbildung im Sinne dieser Richtlinien meint die Ausbildung zum ‚Psychoanalytiker DPV'. Der Erwerb der aoM und oM in der DPV setzt den erfolgreichen Abschluß der Ausbildung zum psychoanalytischen Therapeuten voraus.

4.2. In den Antwortschreiben auf die Anfrage der Kommission, wie die Institute die Ausbildungsmöglichkeiten von Laien einschätzen, wird überwiegend betont, daß "wir" zum "Psychoanalytiker" und nicht zum "psychoanalytischen Therapeuten" ausbilden. Damit wird die Möglichkeit begründet, daß die psychoanalytische Gesellschaft frei ist, über Bewerber und deren Grundqualifikationen selbst zu entscheiden. (DPV-Informationen Nr. 23, Februar 1998).

Sieht man sich die Argumentationen in der langen Diskussion um die Laienfrage genauer an, entdeckt man die immer gleichen Gedanken. Es gibt kaum ein neues Argument, das nicht schon Ende der zwanziger Jahre formuliert und publiziert wurde, und zwar weder bei den Befürwortern noch bei den Gegnern der

Laienausbildung. Die Argumentationen wiederholen sich, niemand scheint zur Kenntnis zu nehmen, was schon vor ihm formuliert war oder was als Gegenargument angeführt wird. Die scheinbar rationalen Argumente erweisen sich durch ihre Wiederholungen und die Resistenz gegenüber Einwendungen als Rationalisierungen. Die Laien scheinen so etwas wie eine Verschiebungsmasse des psychoanalytischen Gewissens zu sein. Sie sind mit Hoffnungen und Befürchtungen besetzt und sollen gegen eine bestimmte Entwicklung von Psychoanalyse als ausschließlich psychotherapeutischer Profession schützen. Es wird in den Diskussionen deutlich, daß es bei der Laienfrage zwar einerseits um die Frage der Integration der Psychoanalyse in die Medizin geht, aber zugleich geht es um grundsätzlich andere Auffassungen von Psychoanalyse als Wissenschaft und Praxis. Das sind Themen, die auch eher psychotherapeutisch und medizinisch orientierte Vertreter der Psychoanalyse, wie z.B. Wallerstein, mit der Laienfrage verbinden.

Wallerstein versteht sich trotz seines durchgängig medizinischen Denkduktus als ein glühender Verteidiger der Laien. In den rechtlichen und sachlichen Auseinandersetzungen, in die er verwickelt war, trat er für die Laien, die Nicht-Mediziner ein. Allerdings handelt es sich bei diesen Laien um alle diejenigen, die in der Heilkunde tätig sind, also um psychologische Psychotherapeuten. Er kann für alle, auch nicht medizinische Psychotherapeuten eintreten, weil er eine Auffassung von Psychoanalyse hat, die ausschließlich von therapeutischen Wertvorstellungen geleitet ist. Das ist eine andere Auffassung von Psychoanalyse, als die, die für Freud in der Laienfrage auf dem Spiel stand.

Freud warnte vor dem sich zum Heilen berufenden Arzt in der Psychoanalyse, dem "dedicated physician", wie ihn H. F. Searles 1979 nannte. "Denn der Kranke hat nicht viel davon, wenn das therapeutische Interesse beim Arzt affektiv überbetont ist" (Freud 1926, S. 291). Das Verständnis von Psychoanalyse als einer Wissenschaft, die letztendlich doch ganz der Heilkunde zugerechnet wird, bringt ein bestimmtes Verständnis von der Natur und dem Wesen der Psychoanalyse mit sich.

Die Fragen nach dem Wesen der Psychoanalyse sind hoch besetzte Fragen, die in den politischen Auseinandersetzungen um Betätigungsfelder affektive Untertöne liefern und die Heftigkeit der Auseinandersetzung jenseits politischer Kalküle erklären. Hier geht es nicht mehr nur um politische Optionen, sondern um unbewußte Besetzungen der Analyse als einer Lebensform, um die

Tätigkeit des Analysierens aus einer "inneren psychischen Konstellation" (Hermann 1963). Diese "innere Konstellation" bildet den Kern der psychoanalytischen Methode (vgl. Hardt 1999). Die in den Auffassungen von Psychoanalyse sich darstellenden grundlegenden psychischen Lebensformen hängen mit frühesten emotionalen Austauschprozessen und Strukturbildungsprozessen zusammen und sind von der Identitätsbildung des Individuums, das Psychoanalyse betreibt, nicht zu trennen.

Diese höchstpersönliche Verankerung der Psychoanalyse macht verständlich, warum die Laienfrage in solch einem hohen Maße mit affektiven und emotionalen Prozessen besetzt ist. Als Beispiel für die hohe Emotionalität, die mit prominenten Laien auch heute verbunden ist, nehme ich Hanns Sachs. Und zwar einige Schilderungen und Würdigungen seines psychoanalytischen Wirkens, eines Laien, der von vielen Analytikern als einer der frühen medizinischen Mitstreiter Freuds angesehen wird.

Wohin man auch schaut in der Literatur, um Hanns Sachs ranken sich Fehlleistungen. Daraus folgt, daß er eine unbewußte Bedeutung in der Geschichte der Psychoanalyse haben muß, die den Einsatz von Verleugnung, Verdrängung und unsauberen Kompromißbildungen erfordert und erklärt. Er ist einer der prominenten Laienanalytiker, für die Freud mit seiner Arbeit "Zur Frage der Laienanalyse" (1926/1927) eintrat.

Ernest Jones war zusammen mit Hanns Sachs Mitglied des geheimen Komitees der psychoanalytischen Organisation, das Freud gründete, um die sich entwickelnde wissenschaftliche Vereinigung zusammen zu halten und zu kontrollieren. Die Gründung schien notwendig, nachdem zwei prominente Mitglieder, Alfred Adler und Carl Gustav Jung, nach heftigen und unschönen Auseinandersetzungen aus der Vereinigung ausgeschieden waren. Man muß annehmen, daß Jones über Hanns Sachs gut informiert gewesen sein muß. Im Kapitel "Laienanalyse" schreibt Jones (Jones 1978, S. 339 ff.) über die Tätigkeit der Laienanalytiker in Wien. 1914 sei Winterstein zum Kreis der Analytiker hinzu gekommen; Rank habe als Laie Analysen von Kindern gemacht, wie er angeblich immer betont habe, um nicht in Verdacht zu kommen, Erwachsenenanalysen durchzuführen. Dann seien Bernfeld und Reik und ab 1923 Anna Freud dazu gekommen, später noch Eichhorn, Kris, Wälder und andere. Die Übersetzerin von Jones´ Text weist in einer Fußnote darauf hin:

"Hier wäre noch an Hanns Sachs zu erinnern, der - ursprünglich Rechtsanwalt - nach Kriegsende zur Ausübung der Psychoanalyse wechselte" (S. 355), und sie verweist auf die Seite 25 im Buch von Jones (S. 25), wo genau diese Entwicklung von Sachs berichtet wird.

Daß Hanns Sachs ab 1920 in Berlin und ab 1932 in Boston Lehranalysen bis an sein Lebensende durchführte, findet keine Erwähnung im Kapitel über "Laienanalyse". Er wird auch nicht erwähnt bei der Schilderung der "amerikanischen Affäre", den Auseinandersetzungen zwischen der IPV und der Amerikanischen Vereinigung um die Laienanalyse, die in den Vorgängen von 1938 gipfelten. (Die IPV war gezwungen, der amerikanischen Gesellschaft das Recht zuzugestehen, völlig autonom ihre Ausbildungen zu regeln, das war das Ende eines der Hauptanliegen der IPV.) Diese Vorgänge werden von Jones äußerst tendenziös, zum Teil falsch dargestellt.

Bei Jones kann man psychologisch verstehen, warum er Schwierigkeiten mit Hanns Sachs hatte, denn er war auf alle eifersüchtig, die eine größere Nähe zu und größere Geistesverwandtschaft mit Freud hatten, und er wurde nicht "müde", die Rivalen um Freud herabzusetzen und ihre Bedeutung zu mindern und seine Übereinstimmung mit Freud zu betonen, wogegen sich Freud wiederum verwahrte.

Im Buch von Peter Gay (1989) sind Fehlleistungen um Hanns Sachs schon schwerer zu verstehen. Gay ist selbst ein Laie, und man könnte vermuten, daß er eine andere Beziehung als Jones zu Laien im Umfeld von Freud hat. Aber, daß Hanns Sachs als Laie zum engsten Kreis um Freud gehörte, wird von ihm nirgendwo erwähnt. Bei ihm wird die Laienanalyse unter dem Titel "Das Dilemma der Ärzte" (Gay 1989, S. 549 ff) abgehandelt. Die "amerikanische Affäre" wird ausführlich besprochen, Hanns Sachs spielt darin aber keine Rolle. Im Register des Buches wird Hanns Sachs in diesem Zusammenhang überhaupt nicht angeführt. Im Text allerdings, nicht im Register, wird er einmal als einer "der prominentesten Anhänger Freuds" (S.552) erwähnt. "Von Otto Rank bis Hanns Sachs, Lou Andreas-Salomé bis Melanie Klein, ganz zu schweigen von der Psychoanalytikerin in seinem eigenen Haus, seiner Tochter Anna", die alle keine Ärzte waren, schreibt er. Sollte Peter Gay auch dem amerikanischen Verdrängungsdruck unterlegen sein (Vgl. Freud 1926, S.296)?

Bei Wallerstein (1998) sind die Fehlleistungen bezüglich Hanns Sachs eklatanter und verraten eine eindeutige Tendenz. Im

Register wird Sachs nur einmal auf Seite 7 erwähnt, die Bezugsstelle lautet "Hanns Sachs came from law". Im Text taucht er dann aber doch noch mehrmals auf. Auf Seite 9 berichtet Wallerstein vom Prozeß gegen Theodor Reik und von Freuds Verteidigungsschrift. In diesem Zusammenhang wird Sachs in einer Fußnote erwähnt: "Die anderen beiden führenden Laienanalytiker in Freuds Kreis, O. Rank und H. Sachs, wurden niemals nach dem österreichischen (Kurpfuscher) Gesetz angeklagt. Nur dem Namen nach (nominally) waren alle nicht medizinischen Mitglieder der Wiener Gesellschaft in Kontrolle (under supervision) von medizinischen Mitgliedern" (Wallerstein 1998, S. 9).

Auf Seite 16 wird dann berichtet, daß sich Hanns Sachs an den Auseinandersetzungen um die Laienanalyse, die nach Freuds Schrift 1927 von Jones initiiert wurden, publizistisch beteiligte. Er wird darin als Befürworter in die Reihe mit Carl Müller-Braunschweig, Theodor Reik und Robert Waelder gestellt. Das sind nach Wallerstein Arbeiten von Laien, die Freuds Ansichten mit ganzem Herzen ("wholeheartedly" S. 16) unterstützten. Wobei man, aus der Art, wie Wallerstein das schreibt, entnehmen kann, daß er meint, diese Psychoanalytiker unterstützten Freud nur, weil es um ihre eigenen Interessen ging, und nicht, weil sie andere Einsichten und Überzeugungen hatten, die psychoanalytisch fundiert sind.

Im Zusammenhang mit der Schilderung der fatalen Vorgänge um die 1938er Regel, d.h. dem Zugeständnis der Eigenständigkeit in Lehr- und Zulassungsfragen von der Internationalen Psychoanalytischen Vereinigung an die Amerikanische, - weil nur so ein Auseinanderbrechen der Internationalen Vereinigung vermeidbar schien - zitiert Wallerstein Anna Freud. Sie schildert die Lage der Psychoanalyse in dieser politisch extrem schwierigen Zeit. In diesem Zusammenhang erscheint dann auch wiederum Hanns Sachs (S. 41). Die Entwicklung in der amerikanischen Vereinigung und der IPA bezüglich der Laienfrage wird rekapituliert, und es wird berichtet, daß Hanns Sachs aus dem Ausbildungsausschuß des Bostoner Institutes ausgetreten sei (resigned). Ein ungeheurer Vorgang, der keinerlei weiteren Kommentar erfährt.

Sind das nicht schwerwiegende Fehlleistungen in einem sonst sorgfältig durchgearbeiteten Text.

Über Hanns Sachs gibt es nicht sehr viel biographisches Material, und er hat auch nicht sehr viel publiziert. Aber er hat ein psychoanalytisches Testament hinterlassen, das Hinweise auf sein

Verständnis von Psychoanalyse gibt. Desweiteren hat er eine interessante Schilderung seiner Beziehung zu Freud ("Freud. Master and Friend" 1945) vorgelegt, die mit einer Fülle von Details ein etwas anderes Bild von Freud vermittelt, als das, das Jones zeichnete. Das später erschienene psychoanalytische Testament von Hanns Sachs ist ein äußerst interessantes, harmlos daher kommendes Buch, das nach seinem Tod im Jahr 1948 unter dem falschen Titel "Masks of Love and Life" von A. A. Roback herausgegeben wurde. Der von dem Autor vorgesehene Titel lautete "The People of a Strange Planet", P.S.P. abgekürzt, die im Text öfter auftauchen. Der Untertitel des Buches blieb erhalten: "The Philosophical Basis of Psychoanalysis". Roback änderte den Titel, um zu verhindern, daß das Buch in die Rubrik Science Fiction eingeordnet werde. Das Buch ist reich an Metaphern, erinnert mehr an eine expressionistische Schilderung des menschlichen Lebens als an eine psychoanalytische Studie. Mit P.S.P. meint Sachs einerseits die normalen Menschen, die unter dem Gesichtspunkt eines fremden, psychoanalytischen, Blickwinkels plötzlich eigenartig erscheinen, sowie andererseits aber, und das ist das Kippbild der Metapher, den Fremden, zu dem der Analytiker wird, wenn er normale Vorgänge unter seinem Gesichtspunkt betrachtet. Der Analytiker unterscheidet sich von den normalen Menschen, erscheint wie von einem anderen Stern oder fühlt sich wie auf einem anderen Stern.

Anna Freud schreibt im Vorwort eine kurze Würdigung des Lebenswerkes von Hanns Sachs. Sie berichtet, daß er über vierzig Jahre lang Schüler und Anhänger Freuds war. Sie kommt dann auf die Anerkennung der Psychoanalyse durch die Medizin zu sprechen. "Die Zunahme der medizinischen Anerkennung hat die Analyse aber andererseits in Gefahren und Schwierigkeiten verwickelt, die andere waren, als die aus der früheren Zeit" (Sachs 1948, S. 8). Psychoanalyse wird im medizinischen Verständnis als Psychotherapie zu einem bestimmten Zweck gelehrt. "Unter diesen Bedingungen werden andere Aspekte dieser neuen Wissenschaft vernachlässigt" (S. 8, alle Übersetzungen J. H.), zum Beispiel die "allgemeine Psychologie" mit ihren Anwendungen in "den Sozialwissenschaften, der Anthropologie, der Mythologie, der Literatur und der Kunst", sowie in den Erziehungswissenschaften. Dann setzt sie fort: "In diese Auseinandersetzung (struggle), nicht zwischen ärztlicher Analyse und Laienanalyse, sondern zwischen der relativen Bedeutung der Psychoanalyse für das ärztliche und das nicht-ärztliche Feld, hat Hanns Sachs immer sein ganzes Gewicht auf das letztere geworfen" (S. 9). Sie verweist darauf, daß er ab 1912 zusammen mit Otto Rank die Zeitschrift "Imago" herausgegeben hat und später in den USA "The American Imago". Sie würdigt diese Beiträge kurz und kennzeichnet Hanns Sachsens Interesse so:

"Für Hanns Sachs - mehr als für die meisten Autoren in diesem Bereich - bedeutete die psychoanalytische Psychologie vor allem ein Weg, um das alltägliche Verhalten des Menschen zu untersuchen, ihre Beziehung zueinander und die zu ihren ausgewählten Liebesobjekten, sowie ihre Haltung zu den unausweichlichen Problemen des Lebens und des Todes" (S. 9). Sie schließt dann: "Wenn irgendwann einmal die Psychoanalyse einen eigenen Platz einnehmen wird, und zwar nicht nur in den medizinischen Fakultäten (schools) der Universitäten, sondern auch in den Geistes- und Naturwissenschaftlichen Fakultäten (Faculties of Arts and Science), dann wird eine solche Entwicklung in einem großen Ausmaß den Forschungen und Arbeiten, in Kürze dem Lebenswerk von Hanns Sachs zu verdanken sein" (London, Juli 1948, Anna Freud).

Dieser Mann wäre nach den heutigen Regelungen von der psychoanalytischen Praxis ausgeschlossen, er würde nicht mehr zur Ausbildung zugelassen werden. Man muß sich fragen, ob die Regelungen bezüglich der Laienanalyse sich nicht eigentlich gegen das richten, für was Hanns Sachs stand: gegen eine Auffassung von Psychoanalyse als Wissenschaft jenseits ihrer psychotherapeutischen Anwendung, als eigenständige Wissenschaft zum Verständnis des Menschen als Ganzem.

Zurück zum Lebenswerk von Hanns Sachs, das nicht nur aus seinen Veröffentlichungen bestand. Roback schildert es so: Hanns Sachs habe ab 1912 "Imago" und ab 1938 das "American Imago" herausgegeben. Beide Zeitschriften sind mittlerweile untergegangen (sowie auch das "Psychoanalytic Review", das 1974 gegründet, um den Interessen jenseits der medizinischen Psychoanalyse ein exquisites Publikationsorgan zu bieten, aber 1992 in das "International Journal" inkorporiert wurde). Die "Imago" war eine Zeitschrift für "Anwendungen der Psychoanalyse auf die Geisteswissenschaften". Das "Review" sollte "Beiträge zur Theorie und Praxis der Psychoanalyse veröffentlichen und darüber hinaus Beiträge zur Anwendung psychoanalytischer Konzepte auf andere wissenschaftliche Disziplinen, Literatur und Kunst".

Roback setzt fort (S. 13/14), daß Hanns Sachs 1920 von Freud mit der "ernsten Aufgabe", beauftragt wurde, Lehranalysen durchzuführen. Er war damit der erste Lehranalytiker der Internationalen Vereinigung. Diese neue Berufung führte Hanns Sachs nach Berlin, wo er dringend als Lehranalytiker gebraucht wurde. "Wir dürfen nicht vergessen," schreibt Roback, "daß Dr. Hanns Sachs im Gegensatz zu seinen Kollegen kein Psychiater war. Er hatte keinerlei medizinischen Abschluß, und die Männer, die er analysieren sollte, waren entweder Medizinstudenten oder Ärzte, einige von ihnen hatten schon seit Jahren als Psychoanalytiker praktiziert. Das war ein riskantes Unternehmen für einen Mann, der nur ein Jura-Studium absolviert und einen besonderen Sinn für Literatur und Kunst hatte. Nichts desto trotz hat er diese Aufgabe so gut bewältigt, daß sich seine Reputation als scharfsichtiger und fähiger Lehrer über den ganzen Kontinent ausbreitete, bis er dann schließlich 1932 kurz vor der Machtübernahme der Nazis eingeladen wurde, in das Kollegium der Harvard School of Medicine einzutreten. Er war der einzige Dozent in dieser Fakultät, der keinen Doktor in Medizin hatte. In der Tat waren viele seiner Freunde und Bekannten erstaunt, wenn sie erfuhren, daß er seinen Doktortitel in Jura erworben hatte.

In Boston lehrte er Psychoanalyse nicht nur in Harvard und am Simmons College und hielt Seminare am Bostoner Psychoanalytischen Institut ab, sondern er betrieb auch eine einflußreiche Praxis; größtenteils, indem er seine Lehranalytiker-Tätigkeit wie in Berlin fortsetzte"(S.13, 14). Roback geht allerdings nicht auf die Vorgänge ein, die Hanns Sachs dazu bewogen, 1938 aus dem Ausbildungsausschuß des Bostoner Institutes auszutreten. (Genauere Recherchen dazu stehen noch an. Nach Fertigstellung des Textes hat mir Sanford Clifford, Member of the Archive and History Committee of the International Psychoanalytical Association, Boston, seine 1998 erschienene biographische Skizze: "Hanns Sachs, The Analyst´s Analyst" zugeschickt. Daraus geht hervor, daß Hanns Sachs von Anfang an medizinische Gegner in Boston hatte. Auf das Ausscheiden aus dem Ausbildungsausschuß 1938 geht Clifford nicht näher ein, er betont aber, daß Sachs um seine Auffassung von Psychoanalyse kämpfte, daß er für die Ausbildung unverzichtbar war und daß er viele prominente Mitglieder der Gesellschaft analysierte oder re-analysierte.)

Wenn man das alles zur Kenntnis nimmt, kann man nicht mehr glauben, daß die Fehlleistungen in den oben angeführten Texten sinnlos sind. Sie verraten eine Tendenz, die hauptsächlich bei Jones und Wallerstein deutlich wird, nämlich die, den Beitrag eines prominenten Laienanalytikers zur Entwicklung der Psychoanalyse, gerade in den USA, zu verringern und zu übergehen.

Freud meinte 1927 in seinem Nachwort zur Frage der Laienanalyse, die amerikanische Lösung des Laienproblems sei ein Verdrängungsversuch. Eine Verdrängung ist aber bekanntlich kein besonders guter Weg, um seelische Probleme zu bewältigen. Die Verdrängung hält das nicht mehr bewußte Problem weiter am Leben und erfordert eine ständige Gegenbesetzung, um das Wiederauftauchen im Bewußtsein zu verhindern; dadurch wird seelische Energie gebunden, die nicht zu Verfügung steht.

Die Laienfrage ist eine Frage nach dem Wesen der Psychoanalyse als Wissenschaft, eine Frage, die mit dem Interesse der Wissenschaft an den Laien (Freud 1926, S. 283) verbunden ist. Diese Frage stellt sich erneut. Freud legte Wert darauf, daß die Psychoanalyse nicht zu einem Teilgebiet der Medizin werde und nur noch in der Psychotherapie ihre Anwendung finde. In verdichteter höchst polemischer Form formulierte er das so:

"Wir halten es nämlich gar nicht für wünschenswert, daß die Psychoanalyse von der Medizin verschluckt werde und dann ihre endgültige Ablagerung im Lehrbuch der Psychiatrie finde, im Kapitel Therapie, neben Verfahren wie hypnotische Suggestion, Autosuggestion, Persuasion, die, aus unserer Unwissenheit geschöpft, ihre kurzlebigen Wirkungen der Trägheit und Feigheit der Menschenmassen danken. Sie verdient ein besseres Schicksal und wird es hoffentlich haben" (Freud 1926, S. 283).

Um dem vorzubeugen, trat Freud im Interesse seiner Wissenschaft für die Laien ein. Im heutigen Verständnis heißt es aber, nicht mehr nur dafür zu sorgen, daß die Psychoanalyse nicht zu einem Fachgebiet der Medizin wird, sondern auch, daß sie nicht von der professionalisierten Psychotherapie verschluckt wird, einer Psychotherapie, die von Ärzten und Nicht- Ärzten, nämlich von Klinischen Psychologen als den ausschließlichen Laien betrieben wird. Die wesentliche Frage nach der Laienanalyse ist also neu zu stellen.

Ich habe den Titel Anthropologie für das psychoanalytische Projekt gewählt und nicht Psychologie oder Fundament der Psychologie in Freuds Terminologie, um so das Anliegen der Psychoanalyse als Wissenschaft jenseits der psychotherapeutischen Anwendungen zu betonen und aufrecht zu erhalten. Der Titel Tiefenpsychologie ist im Laufe der Entwicklung zum Titel für die Grundlagenwissenschaft therapeutischen Handelns verengt worden. Psychoanalyse ist mehr als nur eine psychotherapeutische Grundlagenwissenschaft. Beim Gegenstand der Psychoanalyse handelt es sich um den Menschen als Ganzes, und das umfaßt mehr als eine Psychologie zum Zwecke psychotherapeutischer Veränderung.

Die klinischen Psychologen als psychologische Psychotherapeuten und Psychoanalytiker sind als Anspruch gegen eine nur medizinische Auffassung der Psychoanalyse als Laien verloren. Sie haben sich ganz in die Psychoanalyse als eine Psychotherapie eingefügt.

Ein weiterer Grund für mich, den Titel Anthropologie zu wählen, ist, daß ich damit eine von Freud vernachlässigte oder gar verleugnete Beziehung der Psychoanalyse zur Tradition des Nachdenkens über den Menschen betonen will. Freud war viel mehr und tiefer in das philosophisch-anthropologische Denken seiner Zeit verstrickt, als er zugab. Diese Verbindungen aufzufinden, neu zu bedenken, durchzuarbeiten und daran anzuknüpfen, ist eine lohnenswerte und wichtige Aufgabe, die für das Überleben des psychoanalytischen Projektes von entscheidender Bedeutung sein wird. Die Laien gemahnen daran, daß die Psychoanalyse nicht nur eine Psychotherapie ist. Als Psychotherapie unter vielen anderen wird die Psychoanalyse verschwinden, dem gilt es die anthropologische Tradition der Psychoanalyse entgegenzusetzen.

Kant leitete seine "Anthropologie in pragmatischer Hinsicht" folgendermaßen ein:

"Eine Lehre von der Kenntniß des Menschen, systematisch abgefaßt (Anthropologie), kann es entweder in physiologischer oder in pragmatischer Hinsicht sein. - Die physiologische Menschenkenntniß geht auf die Erforschung dessen, was die Natur aus dem Menschen macht, die pragmatische auf das, was er als freihandelndes Wesen aus sich selber macht, oder machen kann und soll. - Wer den Naturursachen nachgrübelt, worauf z.B. das Erinnerungsvermögen beruhen möge, kann über die im Gehirn zurückbleibenden Spuren von Eindrücken, welche die erlittenen Empfindungen hinterlassen, hin und her (nach dem Cartesius) vernünfteln; muß aber dabei gestehen: daß er in diesem Spiel seiner Vorstellungen bloßer Zuschauer sei und die Natur machen lassen muß, indem er die Gehirnnerven und Fasern nicht kennt, noch sich auf die Handhabung derselben zu seiner Absicht versteht, mithin alles theoretische Vernünfteln hierüber reiner Verlust ist. - - Wenn er aber die Wahrnehmungen über das, was dem Gedächtnis hinderlich oder beförderlich befunden worden, dazu benutzt, um es zu erweitern oder gewandt zu machen,

und hiezu die Kenntnis des Menschen braucht, so würde dieses einen Theil der Anthropologie in pragmatischer Absicht ausmachen, und das ist eben die, mit welcher wir uns hier beschäftigen" (S. 119).

Dieses kleine Zitat macht klar, wie sehr die Psychoanalyse mit ihrem Anliegen und ihrer Auffassung vom Menschen in der Tradition philosophischer Anthropologie zu verorten ist. Eine Besinnung auf die Verbindungen des psychoanalytischen Projekts mit den Denktraditionen außerhalb der Medizin reichert die Psychoanalyse als Wissenschaft an, macht sie intellektuell interessant, und das alleine bietet ihr eine Überlebenschance im hart umkämpften psychotherapeutischen Markt.

Literatur

Clifford, S. (1998): Hanns Sachs, "The Analyst´s Analyst", Journal of the Indian Psychoanalytical Society, Vol.52, S. 83 - 88.

Deutsche Psychoanalytische Vereinigung (1983): Protokoll über die Sitzung der Arbeitsgruppe zum Thema "Laienanalyse", anläßlich der DPV-Tagung am 29.04.1983 in Köln.

Deutsche Psychoanalytische Vereinigung (1998): Bericht der Kommission zur "Frage der Praktikabilität der Laienausbildung", DPV-Informationen Nr.23.

Eissler, K.R. (1953): The Effect of the Structure of the Ego on Psychoanalytic Technique, J. Amer. Psychoanal. Assn., 1, S. 104 - 143.

Freud, S. (1916/1917): Vorlesungen zur Einführung in die Psychoanalyse, GW Bd. XI, Frankfurt.

Freud, S. (1926): Die Frage der Laienanalyse - Unterredungen mit einem Unparteiischen, GW Bd. XIV, Frankfurt.

Freud, S. (1932): Neue Folge der Vorlesungen zur Einführung in die Psychoanalyse, GW Bd. XV, Frankfurt.

Gay, P. (1989): Freud. Eine Biographie für unsere Zeit. Frankfurt.

Hardt, J. (1999): Vom Nutzen und Nachteil des Hier und Jetzt im psychoanalytischen Prozeß, in: Großmann-Garger, B. und Parth, W. (Hg): Die leise Stimme der Psychoanalyse ist beharrlich, Gießen.

Hermann, I. (1963): Die Psychoanalyse als Methode, 2. neubearbeitete Aufl., Köln und Opladen.

Jones, E. (1978): Das Leben und Werk von Sigmund Freud, Bd. 3, Bern, Stuttgart, Wien.

Kant, I. (1907): Anthropologie in pragmatischer Hinsicht, in Kant, I.: Gesammelte Schriften, Bd. 7, hrsg. von der Königlich Preußischen Akademie der Wissenschaften, Berlin.

Sachs, H. (1945): Freud. Master and Friend, Cambridge, Mass.

Sachs, H. (1948): Masks of Love and Life, ed. by A.A. Roback, Cambridge, Mass

Searles, H.F. (1979): Countertransference and Related Subjects, New York.

Wallerstein, R.S. (1998): Lay Analysis. Life Inside the Controversy, Hillsdale, NJ.

Kinderpsychotherapie jenseits gesellschaftlicher Zwänge

- Lebenserinnerungen eines leidenschaftlichen Kinderpsychotherapeuten -

Gerd Biermann

Psychotherapie ist die Behandlung seelischer Störungen mit den Mitteln einer psychologischen Beeinflussung, die sich auch auf körperliche Leiden auswirken kann. Sie sind Folgen gesellschaftlicher Zustände, die sich aus dem Zusammenleben der Menschen auf der Welt seit Jahrtausenden ergeben haben, wenn der leib-seelische Organismus der Menschen den Anforderungen, die seine Umwelt zum Überleben an ihn stellt, bei ständig zunehmenden Belastungen nicht mehr gewachsen ist.

Um die mit psychotherapeutischen Spezialbehandlungen entstehenden Kosten in einer demokratischen Gesellschaft zu übernehmen, haben staatliche Instanzen Gesetze geschaffen, welche den Beruf eines Psychotherapeuten schützen und fördern.

Für Deutschland ist erst vor einigen Jahren ein derartiges Psychotherapeutengesetz erstellt worden, das bestimmte Formen von Psychotherapien ausschließlich Ärzten und diplomierten Psychologen übertragen hat. Wir wissen aber, daß es zahlreiche psychotherapeutische Verfahren gibt, die von nicht-ärztlichen Kollegen angewandt und erfolgreich durchgeführt werden.

Seit Sigmund Freud spricht man von einer Laienanalyse[36], obwohl dies beim Beruf eines erfahrenen Psychotherapeuten der Meinung eines Sprachforschers kaum noch entspricht, nämlich "einen Nichtfachmann, der von einem bestimmten Wissensgebiet nichts versteht"[276], sind sie doch in Kenntnis seelisch bedingter Störungen und Krankheiten oft einem Arzt oder Psychologen überlegen.

Es waren, als die Heilmethode der Psychoanalyse vor hundert Jahren entstand, wohl die Gründer derselben, wie Sigmund Freud,

Carl Gustav Jung und Alfred Adler, Ärzte, aber viele Anhänger und Mitarbeiter stammten aus anderen Berufen.

Dies galt besonders für die Vertreter einer erst später entwikkelten Kinderpsychotherapie mit ihren namhaften Kollegen wie Oskar Pfister, Anna Freud, Hermine Hug-Hellmuth, August Aichhorn, Hans Zulliger, Siegfried Bernfeld, Jaques Berna und Erik Homburger-Erikson.

Die weitere Benutzung des Ausdrucks "Laienanalytiker" führte ungewußt zu einer Herabsetzung von deren Leistungen, wobei sich gerade beim Kindertherapeuten Situationen ergeben hatten, daß in Kliniken, Heimen und Beratungsstellen zahlreiche Kollegen arbeiteten, die mit einem erlernten Spezialverfahren den nach dem Gesetz psychotherapeutisch tätigen Ärzten und Psychologen bisweilen unersetzliche Fachkräfte waren.

Um bei einem allgemeinen Notstand von Psychotherapeuten in Deutschland der Aufwertung nicht-ärztlicher Psychotherapeuten gerecht zu werden, müßte das neue Psychotherapeutengesetz geändert werden. Das ist durchaus möglich, wie man jüngst mit gesetzlichen Änderungen im Familienleben zum Wohle der Kinder beim obersten Bundesgericht in Karlsruhe erfahren hat. Auf diese Notwendigkeit hatte ich schon in der psychiatrischen Enquête für den Deutschen Bundestag 1975 vom Brühler Institut für Psychohygiene aus der Sicht der Pädiatrie hingewiesen[42].

Da ich aus der sozialistischen Jugendbewegung vor 1933 gekommen war, in der junge Ärzte unsere Freunde waren, entschloß ich mich mit dem Abitur 1934 zum Medizinstudium. In einer zweimonatigen Wanderung durch Jugoslawien, von der albanischen Grenze durch den serbischen Kosovo an die Donau, distanzierte ich mich erstmals von dem Naziregime in der Heimat.

Nach Arbeitsdienst und Wehrdienst waren die meisten Freunde in Lagern und anderswo verschwunden. Der letzte Freund wurde anläßlich des gemeinsamen Physikums 1938 in Berlin verhaftet und landete bei den Moorsoldaten im KZ Börgermoor im Emsland[70,165]. Ich erreichte es, daß ich ihn dort noch einmal Silvester 39 besuchen konnte, für eine halbe Stunde und ohne Händedruck, nach einem 15 Km Fußmarsch im nächtlichen Schneesturm. Er sagte lakonisch, daß es hier doch ganz anders sei, als es Dostojewski in seinen "Aufzeichnungen aus einem Totenhaus" geschildert habe[108], als er nämlich in Semipalatinsk einen letzten Teil seiner Freiheitsstrafe nach aufgehobenem Todesurteil als sog. Anarchist abzuleisten hatte.

Als der Freund seine drei Jahre abgebüßt hatte und entlassen wurde, erklärte man ihn für wehrwürdig und zog ihn zum Bewährungsbataillon 999 ein, wo er 1944 in der Ukraine auf eine tödliche Mine lief.

Das Naziregime war an uns als Studenten nicht spurlos vorüber gegangen. Kontakte zu ausländischen Kollegen ermöglichten alljährlich Monate der Freiheiten in den Ländern des Balkan, mit Hilfe der Donau-Dampfschiffahrt von Wien. Das Olympiajahr 1936 in Berlin verbrachten wir am Kronoshügel auf der Peleponnes und den Klöstern auf dem heiligen Berg Athos in Griechenland. Diese sommerlichen Aufenthalte im Ausland erleichterten uns, das Leben unter dem Naziregime zu ertragen.

Bei den Pflichtübungen in den anatomischen Präpariersälen begegneten wir kopflosen Leichen, die von der "Schaffottfront" kamen, wie Eingeweihte uns zuflüsterten. Daß der Ordinarius für Anatomie sich mit den Opfern der KZ-Lager wissenschaftlich beschäftigte, hatten wir bald erfahren. Dies wiederholte sich später, als ich als Wehrmachtspathologe in Straßburg war, wo der Ordinarius für Anatomie entsprechende Untersuchungen an gefangenen russischen Kommissaren vornahm. Auch dies war uns als seinen Nachbarn im Institut durch unsere Elsässer Freunde bekannt. Der Anatom beging nach Kriegsende Suizid.

Die Verhaftung des Freundes Walter beendete mein Studium in Berlin, zum Schmerz meines Vaters. Die klinischen Semester wurden im ständigen Wechsel zu einer Art Springprozession. Das erste Semester in Heidelberg fand ein Ende, weil wir zu Untersuchungen geistig behinderter Kinder verpflichtet werden sollten. Wir wußten um das Euthanasietrauma der Psychiatrie unter dem Naziregime. In Freiburg herrschte ein anderer Geist. Hier war der Pathologe Franz Büchner in tiefer Gläubigkeit ein Gegner des Regimes, der schon zu Beginn der Euthanasiemaßnahmen 1940 in Freiburg seine Stimme dagegen erhoben hatte. Deshalb haben wir nach bestandenem Examen zuerst ein Jahr in seiner Pathologie absolviert.

Eine erste Frontbewährung bei einem Erntekommando in der Ukraine 1943 ließ andere Seiten des Krieges kennen lernen, waren doch die Ukraine wie Weißrußland die ersten Opfer des deutschen Überfalles 1941. Wir sahen die niedergebrannten Dörfer und hörten von den Untaten der Besatzungen hinter der Front. Als wir als Unterärzte und Wehrmachtspathologen ein Jahr später nach Belgrad (Jugoslawien) kamen, spürten wir im Frühjahr 1944 den uns allen drohenden Untergang. Es kam zu fast täglichen anglo-amerikanischen Luftangriffen. Bei einem Volltreffer auf das Pathologische Institut hatten wir in Sekundennähe das Gefühl der unmittelbaren Lebensbedrohung unter Toten und Sterbenden. Als Pathologen im Partisanengebiet mußten wir Todesfälle abklären, bei denen der Zusammenhang mit den Kriegsereignissen fraglich schien. Einmal mehr erlebten wir unglaubliche Schattenseiten des Kriegsgeschehens.

In dieser Zeit beging der alte Chef des Lazarettes Selbstmord, als Unterärzte ihn aufklärten, was sich alles in der Etappe abspielte. Er wurde mit großem militärischen Gepränge auf dem "Heldenfriedhof" beigesetzt.

Die Rückkehr in den Frieden erfolgte im Schwäbischen. Es dauerte aber anderthalb Jahre, bis ich zunächst an der Pathologie der Universitätskliniken von Hamburg-Eppendorf eine Stelle bekam, an der ich zwei Jahre tätig war. Die Familie lebte mit den Kindern auf dem Lande bei Bremen, der Heimat meiner Frau.

Als unsere zweite Tochter an einer schweren Coeliakie erkrankte, kam sie zweijährig für 18 Monate in eine Kinderklinik, wo wir als Ärzte, bei der üblichen Besuchsregelung von einer Stunde in der Woche, für zwei Monate ein absolutes Besuchsverbot erhielten, weil wir angeblich unser Kind zu sehr aufregten. Das war mit ein Grund, die nicht geliebte Pathologie nach sieben Jahren zu verlassen und Kinderarzt zu werden, um unser Kind zu retten. Ich konnte es in meine Klinik übernehmen und bald nach Hause entlassen.

Kurz vor der Währungsreform begann ich mit der klinischen Tätigkeit in einer alten Klinik am Rande des großen Trümmerfeldes von Hamburg. Ich hatte jede Nacht mehrmals die auf den Balkonen liegenden Säuglinge zu spritzen, was mich im Winter bei Mondschein an Hermann Kasacks "Stadt hinter dem Strom" erinnerte[154]. Junge Schwestern wurden abends im Begleitschutz vom S-Bahnhof Hasselbrock zur Klinik geholt, weil ein "Schlingenmörder" unterwegs war.

In den Nachkriegsjahren war man für alle beruflichen Neuerungen aufgeschlossen. Es entwickelten sich erste Bekanntschaften, die psychotherapeutische Richtungen wiesen, z.B. die Gesprächstherapie der Tauschs in Hamburg. An der Kinderpsychiatrie konnte ich mich beraten lassen, was mein Interesse für die Psychodiagnostik sowie die Anamnesenerhebung weckte. Damals lernte ich die Berliner Kinderpsychiaterin Gerdhild von

Staabs kennen, mit der sich eine langjährige Freundschaft mit Arbeiten über den Scenotest, einem von ihr in Kriegszeiten entwickelten Puppenspieltest, ergab. Er hat sich als tiefenpsychologischer Spieltest bewährt[229,86].

Eine Entdeckung dieser klinischen Jahre war der Psychotherapeut J.H. Schultz, zu dem bald eine freundschaftliche Beziehung mit gemeinsamen Arbeiten entstand. Das von ihm vermittelte Autogene Training wurde zu meinem beruflichen Lebensinhalt[44].

Als ich damals vorübergehend von einem Asthma geplagt wurde, das bei dem an Asthma erkrankten J.H. Schultz zur Entwicklung seines Autogenen Trainings als Entspannungsverfahren geführt hatte[213], genügte ein einmaliges therapeutisches Gespräch mit ihm, um meine Situation abzuklären. Selten habe ich einen so vielseitigen, wissenschaftlich hochbegabten Menschen kennen gelernt wie J.H. Schultz, der außerdem Cello spielte wie mein Vater und meine Frau. Daß er politisch entgleiste und zuletzt noch die Berliner über Volkshochschulen für den Endsieg autogen trainieren wollte, war eine Tragik, die ich erst nach Jahren erfuhr.

Der klinische Werdegang nach dem Kriege stand unter der Notsituation unbezahlter Stellungen, zumal noch vor der Währungsreform. Uns rettete eine Dozententätigkeit an einem Dentistischen Institut. Die Familie mit drei Kindern befand sich auf dem Lande bei Bremen und wurde dort auf abenteuerlichen Fahrten auf Dächern von Eisenbahnwagen oder in offenen Güterwagen von Hamburg aus an Wochenenden von mir besucht.

Wenn meine Frau zeitweilig wegen einer ersten Doktorarbeit in Hamburg war, die zunächst mit einer Quecksilbervergiftung endete, saßen wir in einem Zimmer, wo ich abends Gruppen von Studenten für das Staatsexamen mit Histologie vorbereitete. Eine Gruppe war unser Lebensretter, als Großverdiener bei unterschiedlichen Schwarzmarktgeschäften, während ihre Kinder in irgendwelchen Heimen untergebracht waren. Ich wurde mit einer BMW-Maschine abgeholt und erst abgefüttert, ehe es an die Arbeit ging.

Später fuhr ich mit dem Fahrrad quer durch Hamburg zu einer ältlichen Therapeutin zur Lehranalyse, die aber bald abgebrochen wurde, weil der magenempfindliche Analysand unter dem ununterbrochenen Kaffeetrinken der Therapeutin zu leiden hatte.

In dieser Zeit erlebten wir dramatisch den Übergang von der bis dahin tödlichen tuberkulösen Meningitis zur lebensrettenden modernen antibiotischen Mischspritze auf einer Spezialabteilung am AK-Heidberg unter Erichson, indem ich ein halbes Jahr 20 Patienten täglich drei intralumbale Injektionen verabreichen mußte. Auch Diphtherie- und Polio-Epidemien prägten damals unsere Existenz als Kinderärzte zwischen Leben und Tod unserer kleinen Patienten. Zum Glück wußte ich unsere ehemals chronisch kranke Tochter mit ihrer Coeliakie zu Hause gut aufgehoben. Die Gedanken an psychohygienische Reformen in Kinderkliniken waren ununterbrochen geblieben.

Wir wohnten seit 1950 mit drei Kindern in einer zerbombten Großstadt an Grenzen des Erträglichen, sodaß wir uns immer wieder gezwungen sahen, Pflegekinder mit Verhaltensstörungen oder psychosomatischen Erkrankungen in die eigene Familie zu übernehmen, wo sie bisweilen Jahre verbrachten. Sie waren ein Kind mehr in der Geschwisterreihe, ohne je in eine Sonderstellung zu geraten. Sie erhielten keine psychologische Behandlung, weswegen es aber doch eine psychotherapeutische Maßnahme geblieben war. Ein Leben lang angestellter Arzt mit Kindern zu sein, ohne Privatpatienten zu haben, erzieht zu einem einfachen Leben.

Mit Beendigung der Kinderarztausbildung kam es erneut zu einer beruflichen Krise, weil ich keine Aussicht sah, die Idee der erstrebten psychohygienischen Reformen zu verwirklichen. Ich war ernsthaft interessiert, wie der Kinderarzt Janusz Korczak Heimerzieher zu werden[43,159], als ich von Jugenddörfern für verwahrloste Jugendliche hörte[103]. Zur gleichen Zeit las ich einen Artikel von Alexander Mitscherlich über Kinderdörfer. Nach einem langen nächtlichen Gespräch bei ihm in Heidelberg entschloß ich mich, die in Hamburg begonnene Psychoanalyse in Heidelberg fortzusetzen und an der Psychosomatischen Klinik bei Alexander Mitscherlich in Heidelberg mit einer Stelle an der Kinderklinik Kindertherapeut zu werden.

Ich entschied mich für eine psychoanalytische Weiterbildung bei Alexander Mitscherlich, weil dessen psychosoziale Einstellung auch meinen Vorstellungen entsprach. Ich wurde darin bestätigt, als ich mich in Heidelberg mit Beginn des Atomzeitalters aktiv über die Kriegsdienstverweigerung der deutschen Friedensbewegung zuwandte. Als ich mit der Analyse bei Mitscherlich begann, zahlte ich für die Stunde der Lehranalyse DM 5.-, was sich später in der Schweiz bei Prof. Bally auf 8 Franken steigerte. Dem Patienten nahmen wir am Anfang 50 Pfennige ab, wenn er mit dem Fahrrad in die Therapiestunde kam. Als er mit dem Motorrad und dann mit einem Kleinwagen kam, mit dem er den

Therapeuten auf seinem Fahrrad überholte, erhöhte ich auch den Preis der Behandlung. Mitscherlich ließ mich sogleich Kontakte zu den Schweizer Kinderanalytikern Jaques Berna und Hans Zulliger aufnehmen.

Meiner Frau gelang in dieser Zeit der Abschluß des sieben Jahre unterbrochenen Medizinstudiums in Hamburg, indem wir in diesem Jahr unsere Kinder bei Verwandten und Freunden unterbrachten 1953 waren und blieben wir wieder eine Familie in Heidelberg.

Während meiner Weiterbildung zum analytischen Kindertherapeuten an der psychosomatischen Klinik in Heidelberg (1952 - 1956), bei der gleichzeitigen Leitung einer psychosomatischen Station in der Univ.-Kinderklinik, stand bei der notwendigen Psychodiagnostik die Erhebung der Biographischen Anamnese auf der Grundlage eines psychoanalytischen Wissens über die Entwicklungspsychologie im Mittelpunkt[25]. Ihr lagen die Arbeiten von Viktor von Weizsäcker zu Grunde[246-47]. Bei dem sozialen Engagement von Mitscherlich wurde die Biographische Anamnese bald zur Psychosozialen Anamnese erweitert, wie es der allgemeine Notstand der Kinder bei den gestörten Familien der Nachkriegszeit erforderlich machte. Den Anamnesen schloß sich ein Psychodiagnostik des Kindes an, die wieder mehr an Bedeutung gewann.

Die vier Jahre in Heidelberg waren die große Zeit der Psychoanalyse nach dem Kriege, mit einem Team später namhafter Analytiker an den deutschen Universitäten. Es waren die Jahre, in denen Mitscherlich mit Fred Mielke den von der Deutschen Ärztekammer angeregten Bericht über die Ärzteprozesse in Nürnberg veröffentlichte und die psychosomatische Klinik über Heidelberg hinaus als Nestbeschmutzer angeprangert wurde, was uns nur noch mehr zusammenschloß.

Als sich im Sigmund-Freud-Jahr 1956 die Frage einer Weiterbildung in der Psychiatrie stellte, bekam ich zunächst ein Angebot von Erik H. Erikson, in die USA zu kommen, was sich aber bei drei heranwachsenden Kindern aus wirtschaftlichen Erwägungen nicht verwirklichen ließ. Eine Weiterbildung in Deutschland erschien mir damals bei einem noch nicht bewältigten Euthanasietrauma in der Schulpsychiatrie nicht möglich. So entschlossen wir uns auf Rat von Mitscherlich, in die Schweiz zu gehen, wo man sich damals besonders mit einer analytisch ausgerichteten Psychosentherapie befaßte.[1956-58]

Die Eigenanalyse setzte ich bei Gustav Bally fort, war in einer kleinen Supervisionsgruppe mit Bally und Benedetti und hatte Anschluß an einen Analytikerkreis mit Parin, Morgenthaler und Jaques Berna in Zürich.

Abb1: Der Therapeut und sein Patient[21]

Bally hatte sich intensiv mit dem Spiel des Kindes beschäftigt[15]. Er hatte in den 30er Jahren mutig in der Öffentlichkeit gegen C.G. Jung in seiner Identifizierung mit dem Nationalsozialismus und Adolf Hitler Stellung genommen.

In den zweieinhalb Jahren in der Schweizer Psychiatrie waren wir an einer ländlichen Nervenheilanstalt mit zehn Ärzten, darunter fünf Psychotherapeuten für tausend Patienten, in Wil, einem kleinen Städtchen im Kanton St. Gallen. Es waren für uns im Umgang mit den Patienten neue menschliche Erfahrungen, wo die Anstalt in der Bevölkerung einen guten Ruf hatte, dem man sich gerne in Notzeiten anvertraute. So blieb die Schweiz auch weiterhin für uns psychiatrisch eine Trauminsel. Wir begannen dort auch mit der Habilitationsarbeit über die seelische Entwicklung von Kindern in hundert Familien Schizophrener[30], für welche die andere Hälfte der Klientel in Bayern das euthanasiegeschädigte Gegenbeispiel lieferte. Sonntags machte der Chefarzt Dr. Singeisen bei allen Frauen und Männern im Wechsel Visite, um jeden Patienten mit Händedruck zu begrüßen. Er kannte sie alle mit ihren Leiden. Der Psychotherapie war jede Möglichkeit geöffnet. In dieser Zeit ließen wir auch hundert Schizophrene mit dem Scenotest spielen[76].

Als ich 1959 den Ruf erhielt, die Leitung einer schon länger bestehenden psychoanalytisch orientierten psychosomatischen Abteilung der Univ.Kinderpoliklinik in München zu übernehmen, hatte ich mit 45 Jahren die Identitätskrisen meiner Berufsfindung endgültig überwunden. Ein Jahr später wurde unser viertes Kind geboren.

Wie schon in den 50er Jahren in Heidelberg, hatte es sich in München bewährt, daß der Kinderpoliklinik eine ambulante Beratungsstelle für die Diagnostik und Therapie seelisch gestörter Kinder und Jugendlicher angegliedert war. In dieser hatten Gisela Schmeer und Carl Klüwer ein analytisch fundiertes allgemeines biographisches Anamnesenschema entwickelt[209], während die früh tragisch verstorbene Maria Renner den Wartegg-Zeichentest propagiert hatte[197]. Die reichen Erfahrungen, die im Bereich der "Psychoanalytischen Pädagogik", zumal von Heinrich Meng[175] gesammelt wurden, sprachen für eine tiefenpsychologische Arbeit auf diesem Gebiet. Der Umgang mit Scheidungswaisen, die inzwischen zu einem Allgemeingut unserer Gesellschaft geworden sind, läßt nach Anna Freud und ihren Mitarbeitern in "Jenseits und Diesseits des Kindeswohls"[134] für eine Arbeit der Familiengerichte in diesem Sinne sprechen, die eine Gutachtertätigkeit, einschließlich Hausbesuchen[88] bei allen Beteiligten voraussetzt.

In München wurden von uns erstmals Opfer des Holocaust in der 2. Generation mit ihren Identitätskrisen in der deutschen Heimat untersucht[26]. Als Heinrich Meng diese Arbeit Anna Freud zustellte, erhielt ich von ihr eine Einladung zu einer längeren Hospitantentätigkeit an ihrer Klinik in London-Hampstead (1964/65), die von der Deutschen Forschungsgemeinschaft unterstützt wurde, während meine Frau in diesen sechs Monaten die Leitung der Beratungsstelle in München übernahm. Ich war der erste deutsche Arzt, der nach dem Kriege bei Anna Freud in London arbeitete.

In diese Zeit fiel der Auschwitzprozeß in Frankfurt, den ich auf dem Wege zu Anna Freud 1964 aufsuchte und bald darauf meinem Sohn im Sinne der Aufklärung unserer Kinder empfahl. Ich lernte dort Rudi Vrba als Zeugen kennen, dem es als Einzigen gelungen war, mit wichtigen Dokumenten über die Verbrechen im KZ Auschwitz zu fliehen und diese führenden Politikern der Alliierten zu überbringen. Rudi Vrba wurde zum Freund unserer Familie, mit einem Besuch in Vancouver an der Universität. Wir hatten in München schon des längeren einen beruflichen und menschlichen Kontakt zu der analytischen Kinderpsychologin Marta Kos-Robes aus Wien, die als junges Mädchen in Theresienstadt und Auschwitz gewesen war[74,160]. Mit ihr hatte ich den tiefenpsychologischen Zeichentest "Die Verzauberte Familie"[161] neben zahlreichen anderen Arbeiten herausgegeben.

Die 60er Jahre, Vorboten der Krisen junger Menschen im 68er Jahr auch in anderen europäischen Ländern, waren durch die Einführung der sog. Pille zur Schwangerschaftsverhütung zu einem allgemeinen Problem der sexuellen Aufklärung der Bevölkerung geworden. Der Münchner Ordinarius für Psychiatrie, Prof. Kurt Kolle, regte uns an, mit seinem Sohn, Oswalt Kolle, eine breite Aufklärung vorzunehmen, bei der die Erlebniswelt des Kindes im Mittelpunkt stand. Es ging um eine Veröffentlichung in einer Illustrierten, die später in Buchform in viele Sprachen übersetzt wurde und auch zu einem Film führte: "Dein Kind, das unbekannte Wesen"[158]. Es war dies ganz im Sinne von Heinrich Meng, dem Nestor der europäischen Psychohygiene in Basel[40,174]. So haben wir auf dem Boden einer "Psychoanalytischen Pädagogik", die 1938 in Wien durch das Gewaltregime der Nazis zerstört wurde - aber bald nach dem Kriege unter Anna Freud in "The Psychoanalytic Study of the Child" wieder entstanden ist - auch in München versucht, Grundlagen für den Beruf und die Tätigkeit eines analytischen Kindertherapeuten zu schaffen.

Der Aufenthalt in London diente aber auch der Kenntnisnahme der psychohygienischen Reformen in Kinderkliniken, die vornehmlich mit dem Namen der Kinderärzte und Soziologen John Bowlby und James Robertson verbunden waren. Man hatte dort das Glück, daß diese Reformen im Platt-Report eine weitgehende Unterstützung seitens des Gesundheitsministeriums erhalten hatten. Als wir Jahre später auf den Konzertreisen des Kinderärzteorchesters anläßlich der Internationalen Kongresse in Tokio und Mexiko waren, konnten wir über Mutter-Kind-Situationen in den Kinderkliniken Ostasiens sowie Mittel- und Nordamerikas berichten, was wir in Dankbarkeit dem Pionier für die Behandlung hospitalisierter Kinder, René Spitz, gewidmet hatten[31].

Bei der Rückkehr von Anna Freud besuchte uns Emma Plank in München, die in Wien eine Schülerin von Anna Freud und Maria Montessori gewesen war und mit ihrer Emigration in die USA eine große Organisation von klinischen Heilpädagogen gegründet hatte, die "Child Life Worker". Sie haben sich von dort in andere Länder verteilt und als unentbehrliche Helfer der Ärzte in einer zunehmend unmenschlichen Apparatemedizin[194] bewährt. Die Einführung dieser Reformen war in Deutschland mit Schwierigkeiten verbunden, was konservative Chefärzte betraf, die nicht vor persönlichen Anfeindungen zurückschreckten. Eine wesentliche Hilfe kam von einer Bürgerinitiative "Kind im Krankenhaus" unter Irmgard Folkers[130]. Zur Einführung und Hilfe der kranken Kinder wurde von uns ein Bildbuch "Gabi geht ins Krankenhaus"[78] entworfen, worin uns auch wieder Anna Freud unterstützte. Vorbildlich war das Mutter-Kind-Krankenhaus in München-Harlaching, über dessen erfolgreiche Arbeit Hans Dietrich Pache[184] berichtete.

Ein weiteres Werk für die Arbeit des Kindertherapeuten in der Praxis und Klinik ist das von uns in fünf Bänden herausgegebene Handbuch der Kinderpsychotherapie (1969-1992), das inzwischen ins Italienische und Spanische übersetzt ist. Es informiert aktuell über die Möglichkeiten und Grenzen psychotherapeutischer Maßnahmen und ihre Bedingungen. Was nun die Reformen in den Kinderkliniken betrifft, sind diese umso unentbehrlicher, je massiver die Ärzte als Täter mit den Patientenkindern als Opfer umgehen (müssen?). Es sei nur daran erinnert, wie unsere Tätigkeit auf den Intensivstationen sich in den vergangenen Jahren verändert hat, seit wir von Todorov vom "Dornröschen-Schlafsyndrom" bei pseudo-apallischen Kindern wissen[235].

Darüber haben wir in einem Gutachten für die nordrhein-westfälische Regierung (MAGS - Ministerium für Arbeit, Gesundheit und Soziales) in einem Kinderbericht mitgeteilt. Wir hatten sämtliche 80 Kinderkliniken und -abteilungen in Nordrhein-Westfalen zu Gesprächen mit Ärzten und Schwestern aufgesucht.

Die psychohygienischen Reformen dienten den chronisch kranken Kindern, zumal den krebskranken, in denen bisweilen Eltern auch zu Co-Therapeuten des Arztes auf der Station wurden. Sie beteiligten sich an den pflegerischen Aufgaben zur Entlastung der Schwestern für deren Spezialaufgaben. Diese Kinder können früher in häusliche Pflege in der Familie entlassen werden. Es haben sich "mobile" Krankenschwestern in Zusammenarbeit mit den Kliniken nach englischem Beispiel bewährt[183].

Petra Kelly hatte als Abgeordnete der Grünen im Deutschen Bundestag nach dem Krebstod ihrer Schwester sich besonders in einem Freundeskreis von Kinderärzten von Bonn aus um den Ausbau onkologischer Abteilungen in den Kinderkliniken bemüht[155,224]. Sie gründete für krebskranke Kinder das Hilfswerk eines "Kinderplaneten". Es wurden für die betreuenden Familien Unterkünfte errichtet, wozu in größerem Stil in letzter Zeit auch die Mc Donald Restaurants Hilfe leisten. Es gelang, die stationären Krankenhausaufenthalte mit ihren Trennungstraumen zu beschränken, bei notwendigen psychotherapeutischen Maßnahmen in den Kliniken. Unter Gerlind Bode von der Bonner Univ. Kinderklinik wurde ein Dachverband einer Aktion für krebskranke Kinder gegründet (Zeitschrift WIR). Allein an diesem Beispiel erkennen wir, daß es chronisch kranke und behinderte Kinder gibt, die zahlreiche Hilfskräfte der Ärzte benötigen, die als Laienhelfer des Arztes vielseitig psychotherapeutisch tätig und unentbehrlich sind, wo immer sie eingesetzt werden.

Die Kinderärzte und Analytiker Klaus und Kennell haben in Cleveland (USA) die Hilfe der Eltern auf den Intensivstationen der Frühgeborenen eingeführt[157], für die sich in Deutschland H. von Lüpke im "Offenbacher Modell" eingesetzt hatte[169]. Wenn sich die Mutter schon im Brutkasten ihres Kindes im Haut-Hand-Kontakt bewährt, ist dies für die Mütter wie ihr Kind ein einmaliges Erlebnis am Frühbeginn des Daseins. In einer Kinderklinik in Bangkok (Thailand) wurden bei allen frühgeborenen Kindern die Mütter mitaufgenommen, weil es sich bald bewährt hatte[31].

In diesem Jahrzehnt der 60er Jahre unternahmen wir mit unseren drei großen Kindern, zuletzt auch dem Nachkömmling, Camping-Sommerfahrten in die südliche Welt des Mittelmeeres, die uns zweimal bis nach Israel führten im Interesse für die Kibbuzerziehung. Als wir 1966 in Israel waren, erlebten wir, daß

Mütter ihre jüngst geborenen Kinder wieder aus den Kinderhäusern zu sich nehmen wollten. Es waren die jungen Mütter, die als Holocaustopfer davon träumten, daß man ihnen ihre Kinder wegnehmen wollte[77]. In Griechenland waren wir in einem heilpädagogischen Zentrum Retziki bei Thessaloniki unter der Heilpädagogin Tutula Nanakos tätig und brachten den jungen Pädagogen in einem Zeltlager an der Ägäis die Grundlagen der psychosomatischen Medizin und das Autogene Training bei[32,33]. Wir unterbrachen unsere Arbeit, als es zum Putsch der Obristen kam, mit einem leidenschaftlichen Appell an den Frieden (1967) und betraten Griechenland erst wieder mit der Wiedergeburt der Demokratie in den siebziger Jahren. In den Balkanländern, mit denen uns viele Erinnerungen verbanden, erlebten wir schon früh die psychohygienischen Reformen bei Dr. Mićić in Tuzla in Bosnien, die er bei Bowlby in London kennen gelernt hatte. Wir hielten Vorlesungen in Skopje (Mazedonien) und Sofia (Bulgarien). In Skopje rettete uns ein Zufall vor dem schweren Erdbeben 1963, wo wir wenige Tage zuvor auf dem Weg nach Griechenland und in die Türkei waren. Als wir als erste nach dem Erdbeben auf der Heimfahrt unsere Freunde, den Psychiater Prof. Stefanowski, besuchten, erlebten wir, wie mit Unterstützung des türkischen Roten Halbmondes den Überlebenden in einem großen Zeltlager wieder zu einem "neuen Weg ins Leben" geholfen wurde. Wir sahen, wie sich unter dem Tito-Regime Reformen entwickelten, die sich später auch in unserem Land als vorbildlich erwiesen.

1970 erhielt ich von Dr. Karlheinz Gierden (Oberkreisdirektor des Landkreises Köln, des späteren Erftkreises) das Angebot, ein Institut nach einem Haller-Plan, eines seiner Mitarbeiter, aufzubauen, das einer größeren umfassenden Beratungsstelle für verhaltensgestörte und psychosomatisch erkrankte Kinder und Jugendliche und deren Familien entsprach und der ganzen Bevölkerung des Landkreises mit Nebeneinrichtungen dienen sollte. Ich war sofort damit einverstanden, weil es ganz meinen Vorstellungen entsprach und ich das Vorbild eines Institutes für Psychohygiene im Sinne hatte, das Heinrich Meng in Biel (Schweiz) zwanzig Jahre unter der Leitung von Adolf Friedemann betreut hatte[138]. Heinrich Meng war seit einer Freundschaft aus unserer Schweizer Zeit beruflich wie menschlich zu unserem Leitbild geworden, als Mitbegründer der "Psychoanalytischen Pädagogik", sowie wegen seines Buches über "Zwang und Freiheit in der Erziehung"[173]. Er war einer der ersten Psychosomatiker in Deutschland und nicht zuletzt ein unerschütterlicher Friedensfreund[40,173].

Bei der Eröffnung des Institutes für Psychohygiene in Brühl bei Köln brachte ich Dr. Gierden als Einstandsgeschenk das von mir damals herausgegebene zweibändige Handbuch der Kinderpsychotherapie mit seiner tiefenpsychologischen Grundlage unserer kommenden Arbeit am Institut mit. In ihm befand sich auch das Lebenswerk der Anna Freud mit den Mitarbeitern ihrer weltberühmten analytischen Kinderklinik in London-Hampstead[131]. Ich empfand es als einen Lebensauftrag, daß ich hiermit am Institut für Psychohygiene in den letzten Jahrzehnten eines "Jahrhundert des Kindes" noch den Gedanken einer "Psychoanalytischen Pädagogik"[174] erfüllen konnte. Es wurde mit dem Tode von Heinrich Meng in Gegenwart des Oberkreisdirektors Dr. Helmuth Bentz, dem Nachfolger von Dr. Gierden, das Institut für Psychohygiene 1974 in einem Festakt zum "Heinrich Meng Institut" umbenannt, wobei Ernst Federn den Festvortrag hielt. Dr. Gierden und Dr. Bentz blieben wir zu großem Dank verpflichtet, daß sie im Wissen um diese große Aufgabe des Institutes, die sehr bald zu einer auch internationalen Anerkennung desselben führte, trotz des unerläßlichen Rotstiftes in der Verwaltung in einem erbarmungslosen Zeitalter, im beidseitigen Verständnis der Leitenden diese Aufgaben in weitgehender Toleranz auf sich nahmen[53].

Der Landkreis Köln, der das Institut für Psychohygiene im Oktober 1970 geschaffen hatte, verfügte damals über 266.000 Einwohner. Von diesen nahmen in den ersten Jahren bis zu 1500 Eltern für ihre Kinder wegen Verhaltensstörungen oder psychosomatischer Erkrankungen die Hilfe des Institutes in Anspruch[87].

Zu den wichtigsten Abteilungen des Institutes gehörte diejenige der Bildungsberatung mit schulpsychologischen Fachkräften bei einer zunehmenden Zahl von schulversagenden Kindern. Über diese Arbeit hatte das Institut schon 1977 einen Sammelband "Kinder im Schulstreß" herausgegeben, der eine Erfahrung berücksichtigte, daß viele verhaltensgestörte Kinder auch ihre Schulprobleme haben, von Lernstörungen bis zu Schulängsten. Vereinzelt kommt es auch zum Freitod von Schülern, bis zu Selbstmordepidemien, wie sie die Fernsehserie "Tod eines Schülers"[62,232] auslöste und sie sich immer wieder in Sekten abspielten. Die Dichter beschäftigten sich mit den Suizid-Tragödien von Kindern. Hermanna Hesse (Unterm Rad) und Emil Strauß (Freund Hein), bis zu Friedrich Torberg (Schüler Gerber) aus den unterschiedlichsten Gründen eines nicht bewältigten jungen Lebens. Erwin Ringel führte das erste Kriseninterventionszentrum in Wien für Selbstmordgefährdete ein. Mit dem Begriff des "präsuizidalen Syndroms" erleichterte er die Erkennung der Selbstmordgefährdung[201].

Die Zunahme der Aggressionen in Schulbereichen, über die allseits geklagt wird, ist unter anderem auf eine mangelnde psychologische Ausbildung der jungen Lehrer/innen zurückzuführen, wie sie Kurt Singer, Lehrer und Kinderanalytiker, in seinen Büchern: "Lernhemmung. Psychoanalyse und Schulpädagogik"[222] sowie "Wenn Schule krank macht. Wie macht sie gesund und lernbereit?"[223] aufgezeigt hat.

Schon vor Jahrzehnten hatte der Verhaltensbiologe Bernhard Hassenstein[145] als "Anwalt des Kindes" eine Gemeinschaft von Ärzten und Lehrern organisiert. Hildegard Hamm-Brücher hatte in den 60er Jahren in 11 Ländern, darunter auch Rußland und die USA, das Bildungssystem der Schulen untersucht und der Sowjetunion eine gutes Schulprogramm bescheinigt[143]. Wir fanden dies bei den Untersuchungen der radioaktiv geschädigten Kinder von Tschernobyl (Belarus) und Semipalatinsk (Kasachstan) bestätigt, wo wir in den Schulen und Ambulatorien insgesamt 500 Kinder und Jugendliche untersuchten (1992-1998), die alle vom guten Geist in ihren Schulen sprachen, in denen sie sich wie in einer zweiten Heimat wohl fühlten[85]. Daß es Schulen gäbe, in denen Lehrer/innen von Kindern umgebracht würden, war ihnen völlig unverständlich.

Mit Anna Freud, Hans Zulliger und Erik H. Erikson hatten wir bedeutende Kinderpsychotherapeuten als Vorbilder, die einst Lehrer gewesen waren. Wenn ein Schulzentrum mit tausend Schülern über nur einen Schulpsychologen verfügt, kann man kaum psychotherapeutische Hilfen erwarten. Indem in Ländern Sonderschuleinrichtungen abgeschafft sind, wie z.B. in Kasachstan mit der Umstellung auf die Marktwirtschaft oder in Italien seit dem Basaglia-Prinzip in der Psychiatrie, entsteht ein Notstand, der mit mangelhaft ausgebildeten sog. Stützlehrern neue Schulprobleme gebracht hat.

Ein besonderes Kapitel betrifft die Legasthenie, d.h. die schreib-leseschwachen Kinder, deren Störung organisch bedingt ist und einer speziellen Unterrichtung bedarf. Sie wurde in den siebziger Jahren von Seiten der deutschen Schulbehörden verleugnet. Carl Weinschenk und Lotte Schenk-Danziger hatten ihnen ihr Lebenswerk gewidmet. In einer großen Studie über die Lebensläufe von Legasthenikern, die Weinschenk über vier Jahrzehnte verfolgte, konnte er nachweisen, daß nicht behandelte Legastheniker bei ihrer Intelligenz verwahrlosen und lebensuntauglich werden können[243]. Alle diese Maßnahmen sind bei sog. Laienanalytikern, in diesem Fall speziell geschulten Lehrern, in besten Händen. Unbehandelt versagen Legastheniker meist neurotisch und bedürfen dann einer psychotherapeutischen Behandlung. Gerade bei Schulschwierigkeiten hat sich das Autogene Training bewährt, das wir schon seit langem auch Lehrern empfohlen haben[44].

Die Anamnesenerhebung steht im Computerzeitalter unter besonderen Belastungen, was das Menschlich-Atmosphärische der Begegnung von Untersucher und Patient betrifft. Wer jemals miterlebt hat, wie sich in der Praxis ein Gespräch von Arzt und ratsuchender Mutter im Beisein eines Computers abspielt, wo der Arzt ständig den Bildschirm und die Tastatur als seinen Partner sucht, während die Mutter verzweifelt dem abirrenden Blick ihres Gesprächpartners folgt, weiß, was wir meinen. Es kann sich dann nur noch um das Abfragen eines Fragebogens handeln und nicht um ein abklärendes Gespräch im Austausch von Erfahrungen in gegenseitigem Zuhören. Kritisch hat hierzu Josef Weizenbaum Stellung genommen[244,245]. Man mag evtl. ein Aufnahmegerät nehmen, wovon andere berichten, weil nach deren Erfahrungen eine Mutter, die sich damit einverstanden erklärt, dieses Instrument sehr bald im lebendigen Gespräch vergißt, wenn der Therapeut ihr die Notwendigkeit erklärt und bei Wahrung der Intimsphäre begründet hat. Am Institut für Psychohygiene hatte sich das Zweier-Team bewährt, wenn einer die Anamnese übernimmt und der zweite die psychodiagnostischen Untersuchungen, die besonders bei jüngeren Kindern ihre Bedeutung als Aussagen aus dem Unbewußten wiedergeben. Wir sprechen von dem Wert sog. projektiver Verfahren. Dies gilt auch für den Zeichentest der "Verzauberten Familie", weil ein Zauberer in dem Phantasieleben eines Kindes immer noch ein große Rolle spielt[208,275]. Wenn nach dem Gespräch mit der Mutter das Kind von meiner Frau ärztlich untersucht wurde, kam es im erleichternden Gespräch seitens der Mutter oft noch zu Mitteilungen, die wesentlich die Aussagen der biographischen Anamnese ergänzten, auch wenn mit der Mutter schon am Beginn des Gespräches die Symptomatik des Kindes erörtert wurde. Es hat sich bewährt, eine fraktionierte Anamnese zu erheben, mit einer Pause von einer Woche, in der sich die Mutter mit ihrem Kind in Gedanken an unser Gespräch beschäftigt. Das zweite Gespräch hat nunmehr einen größeren Tiefgang. Bei einem im Grunde analytischen Gespräch über das kranke Kind stehen wir im Konflikt, eigentlich nur zuhören zu wollen, aber, zumal in Krisensituationen einer Krankheit, das Medizinische nicht vergessen dürfen. Es kann daher gedanklich in unserer Phantasie beim Gespräch mit der Mutter manches als Schrift an der hinteren Wand stehen und uns immer wieder an unsere Aufgabe erinnern. In zunehmendem Alter merkt man sich notierend Stichworte und hält alles Weitere unmittelbar nach der Begegnung mit der Mutter schriftlich fest oder spricht es auf Band. Schon am nachfolgenden Tag ist mindestens ein Drittel des Gesprächs, zumal die wichtigsten Nebenbemerkungen zwischen Tür und Angel, durch den Rost gefallen. Wenn in den Kassenärztliche Vereinigung Nordrhein-Nachrichten "Aktuell" vom 6.8.2000 die biographische Anamnese für Kleinkinder als "medizinisch nicht sinnvoll" bezeichnet und damit abgelehnt wird, entspricht dies einem wissenschaftlich nicht haltbaren, totalen Unverständnis der Krankenkassen-Funktionäre von der Bedeutung der frühen Kindheit im Zeitalter früher Bindungstheorien in aller Welt.

Die Kinderpsychiatrie einer Schweizer Großstadt hatte für Problem-Jugendliche eine Stelle für Anmeldungen in der Nähe einer öffentlichen Teestube eingerichtet. Ein Gespräch mit dem geschlechtlichen Partner des Patienten sollte bei einer ersten Begegnung angeboten werden.

Wenn der Kinderarzt seine Helferin mit dem Kind einen einfachen Zeichentest durchführen läßt (Baum- bzw. Menschtest), sollte er auf diesem Gebiet schone eigene Erfahrungen gemacht haben. Die Helferin wird über das Verhalten des Kindes und seine Äußerungen berichten.

Im Zweierteam kann die Position der Untersucher auch einmal gewechselt werden, weil bei Jugendlichen die sexuelle Partnerschaft eine wichtige Rolle spielt. Dies gilt auch für den sexuellen Mißbrauch, wie allgemein das Kindsmißhandlungsmilieu, weil immer in der Beratungssituation dem Untersucher eine Elternrolle zugeteilt ist. Schon bei der Anamnese denken wir, wer wohl am besten eine Behandlung des Kindes/Jugendlichen übernehmen könnte. Beim Jugendlichen erinnern wir an das Modell einer "Dynamischen Psychotherapie" von Fahrig[114], mit mehr oder minder langen Unterbrüchen der Behandlung, wobei wir dem Jugendlichen als Übergangsobjekt unsere Adresse für Notsituationen übergeben, was auch nachts Gültigkeit hat und von ihm als ein kostbarer Schatz aufbewahrt wird (nicht nur eine Visitenkarte). Nach unseren Erfahrungen wurde dies niemals mißbraucht und noch nach Jahren aufbewahrt. Als wir mit der Balintgruppe für mehrere Tage auf der Insel Norderney waren, wo der Chefarzt unsere Weiterbildung im "Brühler Modell" über drei

Jahre mitgemacht hatte, erlebten wir an seiner Asthmaklinik die besondere Dramatik von neuen Patienten, die mit ihren Müttern und Koffern ankamen und bei Ebbe und Flut schon an die Heimfahrt der Mütter dachten. Wo blieb da die Zeit für eine Anamnese in gelassener Entspanntheit?

Das Schwergewicht der Beratungssituation lag nach wie vor in einer eingehenden Psychodiagnostik des Kindes, um sich danach für psychotherapeutische Möglichkeiten und Notwendigkeiten zu entscheiden. Die Psychodiagnostik begann mit den Scenotestspiel des Kindes, was in den 12 Jahren in München zu tausend Scenotestspielen und deren systematischen Auswertungen führte. Daraus resultierten in München und Bonn sechs medizinische Dissertationen zum Formalen des Spiels wie speziellen psychosomatischen Krankheiten, wie dem Asthma, Enuresis und Enkopresis[86].

Des weiteren hatten wir uns auf die von Zulliger übernommene Zeichentest-Batterie[89,272] konzentriert, zu der wir die Baum- und Menschzeichnung und auf Anregung der Psychologin Marta Kos-Robes den von uns beiden entwickelten Zeichentest "Die Verzauberte Familie" zusammenfügten, die später als tiefenpsychologischer Zeichentest in Buchform erschien[161].

Bei meinen persönlichen Begegnungen mit Michael Balint seit dem Freud-Jahr 1956 in Heidelberg, München und zuletzt 1965 in London warb ich um mein Modell der Balintarbeit, daß wir mit intensiven Treffen drei- bis viermal im Jahr an Wochenenden bei einem Kollegen zusammenkamen, um dessen Arbeitsweisen zu studieren, indem wir alle voneinander lernten, der Therapeut inbegriffen. Da war eine Malwand angebracht, dort stand ein Kinderhaus, in dem sich Psychodramen abspielten, und ein Kinderarzt hatte von einem benachbarten Zahnarzt einen Behandlungsstuhl geerbt. Es gab eine bequeme Sitzgruppe für die Müttergruppentherapie sowie die Runde des Autogenen Trainings mit unterschiedlichen Sitzmöglichkeiten. Manche Kinderärzte hatten auch einen Auslauf in den Garten vorgesehen. In diesen Gruppen traf man sich abends im persönlichen Kreis, an dem auch die jeweilige Mutter der Gruppe teilnehmen konnte, und in den Gesprächen unbewußt die Teilhaber der betroffenen Familie, was z.B. auch Pflegekinder betraf. Wir nahmen teil an weiteren Aktivitäten der Mitglieder mit dem Besuch eines Frauenhauses und Siedlungen von Zigeunern.

Ein Kinderarzt erlebte die Auswirkungen der Fernsehserie "Tod eines Schülers" in der Nachbarschaft des Tatortes, mit einer kollektiven Selbstmordepidemie, worauf der Kollege mit einem Vortrag für die Allgemeinheit reagierte. Ich fühlte mich daran beteiligt, als ich im Intercity zu dieser Balintgruppe fuhr und sich im Stuttgarter Hauptbahnhof ein junges Mädchen vor unseren Zug geworfen hatte. Man fand in ihrem Mantel die Adresse eines Psychotherapeuten. Während der Weiterfahrt entwickelte sich ein therapeutisches Gespräch zwischen den unmittelbar Betroffenen[62], darunter ein Schauspieler mit seiner Rolle eines Freitodes in Kipphardts "März". Es erhalten die Mitglieder der Balintgruppe wichtige psychosoziale Aufträge, an denen wir alle mehr oder weniger aktiv teilnehmen. Bei den intensiven Wochenenden wird der Einzelne mehr gefordert, was der Gesamtheit zu Gute kommt.

Zu den eingehenden projektiven psychologischen Tests gehören bei Scheidungsgutachten neben der Zeichentest-Batterie mit der verzauberten Familie der Satzergänzungstest, in unserer Fassung mit 24 Fragen, und der Thematische Apperceptionstest (TAT) in der Deutung von Werner Seifert[220]. Wo therapeutische Hilfen für Scheidungswaisen angezeigt sind, gehen diese in Richtung familientherapeutische Maßnahmen, wobei sich inzwischen bei verhärteten elterlichen Positionen ein gemeinsames Sorgerecht nach Erfahrungen von Familienrichtern nur bedingt verwirklichen läßt. So ist auch der Wahrheitsgehalt einer biographischen Anamnese bei Scheidungswaisen mit der Befangenheit beider Eltern-Partner nur bedingt zu ermessen.

Bei behinderten Psychotherapeuten gilt es, auf ihre besondere Arbeitsweise Rücksicht zu nehmen. An einer Univ. Klinik wurde einem Kollegen sofort gekündigt, als er an einer Multiplen Sklerose (MS) erkrankt war, obwohl er mühelos und verantwortungsbewußt seiner Tätigkeit als Anaesthesist oblag. Wir konnten erreichen, daß er in unserer Akademie eine Weiterbildung in Psychotherapie erhielt, wobei er in der Balintarbeit verläßlich an den verschiedenen Orten mit seinem Spezialauto teilnahm. Bei besonderer Begabung bekam er eine Unterstützung von Edith Kramer[162] in Kunsttherapie und widmete sich der Therapie von Rollstuhlfahrern als Dozent an einer Kunstakademie. Seine erste kunsttherapeutische Arbeit, zehn Jahre nach seiner Erkrankung hieß: "Ich male mich frei"[104].

Abb. 2: Ich male mich frei (Kai Daucher)

Eine an den Rollstuhl gebundene körperbehinderte Kindertherapeutin hatte ihre Therapien weitgehend mit Spielen in den Garten verlagert. Sie unternahm eine Gruppentherapie als Abenteuerspiel in einem nahe gelegenen Supermarkt, wo man sie kannte und mit Interesse das Geschehen verfolgte. Sie hatte sich auf die Behandlung mutistischer Kinder spezialisiert.

Sehbehinderte Kollegen können bis zur Erblindung therapeutisch tätig sein, weil sich die anderen Sinne verschärfen. An einer Beratungsstelle leitete ein fast erblindeter Kindertherapeut eine Gruppe verhaltensgestörter Kinder. Niemals wurde sein Leiden von den Kindern ausgenutzt.

Leitbild der Tätigkeit eines Laienanalytikers im Sinne S. Freuds[136] war in unserer Zeit Ernst Federn[126], dem das Schicksal den Wunsch, ein Psychoanalytiker zu werden, versagt hatte. Sein Vater, Paul Federn[127-128], war als Arzt und Psychoanalytiker einer der engsten Mitarbeiter von Sigmund Freud gewesen in der ersten Zeit der Mittwochsgesellschaften in der Berggasse in Wien. Er rettete die Protokolle derselben als kostbare historische Dokumente mit der Emigration in die USA, die später Ernst Federn in deutscher Sprache herausbrachte[118].

Da Ernst Federn in den frühen Dreißiger Jahren in Wien ein leidenschaftlicher Sozialist war und deshalb schon 1936 in Wien ein Jahr im Gefängnis einsitzen mußte, war er eines der ersten Opfer beim deutschen Überfall im Frühjahr 1938 in Wien. Er kam zunächst nach Dachau, und man mußte es als einen Glücksfall ansehen, daß er dort brüderlich mit Kreisky zusammenblieb. Es folgten sieben schwere Jahre in Buchenwald, wo nur die Jüngeren und Kräftigen in der Untergrundgemeinschaft der Regimegegner überlebten. Er mußte erfahren, daß dort Ernst Thälmann ermordet wurde. 1945 von den Amerikanern befreit, blieb er erst mit seiner Frau, die sieben Jahre auf ihn in hochgradigen Ängsten gewartet hatte, in Belgien, um später zu seinem Vater nach New York auszuwandern. Da man nur als Arzt Psychoanalytiker werden konnte, wählte er die Möglichkeit eines analytisch ausgebildeten social worker, da ihm dessen Tätigkeit in den sozialen Verpflichtungen am ehesten lag. Sie fanden in Cleveland einen Kreis Gleichgesinnter, bei denen er sogleich einen Aufgabenbereich hatte. Er kümmerte sich um die Jugendlichen mit ihren Drogen- und anderen Problemen sowie die chronischen Opfer des unseligen Vietnamkrieges.

Der Kinderarzt Benjamin Spock war an der Clevelander Universität ein Vorbild der Studenten, indem er sie mit Beginn des Studiums anregte, eine werdende Mutter bei der Entwicklung ihres Kindes beratend zu begleiten, bis sie ihr Medizinstudium abgeschlossen hatten.

Millionen Mütter in aller Welt haben Spocks Bücher über die Entwicklung von Kindern gelesen. Frei von Rassenhaß war Benjamin Spock ein in der Nation anerkannter Führer der Friedensbewegung.

Als Federn in den sechziger Jahren die alte Heimat aufsuchte, kamen wir über unsere Wiener Freunde in Kontakt mit Federns und Emma Plank. Diese war uns ein Leitbild für die psychohygienischen Reformen in den deutschen Kinderkliniken[194]. Emma Plank-Spira erinnerte an den Einsatz ihrer Freunde im Spanischen Bürgerkrieg, und daß sie 1938 nach der Flucht aus Wien zunächst in England Flüchtlingskinder aus dem Spanischen Bürgerkrieg betreut hatte. Später fand sie in Cleveland Arbeitsmöglichkeiten an den Kinderkliniken, wo Schüler von Anna Freud psychohygienische Reformen eingeführt hatten.

Hier erreichte Ernst Federn unter der Regierung von Kreisky in Wien der Auftrag, als Konsulent im österreichischen Strafvollzug für eine moderne Strafrechtsreform in den Gefängnissen tätig zu sein, worauf er sofort zusagte. Mit altersbedingter Einschränkung ihrer Berufstätigkeit ging Emma Plank nach dem Tode ihres Mannes in ihre Wiener Heimat, wo der Bruder auf sie wartete, der den Krieg überlebt und sich dem Eurokommunismus zugewandt hatte. Er fand sich mit Ernst Federn in einem Buch über "Linke Spuren" auf einer politischen Basis zusammen[121]. Wir lernten einen Vetter der beiden Plank-Spira kennen, nämlich Hermann Langbein, der als ein aktiver Kämpfer die Konzentrationslager überstanden und darüber mehrere Bücher, insbesondere das zweibändige Dokument des Auschwitzprozesses, veröffentlicht hatte[164]. Obwohl Hermann Langbein über eine der größten KZ-Bibliotheken verfügte, erinnerte man sich nur noch wenig an ihn, als er in den 80er Jahren in Wien verstarb.

Da wir durch Marta Kos über das Tagebuch des Vaters vom Buchenwaldkind verfügten, war dies auch ein Thema mit Ernst Federn, der sich dessen als Maskottchen der SS in Buchenwald wohl erinnerte[7], während wir durch Marta Kos von seinem Leid und dem späteren Schicksal seiner Kinder als Opfer der Zweiten Holocaust-Generation erfuhren. Wir sorgten dafür, daß hierüber die Leitung der Gedenkstätte Buchenwald, Volkhard Knigge, übrigens ein Psychoanalytiker, sowie Simon Wiesenthai erfuhren, um es der Nachwelt zu erhalten.

Als Leiter des Institutes für Psychohygiene in den 70er Jahren in Brühl bei Köln, sowie nachfolgend seit 1977 als Gründer und Leiter der Ärztlichen Akademie für Psychotherapie von Kindern und Jugendlichen e.V. München hielten wir es für unsere Aufgabe und Verpflichtung, neben unserer Tätigkeit in der IPPNW (der Internationalen Ärzte für die Verhütung des Atomkrieges) in unseren Vorträgen und Seminaren, auch in der Vermittlung von Dozenten, im Sinne der Friedensbewegung aktiv tätig zu sein.

1986 luden wir Horst Eberhard Richter, langjähriger Vorsitzender der deutschen IPPNW-Sektion, als Analytiker zu einem Vortrag über den Frieden für unsere Kinder zum Göttinger Kongreß der Ärztlichen Akademie ein. Wenige Stunden, bevor der Kongreß begann, war Olaf Palme, der große Friedenskämpfer, nachts in Stockholm ermordet worden. Tief betroffen nahm ich dazu bei der Eröffnung des Kongresses Stellung. Dies haben die Teilnehmer nicht vergessen. Auch Mukthar Tuleutajew, Chefarzt der Kinderklinik in Semipalatinsk, gehört der IPPNW an sowie einer internationalen Friedensorganisation "Nevada-Semipalatinsk".

Heinrich Meng war einer der ersten Psychosomatiker in Deutschland und von Sigmund Freud sehr geschätzt. Er stand früh in engem Kontakt zu Paul Federn und dessen Ich-Psychologie in der Psychosentherapie[127], während sie sehr bald zahlreiche Bücher zur Thematik der Psychohygiene gemeinsam herausgaben, darunter ein "Psychoanalytisches Volksbuch"[129]. Als das Psychoanalytische Institut in Frankfurt 1933 geschlossen wurde, ging Heinrich Meng im Protest nach Basel in die Emigration, wo für ihn ein erster europäischer Lehrstuhl für Psychohygiene errichtet wurde. Als sich Meng später altersbedingt zur Ruhe setzte, wurde sein Nachfolger in Basel der Psychoanalytiker und Schizophrenieforscher Gaetano Benedetti.

Indem wir 1978 Brühl verließen, gründeten wir die Ärztliche Akademie mit einer Weiterbildungseinrichtung des "Brühler Modells", um Kinderärzten die Möglichkeit zu vermitteln, psychotherapeutisch tätig zu sein.

Schon beim ersten Kongreß der Akademie war Ernst Federn einer der Dozenten der ersten Stunden, der seither keinen Kongreß in Brixen ausließ, um den Kinderärzten und Kinder- und

Jugendpsychiatern aus seiner reichen Lebenserfahrung Freudsches psychoanalytisches Wissen zu vermitteln. Auch altersbedingte Krankheit und Behinderung hielten ihn nicht davon ab. Mit ihm bleiben wir uns bewußt, daß bei den seelischen Störungen unserer Kinder und Jugendlichen in einer heillosen Zeit nichts wichtiger ist, als eine tiefenpsychologisch orientierte psychotherapeutische Hilfe für die Kinder und ihre Familien.

An dieser Stelle darf ich auf meine eigene Tätigkeit von Brühl aus mit straffällig gewordenen Jugendlichen hinweisen. "Gespräche mit Eingeschlossenen" hatte ich eine Arbeit hierüber benannt, die in Erinnerung an Ernest Bornemann 1995 veröffentlicht wurde[68]. Diese Begegnungen mit jugendlichen Strafgefangenen erfolgten aus Eigeninitiative, weil sie an offiziellen Grundsätzen im Strafvollzug sehr bald gescheitert wären. Sie fanden in den 70er Jahren auf dem Höhepunkt der Baader-Meinhof-Gruppe statt. In Köln, im bekannten "Klingelpütz", bekam ich, vermutlich dem Kreis sog. Sympathisanten zugeordnet, den Umgang mit Terroristen als Zeiterscheinung zur spüren, als ich beim Betreten der JVA bis auf die Unterwäsche gefilzt wurde. Es war schon ein besonderes Gefühl, alleine durch einen engen Gang ins Innere des Gefängnisses geschickt zu werden, ohne zu wisssen, wo man landete. Auf diese Weise habe ich in der Brühler Zeit sechs Justizvollzugsanstalten kennen gelernt, um Jugendlichen therapeutisch Trost zu spenden. Nachträglich erfuhr ich, was es ihnen bedeutet hatte. Es geschah auch in der Zeit, als Jürgen Bartsch als Triebtäter in Eickelborn einsaß, wo ihn die Bevölkerung als Monster ansah und er in seinem letzten Brief an den Freund und Helfer Paul Moor sein Schicksal ahnte, als er ihn mit "morituri te salutant" begrüßte und Abschied nahm. Er starb infolge eines Narkosefehlers bei der operativen Kastration[68,182].

Als Kinderarzt war für mich der Hausbesuch kein Problem. Ich habe mich wenigstens dafür interessiert, wenn eine Behandlung des Kindes vorgesehen war. Zu oft hatte man erst nachträglich erfahren, was sich zu Hause wirklich abspielte, wenn Gewalt in der Familie kein Gespräch in der Anamnese war. Als 1905 S. Freuds Buch "Drei Abhandlungen zur Sexualtheorie" erschien, was einer Revolution gleichkam, veröffentlichte im gleichen Jahr eine unbekannte Berliner Kindergärtnerin, Nelly Wolffheim, eine kleine Schrift über Prügelstrafe des Kindes in Schule und Haus, die weiter kein Aufsehen erregte[260]. Wurde doch erst in den 70er Jahren in den deutschen Schulen die körperliche Strafe abgeschafft. 1969 hatte ich mein erstes Buch über "Kindeszüchtigung und Kindesmißhandlung" veröffentlicht[37]. Ihm folgte ein Jahrzehnt später ein Buch des Wiener Kinderarztes Hans Czermak "Die gesunde Ohrfeige macht krank" über die alltägliche Gewalt im Umgang mit Kindern[102].

Das Haus ist die erste Heimat des Kindes. Gisela Gerber sprach von "Umzug tut weh"[140], was besonders jüngere Kinder empfinden, zumal wenn er mit einem Freundesverlust einhergeht.

Am Beispiel des Autogenen Training (AT), bei dem das Kind mit seinem häuslichen Üben, nach dem wöchentlichen Kontakt zum Arzt, zu dessen Co-Therapeuten wird, muß man sich informieren, ob und wie das Kind im häuslichen Milieu auch sein AT üben kann und wieweit Eltern und Geschwister damit einverstanden sind, was besonders bei symbiotischen Beziehungen ein Nachfragen erfordert. Im Verlauf unserer kindertherapeutischen Tätigkeit haben wir namhafte Kindertherapeuten befragt, was sie von einem Hausbesuch bei ihrem Patienten halten, und haben von allen Zustimmung erhalten, als da waren: Anna Freud, Dorothy Burlingham, Françoise Dolto, Marta Kos-Robes, Jaques Berna, Hans Zulliger, Lizzi Rosenberger, Rudi Ekstein, Donald Winnicott, Erik H. Erikson und Michael Balint. Es geht um das gemeinschaftliche Essen, wie die Schlafgewohnheiten der Kinder, ihr zu Bett bringen, mit ihren Schlafpuppen und -tieren als Übergangsobjekten vor nächtlichen Ängsten(Winnicott[252]). Ein preisgekrönter Architekt sah nicht den möglichen nächtlichen Zugang des Jungen zum Bett der Mutter, was sich durch eine einfache Umstellung von Möbeln verhindern ließ. Martin, unser 12jähriges Pflegekind aus Brasilien, der zu Hause ständig Asthma hatte, konnte alle 14 Tage am Wochenende seine im gleichen Ort wohnende Oma besuchen. Erst nach einigen Wochen erfuhren wir, daß er dann immer im Bett bei der Oma schlief. Diese hatte in einem jüdischen Schicksal den Krieg überlebt. Geschwisterrivalitäten können ein AT verhindern, weil das Kind hierfür seinen Eigenraum benötigt. Mütter können und wollen oft ihre Kontrolle über das Kind nicht aufgeben und versuchen, durch das Schlüsselloch das Kind zu beobachten. Die Mutter eines Mädchens mit einer Colitis ulcerosa kontrollierte das Kind auf dem Klo, indem sie das abgerissene Klopapier zählte. Bei einem Hausbesuch einer alleinerziehenden Mutter bemerkte der Therapeut am Boden einen dünnen Faden, der von der Mutter bis zum Kind nebenan reichte, mit dem sich das Kind seiner Mutter durch diese "Nabelschnur" versicherte. Wir müssen beim Hausbesuch auch abklären, was die Therapie des einen Kindes bei dem Geschwister auslösen kann, welches vielleicht das Symptom übernimmt, um auch in den Genuß einer Spieltherapie zu gelangen.

Wir widmen daher auch dem Zimmer des Kindes unsere besondere Aufmerksamkeit. Ein Kind hatte in seinem Zimmer lediglich sein Bild mit einer Kommunionskerze. Diese Mutter des bettnässenden Kindes lernte, sich in einer Müttergruppentherapie vom Zehnjährigen zu distanzieren. Am Ende der Therapie stand neben seinem Bett ein Poster mit Winnetou, ein Meter groß.

Bei Scheidungswaisen sind Hausbesuche für ein Gutachten unentbehrlich und zwar bei allen Beteiligten, was bei einer Mehrgenerationen-Familientherapie[225] auch für die Großeltern gilt. Wird dem Vater das Kind zugesprochen, der bei Familiengerichten oft den längeren Arm hat, landen die Kinder bei den Eltern des Vaters, dem der Beruf und sein Fortkommen mehr bedeuten als der Mutter, zumal bei mehreren Kindern. "Sagt uns, wo die Väter sind", klagen die Soziologinnen Bernard und Schlaffer auf der Suche nach modernen Vätern in Österreich[18]. Auch beim gemeinsamen Sorgerecht zeigen sich Familienrichter enttäuscht. Ein Vater hatte eine dritte Freundin, die nicht gewillt war, eine Mutterrolle zu übernehmen. Es sollte der Versuch einer Familientherapie nach Massing[225] unternommen werden. Daß diese immer noch nicht offiziell anerkannt ist, hat Helm Stierlin einmal mir als einen Skandal bezeichnet.

Wir lassen bei Scheidungsgutachten auch die Mütter eine Verzauberte Familie zeichnen, führen mit ihnen den Satzergänzungstest durch und bieten ihnen auch den TAT an. Väter auf diese Weise mit einzubeziehen, ist nur selten geglückt. Familienrichter bestätigen, daß bei schweren ehelichen Zerwürfnissen das gemeinsame Sorgerecht wenig sinnvoll ist. Die Göttinger Familientherapeuten versuchen dennoch, familientherapeutisch zu helfen[225].

Als wir die Balintarbeit auf der griechischen Insel mit psychotherapeutischen Seminaren verbanden, nun schon seit 15 Jahren, wurde uns bewußt, was dort, wie auch in Kalavrita auf der Peloponnes und in Distomo bei Delphi in den 40er Jahren im Partisanenkrieg von der deutschen Wehrmacht mit der Ausrottung ganzer Dörfer und ihren Frauen und Kindern angerichtet worden war.

Kindertherapeuten berichten, daß ihre jugendlichen Patienten die Väter und Großväter gefragt hätten, was sie eigentlich im letzten Krieg erlebt hätten. In einem Land, in welchem wir mit der

Odyssee die blutige Vergangenheit des Landes kennen lernten[150], sahen wir es als unsere therapeutische Aufgabe an, über den Holocaust unserer Geschichte zu berichten. Ich erfüllte damit den unausgesprochenen Auftrag Anna Freuds.

Es stellt sich einmal mehr die Frage, wie weit wir gesellschaftliche Zwänge zu erfüllen haben, wenn es um die seelischen Befindlichkeiten unserer Patienten geht. Haben doch gerade die Psychoanalytiker mit ihrer Emigration in den 30er Jahren einen hohen Zoll entrichten müssen, sodaß wir dankbar empfanden, wenn sie uns mit der Heimkehr ihre therapeutischen Erfahrungen zur Verfügung stellten. Situationsbedingt war unter ihnen die Zahl der Laienanalytiker groß. Es bedarf wohl keiner Erklärung, daß auch diese eine unschätzbare Hilfe leisteten.

Mit den zwei Weltkriegen und deren Folgen hatte Deutschland im ersten halben "Jahrhundert des Kindes" hohe Verluste an Leib und Leben von Kindern und Jugendlichen erfahren, worüber zu Beginn der 50er Jahre in Düsseldorf mehrere internationale Kongresse über "das schwer erziehbare Kind" Mitteilungen brachten. Vaterlose Familien führten zu broken-home-Situationen, weil alleinerziehende berufstätige Mütter chronisch überfordert waren. Ob sie aber, um keinen Arbeitsplatz zu verlieren, ihre Kinder in Heimen unterbringen mußten und damit nicht den Zustand einer seelischen Heimatlosigkeit der Kinder nur vergrößerten? Immerhin entstanden in dieser Zeit Jugenddörfer des Christlichen Wohlfahrtswerkes in Deutschland und von Österreich ausgehend das Internationale Werk der SOS-Kinderdörfer, welche ihren Sinn und ihre Notwendigkeit in aller Welt erwiesen haben. Allerdings hat die weltweite Bewegung der Familientherapien als vorbeugende Maßnahme einer Psychohygiene im Sinne Heinrich Mengs bis heute noch keine offizielle Anerkennung in Deutschland von Seiten der Funktionäre der Krankenkassen und dem Psychotherapeutengesetz gefunden. Ein Auftrag, der einmal mehr an das Gesundheitsministerium zu stellen ist. In einer Zeit, in der die Grundlagen eines Familienlebens von Eltern und Kindern durch gesellschaftliche Umwandlungen in Frage gestellt sind und vaterlose Familien infolge traumatisierender Erlebnisse der Eltern mit Trennung und Scheidung derselben fast zur Norm geworden sind, erscheinen alle Berufe, die mit der Reifung und Entwicklung von Kindern zu tun haben, mitbetroffen. Weder Kindergärtnerinnen noch Grundschullehrer/innen können sich der Verpflichtung entziehen, die sich für sie beruflich im Umgang mit Scheidungswaisen ergibt, wenn heute jede dritte, in manchen Großstädten schon jede zweite Ehe bald wieder geschieden wird. Sie übernehmen psychologische Verpflichtungen in ihren Elternrollen, zumal bei seelisch heimatlosen Kindern. Oft sehen sich alleinerziehende berufstätige Mütter nicht mehr in der Lage, noch ein Familienleben zu garantieren, sodaß eine längerfristige Heimunterbringung der Kinder erforderlich wird. Seit unserer klinischen Tätigkeit in den 60er Jahren haben wir zahlreiche Heime und verwandte Einrichtungen kennen gelernt. Wir haben uns von Anfang an zur Aufgabe gemacht, Einweisungen in Heime nur vorzunehmen, wenn diese uns oder unseren Mitarbeitern/innern persönlich bekannt waren. In manchen Heimen hatten wir Supervisionsaufgaben übernommen, die bei Dauereinrichtungen für seelisch gestörte Kinder unerläßlich sind. Bei der Gelegenheit lernten wir meist einen großen Stab von mehr oder minder qualifizierten Mitarbeitern/innen kennen, wobei es sich vorwiegend um Sozialarbeiter/innen und Sozialpädagogen/innen sowie Heilpädagogen/innen unterschiedlicher beruflicher Qualifikation handelte. Selten gab es in Heimen schon tiefenpsychologisch orientierte Kinderpsychotherapeuten. Den Erziehern wurde bald bewußt, daß sie zu einem weiteren beruflichen Fortkommen eine qualifizierte Weiterbildung anstreben mußten, die sie sich nach eigenem Ermessen auswählten, was meist mit entsprechenden eigenen Kosten verbunden war. Es handelt sich bei diesen Berufen um solche, die nicht vom Psychotherapeutengesetz erfaßt sind. Bei diesen psychotherapeutischen Heilberufen kann man wohl von "Laienanalytikern" sprechen[136], ohne die allerdings kaum je ein Heim existieren kann. Es muß im Vergleich mit der ambulanen Psychotherapie einer Beratungsstelle daran gedacht werden, daß das Heim für das Kind eine Therapie anbietet, die im Verlauf eines ganzen Tages zu absolvieren ist. Manche Therapeuten sprechen sogar von einer 24-Stunden-Therapie. Es ist für alle Beteiligten ein "full time job" mit vielseitigen Verantwortungen. Beim Kindergarten wie bei der Grundschule werden wir immer wieder betonen, daß es sich um die wichtigsten Erziehungsprozesse für die Entwicklung des Kindes handelt. Es geht um eine Ganztagsbeschäftigung der Heimkinder, die meist über Jahre anhält. Wir denken z.B. an Haus Aichhorn im Schwarzwald, das wir seit 40 Jahren kennen, sowie das Familienheim Ohnesorg in Kempten, wo auch sehr junge Straßenkinder aus Großstädten ein zu Hause gefunden haben.

Es gilt, all diese Berufe aufzuwerten, wobei die unentwegt geforderten Leistungen der Erzieher auch einen finanziellen Ausgleich erwarten lassen.

Bei den aufgezeigten vielfachen psychotherapeutischen Möglichkeiten möchten wir abschließend den werdenden Kindertherapeuten empfehlen, Kindern abends etwas vorzulesen, was außer dem Spiel einen wichtigen Zugang zum Unbewußten darstellt, mit der Welt der Märchen und den damit verbundenen Projektionen und Identifizierungen. Ich erinnere, daß ich damit in der Heidelberger Kinderklinik in den 50er Jahren mit Hemingways "Der alte Mann und das Meer" begann. Auf den Fahrten über den Balkan lasen wir unseren Kindern abends im Zelt Helds "Rote Zora" und Ivo Andrićs "Die Brücke über die Drina" vor, als wir dort gewesen waren. Es gehörte bei den psychotherapeutischen Seminaren auf der griechischen Insel Kephalonia das abendliche Vorlesen angesichts Ithakas zu den Ritualen. Und als ich einmal den "Vorleser" von Bernhard Schlink[209] geschenkt bekam, in welchem ich mich im eigenen Schicksal mitbetroffen fand, las ich diesen am nächsten Abend vor. Hatte doch der junge Mensch einer Frau, die einmal seine Liebesbezugsperson gewesen war, im Gefängnis unter anderem auf Band die ganze Odyssee vorgelesen, vom menschlichen Schicksal des Suchers und Dulders Odysseus. Alleine im Vorlesen für Kinder in Heimen und Kliniken erweist sich, ob jemand ein wirklicher Kinderpsychotherapeut ist mit seiner Geduld und Phantasie. Es sind die Märchen ein unentbehrliches Hilfsmittel des Kindertherapeuten mit den Märchensammlungen aller Völker im Dausien-Verlag. Es beginnt mit den Märchensammlungen der Gebrüder Grimm im deutschen Sprachraum in einer modernen Ausgabe mit Bildern von Joseph Hegenbarth aus Dresden, den Märchensammlungen von Andersen, Bechstein, Musäus und vielen anderen. Die Welt der Märchen führt individuell bis zur "Unendlichen Geschichte" eines Michael Ende[110] mit den surrealistischen Bildern seines Vaters Edgar Ende[111]. Janosch hat in seiner eigenen Art Grimms Märchen den Kindern in unserer Zeit interpretiert[149]. Für ihn ist das Märchen eine Art Lebenskunst. Die Analytische Psychologie C.G. Jungs hat sich besonders mit der Welt der Märchen beschäftigt, Hans Diekmann in zahlreichen Büchern[105] und Ursula Eschenbach in ihrer Analytischen Kindertherapie[113].

Der aus der Jugendbewegung stammende Walter Scherf, der Jahrzehnte die Internationale Jugendbibliothek geleitet hatte und dem wir ein zweibändiges Märchenlexikon[208] verdanken, hatte seine Märchengeschichten abends den Kinderärzten und ihren Familien auf unseren Kongressen in Brixen vorgetragen, was unvergessen geblieben ist. Wenn Kinder abends zu Bett gebracht werden, lesen ihnen die Eltern noch ein Märchen vor, damit sie besser einschlafen. Wenn es im Märchen ein Ende mit Schrecken gibt, entspricht dies der Realität des Alltags und läßt eine beruhigende Deutung seitens der Eltern erwarten. "Kinder brauchen Märchen" hatte der Kinderpsychologe Bruno Bettelheim[23] ausgesprochen. Der Umgang mit der Welt der Märchen hatte ihm geholfen, mit der Grausamkeit der Konzentrationslager besser fertig zu werden. Das Märchen ist ein wichtiger Projektionsstoff in der Kinderpsychotherapie, weswegen wir auch nach dem Lieblingsmärchen eines Kindes fragen. Kinder identifizieren sich mit den Eltern und anderen Erziehern aus ihrer Umwelt in den Märchengeschichten, wovon der Therapeut nicht ausgeschlossen ist. Er kann auch ein Märchen selber gestalten wie in einem Psychodrama. Zu unseren Dozenten gehörte auch der iranische Psychotherapeut Nosrath Peseschkian, in dessen "Positiver Psychotherapie" die Vermittlung der Märchen seiner Heimat eine besondere Rolle spielen[190,191]. Dies geht bis zur islamischen Welt der Geschichten von "Tausend und eine Nacht" zurück[275]. Der Dichter Ernst Wiechert erhielt nach seiner Entlassung aus dem KZ-Buchenwald das strikte persönliche Verbot von Goebbels, nichts mehr zu veröffentlichen. Er hatte daraufhin einige Werke in seinem Garten vergraben, darunter auch einen Band mit Märchen, mit denen er noch später viele Leser gewann.

Schon in den ersten Lehrgängen im "Brühler Modell" bestand ein starkes Interesse an dieser Weiterbildung in Kinderpsychotherapie, sodaß sich zweihundert Teilnehmer anmeldeten. Zugleich baten auch nächste Angehörige der Kinderärzte sowie deren Mitarbeiter um Teilnahme an dieser Weiterbildung, die wir ihnen ermöglichten. Es waren in den Jahren 1977-1994 insgesamt 30 jener Teilnehmer. Die Kinderärzte der Lehrgänge empfanden es als einen Gewinn, die Tätigkeiten dieser Mitarbeiter von Kinderärzten kennen zu lernen. Schon in unserer Arbeit am Institut für Psychohygiene hatten wir als einzige Ärzte neben den Psychologen einen großen Kreis von nicht-ärztlichen, sog. Laienanalytikern, Sozialarbeitern, Logopäden und andern Pädagogen in ihrer wichtigen Arbeit kennen gelernt, die weitaus mehr Erfahrungen auf dem Gebiet der Kinderpsychologie besaßen, als viele Kinderärzte. Wir hatten deshalb auch unsere Weiterbildung in Kinderpsychotherapie in der Ärztlichen Akademie das "Brühler Modell" benannt, in dem wir in den Jahren 1977-1994 650 Kinderärzten und Kinder- und Jugendpsychiatern den Zusatztitel "Psychotherapie" über die Ärztekammern vermitteln konnten. Eine Arbeit, die wir altersbedingt im Jahr 1994 nahtlos an Dr. med. Manfred Endres, Humangenetiker und Kinderanalytiker aus der gleichen Herkunft der Münchner Univ.-Kinderpoliklinik übergeben konnten. Um die Kontinuität dieser Weiterbildung zu wahren und gleichzeitig nach den bisherigen Erfahrungen dem großen Kreis der unentbehrlichen Mitarbeiter der Kinderärzte und Kinder- und Jugendpsychiater, den sog. Laienanalytikern, unsere kindertherapeutischen Erfahrungen zu vermitteln, hat sich die Ärztliche Akademie für Psychotherapie von Kindern und Jugendlichen nunmehr entschlossen, diesen eine Teilnahme an der Weiterbildung im "Brühler Modell" zu ermögliche. Es ist an Grundschullehrer/innen und Pädagogen vielfältiger Art gedacht, die an dieser Weiterbildung interessiert sind. Es soll mit dieser neuen Weiterbildung der Ärztlichen Akademie im Jahre 2002, dem 50. Kongreß und 10. Lehrgang im "Brühler Modell", begonnen werden.

Durch die den Kinderärzten vermittelte tiefenpsychologische Kinderpsychotherapie ließen sich auch die psychohygienischen Reformen an den Kinderkliniken leichter vermitteln, indem die Kliniken einen mehr familiären Charakter erhielten. Mit dem Zusatztitel "Psychotherapie" konnten die Kollegen auch qualifizierte Tätigkeiten, wie Leitung von Sozialpädiatrischen Zentren und Psychosomatischen Abteilungen, übernehmen.

Mit unserer Balintarbeit, die wir 1965 nach der Rückkehr von Anna Freud und Michael Balint in Deutschland aufnahmen, lernten wir den Notstand von Mitarbeitern der Kinderärzte in Beratungsstellen und Heimen kennen, die unter einer mangelnden Qualifizierung ihrer Arbeit zu leiden hatten. Wir haben uns deshalb entschlossen, in der Ärztlichen Akademie und ihrem Weiterbildungsprojekt des "Brühler Modell" ab dem nächsten (10.) Lehrgang ab 2002 auch nicht-ärztliche Mitarbeiter aufzunehmen, nämlich Grundschullehrer/innen und andere Pädagogen, insbesondere klinische Heilpädagogen im Sinne der "Child Life Worker" Emma Planks. In vielen Heimen warten Sozialpädagogen auf die Möglichkeit einer Weiterbildung in Kinderpsychotherapie. Es ist auch an die Anerkennung der familientherapeutischen Arbeit gedacht, wie uns Helm Stierlin, Horst Eberhard Richter und Almuth Massing mitteilten. Über den Notstand im Schulbereich hat immer wieder Kurt Singer geklagt, der sich an der Münchner Universität um die Weiterbildung der Lehrer bemüht hat.

Inzwischen haben auch Kinder- und Jugendpsychiater an der Weiterbildung im "Brühler Modell" teilgenommen, weil die Psychotherapie offiziell in ihr Berufsbild aufgenommen wurde. Es ist allgemein das Interesse an verschiedenen Therapieformen gewachsen, die sich mit einer tiefenpsychologischen Orientierung mit Anerkennung des Unbewußten als Grundlage verbunden fühlen. Schon haben sich Ärztekammern verpflichtet gefühlt, damit auch die Arbeit der sog. Laienanalytiker anzuerkennen, welche die Bedingungen des "Brühler Modells" der Ärztlichen Akademie im Sinne einer "Psychoanalytischen Pädagogik" erfüllen. Es ließ sich für uns das Berufsbild eines Kinderpsychotherapeuten verwirklichen, das wir schon vor 50 Jahren als Kinderärzte vor Augen hatten.

Literatur

1 Abraham, A. (1978), Der Menschtest nach Karen Machover, München-Basel (Reinhardt)

2 Aichhorn, A. (1925), Verwahrloste Jugend 10/1987, Bern(huber)

3 Alexijewitsch, S. (1997), Tschernobyl. Eine Chronik der Zukunft, Berlin-Verlag

4 Anders, G. (1956), Die Antiquiertheit des Menschen. Über die Seele im Zeitalter der zweiten industriellen Revolution, München (Beck)

5 Anders, G. (1972), Die atomare Drohung. Endzeit und Zeitenende.1986, München (Beck)

6 Anders, G. (1989), Lieben gestern. Notizen zur Geschichte des Fühlens, München (Beck)

7 Apitz, B. (1958), Nackt unter Wölfen, Frankfurt/M. (Röderberg)

8 Avé-Lallemant, U. (1976), Baumtests. Symbolische und graphologische Interpretation. 4/1996, München-Basel (Reinhardt)

9 Avé-Lallemant, U. (1978), Der Wartegg-Zeichentest in der Lebensberatung. 2/1994, München-Basel (Reinhardt)

10 Avé-Lallemant, U. (1979), Der Sterne-Wellen-Test, München-Basel (Reinhardt)

11 Balint, M. (1956), Psychotherapie durch den praktischen Arzt, in: Mitscherlich, A. (Ggb.): Freud in der Gegenwart, Frankfurt/M. (Europäische Verlagsanstalt)

12 Balint, M. (1959), Angstlust und Regression. Beitrag zur psychologischen Typenlehre, Stuttgart (Klett)

13 Balint, M. (1964), Der Arzt, sein Patient und die Krankheit. 8/1993, Stuttgart (Klett)

14 Bally, G. (1956), Mensch und Welt in der Auffassung Sigmund Freuds, in: Mitscherlich, A. (Hgb.): Freud in der Gegenwart, Frankfurt/M. (Europäische Verlagsanstalt)

15 Bally, G. (1966), Vom Spielraum der Freiheit. Die Bedeutung des Spiels bei Tier und Mensch, Basel (Schwabe)

16 Bally, G. (1969), Einführung in die Psychoanalyse Sigmund Freuds, Reinbek (Rowohlt)

17 Behrstock, H. (1997), Kasachstan Nuclear Tragedy, Kasachstan (UN Representative)

18 Benard, Ch. U.,Schlaffer, E. (1991), Sagt uns, wo die Väter sind. Von Arbeitssucht und Fahnenflucht des zweiten Elternteils, Reinbek (Rowohlt)

19 Benedetti, G. (1975), Psychiatrische Aspekte des Schöpferischen, Göttingen (Vandenhoeck und Ruprecht)

20 Benedetti, G. (1983), Todeslandschaften der Seele. (Schizophrenien), Göttingen (Vandenhoeck und Ruprecht)

21 Berna, J. (1996), Liebe zu Kindern. Aus der Praxis eines Analytikers, Frankfurt/M. (S. Fischer)

22 Bernfeld, S. (1969), Antiautoritäre Erziehung und Psychoanalyse. Ausgewählte Schriften, 3 Bde., Frankfurt (März)

23 Bettelheim, B. (1980), Kinder brauchen Märchen 22/2000, München (dtv)

24 Biermann, G. (1962), Die Familienneurose, Monatsschr. F. Kinderheilkunde 80, 215

25 Biermann, G. (1962), Biographische Anamnese und Beratungssituation in ihrer Bedeutung zur Diagnose und Prognose neurotischer und psychosomatischer Störungen im Kindes- und Jugendalter. Z. Kinderheilkunde 80, 215

26 Biermann, G. (1964), Identitätsprobleme jüdischer Kinder und Jugendlicher in Deutschland. Praxis Kinderpsychologie 13, 213

27 Biermann, G. (1965), Psychotherapie in Kindes- und Jugendalter, Monatsschr. f. Kinderheilkunde 113, 203

28 Biermann, G. (1965), Kind und Krankenhaus. Praxis der Kinderpsychologie 14, 282

29 Biermann, G. (1966), Der psychohygienische Auftrag des Kinderklinikers - psychosomatische Prophylaxe, Monatsschr. f. Kinderheilkunde 114, 150

30 Biermann, G. (1966), Die seelische Entwicklung des Kindes im Familienmilieu Schizophrener. Schweizer Archiv für Neurologie und Psychiatrie 97, 86 u. 329

31 Biermann, G. (1967), Die Mutter-Kind-Beziehung im Krankenhaus in aller Welt. Psyche, 21,57

32 Biermann, G. (1968), Hic Rhodos, Psychotherapie der Kinder in Griechenland Euro-med 8,705

33 Biermann, G. (1968), Das psychologische Zentrum Retziki in Nordgriechenland. Mitteilungen der Arbeitsgemeinschaft für Jugendpfleger und Jugendfürsorge 52, 417

34 Biermann, G. (1969), Der große Benjamine. Porträt des Kinderarztes Spock. Euro-med 8, 417

35 Biermann, G. (1969), Psychosomatik des Asthma bronchiale in Kindes- und Jugendalter. Praxis Kinderpsychologie 18,33

36 Biermann, G. (1969), Berufs- und Ausbildungsweg des Kinderpsychotherapeuten: in: Biermann, G. (Hgb.) Handbuch der Kinderpsychotherapie, Bd.II, 619

37 Biermann, G. (1969), Kindeszüchtigung und Kindesmißhandlung. Eine Dokumentation, München-Basel (Reinhardt)

38 Biermann, G. (1970), Diagnostische und therapeutische Möglichkeiten des Scenotestspiels,.Archiv für Kinderheilknde 181, 63

39 Biermann, G. (1972), Die psychosoziale Entwicklung des Kindes in unserer Zeit 2/1975, München-Basel (Reinhardt)

40 Biermann, G. (1973), Heinrich Meng zum Gedächtnis, in: Biermann, G. (Hgb.) Jahrbuch der Psychohygiene 1. Bd., München-Basel (Reinhardt)

41 Biermann, G. (1973), Der Kinderarzt und die Balintgruppe. Der praktische Arzt 10, 834 u. 1018

42 Biermann, G. (1975), Über die Lage der Psychotherapie in der Pädiatrie der BRD, Bonn (Enquête für den Deutschen Bundestag)

43 Biermann, G. (1974), Janusz Korczak - ein Leben für die Kinder. Jahrbuch der Psychohygiene Bd. 2

44 Biermann, G. (1975), Autogenes Training mit Kindern und Jugendlichen. 3. erweiterte Auflage, München-Basel (Reinhardt)

45 Biermann, G. (1976), Familie und Kind in der Gesellschaft unserer Zeit, München-Basel (Reinhardt)

46 Biermann, G. (1976), Psychohygiene und Mandeloperation, in: Biermann, G. (Hgb.): Handbuch der Kinderpsychotherapie Bd. III, 418 (Ergänzungsband)

47 Biermann, G. (Hgb.) (1976), Handbuch der Kinderpsychotherapie Bd. III (Ergänzungsband), München-Basel (Reinhardt)

48 Biermann, G. (1976), Jürgen Bartsch - Opfer seiner Gesellschaft, Neue Stimme 6/1976

49 Biermann, G. (Hgb.) (1977), Kinder im Schulstreß, München-Basel (Reinhardt)

50 Biermann, G. (1978), Kinder und Jugendliche. Entwicklung, Entwicklungsstörungen, Entwicklungshilfen, Frankfurt/M. (S. Fischer)

51 Biermann, G. (1980), Die Biographische Anamnese. Lehrgänge der Ärztlichen Akademie für Psychotherapie von Kindern und Jugendlichen, München-Basel (Reinhardt)

52 Biermann, G. (Hgb.) (1981), Handbuch der Kinderpsychotherapie, Bd. IV, München-Basel (Reinhardt)

53 Biermann, G. (1981), 10 Jahre Institut für Psychohygiene - Heinrich-Meng-Institut des Erftkreises 1970-1980. Der Kinderarzt 12, 1683

54 Biermann, G. (1981), Anna Freud - ein Leben für die Kinderanalyse, in: Biermann, G. (Hgb.), Handbuch der Kinderpsychotherapie Bd. IV, 896

55 Biermann, G. (Hbg.) (1982), Mutter und Kind im Krankenhaus, München-Basel (Reinhardt)

56 Biermann, G. (1983), Die Kinder von Hiroshima sind auch unsere Kinder, in: Petra Kelly: Laßt uns die Kraniche suchen, München (Werkhausverlag)

57 Biermann, G. (1985), Die Pathographie des Kindes im Gespräch mit seinen Eltern (Inhalte der Biographischen Anamnese), München-Basel (Reinhardt)

58 Biermann, G. (Hbg.) (1985), Das ärztliche Gespräch um Kinder und Jugendliche, München-Basel (Reinhardt)

59 Biermann, G. (1986), Angst und Aggression um Kinder in psychosomatisch kranken Familien, in: Zauner, J. u. Biermann, G. (Hgb.): Klinische Psychosomatik von Kindern und Jugendlichen, München-Basel (Reinhardt)

60 Biermann, G. (1986), Möglichkeiten und Grenzen einer psychosomatischen Therapie bei Kindern und Jugendlichen in der ärztlichen Praxis, in: Zauner, J. u. Biermann, G. (Hgb.): Klinische Psychosomatik von Kindern und Jugendlichen, München-Basel (Reinhardt)

61 Biermann, G. (1990), Im Namen des Volkes unserer Kinder und Kindeskinder, Seniorenblockade vor Mutlangen 1987, Berlin (IPPNW)

62 Biermann, G. (1990), Tod einer Schülerin, Sozialpädiatrie 12, 288

63 Biermann, G. (1991), Kind und Krankenhaus. 25 Jahre psychohygienische Reformen an den Kinderkliniken der Bundesrepublik Deutschland, Kinderarzt 22, 1323

64 Biermann, G. (Hbg.) (1992), Handbuch der Kinderpsychotherapie Bd. V, München-Basel (Reinhardt)

65 Biermann, G. (1992), Kinderelend in aller Welt. Schicksale Verfolgter, in: Biermann, G. (Hbg.): Handbuch der Kinderpsychotherapie Bd. V, 253

66 Biermann, G. (1992), Macht und Ohnmacht in der Behandlung von Kindern, in: Biermann, G. (Hbg.) Handbuch der Kinderpsychotherapie Bd. V, 189

67 Biermann, G. (1993), Hans Zulliger zum Gedächtnis. 1893-1993, Unsere Jugend 45, 444

68 Biermann, G. (1995), Begegnungen mit Eingeschlossenen. Möglichkeiten und Grenzen psychotherapeutischen Handelns für straffällige Kinder und Jugendliche, in; Bornemann, E. (1995): Ein lüderliches Leben. Portrait eines Unangepaßten, Löhrbach (Piepers MedienXperimente)

69 Biermann, G. (1995), Aus dem Leben der Anna Freud, in: Freud, A.: Einführung in die Technik der Kinderanalyse. (Zum hundersten Geburtstag) 7. Aufl., München-Basel (Reinhardt)

70 Biermann, G. (1996), Börgemoor - ein lange vergessener Ort unserer Geschichte, Papenburg (DIZ Nachrichten des Informationszentrum Emslager) 18/1996

71 Biermann, G. (1998), Nelly Wolffheim und die Psychoanalytische Pädagogik, Gießen (Psychosozial)

72 Biermann, G. (1998), Kinder als Zeitzeugen. Erinnerungen an meine Jugend im Berlin der Dreißiger Jahre, in: Endres, M. u. Biermann, G. (Hbg.): Traumatisierung in Kindheit und Jugend, München-Basel (Reinhard)

73 Biermann, G. (1999), Auf Wegen zum Kindertherapeuten im "Jahrhundert des Kindes". Unsere Jugend 51, 363

74 Biermann, G. (2000), Marta Kos-Robes, Ein Leben für die Kinder Verfolgter. 1919-1989, Z. f. Individualpsychologie 25/71

75 Biermann, G. (2002), Kunsttherapie in der Psychodiagnostik verhaltensgestörter und psychosomatisch erkrankter Kinder und Jugendlicher. Deutung und Bedeutung von Kindermalereien, in: Dannecker, K. (Hgb.): Internationale Perspektiven der Kunsttherapie (Zur Zeit im Druck)

76 Biermann, G. u. R. (1962), Das Scenotestspiel des Schizophrenen, Schweiz Arch. Neurologie u. Psychiatrie 89,95

77 Biermann, G. u. R. (1967), Kinder in Israel. Praxis Kinderpsychologie 10, 445

78 Biermann, G. u. R. (1972), Gabi geht ins Krankenhaus, München-Basel (Reinhardt)

79 Biermann, G. u. R. (1982), Das kranke Kind und seine Umwelt, UTB 1173, München-Basel (Reinhardt)

80 Biermann, G. u. R. (1988), Die Angst unserer Kinder im Atomzeitalter, Frankfurt/M. (S. Fischer)

81 Biermann, G. u. R. (1992), Die Rolle von Schattenkindern im Verlauf einer Kindertherapie, in: Biermann, G. (Hgb.): Handbuch der Kinderpsychotherapie Bd. V, 506

82 Biermann, G. u. R. (1993), Die Kinder von Tschernobyl. Hoffnung durch Hilfe, München-Basel (Reinhardt)

83 Biermann, G. u. R. (1996), Die Kinder von Tschernobyl und Semipalatinsk als Opfer atomarer Katastrophen, in: Kretz, H. (Hgb.): Lebendige Psychohygiene, München (Eberhard)

84 Biermann, G. u. R. (1995), Psychotherapie psychosomatischer Erkrankungen im Kindes- und Jugendalter, in: Feiereis, H. u. Saller, R. (Hgb.): Psychosomatische Medizin und Psychotherapie, München (Marseille)

85 Biermann, G. u. R. (1996), Die Kinder von Tschernobyl und Semipalatinsk - Opfer atomarer Katastrophen. Brandenburgisches Ärzteblatt 4/1996

86 Biermann, G. u. R. (1998), Das Scenospiel im Wandel der Zeiten. Praxis für Kinderpsychologie 47, 186

87 Biermann, G. u. Bohmert, E. (Hgb.) (1973), 1. Tätigkeitsbericht des Institutes für Psychohygiene des Kreises Köln. Jahrbuch der Psychohygiene, 1. Bd. 187

88 Biermann, G. u. Kos-Robes, M. (1976), Der Hausbesuch im Rahmen der Kinderpsychotherapie, in: Biermann, G. (Hgb.): Handbuch der Kinderpsychotherapie Bd. III (Ergänzungsband) 155

89 Biermann, G. u. Kos-Robes, M. (1986), Die Zeichentest-Batterie: Baum-, Mensch-, Verzauberte Familie. Praxis der Kinderpsychologie 35, 214

90 Biermann, G. u. Müller, M. (1981), Autogenes Training mit Kindern und Jugendlichen - eine katamnestische Studie, in: Biermann, G. (Hgb.): Handbuch der Kinderpsychotherapie Bd. IV, 783

91 Biermann, G. u. Totzek, Pa. (1981), Kindliche oder elterliche Verhaltensstörung? Vom Mythos der leichten frühkindlichen Hirnschädigung. Ein gesellschaftliches Phänomen, in: Biermann, G. (Hgb.): Handbuch der Kinderpsychotherapie Bd. IV, 798

92 Borneman, E. (1973), Unsere Kinder im Spiegel ihrer Lieder, Reime, Verse und Rätsel. Studien zur Befreiung des Kindes, 3 Bde., Olten-Freiburg/Br. (Walter)

93 Borneman, E. (1980), Die Urscene. Das prägende Kindheitserlebenis und seine Folgen, Frankfurt/M. (S. Fischer)

94 Borneman, E. (1984), Das Geschlechtsleben des Kindes. Beiträge zur Kinderanalyse und Sexualpädologie, München (dtv)

95 Borneman, E. (1995), Ein lüderliches Leben. Portrait eins Unangepaßten, Lörbach (Piepers MedienXperimente)

96 Borneman, E. u. Biermann, G. (1992), Zur Sexualpathologie der sog. Latenzphase, in: Biermann, G. (Hgb.): Handbuch der Kinderpsychotherapie Bd. V, 66

97 Bowlby, J. (1967), Trennung. Psychische Schäden als Trennung von Mutter und Kind, Frankfurt/M. (S. Fischer)

98 Bowlby, J. (1972), Mütterliebe und kindliche Entwicklung, 4/2001, München-Basel (Reinhardt)

99 Brisch, K.H. (1999), Bindungsstörungen. Von der Bindungstheorie zur Therapie, Stuttgart (Klett-Cotta)

100 Büchner, F. (1961), Von der Größe und Gefährdung der modernen Medizin, Freiburg-Basel-Wien (Herder)

101 Christoffel, H. (1944), Trieb und Kultur. Zur Sozialpsychologie, Physiologie und Harntriebhaftigkeit, mit besonderer Berücksichtigung der Enuresis, Basel (Schwabe)

102 Czermak, H. u. Pernhaupt, G. (1980), Die gesunde Ohrfeige macht krank. Über die alltägliche Gewalt im Umgang mit Kindern, Wien (Orac. Pietsch)

103 Dannemann, Ch. (1991), Keiner darf verloren gehen. Das Christliche Jugenddorfwerk Deutschland, Stuttgart-Bonn (Burg Verlag)

104 Daucher, K. (2002), Ich male mich frei. Kunsttherapie mit behinderten Rollstuhlfahrern, in: Dannecker, K. (Hgb.): Internationale Perspektiven der Kunsttherapie

105 Dieckmann, H.H. (1977), Märchen und Symbole. Tiefenpsychologische Deutung orientalischer Märchen, Stuttgart (Bonz)

106 Dolto, F. (1973), Psychoanalyse und Kinderheilkunde, Frankfurt/M. (Suhrkamp)

107 Dolto, F. (1985), Zwiesprache von Mutter und Kind. Die emotionale Bedeutung der Sprache, München (Kösel)

108 Dostojewski, F. (1860), Aufzeichnungen aus einem Totenhaus, 1986 Frankfurt/M. (Insel)

109 Einstein, A. u. Freud, S. (1932), Warum Krieg? (Briefwechsel), Zürich (Diogenes) 1972

110 Ende, M. (1979), Die unendliche Geschichte, München (Heyne)

111 Ende, M. (1984), Der Spiegel im Spiegel. Ein Labyrinth. Mit 18 Bildern seines Vaters, des Surrealisten Edgar Ende, Stuttgart (Weitbrecht)

112 Erikson, E.H. (1950), Kindheit und Gesellschaft 6/1967, Stuttgart (Klett)

113 Eschenbach, U. (1976), Symbolik und Dynamik des Unbewussten im kindlichen Spiel, in: Biermann, G. (Hgb.): Handbuch der Kinderpsychotherapie, München-Basel (Reinhardt) Bd. III 184

114 Fahrig, H. (1976), Dynamische Psychotherapie bei Kindern und Jugendlichen, in: Biermann, G. (Hgb.): Handbuch der Kinderpsychotherapie 111,236

115 Federn, E. (1973), Prinzipien der seelischen Hygiene und ihre Anwendung auf die Sozialarbeit mit Jugendlichen, in: Biermann, G. (Hgb.): Jahrbuch der Psychohygiene, 1. Bd. 165

116 Federn, E. (1976), Ich-Psychologische Aspekte in der Psychotherapie von Jugendlichen, in: Biermann, G. (Hgb.): Handbuch der Kinderpsychotherapie, Bd. III (Ergänzungsband), 65

117 Federn, E. (1981), Zur Psychotherapie drogenabhängiger Jugendlicher, in: Biermann, G. (Hgb.): Handbuch der Kinderpsychotherapie Bd. IV, 309

118 Federn, E. (Hgb.) (1981), Protokolle der Wiener Psychoanalytischen Vereinigung, 4 Bde., Frankfurt/M. (S. Fischer)

119 Federn, E. (1982), Grundlagen der Psychoanalyse und Neurosenlehre. Lehrgänge der Ärztlichen Akademie für Psychotherapie von Kindern und Jugendlichen, München-Basel (Reinhardt)

120 Federn, E. (Hgb.) (1984), Freud im Gespräch mit seinen Mitarbeitern. Aus den Protokollen der Wiener Psychoanalytischen Vereinigung, Frankfurt/M. (S. Fischer)

121 Federn, E. (1987), Psychoanalyse und Politik, in: Kuschey, B. (Hgb.): "Linke Spuren". Marxismus in den 60er Jahren, Wien (Verlag für Gesellschaftskritik)

122 Federn, E. (1992), Behandlung drogenabhängiger Jugendlicher, in: Biermann, G. (Hgb.): Handbuch der Kinderpsychotherapie, München-Basel (Reinhardt)

123 Federn, E. (1997), Zur Psychoanalyse der Psychotherapien, Tübingen (discord)

124 Federn, E. (1998), Ernst Federn - Versuche zur Psychologie des Terrors, in: Roland Kaufhold (Hgb.), Gießen (Psychosozial)

125 Federn, E. (1999), Ein Leben mit der Psychoanalyse. Von Wien über Buchenwald und die USA zurück nach Wien, Gießen (Psychosozial)

126 Federn, E. u. Plänkers, T. (1994), Vertreibung und Rückkehr. Interviews zur Geschichte Ernst Federns und der Psychoanalyse, Tübingen (discord)

127 Federn, P. (1956), Ich-Psychologie und die Psychosen, Bern-Stuttgart (Huber)

128 Federn, P. u. Meng, H. (1926), Das psychoanalytische Volksbuch, Stuttgart-Berlin (Hippokrates)

129 Feiereis, H. (1989), Diagnostik und Therapie der Magersucht und Bulimie, München (Marseille)

130 Folkers, I. (1973), Elterninitiative als Hilfe für Kinder im Krankenhaus, in: Biermann, G. (Hgb.): Jahrbuch der Psychohygiene, 1. Bd. 51, München-Basel (Reinhardt)

131 Frankl, L. (1969), Die Hampstead Child Therapy Clinic - eine psychoanalytische Kinderklinik, in: Biermann, G. (Hgb.): Handbuch der Kinderpsychotherapie, Bd. I, 139

132 Freud, A. (1968), Wege und Irrwege in der Kinderentwicklung 4/88, Zürich-Stuttgart (Huber - Klett)

133 Freud, A. (1981), Die Bedeutung der Kinderanalyse für die psychische Entwicklung des Kindes, in: Biermann, G. (Hgb.): Handbuch der Kinderpsychotherapie, Bd. IV, 3

134 Freud, A., Solnit, A. u. Goldstein, J. (1973-1988), Jenseits und Diesseits des Kindeswohls, 3 Bde. Frankfurt/M. (Suhrkamp)

135 Freud, S. (1905), Drei Abhandlungen zur Sexualtheorie, Ges. Werke, Bd. V. 1965, Frankfurt/M. (S. Fischer)

136 Freud, S. (1926), Die Frage der Laienanalyse, Ges. Werke, Bd. XIV 1965, Frankfurt/M. (S. Fischer)

137 Freud, S. (1930), Das Unbehagen in der Kultur und andere kulturhistorische Schriften, 1994, Frankfurt/M. (S. Fischer)

138 Friedemann, A. (1973), 20 Jahre Institut für Psychohygiene in Biel, Jahrbuch der Psychohygiene, 1. Bd. 175

139 Fuchs, M. u. Elschenbroich, G. (Hgb.) (1985), Funktionelle Entspannung in der Kinderpsychotherapie, 2/1996, München-Basel (Reinhardt)

140 Gerber, G. (1980), Umzug tut weh. Probleme in Schule und Familie. Eltern helfen ihren Kindern, Reinbek (Rowohlt)

141 Grave, E. (1999), Skulptur und Psyche, München (Münchener Arbeitsgemeinschaft für Psychoanalyse)

142 Gruen, A. (1992), Wenn Kinder resignieren. Eine Deutung des plötzlichen Kindstodes, in: Biermann, G. (Hgb.): Handbuch der Kinderpsychotherapie, Bd. V, 2

143 Hamm-Brücher, H. (1967), Aufbruch in das Jahr 2000. Erziehung im technischen Zeitalter. Bildungspolitischer Report in elf Ländern, Reinbek (Rowohlt)

144 Helwig, W. (1960), Die blaue Blume des Wandervogels, Gütersloh (Mohn)

145 Hassenstein, B. (1975), Verhaltenbiologie des Kindes, 5.erweit. Aufl. 2001, München-Zürich (Piper)

146 Heermann, M. (1977), Schreibbewegungstherapie und -test bei verhaltensgestörten Kindern, 3.erweit. Aufl. 1985, München-Basel (Reinhardt)

147 Hesse, H.(1903), Unterm Rad, 7/1976, Frankfurt/M. (Suhrkamp)

148 Hug-Hellmuth, H. (1921), Zur Technik der Kinderanalyse. Internat. Z. f. Psychoanalyse VII, 179

149 Janosch, (1972), Janosch erzählt Grimms Märchen und zeichnet für Kinder von heute, Beltz (Weinheim und Basel)

150 Jens, W. (1956), Ilias und Odyssee, nacherzählt, 15/1992, Ravensburg (O. Maier)

151 Jungk, R. (1964), Strahlen aus der Asche, Geschichte einer Wiedergeburt, Reinbeck (Rowohlt)

152 Jungk, R. (1993), Geleitwort zu Biermann, G. u. R.: Die Kinder von Tschernobyl, München-Basel (Reinhardt)

153 Kalff, D. (1966), Sandspiel 4/2001, München-Basel (Reinhardt)

154 Kasack, H. (1947), Die Stadt hinter dem Strom, Berlin (Suhrkamp)

155 Kelly, P. (1983), Um Hoffnung kämpfen. Gewaltfrei in die grüne Zukunft, Bornheim-Merten (Lamuv)

156 Key, E. (1902), Das Jahrhundert des Kindes, Berlin (S. Fischer)

157 Klaus, M. u. Kennell, J. (1983), Mutter - Kind - Bindung, Über die Folgen einer frühen Trennung, München (Kösel)

158 Kolle, O. und Biermann G. u. R. (1964), Dein Kind - das unbekannte Wesen, München (Südwest Verlag)

159 Korczak, J, (1970), Das Recht des Kindes auf Achtung, Göttingen (Vandenhoeck und Ruprecht)

160 Kos, M. (1998), Frauen in Konzentrationslagern, Wien (Passagen)

161 Kos, M. u. Biermann. G. (1973), Die Verzauberte Familie. Ein tiefenpsychologischer Zeichentest, 5/2001, München-Basel, (Reinhardt)

162 Kramer, E. (1969), Kunst als Therapie mit Kindern, 4/1997, München-Basel (Reinhardt)

163 Kühnen, J. (1973), Das Formale im Scenotest, München (Medizin.Dissertation)

164 Langbein, H. (1965), Der Auschwitzprozeß. Eine Dokumentation, 2 Bde., Frankfurt/M. (Europäische Verlagsanstalt)

165 Langhoff, W. (1973), Die Moorsoldaten, 13 Monate Konzentrationslager, 7/1995, Zürich (Neuer Weg)

166 Lengfelder, E. u.a. (1996), 10 Jahr nach der Tschenobyl-Katastrophe. Schilddrüsenkrebs und andere Folgen für die Gesundheit in der GUS, Münchner Medizin. Wochenschrift. 138, 259

167 Leuner, H.C., Horn, G. u. Klesmann, E. (Hgb.) (1977), Katathymes Bilderleben mit Kindern und Jugendlichen, 3/1990, München-Basel (Reinhardt)

168 Lindemann, H. (1979), Allein über den Ozean. Ein Arzt im Einbaum und Faltboot, Berlin (Ullstein)

169 Lüpke, H. von (1978), Die Rolle der Eltern des Frühgeborenen, in: Biermann, G. (Hgb.): Mutter und Kind im Krankenhaus, München-Basel (Reinhardt)

170 Makarenko, A. (1949), Der Weg ins Leben, Berlin (Aufbau)

171 Mause, L. de (1974), Geschichte der Kindheit, Frankfurt/M. (Suhrkamp)

172 Medwedjew, Z. (1979), Die bisherige geheimgehaltene Atomkatastrophe in der UDSSR, Tscheljabinsk, Reinbek (Rowohlt)

173 Meng, H. (1951), Zwang und Freiheit in der Erziehung. Erziehen. Strafen Reifenlassen, 3/61, Bern-Stuttgart (Huber)

174 Meng, H. (1971), Leben als Begegnung, Stuttgart (Hippkrates)

175 Meng, H. (Hgb.) (1973), Psychoanalytische Pädagogik des Kleinkindes und Schulkindes, 2 Bde, München-Basel (Reinhardt)

176 Mićić, Z. (1973), Emotionelle Störungen bei Kindern nach Krankenhausaufenthalt, Jahrbuch der Psychohygiene, 1. Bd. 44

177 Mitscherlich, A. (1966-1977), Krankheit als Konflikt Studien zur Psychosomatischen Medizin, 3 Bde., Frankfurt/M. (Suhrkamp)

178 Mitscherlich, A. (1980), Ein Leben für die Psychoanalyse. Anmerkungen zu meiner Zeit, Frankfurt/M. (Suhrkamp)

179 Mitscherlich, A. u. M. (1968), Die Unfähigkeit zu trauern. Grundlage kollektiven Verhaltens, München (Piper)

180 Mitscherlich, A. u. Mielke, F. (1949), Medizin ohne Menschlichkeit. Dokumente des Nürnberger Ärzteprozesses, Frankfurt/M. (S. Fischer)

181 Möhring, P. u. Neraal, T. (1991), Psychoanalytisch orientierte Familien- und Sozialtherapie, Opladen (Westdeutscher Verlag)

182 Moor, P. (1991), Jürgen Bartsch: Opfer und Täter. Selbstbildnis eines Kindermörders in Briefen, Reinbek (Rowohlt)

183 Olbrich, M. (1989), Mobile Krankenpflege. Fortentwicklung und Tendenzen, Kinderarzt 11, 476

184 Pache, H.D. (1978), Die Erhaltung des Eltern-Kind Kontaktes bei hospitalisierten Kindern. Zehn Jahre Erfahrungsbericht eines Mutter-Kind-Krankenhauses, in: Biermann, G. (Hgb.): Mutter und Kind im Krankenhaus, Müchen-Basel (Reinhardt)

185 Palme, O. (1986), "Er rührte an die Herzen der Menschen." Reden und Texte, Reinbek (Rowohlt)

186 Parin, P. (1980), Untrügliche Zeichen von Veränderung. Jahre in Slowenien, München (Kindler)

187 Parin, P. (1991), Es ist Krieg und wir gehen hin. Bei den jugoslawischen Partisanen, Berlin (Aufbau)

188 Parin, P., Parin-Matthey, G. u. Morgenthaler, F. (1953), Die Weißen denken zuviel, Psychoanalytische Untersuchungen bei den Dogon in Westafrika, Zürich (Atlantis)

189 Parin, P., Parin-Matthey, G. u. Morgenthaler, F. (1956), Liebe deinen Nächsten wie dich selbst. Psychoanalytische Untersuchungen bei den Agni in Westafrika, Frankfurt/M. (Suhrkamp)

190 Peseschkian, N. (1979), Der Kaufmann und der Papagei, Frankfurt/M. (S. Fischer)

191 Peseschkian, N. (1985), Positive Familientherapie, Frankfurt/M. (S. Fischer)

192 Petri, H. (1987), Angst und Frieden. Psychoanalyse und gesellschaftliche Verantwortung, Frankfurt/M. (S.Fischer)

193 Pfister, O. (1929), Elternfehler. Psychoanalytische Pädagogik III, 172, 205, u. 251

194 Plank, E. (1978), Heilpädagogik im Kinderkrankenhaus, in: Biermann, G. (Hgb.); Handbuch der Kinderpsychotherapie, Bd. II, 989

195 Postman, N. (1997), Keine Götter mehr. Das Ende der Erziehung, München (dtv)

196 Rambert, M. (1969), Das Puppenspiel in der Kinderpsychotherapie, 3/1988 München-Basel (Reinhardt)

197 Renner, M. (1953), Der Wartegg-Zeichentest in der Erziehungsberatung, München-Basel (Reinhardt)

198 Richter, H.E. (1970), Patient Familie, Reinbek (Rowohlt)

199 Richter, H.E., Strotzka, H. u. Willi, J. (Hgb.) (1976), Familie und seelische Krankheit. Eine neue Perspektive der psychologischen Medizin und der Sozialtherapie, Reinbek (Rowohlt)

200 Ringel, E. (1987), Eine österreichische Seele. Zehn Reden über Medizin, Politik, Kunst und Religion, München-Wien (Europa Verlag)

201 Ringel, E. (1989), Selbstmord. Das präsuizidale Syndrom. Appell an die anderen, 6/1988, Gütersloh (Kaiser)

202 Robertson, J. (1958), Kinder im Krankenhaus. (Mit einer Dokumentation von 50 Elternbriefen), 2/1982, München-Basel (Reinhardt)

203 Rutschky, K. (1977), Schwarze Pädagogik. Quellen zur Naturgeschichte der bürgerlichen Erziehung, Frankfurt/M.-Berlin-Wien (Ullstein)

204 Rutschky, K. u. Wolff, R. (1994), Handbuch sexueller Missbrauch, Hamburg (Klein)

205 Schenk-Danzinger, L. (1984), Legasthenie, Cerebrale funktionelle Interpretation, Diagnose und Therapie, München-Basel (Reinhardt)

206 Schenk-Danzinger, L. (1988), Entwicklung - Sozialisation - Erziehung, Schu - und Jugendalter, Stuttgart (Klett-Cotta)

207 Scherf, W. (1987), Die Herausforderung des Dämons. Form und Funktion grausiger Kindermärchen, München-New York-London-Paris (Saur)

208 Scherf, W. (1995), Das Märchen-Lexikon, 2 Bde., München (Beck)

209 Schlink, B. (1995), Der Vorleser, Zürich (Diogenes)

210 Schmeer, G. u. Klüwer, K. (1995), Vorschlag eines Anamnesenschemas zur praktischen und wissenschaftlichen Beurteilung von Kinderneurosen, Praxis Kinderpsychol. 4, 193

211 Scholz, R. (1996), Vier Jahre - zehn Jahre nach Tschernobyl. Versuch einer Bilanz, Berlin (IPPNW)

212 Schottländer, F. (1948), Die Mutter als Schicksal. Aus der Praxis eines Psychotherapeuten, 2/1976 Stuttgart (Klett)

213 Schultz, J. H. (1932), Das autogene Training. Konzentrative Selbstentspannung, 16/1979, Stuttgart (Thieme)

214 Schultz, J. H. (1951), Bionome Psychotherapie. Ein grundsätzlicher Versuch, Stuttgart (Thieme)

215 Schultz, J. H. (1952), Psychotherapie, Leben und Wirken großer Ärzte, Stuttgart (Hippokrates)

216 Schultz, J. H. (1955), Grundfragen der Neurosenlehre, Stuttgart (Thieme)

217 Schultz, J. H., Biermann, G. u. a. (1953), Psychotherapie und ärztliche Fortbildung, Die Medizinische 4 (1953)

218 Schwarzmann, J. (1975), Die Verwahrlosung der weiblichen Jugendlichen, Stuttgart (Thieme)

219 Seelmann, K. (1979), Kind, Sexualität und Erziehung, München (Kindler)

220 Seifert, W. (1984), Der Charakter und seine Geschichten (TAT), München-Basel (Reinhardt)

221 Seyppel, O. (1968), Hellas - Geburt einer Tyrannis. Impressionen, Analysen, Dokumente, Berlin (Blanvalet)

222 Singer, K. (1970), Lernhemmung, Psychoanalyse und Schulpädagogik, München (Ehrenwirth)

223 Singer, K. (2000), Wenn Schule krank macht, wie macht sie gesund und lernbereit? Weinheim-Basel (Beltz)

224 Sperr, M. (1983), Petra Karin Kelly - Politikerin aus Betroffenheit, München (Bertelsman)

225 Sperling, F, Massing, A. u.a. (1982), Die Mehrgenerationen-Familientherapie, Göttingen (Vandenhoeck u. Ruprecht)

226 Spitz, r. A. (1954), Die Entstehung der ersten Objektbeziehungen, 5/1992, Stuttgart (Klett - Cotta)

227 Spitz, R. A. (1965) Vom Säugling zum Kleinkind. Naturgeschichte der Mutter-Kind-Beziehung im ersten Lebensjahr, Stuttgart (Klett)

228 Spitz, R. A. (1968), Angeboren oder erworben? (Die Giffordschen Zwillinge) 2000, Weinheim-Basel (Beltz)

229 Staabs, G. von (1943), Der Scenotest, 8/1993, Bern-Stuttgart (Huber)

230 Stierlin, H. (1978), Delegation und Familie,.Beiträge zum Heidelberger familiendynamischen Konzept, Frankfurt/M. (Suhrkamp)

231 Strauß, E. (1936), Freund Hein, München (Langen-Müller)

232 Stromberger, R. (1981), Tod eines Schülers (ZDF-Serie), München (Goldmann)

233 Stotzka, H. (1972), Einführung in die Sozialpsychiatrie. Psychoanalyse, Reinbek (Rowohlt)

234 Stotzka, H. (Hgb.) (1979), Fallstudien zur Psychotherapie, München-Wien-Baltimore (Urban u. Schwarzenberg)

235 Tausch, R. u. A., (1950, Erziehungspsychologie, 10/1991, Göttingen (Hogrefe)

236 Todorov, S. (1978), Hirntrauma und Erlebnis, Über die Verflechtung von organischen und reaktiven Störungen. Das Dornröschen-Schlafsyndrom nach Schädelhirntraumen bei Kindern, Bern-Stuttgart-Wien (Huber)

237 Toman, W. (1965), Familienkonstellationen. Ihr Einfluß auf den Menschen und sein soziales Verhalten, 3/1980, München (Beck)

238 Torberg, G. (1958), Der Schüler Gerber, 2000 München (dtv)

239 Troschke, J. von (1974), Das Kind als Patient im Krankenhaus. Literatur zum psychischen Hospitalismus, München-Basel (Reinhardt)

240 Trutanow, L. (1992), Die Hölle von Semipalatinsk, Berlin-Weimar (Aufbau)

241 Vrba, R. (1964), Ich kann nicht vergeben, München (Rütten und Loening)

242 Wallerstein, J. u. Blakeslee, S. (1989), Gewinner und Verlierer. Frauen, Männer, Kinder nach der Scheidung, Eine Langzeitstudie, München (Droemer-Knaur)

243 Weinschenk, C. (1981), Entschluß zur Tat, Schuldunfähigkeit, Resozialisierung, Prävention, Königstein (Athenäum)

244 Weizenbaum, J. (1980), Die Macht des Computers und die Ohnmacht der Vernunft, Franfurt/M. (Suhrkamp)

245 Weizenbaum, J. (1993), Wer erfindet die Computermythen? Der Fortschrift in den großen Irrtum, Freiburg-Basel-Wien (Herder)

246 Weizsäcker, V. von (1941), Klinische Vorstellungen, Stuttgart (Hippokrates)

247 Weizsäcker, V. von (1951), Fälle und Probleme, Stuttgart (Enke)

248 Weizsäcker, V. von (1956), Pathosophie, Göttingen (Vandenhoeck und Ruprecht)

249 Wiesse, J. (1994), Gerd Biermann zum 80. Geburtstag, in: Endres, M. (Hgb.): Krisen im Jugendalter, München-Basel (Reinhardt)

250 Winnicott, D.W. (1958), Von der Kinderheilkunde zur Psychoanalyse, Frankfurt/M. (Fischer)

251 Winnicott, D.W. (1960), Primäre Mütterlichkeit, Psyche 14, 393

252 Winnicott, D. W. (1969), Übergangsobjekte und Übergangsphänomene, Psyche 23, 666

253 Winnicott, D. W. (1969), Kind, Familie und Umwelt, 5/1992, München-Basel (Reinhardt)

254 Winnicott, D. W. (1971), Die therapeutische Arbeit mit Kindern, München (Kindler)

255 Winnicott, D. W. (1976), Die volle Nutzung der ersten Behandlungsstunde. (Das Schnörkelspiel), in: Biermann, G. (Hgb.): Handbuch der Kinderpsychotherapie, Bd. I, 268

256 Winnicott, D. W. (1977) Reifungsprozesse und fördernde Umwelt. München (Kindler)

257 Winnicott, D. W. (1980), Piggle, Eine Kinderanalyse, Stuttgart (Klett-Cotta)

258 Winnicott, D. W. (1995), Die spontane Geste. Briefe, Stuttgart (Klett-Cotta)

259 Wintsch, H. (1998), Gelebte Kindertherapie. Kinder- und Jugendtherapeuten des 20. Jahrhunderts, München-Basel (Reinhardt)

260 Wolffheim, N. (1905), Zur Geschichte der Prügelstrafe in Schule und Haus, Berlin (Frensdorff)

261 Wolffheim, N. (1958), Kinder aus Konzentrationslagern, Praxis Kinderpsychol. 7, 302 (1958), 8,20 u. 59 (1959)

262 Wolffheim, N. (1966), Psychoanalyse und Kindergarten, und andere Arbeiten zur Kinderpsychologie, München-Basel (Reinhardt)

263 Wolffheim, N. u. Biermann, G. (1972), Freud zur Kinderpsychologie. (aus dem Schrifttum von Siegmund Freud), München-Basel (Reinhardt)

264 Zauner, J.u. Biermann, G. (Hgb.) (1985), Klinische Psychosomatik von Kindern und Jugendlichen, München-Basel (Reinhardt)

265 Zulliger, H. (1952), Heilende Kräfte im kindlichen Spiel, Frankfurt/M. (S. Fischer)

266 Zulliger, H. (1953), Umgang mit dem kindlichen Gewissen, Frankfurt/M. (S. Fischer)

267 Zulliger, H. (1956), Psychoanalyse und Pädagogik, in: Mitscherlich, A. (Hbg.): Freud in der Gegenwart, Frankfurt/M. (Europäische Verlagsanstalt)

268 Zulliger, H. (1956), Psychoanalyse und Kinderpsychotherapie, in: Mitscherlich, A. (Hgb.): Freud in der Gegenwart, Frankfurt/M. (Europäische Verlagsanstalt)

269 Zulliger, H. (1957), Bausteine zur Kinderpsychotherapie und Kindertiefenpsychologie, Bern (Huber)

270 Zulliger, H. (1969), Die deutungsfreie, psychoanalytische Kinderpsychotherapie, in: Biermann, G. (Hgb.): Handbuch der Kinderpsychotherapie, Bd. I 192

271 Zulliger, H. (1969), Die Spaziergangsbehandlung. Der therapeutische Umgang mit gefährdeten Jugendlichen, in: Biermann, G. (HGb.): Handbuch der Kinderpsychotherapie, Bd. I, 428

272 Zulliger, H. (1969), Psychologische Tests und Kinderpsychotherapie, in: Biermann, G. (Hgb.): Handbuch der Kinderpsychotherapie, Bd. II, 517

273 Zweig, St. (1980), Sigmund Freud, Porträt - Briefwechsel - Gedenkworte, Frankfurt/M. (S. Fischer)

274 Zwiauer, Ch. (Hgb.) (1997), Edith Kramer. Malerin und Kunsttherapeutin zwischen den Welten, Wien (Picus)

275 (1953), Die Erzählungen aus den 1001 Nächten nach dem arabischen Urtext der Calcuttaer Ausgabe aus dem Jahr 1831, 6 Bde., Wiesbaden (Insel Verlag)

276 (1996), Die - neue - deutsche Rechtschreibung, Gütersloh (Bertelsmann)

Anhang

Würdigung

Helmuth Bentz

Es ist mir eine besondere Freude, heute bei diesem Kongreß und Ihrer Verabschiedung, lieber Herr Kretz, als ehemaliger Leiter des Heinrich-Meng-Instituts in Brühl mitwirken und einige Worte sagen zu können, bin ich doch seit Gründung des Instituts im Jahr 1970 eng mit seinem Aufbau und seiner Entwicklung verbunden.

Ihre Dienstzeit als Leiter des Instituts endete bereits 1999. Leider verwehrte Ihnen der Erftkreis in Gestalt seines derzeitigen Landrats eine würdige Verabschiedung, nachdem Sie sich mit vollem Recht gegen dessen Entscheidung gewandt hatten, für Sie keinen Nachfolger mehr einzustellen und die Stelle des Leiters einzusparen. Sie waren über Nacht auf Grund Ihrer Gegenvorstellungen zur "persona non grata" geworden. Ich halte es für einen schlechten Stil, um nicht zu sagen für einen Skandal, daß man einem verdienten leitenden Mitarbeiter, der in 20jähriger Tätigkeit das Institut ausgebaut und Hervorragendes geleitet hat, eine würdige Abschiedsfeier im Kreise von Mitarbeitern und Gästen im Institutsgebäude versagt hat. Eine derartige Geringschätzung und Desavouierung verdienter Mitarbeiter ist ein unmögliches Verhalten.

Derartiges hätte es weder zu meiner Zeit als Oberkreisdirektor noch bei meinem Vorgänger, dem Oberkreisdirektor des Altkreises Köln, Herrn Dr. Gierden, gegeben.

Die Meinung, ein solches und wichtiges Institut könne ohne Leitung existieren bzw. der zuständige Dezernent, ein Verwaltungsjurist, könne die Leitungsaufgaben mit erledigen, ist vollkommen abwegig. Wer eine solche Auffassung vertritt, hat entweder keine Ahnung von der Sache oder er führt Böses im Schilde und will die Einrichtung auf Dauer zerstören. Ohne fachliche Koordinierung und Führung kann ein solches Institut mit unterschiedlichen Arbeitsbereichen und Disziplinen nicht existieren. Überdies ist ein juristischer Dezernent ohnehin fachlich total überfordert.

Auch Äußerungen aus dem politischen Raum, die in der Presse wiedergegeben wurden, die Leitungsebene in der Verwaltung sei überholt, ist geradezu absurd. Seit meinem Ausscheiden aus dem Amt des Oberkreisdirektors im Jahr 1987 habe ich ständig Fortbildungen und Beratung im kommunalen Bereich betrieben, zunächst in Südkorea, später in den osteuropäischen Ländern: Polen, der damals noch existierenden Tschechoslowakei und Ungarn, schließlich nach der Wiedervereinigung in den neuen Bundesländern, wo ich insbesondere regelmäßig Fortbildungsveranstaltungen für den höheren Dienst in der Verwaltung von Großstädten durchgeführt habe.

Infolgedessen bin ich, was die Entwicklung neuer Führungsmodelle angeht, auch durch regelmäßige Studien der Fachliteratur auf dem laufenden. Die abwegige Erkenntnis des Erftkreises, die Leitungsebene in einer Verwaltung sei überflüssig, ist mir in all den Jahren weder in der Fachliteratur noch in der Praxis begegnet.

Richtig ist wohl, daß in der Verwaltung das Prinzip der Delegation von Verantwortung greifen und auch außerhalb der Hierarchie rein funktionsgebunden gearbeitet werden muß. D. h., der Vorgesetzte soll sich nicht im Detail in den Verantwortungsbereich des nachgeordneten Mitarbeiters einmischen, und es muß Ämter übergreifend gearbeitet werden. Dies kann aber nicht bedeuten, daß Führung, Kontrolle und Supervision nicht mehr stattfinden.

Ich halte daher die Entscheidung, dem Heinrich-Meng-Institut in Zukunft eine fachliche Leitung zu versagen und die Planstelle des Leiters zu streichen, für eine absolut unprofessionelle Fehlleistung, die schnellstens korrigiert werden muß.

Dies, Herr Kretz, mußte am Anfang gesagt werden, um zu klären, warum wir heute erst zu Ihrer Verabschiedung schreiten, um Ihre Person und Ihre Leistungen im Rahmen dieses Kongresses und unter den Freunden und Förderern der Psychohygiene gebührend zu würdigen.

Die Einrichtung des Instituts für Psychohygiene wurde am 9.7.1970 vom Kreistag des Kreises Köln beschlossen. Im Rahmen der sozialen Leistungsverwaltung gab es im damaligen Kreisgebiet weder eine kommunale Erziehungsberatung, noch einen schulpsychologischen Dienst des Kreises.

Die Familien des Kreises Köln mußten mit ihren Kindern, bei denen Erziehungsschwierigkeiten oder Schulprobleme aufgetreten waren, die entsprechenden Stellen der Stadt Köln aufsuchen mit der Folge, daß der Kreisbevölkerung Wartezeiten bis zu einem Jahr zugemutet wurden.

Um diesem Notstand abzuhelfen, beschloß der Kreistag, eine eigene Einrichtung zu schaffen. Dabei ging man einen neuen Weg. Man wollte nicht, wie in der Stadt Köln, voneinander unabhängig arbeitende Einrichtungen - Erziehungsberatung, schulpsychologischer Dienst - sondern ein integriertes Modell. Die verschiedenen Disziplinen - Erziehungs- und Familienberatung, Schulpsychologie und Bildungsberatung, Logopädie, Kinderpsychotherapie - sollten unter einem Dach zusammengefaßt werden. Die Einrichtung sollte ärztlich geleitet werden. Jeder Patient sollte vor der eigentlichen psychologischen Anamnese zunächst körperlich untersucht werden, um von vornherein Ursachen für die aufgetretenen Störungen aus dem Bereich einer körperlichen Erkrankung auszuschließen.

Der Plan dazu war von dem damaligen Leiter des Jugendamtes, Herrn Haller, entwickelt worden und wurde wesentlich gefördert vom damaligen Oberkreisdirektor Dr. Gierden. Dieser sorgte auch im politischen Raum dafür, daß sich eine klare Mehrheit für die Errichtung des Instituts fand.

Die Einrichtung des Instituts in dieser Form war eine kommunalpolitische Großtat.

Beide, Herr Dr. Gierden und Herr Haller, hatten vorher bereits Kontakt mit Herrn Prof. Biermann von der Universität München aufgenommen und die gesamte Planung mit ihm abgestimmt. Herr Prof. Biermann als maßgeblicher Vertreter der Psychohygienischen Bewegung wurde dann folgerichtig auch zum ersten Leiter des Heinrich-Meng-Instituts bestellt. Eine schwierige Aufbauarbeit begann, weil berufserfahrene Psychologen nicht in genügender Zahl zur Verfügung standen. Wir mußten damals weitgehend mit Berufsanfängern arbeiten. Das war natürlich nicht unproblematisch.

Kurz nach Beginn meiner Tätigkeit als Kreisdirektor des Kreises Köln Mitte des Jahres 1970 wurde das Institut nach seiner Gründung verwaltungsseitig in meine Obhut gegeben. Ich hatte dann die interessante, aber von der Materie her für mich völlig neue Aufgabe, Herrn Prof. Biermann beim Aufbau des Instituts zu unterstützen und bürokratische Schwierigkeiten aus dem Weg zu räumen. Insbesondere die Einstellung des notwendigen Fachpersonals konnte ich zügig vorantreiben.

Dabei gab es natürlich mit den jungen Leuten - was das Arbeitstempo anging - einige Schwierigkeiten. Wir mußten uns sogar von einigen, die die erwartete Leistung nicht erbrachten, nach einiger Zeit wieder trennen, denn wir wollten ja im Gegensatz zu früher nicht auch noch selbst eigene lange Wartelisten aufbauen.

Als Prof. Biermann dann Ende September 1978 infolge des Erreichens der Altersgrenze ausschied, befand sich das Institut in einer guten Verfassung, hatte einen tadellosen Ruf über die Grenzen der Bundesrepublik hinaus und wurde auch von der Erftkreisbevölkerung in zunehmendem Maße angenommen.

Die Nachfolge von Prof. Biermann gestaltete sich schwierig. Es ergab sich ein Interregnum von 7 Monaten. Nach Herrn Prof. Biermann waren uns alle Bewerber nicht gut genug, bis Sie, Herr Kretz, sich bewarben. Bereits bei Ihrer Vorstellung erwiesen Sie sich als fachlich kompetent, zeichneten sich durch ein gewandtes und überzeugendes Auftreten und durch ausgeprägte Eloquenz aus. Ich hatte damals sofort den Eindruck, das ist der richtige Mann, mit dem können wir das Institut weiter ausbauen. Der ist auch in der Lage, einen größeren Mitarbeiterstab zu leiten.

Im Mai 1979, als Sie begannen, war es eine große Herausforderung, das modellhafte, interdisziplinär strukturierte Institut für Psychohygiene, das bisher von dem ausgewiesenen Psychohygieniker Prof. Biermann geleitet worden war, weiter auszubauen und neue Strukturen zu entwickeln. Immerhin waren zu diesem Zeitpunkt 10 verschiedene Berufsgruppen im Institut vorhanden, die unter Leitung eines Arztes zentriert auf das kranke Kind und die hilfsbedürftige Familie zusammen arbeiten mußten.

Es bestand von Anfang an die Sorge, daß zentrifugale Kräfte das Institut zerreißen und etwa die Abteilungsleiter - alle Diplompsychologen - abgeschottet eigene Interessen und nicht das Konzept der fachlichen Zusammenarbeit aller Abteilungen und Mitarbeiter im Auge haben könnten. Insbesondere war auch die Gefahr gegeben, daß die Abteilungsleiter als Psychologen sich keinen ärztlichen Leiter wünschten, der dem Institut die Struktur geben und die eigenen Pfründe infrage stellen könnte.

Ich erinnere mich noch gut, daß Ihnen die Abteilungsleiter bei Ihrem ersten Besuch im Institut, als Sie Ihren Dienst noch gar nicht offiziell angetreten hatten, sogleich erklärten, man brauche keinen Leiter und schon gar keinen ärztlichen, und sei deshalb froh, daß Prof. Biermann in Ruhestand gegangen sei.

Aber das alles hat Sie nicht angefochten, Sie hatten auch stets meine volle Unterstützung. Als Oberkreisdirektor des Erftkreises stand ich stets hinter Ihnen. Das hatte damals noch Gewicht, als es noch erfahrene Berufsbeamte an der Spitze der Verwaltung gab und die Politiker noch nicht die Macht in der Verwaltung übernommen hatten.

1980 kam dann die erste strukturelle Neuerung unter Ihrer Leitung: die Neugründung der Abteilung für Psychotherapie. Hierfür gewannen wir als Leiterin eine erfahrene Psychoanalytikerin aus Braunschweig.

Als nächstes richteten wir die Abteilung Neuropädiatrie und Sozialpädiatrie ein, deren Leitung der Chefarzt einer Kinderklinik übernahm, den wir aus Bonn abgeworben hatten. In dieser Abteilung sollten alle Kinder, die angemeldet wurden, fachärztlich untersucht werden. Zu diesem Zweck wurde auch ein leistungsstarkes EEG-Gerät mit einer EEG-Assistentin installiert. Zusätzlich wurde eine Motopädin eingestellt. Es war nun möglich, auch frühkindliche Hirnschäden zu diagnostizieren und zu therapieren. Auf diese Weise konnten Fehldiagnosen und spätere falsche Therapien vermieden werden. Später folgte dann die Einstellung eines zweiten Arztes in diese Abteilung.

Um die patientennahe Versorgung zu gewährleisten, wurde neben der Zentrale in Brühl, der Nebenstelle in Bergheim und der Außenstelle in Pulheim eine weitere Nebenstelle in Frechen errichtet, in der die Leistungen aller fünf Fachabteilungen breit gefächert angeboten wurden.

Im Jahre 1981 wurden erstmals Ausbildungsgänge für Beratungslehrer von den Mitarbeitern der schulpsychologischen Abteilung des Instituts durchgeführt, zunächst unter Mitwirkung der Universität Köln, später der Universität Bonn.

Im selben Jahr kam es zu einer weiteren wichtigen Neuerung: nämlich zur Neustrukturierung des Anmeldesystems in der Zentrale und den Nebenstellen. Um unangenehme Wartezeiten zu verhindern, wurde in der Zentrale und den Nebenstellen des Instituts eine täglich offene Sprechstunde ohne vorherige

Anmeldung ermöglicht, also ein Ambulanzsystem, wobei ein Erstgespräch mit einem Fachmitarbeiter angeboten wurde und die Weichen für die weitere Diagnostik, Beratung und Therapie gemeinsam mit dem Patienten bzw. der Familie gestellt werden. Die Erstkontakte werden genau dokumentiert und allen Abteilungen zugänglich gemacht, so daß gleich nach dem Erstkontakt die Diagnostik und Beratung in allen anderen einzubeziehenden Abteilungen möglich war und bis heute noch ist. Die Folge war damals eine sprunghafte Zunahme der im Institut betreuten Familien und Patienten.

Zu erwähnen sind auch die 60 psychohygienischen Fortbildungsseminare in der Zeit von 1981 bis 1999, die teilweise 2-tägig im Institut stattfanden, zu denen als Referenten viele international anerkannte Wissenschaftler, Forscher und Praktiker gewonnen werden konnten. Viele Referenten rechneten es sich als Ehre an, im Heinrich-Meng-Institut diese Fortbildungsveranstaltungen mitgestalten zu können.

Ende der 90iger Jahre gelang es Ihnen, zusammen mit dem Abteilungsleiter der Schulpsychologie, Herrn Dr. Zech, eine Initiative zur Gestaltung eines Zentrums für Hochbegabte in Gang zu setzen und soweit zu festigen, daß tatsächlich, allerdings im wesentlichen gestützt durch Kräfte außerhalb der Erftkreisverwaltung, diese Hochbegabtenförderung mit Hilfe der Fachlichkeit des Instituts möglich wird. Promotoren dieses Programms sind der Bundestagsabgeordnete Klaus Lennartz und der vor Jahren ebenfalls aus der Kreisverwaltung ausgeschiedene Dezernent Herr Dr. L. Th. Lemper.

Als ich 1987 nach 17jähriger leitender Tätigkeit beim Erftkreis bzw. beim Kreis Köln in den Ruhestand trat und mich dann als Rechtsanwalt niederließ, war das Institut sehr gut ausgebaut, verfügte mit mehr als 40 Fachmitarbeitern über eine ausgezeichnete personelle Ausstattung und fand überall aufgrund der ausgezeichneten Arbeitsqualität hohe Anerkennung, insbesondere auch bei Familien, die die Hilfe des Instituts in Anspruch genommen hatten.

Lieber Herr Dr. Kretz, diese von mir geschilderten Meilensteine in der Entwicklung des Instituts ab 1979 stellen Ihre persönliche Erfolgsbilanz dar. Der Erftkreis, aber auch die Bevölkerung hat daher allen Grund, Ihnen für Ihre Arbeit Dank zu sagen. Sie haben in all den Jahren eine ausgezeichnete Arbeit geleistet und haben es auch stets verstanden, die Mitarbeiter zu überzeugen und zu motivieren. Sie haben Ihre Führungskraft unter Beweis gestellt.

Mir war klar, daß nach meinem Ausscheiden 1987 Schwierigkeiten auftreten würden, weil niemand mehr seine schützende Hand über das Institut halten würde.

Das Institut war natürlich zu keiner Zeit unumstritten. Insbesondere für viele Kommunalpolitiker war es etwas exotisches, was man nicht exakt begreifen konnte. Hierzu kam eine gewisse Konkurrenz von kirchlicher Seite, da neben dem Institut auch Erziehungsberatungsstellen der Caritas existierten.

Schließlich wirkte sich die Funktionalreform aus. Städten mit über 25.000 Einwohnern wurde ein eigenes Jugendamt zugestanden. Die örtlichen Jugendamtsleiter und Jugendwohlfahrtsausschüsse verlangten eigene Erziehungsberatungsstellen mit dem Hinweis darauf, daß die Erziehungsberatung zu ihrem Bereich gehöre. So brachen die Nebenstellen Frechen und die Außenstelle Pulheim weg. Nur die Nebenstelle Bergheim blieb in der Regie des Kreises erhalten.

Die Qualität dieser neuen Erziehungsberatungsstellen ist natürlich mit dem früheren Leistungsangebot des Erftkreise nicht zu vergleichen. Es handelt sich bei den neuen Erziehungsberatungsstellen in verschiedenen Städten des Erftkreises nur um kleine Einheiten mit allenfalls drei Mitarbeitern ohne Vernetzung mit medizinischen, schulpsychologischen, pädagogischen und psychotherapeutischen Diensten, wie sie das Institut anbot.

1990 wurde sogar die Auflösung des Institutes diskutiert. Der Stellenabbau nahm seitdem bedrohliche Ausmaße an. Es wurde daher eine Initiativgruppe gegründet für den Erhalt des Instituts und Landrat und Oberkreisdirektor Listen mit Tausenden von Unterschriften von Bürgern überreicht, die sich für den Erhalt des Instituts einsetzten.

Die Rettung des Instituts wurde schließlich nur möglich durch die Gründung eines sozial-pädiatrischen Zentrums, da dessen Leistungen nach dem Blümschen Gesundheitsreformgesetz über die Krankenkassen abgerechnet werden können; die Einbindung einer Abteilung "Sozialpädiatrisches Zentrum" (SPZ) in das ambulant tätige Institut wurde als zukunftsweisende Möglichkeit akzeptiert, zumal bis dahin fast alle SPZ Teile von Kliniken waren.

Da diese Vorteile auch von Vertretern der Krankenkassen gesehen werden, stimmte der Kreis dieser für ihn finanziell günstigen modellhaften Lösung zu. Denn die Förderung eines SPZ belastet nicht mehr das Budget der niedergelassenen Ärzte, sondern erfolgt unmittelbar durch die Krankenkassen für das SPZ.

Die Nachteile liegen natürlich auf der Hand. Es kam in der Folgezeit zu Verselbständigungsbestrebungen. Das SPZ fühlte sich dem Institut nicht mehr zugehörig, und da es nach der Pensionierung von Herrn Dr. Kretz auch keinen Leiter des Instituts mehr gibt, meint man nun, absolut selbständig zu sein.

Die negative Entwicklung beim Institut begann 1991, als entgegen allen fachlichen Argumenten des Institutsleiters Dr. Kretz die Abteilungen Psychotherapie und Sprachheiltherapie aufgelöst wurden. Viele qualifizierte Mitarbeiter verließen das Institut. Die Abteilung Erziehungsberatung und Familientherapie ist seitdem nur noch für 40% der Bevölkerung des Erftkreises zuständig.

Der Personalbestand der Schulpsychologie wurde halbiert, erhalten blieben lediglich die vom Kultusministerium zur Verfügung gestellten Stellen. Der Erftkreis strich 5 seiner bis dahin 7 Stellen für Schulpsychologen. Viele wichtige Aufgaben dieser Abteilung können seitdem nicht mehr erfüllt werden, insbesondere auch die Beratungslehrerausbildung, die sich sehr gut bewährt hatte.

Für Sie, lieber Herr Kretz, waren die 90iger Jahre bittere Zeiten. Ich habe, als ich von den Schwierigkeiten hörte, mit Ihnen gelitten, denn das Institut stellt auch ein Stück Erfolg meiner langjährigen Arbeit und meines Einsatzes dar.

Der Gipfel dieser negativen Haltung des Kreises war 1995. Der Jubiläumskongreß zum 25jährigen Bestehen des Instituts, der überregional auf beachtliche Resonanz stieß und 300 Teilnehmer aufzuweisen hatte, wurde vom Erftkreis boykottiert. Kein offizieller Vertreter des Erftkreises meldete sich zu Wort mit Ausnahme von Dr. Lemper, der wieder einmal gegenüber dem OKD nicht Order pariert hatte. Die Folge war die Gründung eines Vereins der Freunde und Förderer der Psychohygiene, der dann auch als Träger des Kongresses 1995 in Erscheinung trat.

Nochmals möchte ich Ihnen sehr herzlich danken für Ihre großartigen Leistungen während mehr als 20 Jahren von 1979 bis 1999. Wir hatten eine sehr gute Zusammenarbeit, die mir stets Freude bereitete.

Ich möchte mich zum Schuß auch noch ganz persönlich bei Ihnen bedanken. Als ich 1997 im Skiurlaub in Österreich lebensbedrohlich erkrankte, mich in der Neurochirurgischen Universitätsklinik in Innsbruck einer schweren Operation unterziehen mußte, dann 6 Wochen kampf- und bewegungsunfähig in einer Klinik lag, nach meiner Verlegung in den Kölner Raum den hiesigen Ärzten ausgeliefert war, deren Qualifikation jedenfalls aus meiner Sicht zu wünschen ließ, kümmerten Sie sich in rührender Weise um mich und waren jederzeit Ansprechpartner für meine Frau. Sie zeigten den behandelnden Ärzten, wie man in einem solchen Fall zu untersuchen und zu diagnostizieren hat, und haben mir durch Ihr Eingreifen wesentlich geholfen. Auch später in der Reha-Klinik besuchten Sie mich und nahmen auch hier Einfluß auf die behandelnden Ärzte und den Verlauf der Therapie.

Für Ihre weitere Tätigkeit als niedergelassener Arzt für Neurologie, Psychiatrie und Psychotherapie wünsche ich Ihnen Freude an der Arbeit und viel Erfolg, aber auch Glück für Ihr Privatleben und vor allem gute Gesundheit.

Ich hoffe, daß wir auch weiterhin in Kontakt bleiben und das Institut nicht von böswilligen Ignoranten vollends zerstört wird.

Helmut Kretz, konservativ und rebellisch

Mechthilde Kütemeyer

So lange ich Helmut Kretz kenne, früher aus der Ferne, inzwischen viel näher, war das Besondere, Abgesonderte, das Auserlesene sein Revier. Zu meinen Studentenzeiten in Heidelberg vor 4o Jahren traf ich ihn in den Vorlesungen und Seminaren, wo nur wenige Studenten hinfanden: bei Paul Vogel (bei dem er später über epileptische Gelegenheitsanfälle doktorierte), Hubert Tellenbach, Dieter Janz, bei Walther Ritter von Baeyer und Wilhelm Kütemeyer, dort wo die großen Weizsäckerschen Fragen der Medizin Thema waren, wo Philosophie, Kunst, Soziologie und Theologie zum Verstehen einer Krankheit und des Kranken ebenso wichtig waren wie die physiologischen Gegebenheiten, die sonst in der medizinischen Lehre das Feld beherrschten. Aus den Diskussionsbemerkungen von Helmut Kretz gewannen die Zuhörer den Eindruck, daß er in all diesen Revieren sich wie selbstverständlich zu bewegen verstand. Er liebte, wie die Lehrer, die er sich aussuchte, die großen Linien, die Utopien, den Gedankensprung, die tiefe Idee, den abgründigen Zusammenhang.

Damals bildete und festigte sich bei ihm der Traum von einer anderen, von einer menschlichen Medizin. Vor allem die in Heidelberg gelernte Methode, sich aus den gegensätzlichen Gebieten Orientierung, Nahrung, Munition zu holen, hat er beibehalten. So ist es ihm bis heute gelungen, sich von seiner Grundidee nicht abtreiben zu lassen, sich nicht an modische Strömungen anzupassen, nicht das Rückgrat brechen zu lassen.

Dazu gehörte, daß er sich - für manche überraschend - lautstark in die Universitätspolitik einmischte, wobei seine kämpferischen Seiten sichtbar wurden, wenn er z.B. als Mitglied des Akademischen Senats, als Prodekan der Medizinischen Fakultät und jahrelang als stellvertretender Fachgruppenleiter die

Reformen der Universität und der Medizinischen Fakultät vorantrieb, die machtpolitischen Heimlichkeiten und unrechtmäßigen Bereicherungen bestimmter Ordinarien unerschrocken aufdeckte oder wenn er als Leiter der psychiatrischen Poliklinik sich nach der Emeritierung v. Baeyers energisch für *den* Nachfolger einsetzte, der die Heidelberger Tradition fortzusetzen versprach (Kisker), und lautstark, nicht zuletzt mit einem detailliert begründeten Sondervotum an den Kultusminister, protestierte, als ein konventioneller Psychiater (Janzarik) ausgewählt wurde. Es gehört zur Tragik des akademischen Lebens, zum langen Schatten der deutschen Universität, daß Zivilcourage nicht gefragt ist, souveränes Denken und Handeln nicht gefördert, sondern ausgestoßen wird. So mußte Helmut Kretz, noch vor Beendigung seiner Habilitationsschrift, die Universität verlassen. Er hat sich aber weiter auch dem Wort®, der Sprache®, der Erinnerung® als Heilmittel verschrieben und kam so 1974 nach Köln.

Helmut Kretz hat unbeirrt an der in Heidelberg gewachsenen Idee festgehalten, daß jede Krankheit, und sei sie noch so schicksalhaft und prozeßhaft, ihre Sprache spricht, die gehört und übersetzt werden kann, ihre persönliche Geschichte hat, die aufzuspüren sich lohnt, für den Kranken, den Arzt und die Beziehung zwischen beiden, daß jeder Kranke ein verborgenes Innenleben hat, das entdeckt, aufgeweckt, gestärkt werden kann, zum Gewinn für das gemeinsame Verstehen und den Verlauf der Krankheit. Kein Wunder, daß die Psychoanalyse das ärztliche Handwerkszeug für Helmut Kretz wurde. Kein Wunder, daß er sich mit diesem Handwerkszeug den ärmsten und ausgestoßensten, den scheinbar unheilbar Kranken widmete, zuerst über Jahre den inhaftierten Delinquenten als ärztlicher Direktor einer sozialtherapeutischen Modellanstalt in Düren, die aber von dem dirigistischen Konzept der Anstaltsleitung zunehmend gestört wurde und schließlich an den Reibungen zwischen dem innovativen gesetzgeberischen Sollen, dem am Einzelnen orientierten ärztlich-therapeutischen Wollen und dem retardierenden juristisch-institutionellen Dürfen zerbrach.

Ein neuer Wirkungsort, der aufgrund seiner Geschichte und seines Modellcharakters die Möglichkeit versprach, an der Grundidee auf anderer Ebene weiterzuarbeiten, fand sich für Helmut Kretz in dem von Heinrich Meng mitbegründeten Institut für Psychohygiene in Brühl als Nachfolger des bisherigen Leiters, Gerd Biermann. Hatte er vorher daran mitgearbeitet, nach dem Vorbild Viktor von Weizsäckers und seiner Schüler das Subjekt, auch mit

Hilfe der Psychoanalyse, in die Medizin zu integrieren, so sollte er jetzt das Werk Heinrich Mengs weitertragen und umsetzen: die Erkenntnisse der Psychoanalyse für das Verstehen basaler Probleme in der Bevölkerung und für die psychosoziale Versorgung von Kindern, Familien, Schulen usw. fruchtbar zu machen. Helmut Kretz hat das von der Struktur her vorbildliche "Heinrich-Meng-Institut" noch mehr zum Blühen gebracht, ausgebaut, vor allem die psychoanalytischen Akzente der Kinderbetreuung und Familientherapie verstärkt; er hat weitere Zweigstellen im Erftkreis eingerichtet, die, eng an das zentrale Institut in Brühl angebunden, nach dem selben Prinzip arbeiten; er hat die hartnäckigen Verhandlungen mit den Vertretern der Stadt- und Kreisverwaltung geführt, um dem Institut immer wieder ausreichend finanzielle Mittel und Freiräume zum Arbeiten im Sinne der Grundidee zu sichern; er hat die Verbindung zu den Krankenhäusern und sozialen Einrichtungen intensiv gepflegt, u.a. durch einen Intervisionskreis, in dem klinisch tätige und niedergelassene Ärzte und Psychotherapeuten sowie Vertreterinnen aus Erziehungs- und Frauenberatungsstellen sowie in der Industrie arbeitende Psychologinnen sich seit über 2o Jahren regelmäßig treffen, sich über Problempatienten und -familien beraten und ein sinnvolles Betreuungskonzept entwickeln. Helmut Kretz hat nachhaltig für eine wissenschaftliche Untermauerung der vielschichtigen Institutsarbeit gesorgt, u.a. durch Einrichtung einer repräsentativen Bibliothek, durch intensive Pflege der Verbindung zu Vertretern der Psychoanalyse, Psychosomatik und Psychohygiene in Nah und Fern, nicht zuletzt durch zahlreiche hausinterne Seminare zu theoretischen Grundlagen und konkreten Fragen der Institutsarbeit, in denen kompetente Fachleute von außerhalb zum Thema vortrugen. Bei allen diesen Aktivitäten, vor allem bei der Kultivierung der wissenschaftlichen Seite des Instituts, verstand er, Denkkonzepte und Ergebnisse aus scheinbar gegensätzlichen Fachrichtungen fruchtbar zu machen.

Wie seine Lehrer und seine Mitstreiter in Heidelberg ist Helmut Kretz, bei aller Weite des Blicks und Offenheit für scheinbar medizinfremde Impulse, immer Arzt geblieben und hat die soziale Aufgabe des Instituts für Psychohygiene immer als eine im tiefsten Sinne ärztliche Aufgabe verstanden. Er hat eine sozialengagierte und am Körper interessierte Psychoanalyse vertreten. So hat er das medizinische Fundament des Instituts gestärkt durch Installierung einer neuropädiatrischen Abteilung und später eines sozialpädiatrischen Zentrums, beide besetzt mit selbständigen erfahrenen Leitern, so daß die ganze Palette der zerebralen und allgemeinen Entwicklungsstörungen bei Kindern und Jugendlichen untersucht, durch den Beitrag der pädagogischen und psychotherapeutischen Abteilungen aber auch die soziale und familiendynamische Komponente dieser Störungen im Institut ganzheitlich behandelt werden konnten. Die Stärke von Helmut Kretz lag darin, daß er das breitgefächterte Institut durch die "Idee" zusammengehalten und nach außen geschützt, die einzelnen Abteilungen und ihre Leiter aber frei hat handeln und entscheiden lassen. Diese souveräne Haltung wurde später böswillig benutzt, um zu sagen, man bräuchte keinen ärztlichen Leiter und keine gemeinsame Idee. So wird das Institut seit dem Weggang von Helmut Kretz verwaltet und von der Stechuhr regiert, die Bibliothek ist im Keller verschwunden, die integrierende Idee zerschlagen.

Zur ärztlichen Identität von Helmut Kretz gehört, daß er die ganzen Jahre über bis heute in eigener Praxis Schwerkranke psychotherapeutisch behandelt, Psychose-Kranke, Schmerz-Kranke, Karzinom-Kranke, deren Innenleben besonders verschlungen und besonders schwer aufzuspüren ist, die aber, oft über Jahre, sogar Jahrzehnte betreut, eine Lebensmöglichkeit finden. Viele seiner früheren Mitstreiter haben gerade in diesem Punkt, der Solidarität mit den Schwerkranken, der Begleitung ihres weiten Weges in Richtung Befreiung, schon lange die Waffen gestreckt.

Mein Resümee: Helmut Kretz ist eine gelungene Verbindung von "alttestamentlich" und "postmodern", Rebell und Bewahrer ältester Werte.

Autoren

Dr. Helmuth Bentz
Oberkreisdirektor des Erftkreises a. D.
Am Frankenhain 59, 50858 Köln

Professor Dr. Gerd Biermann
ehem. Leiter des Instituts für Psychohygiene in Brühl
Platschweg 34, I-39042 Brixen-Milland

Dr. Karl Heinz Brisch
Universität Ulm, Arbeitsgruppe Kinder- und Jugendpsychiatrie und -psychotherapie
Im Zeitlett 12, 89081 Ulm

Professor Mag. Ernst Federn
Sozialtherapeut, Ehrenmitglied der Wiener Psychoanalytischen Vereinigung
Hartaeckerstr. 45/528, A-1190 Wien

Professor Dr. Gottfried Fischer
Universität Köln, Psychologisches Institut
Zülpicher Str. 45, 50923 Köln

Dr. Karin Großmann
freie Wissenschaftlerin, assoziiert am Lehrstuhl für Psychologie IV, Universität Regensburg
Universitätsstr. 31, 93040 Regensburg

Professor Dr. Klaus Großmann
Universität Regensburg, Lehrstuhl für Psychologie IV.
Universitätsstr. 31, 93040 Regensburg

Professor Dr. Arno Gruen
Psychoanalytiker, Institut für Lerntherapie, Schaffhausen
Rütistr. 4, CH-8032 Zürich

Jürgen Hardt
Psychoanalytiker (DPV) Ordinary Member IPA
Goethestr. 10, 35578 Wetzlar

Professor Dr. Carl Klüwer
Am Zaarshäuschen 22, 51427 Bergisch-Gladbach-Refrath

Dr. Helmut Kretz
Leiter des Instituts für Psychohygiene i. R. in Brühl
Auf der Pehle 20, 50321 Brühl

Michael Kreuzberg
Bürgermeister der Stadt Brühl
50321 Brühl, Rathaus

Dr. Mechthilde Kütemeyer
Psychosomatische Abteilung des St. Agatha-Krankenhauses Köln-Niehl
Feldgärtenstr. 97, 50735 Köln

Professor Dr. Friedhelm Lamprecht
Med. Hochschule Hannover, Abt. Psychosomatik
Carl-Neuberg-Str. 1, 30625 Hannover

Professor Dr. Dr. Hermann Lang
Universität Würzburg, Institut für Psychotherapie und med. Psychologie
Klinikstr. 3, 97070 Würzburg

Professor Dr. Dipl.Psych. Dieter Ohlmeier
Universität Gesamthochschule Kassel, Lehrstuhl für Psychotherapie und Psychoanalyse
Arnold-Bode-Str. 10, 34127 Kassel

Dr. Tomas Plänkers
Sigmund-Freud-Institut
Myliusstr. 20, 60323 Frankfurt

Dr. Wilhelm Rotthaus
Leiter des Fachbereichs für Psychiatrie und Psychotherapie des Kindes- und Jugendalters der Rhein. Kliniken Viersen
Horionstr. 14, 41749 Viersen-Süchteln

Professor Dr. Hans Stoffels
Schloßpark-Klinik Berlin, Abt. Psychiatrie
Heubnerweg 2, 14059 Berlin

Professor Dr. Alexander Trost
Kinder- und Jugendpsychiatrie und heilpäd. Psychologie KFH-NW, Abt. Köln
An der Siep 44, 41238 Mönchengladbach

Dipl. med. Natascha Unfried
Kinderärztin, Psychotherapie
Lutherstr. 13, 09224 Chemnitz/Grüna

Dr. Nike Wagner
Musik- und Theaterwissenschaft, Publizistin
Walfischgasse 12, A-1010 Wien

Der Herausgeber Helmut Kretz, Dr. med., Facharzt für Psychiatrie und Neurologie - Psychotherapie -, 67, war von 1979 bis zu seiner Pensionierung Ende 1999 Leiter des 1970 gegründeten Institutes für Psychohygiene - Heinrich-Meng-Institut - in Brühl bei Köln.
Nach Studien an den Universitäten Würzburg, Wien, Berlin und Heidelberg und Promotion bei dem Neurologen Paul Vogel, einem Schüler Viktor von Weizsäckers, absolvierte er seine Weiterbildung zum Psychiater und psychoanalytischen Psychotherapeuten an der Universität Heidelberg (von Baeyer, Bräutigam, Häfner, Kisker), arbeitete anschließend sozialpsychiatrisch und psychosomatisch und leitete bis 1974 die Psychiatrische Universitätspoliklinik Heidelberg. In diesen Jahren war er hochschulpolitisch engagiert, und als gewählter Vertreter in verschiedenen Universitätsgremien entwarf er neue Strukturen für den Bereich einer psychologischen Medizin.
Mitte der siebziger Jahre war er Ärztlicher Direktor einer sozialtherapeutischen Modellanstalt. Seine Publikationen befassen sich u. a. mit sozialpsychiatrischen Fragestellungen, mit Problemen einer anthropologisch fundierten Psychiatrie und mit psychiatrisch-psychosomatisch-psychotherapeutischer Theorie und Praxis.
1996 gab er den Sammelband Lebendige Psychohygiene heraus mit Arbeiten namhafter Wissenschaftler zu aktuellen Fragen einer umfassend verstandenen Psychohygiene, an deren Theorie- und Praxisfeldern von der Philosophie bis zur Politik viele Fachdisziplinen Anteil haben.

Zu Ihrer Beachtung:

Helmut Kretz (Hrsg.)

Lebendige Psychohygiene

Aus Anlaß des 25jährigen Bestehens des Brühler Instituts für Psychohygiene - Heinrich-Meng-Institut - des Erftkreises wurden im Rahmen eines wissenschaftlichen Jubiläumskogresses in Vorträgen und Seminaren Themen zu einer Psychohygiene, wie sie nach ihrer bald hundertjährigen Geschichte heute verstanden werden kann, erörtert. Die Autoren der Beiträge des Kongresses, die in diesem Band zusammen gefasst sind, garantieren, daß die Praxisfelder einer umfassend verstandenen Psychohygiene breit gefächert und differenziert dargestellt sind und auch kontroverse Positionen diskutiert werden können. Der Band erhält sein Profil durch die interdisziplinäre Diskussion, die durch die Texte angeregt wird und die zeigt, dass eine Lebendige Psychohygiene eine anwendungsorientierte Wissenschaft und wissenschaftlich fundierte Praxis verkörpert, an der von der Philosophie bis zur Politik viele Fachdisziplinen ihren Anteil haben.

Autoren:

Jürgen *Rüttgers*, Helmut *Kretz*, Tomas *Plänkers*, Walter *Bräutigam*, Helm *Stierlin*, Doris *Bischof-Köhler* und Norbert *Bischof*, Hermann *Lang*, Lore *Schacht*, Walter *Toman*, Dieter *Ohlmeier*, Jörg *Wiesse*, Wolfgang *Oelsner* und Gerd *Lehmkuhl*. Oskar *Negt*, Lothar Theodor *Lemper*, Kurt A. *Heller*, Dieter *Dumke*, Katharina *Rutschky*, Gerd und Renate *Biermann*, Ernst *Federn*, Marianne *Krüll*

eberhard verlag münchen

1996, 346 Seiten, ISBN 3-926777-51-6

www.eberhard-verlag.de

eberhard@eberhard-verlag.de